国家社会科学基金项目"基于讲说语体接受心理的话语标记语研究"
（19BYY022）的研究成果

上海财经大学"中央高校双一流引导专项资金"
"中央高校基本科研业务费"资助出版

基于讲说语体接受心理的话语标记研究

卢惠惠 著

复旦大学出版社

第1章 绪论 / 001

    1. 当下话语标记研究的问题与方法 / 001
    2. 语体学和认知语言学研究方法的选用 / 003
    3. 以讲说语体及其话语标记使用为研究对象 / 004
    4. 听者接受心理的分析路径 / 004
    5. 研究思路、主要内容 / 006
    6. 语料说明 / 009

第2章 讲说语体及其功能动因研究 / 010

第1节 "讲说体"概况 / 011
第2节 讲说语体的功能动因 / 014
    1. 媒介方式 / 016
    2. 话语角色关系 / 021
    3. 功能意图 / 023
    4. 小结 / 038

第3章 讲说体话语标记及其类型与使用动因、形成机制 / 039

第1节 讲说体小说话语标记的概念及其类型 / 039
    1. 与话语标记相关的几个概念 / 039

2. 话语标记的类型 / 048
第 2 节　讲说体的语体特征及其话语标记的使用动因 / 051
　　1. 讲说语体的特征 / 052
　　2. 讲说体话语标记的使用动因 / 065
第 3 节　讲说体话语标记的形成机制与演变动因 / 066
　　1. 讲说体话语标记的形成机制 / 066
　　2. 讲说体话语标记的演变动因 / 069

第 4 章　讲说体话题标记研究 / 074

第 1 节　话题标记"有" / 076
　　1. 话题标记"有"的语篇表现形式 / 080
　　2. 话题标记"有"的语篇分布特点 / 083
　　3. "有"所引导的话题类型及其信息结构特点 / 085
　　4. 话题标记"有"的语用功能及其使用的认知动因 / 093
　　5. 话题标记"有"的形成与发展演变 / 098
　　6. 小结 / 104
第 2 节　话题标记"这 / 那" / 104
　　1. 话题标记"这 / 那"的语篇表现形式 / 105
　　2. 话题标记"这 / 那"的功能及其使用的认知动因 / 113
　　3. 话题标记"这 / 那"的发展演变 / 122
　　4. 小结 / 131
第 3 节　话题标记"大凡" / 132
　　1. 话题标记"大凡"的分布规律 / 133
　　2. "大凡"所标记的话题类型及其语篇表达结构 / 134
　　3. 话题标记"大凡"的语用功能及其使用动因 / 140
　　4. 话题标记"大凡"的发展变化 / 145
　　5. 与话题标记"大凡"相似的其他标记词 / 150
　　6. 小结 / 153

第 4 节　话题终结标记"不提" / 153
　　1. 关于"不提" / 153
　　2. 话题标记"不提"的句法、语义及语用功能分析 / 155
　　3. 话题标记"不提"的形成及其变体 / 162
　　4. 小结 / 169
第 5 节　话题标记"不在话下" / 169
　　1. 话题标记"不在话下"的语篇表达结构 / 172
　　2. 话题标记"不在话下"的语篇分布特点 / 175
　　3. "不在话下"的发展演变 / 179
　　4. 小结 / 183
第 6 节　总结 / 184
　　1. 话题标记的类型 / 184
　　2. 话题标记的功能 / 186
　　3. 话题标记的使用动因 / 188
　　4. 话题标记的形成与发展演变 / 188

第 5 章　讲说体叙事标记研究 / 191

第 1 节　插叙标记"原来" / 191
　　1. 插叙标记"原来"的语篇分布特征 / 196
　　2. 插叙标记"原来"的语用功能 / 199
　　3. 插叙标记"原来"的形成及其使用动因 / 211
　　4. 插叙标记"原来"的发展演变 / 214
　　5. 小结 / 215
第 2 节　预叙标记"有分教" / 216
　　1. 讲说体中的预叙方式 / 216
　　2. 讲说体预叙标记"有分教"的句法、语义考察 / 219
　　3. 预叙标记"有分教"的语用功能及其认知动因 / 228
　　4. 预叙标记"有分教"的产生及发展演变 / 232

5. 小结 / 236

第 3 节　叙事标记"话说" / 236

　　1. 讲说体小说中"话说"的句法结构和分布特点 / 237
　　2. 叙事标记"话说"的语篇表达模式 / 241
　　3. 叙事标记"话说"的语用功能及其认知动因 / 244
　　4. 叙事标记"话说"的形成 / 248
　　5. 小结 / 253

第 4 节　视角标记"只见" / 254

　　1. 讲说体小说的叙事视角及其语言标记 / 254
　　2. 视角标记"只见"标记的视角类型 / 257
　　3. "只见"标记的主要句子类型 / 259
　　4. 视角标记"只见"的语用功能及其使用的认知动因 / 262
　　5. 视角标记"只见"的产生及发展演变 / 266
　　6. 小结 / 272

第 5 节　总结 / 272

第 6 章　讲说体评价标记研究 / 277

第 1 节　强断言标记"正是"与弱断言标记"想来" / 277

　　1. 近代讲说体强断言标记"正是" / 278
　　2. 弱断言标记"想来" / 290
　　3. 小结 / 306

第 2 节　互动标记"你想"和"看官听说" / 306

　　1. 互动求同标记"你想" / 309
　　2. 互动标记"看官听说" / 321
　　3. 小结 / 328

第 3 节　直接引述标记"有诗为证"与间接引述标记"说什么" / 329

　　1. 直接引述标记"有诗为证" / 329
　　2. 间接引述标记"说什么" / 341

3. 小结 / 361

第 4 节　推论标记"可见" / 362

  1. 推理及推理标记 / 362

  2. 推论标记"可见"的句法、语义考察 / 364

  3. 推论标记"可见"的语用功能及其使用的认知动因 / 372

  4. 推论标记"可见"的形成及发展演变 / 376

  5. 小结 / 378

第 5 节　总结 / 379

第 7 章　结语 / 383

主要参考文献 / 387

第1章
绪　论

1. 当下话语标记研究的问题与方法

话语标记研究是汉语语法、语用研究的一个热点，但当前研究大多还停留在孤立考察某项或某类话语标记的形成与功能上，尚未步入深水区。从理论层面上看，尚需进一步探究汉语话语标记的一些本质特征，从实际使用层面全面考察和认识话语标记的作用。从方法层面上看，既往研究通常采用的是分别论述某一话语标记在不同语境下所体现的多种话语功能，并在此基础上归纳总结出某话语标记的语用功能；也有部分研究从传统的句法-语义-语用层面转向了语用-认知维度，对话语标记范畴的认识有所深化，但尚未在方法学上就话语标记的功能层级与规律形成系统性主张。

基于此种认识，本书将以近代汉语讲说语体为研究对象，突出从研究方法入手探究话语标记的主线，采取以讲说语体为依托选择语体学的方法，以及以工作记忆为依托选择认知语言学的方法，从语体-语用-认知维度开展对话语标记的研究，以期呈现出一个以听者的接受心理为中心的话语标记系统。力求在汉语话语标记范畴的认识上有所深化，并在汉语话语标记的理论解释和使用原则等方面作出新的探索和贡献。

从当下话语标记研究讨论的问题来看，学界普遍认同话语标记编码的是程序信息而非概念信息，然而问题的焦点在于，由于程序作为认知处理和运算环节在认知心理学中既可用于言者也可用于听者,那么话语标记所编码的程序究竟是言者导向还是听者导向?对该问题的看法虽可谓仁智互现,但却直接影响到了对话语标记的认识与研究路径。概括而言,言者导向倾向于话语标记表达言者的主观判断,如"话语标记语是说话人对两个或多个命题之间语义关系的主观判断,其余的语用标记语是对该标记语所在话语的命题的个人判断、评价等"[1]。听者导向则倾向于将程序局限在语言理解时的解码程序和认知处理上,如"话语标记语是一些对话语的构建与理解有制约作用的词和语。它具有表情、表义等功能,在话语中不影响命题的真值条件。话语标记语对听话人在辨认两个话语构成部分之间的连贯关系时起着重要的作用。它们所表达的不是结构上的或者概念上的意义,而只是为人们理解话语指出一定的方向,制约着人们对话语的理解"。Grice(1989)[2]认为,说话人使用话语标记是因为交际要遵守真实、充分、相关等准则。但 Blakemore(1990)[3]则认为,话语标记对理解话语的语境具有制约功能。以上分歧的根本原因在于,这两种倾向混同在西方学界的许多观点中并未分化开来,较难符合汉语语言实际。与之相关的是程序这一概念究竟该如何理解和使用,现有研究均只模糊涉及而缺乏深入探析,以致影响了对话语标记究竟如何在言语交际中起作用的认识。

话语标记究竟是一种怎样的语言现象?对该问题的认识至今仍众说纷纭,其背后恰恰反映出由于对话语标记的考察尚未形成自身特有的方法,从而无法有效揭示出这类现象更深层次的运作机制。虽然目前已有大量国外文献可参考,但由于缺少汉语实际研究的支持和验证,国内研究者说法各异。具体表现在对术语的使用上,有如"话语标记、元话语标记、语用标记、篇章连接成分"等使用上的差异。然而其中究竟哪一名称的内涵能更恰切地解释这种现象,还是各自都指向了其中的某一类

---

[1] 冯光武:《汉语语用标记语的语义、语用分析》,《现代外语》2004 年第 1 期。
[2] Grice, H. P., *Studies in the Way of Words*, Cambridge, MA: Harvard University Press, 1989.
[3] Blakemore, Diane, "Constraints on Interpretations", in Berkeley Linguistics Society (ed.). *Preceeding of the Sixteenth Annual Meetings of the Berkeley Linguistics Society*, 1990.

型？这些问题都值得进一步探讨和明确。

不少学者将话语连贯看作话语标记的一项基本功能，但从实际运用来看，虽然话语标记用于语用推理或是梳理话语线索时，在客观上的确有连贯作用，但话语连贯作为一种功能，具有话语整体性，而话语标记只对话语的局部理解起作用，所以，仅将话语连贯视为话语标记的基本功能还值得商榷，还应辅之以对话语标记其他功能的考察。

2. 语体学和认知语言学研究方法的选用

本书首先选择了语体学的研究方法。语体从某种程度上可以看作是言语活动的不同类型，而话语标记所编码的程序信息，就是言者对听者应该如何完成这一活动以实现听者所期待效果的程序性安排，这种安排通过话语标记得以明示。因而从语体出发系统观察话语标记的性质、类型、功能和使用特征，是话语标记研究的一种基本方法。就本书所关注的话语标记使用中的听者导向而言，讲说语体较适合这一研究。本书重点运用语体学的方法对讲说语体进行语体分析，提取导致话语标记成格局使用的基础语体变量，再从语体特征出发观察话语标记的性质、类型和使用特征，从功能上阐明这些标记语的作用。从该角度进行研究，既能解释讲说语体特点的生成，也能解释说明为何语体相同，某些或某类语言表达手段在语言的实际使用过程中却表现出极大差异性的根本原因。

其次选用了认知语言学的研究方法。话语标记的使用是一种认知现象，与以最小的认知投入获得最大认知效果的人类认知总目标相一致，所以程序的获得和按照程序去处理听者的话语以实现预期效果，是一种加在语言接受心理上的认知过程。但在当前的具体研究中，真正立足于语言运用的认知心理，去寻求话语标记背后的认知机制的研究还远远不够。我们认为，考察话语标记使用时的心理动因是一条能够直接显示话语标记认知机制的有效途径。本书将重点运用认知语言学的方法，观察话语标记的使用对人们从事言语活动时的认知心理的影响，探寻讲说体中话语标记背后的认知机制。

3. 以讲说语体及其话语标记使用为研究对象

讲说语体是一种以民间艺人的说书演出活动为基础发展起来的语体类型，具有口语与书面语体的双重特征，近代直至民国初年的传统白话小说都体现出这一语体特性，这为本书的研究提供了丰富的语言事实支持。

讲说语体的特点在于，作为言者的说书艺人，面对的听者是一群文化素养有限的普通百姓，必须在有限的时间内通过讲说活动使听者产生强烈艺术效果。首先，必须让听众随着讲说的进展迅速梳理清楚复杂的故事情节，把握每个人物的来龙去脉，同时按照言者意图形成清晰的价值判断以处在相应的情感共鸣中；其次，必须激活听者的心理想象，使其产生身临其境的感受。为保证艺术效果，说书艺人必须设法揣摩听者的接受心理，调动语言的一切可能性，引导听众付出尽可能小的认知努力，最大限度地增加话语的语境效果。话语标记就是其中最重要也是使用最多的手段之一。

当前已有学者关注到了讲说语体大量使用话语标记的情况，并主张从该语体出发进行研究（张伯江，2007[①]；方梅，2017[②]，2019[③] 等），尤其值得关注的是，这些学者还指出了讲说语体中的话语标记对现代汉语话语标记形成的作用。本书认为，以听者接受为导向进行话语标记研究，选择近代讲说语体为依托是最为适宜的。

4. 听者接受心理的分析路径

听者在话语标记引导下的话语理解与听者的接受心理、认知能力有密切关联。这种情况已引起有关学者的重视，如张伯江（2007）提出，在讲说体的口头叙述表达形式中，说话人要顾及听者的短时记忆，每当

[①] 张伯江：《语体差异和语法规律》，《修辞学习》2007 年第 2 期。
[②] 方梅：《叙事语篇的衔接与视角表达——以"单说、但见"为例》，《语言教学与研究》2017 年第 5 期。
[③] 方梅：《汉语篇章语法研究》，社会科学文献出版社，2019 年，第 105 页。

有新角色引进，讲话人就有必要用相对固定的形式标记标明。短时记忆在认知心理学新的研究成果中已被工作记忆替代，"工作记忆系统既关注当前信息加工又注重暂时信息贮存""参与了所有的复杂认知活动（如语言理解）"[①]。

工作记忆是一个在短时记忆支持下的工作平台，由中枢执行系统、保持系统、贮存和加工系统三个部分组成，容量都有限。听者在聆听说书艺人的任何一段话语时，都要把从上文或即时所获信息，包括说书人的表情语调以及从长时记忆中提取出的信息等，放到该平台上进行认知处理和整合，并且随着话语的推进，该工作平台也不断变换推进。当所处理的任务复杂，如话语隐含意义的推理、对故事情节线索的梳理等，后两种系统无法解决时，就需要中枢执行系统介入。语言理解时工作记忆的运作本是由听者独立进行的，工作记忆平台上的操作本由听者独立进行，但讲说体的言者出于演出时间、听者水平及话语效果等的考虑，而表现出一种竭力控制听者认知操作的态势，而控制的手段主要是通过话语标记的明示。但言者往往会形成一种试图通过一定的程序信息去强势影响听者理解的欲望，用语言明示出来就是话语标记，意图在于让听者工作记忆的中枢执行系统在言者话语标记的指引下进行运作，如通过"但见""只听得"等指令，让听者必须在处理话语描述的同时激活视觉或听觉的想象等。

工作记忆与人们的高级认知活动之间又存在密切联系，其中，与注意的关系尤其值得关注。心理学家 Engle（1999）[②] 提出，工作记忆＝注意控制＋短时存储。工作记忆中加工对象的选择和提取是由选择性注意来调节的。语言是一个非常复杂的符号系统，无论是书面语还是口语都含有句法、语义、语用等不同层面的信息，尤其是口语，信息中还夹杂

---

① ［美］D. W. 卡罗尔:《语言心理学（第四版）》，缪小春等译，华东师范大学出版社，2007年，第48页。
② Engle, R. W., Tuholski, S. W., Laughlin, J. E., & Conway, A. R. A., "Working Memory, Short-term Memory and General Fluid Intelligence: A Latent-variable Approach", *Journal of Experiental Psychology: General*, 1999, 128(3).

着大量的冗余信息。由于人们的工作记忆容量是有限的，不可能对所有接收到的信息都加工处理，所以常运用注意控制来对这些言语信息进行调节，如通过"话分两头，却说……"提示听者将当前信息撤下平台，将储存着的上文某一信息唤起置入平台，以重新成为注意焦点。

心理学家 Baumann 和 Kuhl（2005）[①] 还关注到了，人们在不同认知任务或者反应之间转换时必定涉及注意的转移。在积极情绪下，人们有更大的注意灵活性，可以根据任务要求对目标的局部作出快速的反应。在交际中维护积极的情绪对认知任务的完成有更好的促进作用，已得到了心理学的验证。讲说体的"娱目醒心"功能和商演属性，决定了它主要选择和谐、合作类言语方式来保证听者以积极情绪参与整个讲说活动。因而一些能够维护听者"面子"，有利于建构听说双方正同盟关系的语言策略就高频出现在讲说体小说中，如话语标记"你想""看官听说""说什么"等的使用，皆可从这个角度得到解释。

由上可见，如果将话语标记与工作记忆、注意及积极情绪等的关系分析清楚，也就从研究方法上清楚地解释了话语标记的性质、类型和使用机制。

5. 研究思路、主要内容

5.1 研究思路

本书从话语标记对工作记忆、注意等认知心理原理出发，研究讲说语体中高频出现的话语标记如话题标记、叙事标记、评价标记等类型，对其进行理论提升以形成对话语标记的全面认识，并追踪各话语标记在现代汉语叙事语体中的发展演变情况，力求将研究延伸到现代汉语，以了解现代汉语叙事体话语标记的使用规则，从而提升研究的实用价值。

5.2 主要研究内容

本书通过考察讲说体的语体特征，运用语体学方法确定讲说语体

[①] Baumann, N., & Kuhl, J., "Positive Affect and Flexibility: Overcoming the Precedence of Global over Local Processing of Visual Information", *Motivation and Emotion*, 2005, 29(2).

中高频出现的话语标记和基本类型,探究话语接受心理中工作记忆、注意等的运作机制,运用相关原理对讲说语体中的话语标记进行解释性研究,并以近代汉语为坐标将研究上下拓展,探求话语标记的发展变化,并对变化的原因作出合理解释。本书主要由五个部分构成:

(1)对讲说语体的功能动因和语体特征进行深入分析概括,解释说明话语标记的使用动因。影响讲说语体类型特征形成和分化的有三个功能动因变量:媒介方式、话语角色关系、功能意图,本书从这三个变量深入分析讲说语体。在媒介方式维度上,讲说体是模拟说书场的口头讲述,以书面记载的口语语体类型;在功能意图维度上,讲说体是"说书人"向假想的听众讲述故事,同时也借助各种表达手段表达对所述内容的主观见解和立场态度,达到娱乐和寓教于乐目的的多功能语体类型;在话语角色关系维度上,讲说体是言者具有话语主动权、知识权位优势,听者具有社会权位优势的交际主体之间关系不对等的语体类型。受这三个变量的制约,讲说语体语言呈现出即时性、现场性(包括说书艺人的演出拟现场性和所述故事的情景非现场性)、交互主观性等特点。这些特点要求言者必须对听者的接受心理活动和话语效果负全面责任,要在有限时间内通过讲说活动使听者产生强烈艺术效果,达到娱乐和寓教于乐的目的,从而导致话语标记成为言者操控听者对话语进行加工处理的主要手段。激活听者想象成为话语标记的主要功能,这也是讲说体话语标记使用的主要动因。

(2)针对"话语标记"术语在使用中较为混乱的现状,本书将在廓清"话语标记"与"语用标记""元话语标记""篇章连接成分和话语关联标记"以及"叙事套语"等几组概念的基础上,提出话语标记是口语和书面语中都使用的语言形式,以表程序义为主,兼表一定的概念意义;话语标记既具话语或篇章的衔接连贯功能,又有表达言者主观态度的功能。本书将采用当前学界较普遍使用的"话语标记"一词来指称本书所涉及的研究对象。

(3)针对话语标记分类存在一定交叉的问题,本书尝试利用语体理论和心理语言学的研究成果,对这一区分建立新的分类原则。首先,根据使用意图,话语标记分为言者导向和听者导向两大类别,前者是言者主观判断的表达,带有一定的概念意义,如"喜的是""遗憾的是""可恨""可悲"等;后者是为了引导听者的接受心理,促成其向预期话语效果趋同,如"正是""原来""这/那""不提""有分教""大凡""说什么"等。受传媒方式、话语角色关系、功能意图变量等制约,讲说语体大量使用的是听者导向的话语标记。其次,根据讲说体的语体特征要求,推导出听者导向话语标记的优势类型,分为话题标记、叙事标记、评价标记三大类。其中话题标记又按位置和功能分为话题引入标记和话题终止标记;叙事标记按功能分为叙事时序标记、叙事话语方式标记和叙事视角标记;评价标记按表达方式分为断言标记、互动标记、引述标记和推论标记。

(4)从讲说语体话语标记优势类型出发,选择合适的讲说体文本,对话题标记、叙事标记、评价标记三个类型中的个案进行深入研究,运用语言理解时的运作原理如工作记忆、注意控制、积极情绪维护等,印证讲说体研究的结果,阐释话语标记的活动机制与使用动因,从认知角度认识话语标记的性质与作用。首先,依托语料库进行穷尽性收集和分析,获取第一手语料。其次,从功能角度阐明各类标记语的作用,从认知上解释各话语标记使用及演变的机制或动因。对讲说语体中各类型话语标记的作用进行解释,如:有的限定听者的理解方向,正确解析出言者所期待的隐含语义;有的引导听者的推理路径,因为任何语段的理解都是一个推理过程;有的调节听者的注意,帮助听者从杂乱无章的语音环境系统中厘清人物关系、出场顺序、情节展开的线索等;有的发出激活听者想象的信号,展开在视空图像处理系统中积极搜寻以建构形象的过程等;还有的是为提高礼貌程度,构建交际双方的正同盟关系等。

(5)针对讲说体话语标记的发展演变问题,本书认为,具体到每个话语标记,都有其各自的形成机制,但语用因素是其形成的重要动因之一。现当代叙事语体与讲说语体都属于叙事体,既有很大的共性又有明显的对立,具有可比性,通过对比可以更好地发现演变的结果和演变的动因。在五四新文学运动以后,小说界开始师法西方小说技法,摒弃了传统小说的结构模式、叙事方法,结果导致讲说语体发生剧变,依托于语体的话语标记也随之或彻底消失或发生根本改变。讲说体话语标记对现代汉语叙事语体语篇的组织方式、语法表达等都产生了极为深远的影响。

6. 语料说明

研究所涉语料主要参照北京大学中国语言学研究中心语料库(简称CCL,后文不再一一标注)的古代汉语、现代汉语部分,少部分引例出自北京语言大学语料库(简称BCC,后文不再一一标注)以及互联网等媒体。

第 2 章
讲说语体及其功能动因研究

当前国内有关语体的讨论主要有两种角度：一为修辞学领域的。这是语体研究的主阵地，修辞学者们从语言风格等角度的语体研究取得了丰硕成果。该角度的研究流派纷呈，如"语文的体类说"[①]、"语言特点体系（综合）说"[②]、"语言风格类型说"[③]、"言语功能变体说"[④]、"言语体式说"[⑤]、"言语行为说"[⑥]、"语言表达特点体系说"[⑦]等。二为语法学领域的。以语法解释为目的的语体研究很早就受到重视，吕叔湘、朱德熙和胡明扬等老一辈语言学家都强调语言研究要注意书面语体和口语语体的区分，要把语体问题提到方法论高度来认识。近年来，汉语学界基于语体解释为目的的语法研究可谓方兴未艾，一大批学者，如陶红印[⑧]、张伯江[⑨]、方梅[⑩]、冯胜利[⑪]等从理论上论证了新型语体系统建立

[①] 陈望道：《修辞学发凡》，上海教育出版社，2001年，第251页。
[②] 张弓：《现代汉语修辞学》，天津人民出版社，1963年，第229页。
[③] 林裕文：《词汇、语法、修辞》，新知识出版，1957年，第89页。
[④] 王德春：《语体略论》，福建教育出版社，1987年，第11页。
[⑤] 黎运汉主编：《现代汉语语体修辞学》，广西教育出版社，1989年，第11页。
[⑥] 刘大为：《语体是言语行为的类型》，《修辞学习》1994年第3期。
[⑦] 袁晖、李熙宗主编：《汉语语体概论》，商务印书馆，2005年，第3页。
[⑧] 陶红印：《试论语体分类的语法学意义》，《当代语言学》1999年第3期。
[⑨] 张伯江：《语体差异和语法规律》，《修辞学习》2007年第2期。
[⑩] 方梅：《语体动因对句法的塑造》，《修辞学习》2007年第6期。
[⑪] 冯胜利：《论语体的机制及其语法属性》，《中国语文》2010年第5期；《语体语法："形式-功能对应律"的语言探索》，《当代修辞学》2012年第6期。

的重要性、必要性，介绍了语体分类的一些新视角，对语体特征的观察维度进行了讨论，并从不同角度进行了语体细分和语体与语法规律关系探讨的实践。

国外学者对语体问题向来比较关注，功能语法学者在语体划分问题上有着悠久的传统和细致的探索，如 Labov（1972）[1] 等对语体的具体话语特征进行了归纳，对叙事体的结构与相关语法表现的关联性进行了论述。Langacre（1983）[2] 根据有无时间连续性和是否关注动作主体这两个标准，把语体分为叙事体、操作指南、行为言谈、说明四类。Biber（1994）等[3] 基于不同的参数分别对语体类型细分，提出了多维度、多特征的语体研究模型。这些研究对后学的研究思路都极具启发意义。

如何借鉴国外语体研究的理论与方法，在汉语研究中打破修辞学与语法学及其他学科研究的藩篱，将语体细分和语体特征与语言要素相关表现结合起来探讨，是一个值得细究的课题。为此，本章将先简单介绍讲说体概况，再重点从传媒方式、话语角色关系和功能意图三组变量分析讲说体的功能动因层，总结归纳出讲说体的语言变异特征，为后面讲说语体特征与话语标记的关联性研究奠定基础。

第1节 "讲说体"概况

语体是在社会历史发展过程中随着新的交际领域逐渐产生、形成，并随着历史发展而不断变化的。语言是社会的镜像，在社会言语生活中，人们所见所闻都是具体的语篇。具体的语篇又以共通属性为核心，聚拢为"家族相似集"，汇集于特定语体。任何语体都是对具有共同属

---

[1] Labov, William, "The Transformation of Experience in Narrative Syntax", in William Labov (ed.), *Language in the Inner City*, Philadelphia: University of Pennsylvania Press, 1972, pp. 345-396.
[2] Langacre, Robert E., *The Grammar of Discourse*, New York: Plenum, 1983, pp. 3-5.
[3] Biber, Douglas, "An Analytical Framework for Register Studies", in Biber, Douglas & Edward T. Finegan (eds.), *Sociolinguistic Perspectives on Register*, Oxford: Oxford University Press, 1994, pp. 31-56.

性个别语篇类的概括,语体理论中对任何语体的描写,所描写的都是该语体的典型代表[①]。讲说语体的典型代表就是近代白话小说,讲说体的形成则伴随着"说话"艺术的发展演变而逐渐形成。"说话"艺术虽是口头形式,但从一开始就有类似"小说"的底本存在,所以讲说体的形成伴随着"小说"发展壮大的整个过程。其他如新闻语体、广告语体、商务语体随着现代新闻传播、广告宣传、商业实务的产生,直到现代才形成,体现出交际功能驱动语言应用动态发展的复杂性。

在我国古代,"小说"一词内涵复杂、指涉广泛,清代刘廷玑曾感叹"小说之名虽同,而古今之别,则相去天壤"。"小说"作为说话艺术的统称而被使用,始于南宋罗烨的《醉翁谈录》,"夫小说者,虽为末学,尤务多闻。非庸常浅识之流所能为"[②]。从此,"小说"这个概念就具有了指称通俗叙事文学作品的含义。内涵相当的概念还有"平话""话本""拟话本"等。鲁迅将"小说"的范围大致框定为:"小说的概念大体是从桓谭言'合残丛小语,近取譬喻,以作短书,治身理家'到班固的'小说家者流,盖出于稗官,街谈巷语,道听途说者之所造也',再到明代胡应麟的小说六类(《少室山房笔丛》二十八)和清乾隆年间纪昀在《四库全书总目提要》中的小说别为三派之说,此外,还有不见录于史志的宋之平话和元明之演义。"[③]学界将明初以来文人依照民间说话艺术改编、创作、移植的短篇小说命名为话本小说,长篇则称为通俗小说。

现代叙事学将叙事方式分为"讲述"与"展示"两类。现代叙事文学主要采用"展示"方式进行叙事,我国传统白话小说采用典型的"讲述"叙事方式。"讲述"与所描述对象的距离远甚于"展示",它所传达的叙事信息更少也更为简练,还总有一个叙述者面对着读者,作为传达信息的中介存在于文本中,介入叙事过程,处处留下讲述痕迹。据此,本书将具有"讲述"特点的近代白话小说类型称为"讲说体小说"。

---

① 丁金国:《从语篇到语体——寻找回家的路》,《当代修辞学》2018年第3期。
② 〔宋〕罗烨:《醉翁谈录》,古典文学出版社,1957年,第3页。
③ 鲁迅:《中国小说史略》,上海古籍出版社,1998年,第1—4页。

讲说体小说脱胎于诉诸听觉的口头讲说艺术形式——"说话",它既博采了多种面向听众讲说或具表演性质的艺术形式之长,同时又迅速向着独立的技艺形式迈进。其历史渊源可上溯至汉末佛教传入之后的通俗讲经,以及在此基础上勃兴的唐俗讲和唐话本,由此而初步确立了说话艺术的体制。至迟在唐代,小说就已发展为深受市人追捧的、带有演出性质的独立艺术。敦煌变文中的《庐山远公话》与《韩擒虎话本》,已明确标有"话"或"话本"字样。不可否认,说唱为主的变文与讲说为主的话本之间有着根本区别,但在固定的演出场所,由职业艺人向观众说唱或讲说故事方面,却有着一脉相承的一致性。变文在固定的演出场所创造了艺人与观众直接交流互动的言谈环境,规范了表演程式,也铸定了讲说与聆听的审美关系,为宋元话本小说的发展奠定了基础[①]。

宋元话本小说作为说话艺人讲说故事的底本,初步确立了我国传统白话小说的模式和形态。明代文人对说书体小说或整理改编或再创作,使明清白话小说在宋元铸定的模式基础上又转换为讲说体小说。但这种整编或再创作深受说书框架的限制,比如文人创作的《金瓶梅》,未曾彻底突破韵散结合的说唱体制,其中还保留着若干数量的唱词;即使被誉为古典文学艺术巅峰的《红楼梦》,也未能脱下"说书人的外衣"。因此,元明以降,原本以"讲说"为传播媒介的"说话"艺术,虽已经转变为诉诸视觉为主的书面阅读文本,但小说一直墨守着宋元话本叙事体制的成规,假想自己为说书人在说书场中向假定的听众讲述故事,始终呈现出鲜明的"讲说"特征。

在19世纪末、20世纪初风云变幻的数十载内,报刊与书籍空前繁荣,小说"自报章兴,吾国之文体为之一变,汪洋恣肆,畅所欲言,所谓宗派家法,无复问者"[②]。文学传播媒介的变革,影响了晚清、五四两代作家的思想和文学观念,也直接参与了转变中国小说叙事模式的历史进程,改变了中国小说的叙事模式。五四新文化运动之后,小说界更是

---

① 鲁德才:《中国古代白话小说艺术形态学导论》,南开大学出版社,2013年,第22—24页。
② 《中国各报存佚表》,《清议报》1901年12月31日。

全盘移植西方的叙事方法，从此，传统说书体小说迅速完成了从白话通俗小说向新小说、现代小说的嬗变。现当代小说在叙事模式、表现技巧、语言体式等诸多方面，展示出了与白话通俗小说的霄壤之别。正如王瑶先生所指出的："现代文学史是几千年的中国文学史的新的发展部分，它与古典文学应该是继承与革新的关系。它们之间有着不可分割的历史联系。"[①] 陈平原将"中国古典小说表现技巧的继承"与"传统文体之渗入"视为作用于20世纪初中国小说演进的"力"[②]。而白话通俗小说的语言表达方式对现代汉语的影响，更是渗透到了包括篇章、句法、词汇在内的语言各个层面。仅就本书的研究对象——以程式化的叙事套语为基础形成的话语标记而言，对现代汉语的话语标记系统的影响称得上极其深远。

讲说体小说的创作（或流传）年代、作者（包括改编整理者）、主题、篇幅等方面都存在着一定的差异。能否将它们视为均质语料进行研究？我们的答案是肯定的。正如叙事学研究者赵毅衡（2013）所言，"中国白话小说漫长的改写期，所有的中国传统小说形式特征趋向于均质一致。明末改写期结束时，主体平均化与叙述特征均质性已形成了强大的叙述程式。即使中国小说进入创作期后这个传统程式仍得以延续。原因是白话小说在中国文化中的地位没有改变，白话小说文类限制了它的文本地位，从而限制了它的著作主体强度与叙述形式的独创可能"[③]。而本书所研究的话语标记恰恰是依托于讲说体这种叙述程式的。

第 2 节　讲说语体的功能动因

本节主要分析影响讲说语体类型特征形成和分化的三个功能动因变

[①] 王瑶：《中国现代文学与古典文学的历史联系》，《北京大学学报（哲学社会科学版）》1986年第5期。
[②] 陈平原：《中国小说叙事模式的转变》，上海人民出版社，1988年，第13—14页。
[③] 赵毅衡：《苦恼的叙述者》，四川文艺出版社，2013年，第18页。

量：传播媒介、话语角色关系和功能意图，以对讲说体的本质特征有全面深入的了解。

李熙宗（2005）指出，"语体是在长期的语言运用过程中历史地形成的，与由场合、目的、对象等因素所组成的功能分化的语境类型形成适应关系的全民语言的功能变异类型，具体表现为受语境类型制约选择语音、词语、句式、辞式等语言材料、手段所构成的语言运用特点体系及其所显现的风格基调"[1]，并提出了语体风格"制导要素"[2] 这一概念，认为在制导因素的控制和导引下，表达手段结成统一的整体去显示一种完整的特有的格调，成为风格。刘大为[3]认为，语体是一个双层结构体，它具有成体系的语言变异层和引发语言成格局变异的功能动因层，即语体变量。运用语体变量来考察语体类型特征是一种富于解释力的研究方法。

语体是从语言交际功能划分出来的功能变体，若能抓住其中的"制导因素"或"语体变量"，就能解释某一语体的本质特征，解释语体的构成原因，说明语体之间的异同，并在某种程度上预测在这些"制导因素"或"变量"的作用下语言可能会发生的某些变化，因而也能对语言事实发生变化的深层动因作出较为合理的解释。

讲说语体是一种以民间艺人的说书演出活动为基础发展而来的语体类型，其说书的历史渊源使它在实施叙事、娱乐功能时，需要时时兼顾口说与书面传媒的特点，所具有的口语和书面语双重特性贯穿了传统白话小说由兴而衰的始终。下面从三个维度考察"讲说"这种言语活动的本质特征：一是媒介方式维度，如口说还是书写、纸媒还是网络等；二是话语角色关系维度，如权位关系等；三是功能意图维度，如叙述、评价、描写等[4]。

---

[1] 李熙宗：《关于语体的定义问题》，《复旦学报（社会科学版）》2005 年第 3 期。
[2] 宗廷虎、邓明以、李熙宗、李金苓：《修辞新论》，上海教育出版社，1988 年，第 329 页。
[3] 刘大为：《论语体与语体变量》，《当代修辞学》2013 年第 3 期。
[4] 刘大为：《作为语体变量的情景现场与现场描述语篇中的视点引导结构》，《当代修辞学》2017 年第 6 期。

1. 媒介方式

传播媒介指信息传递所凭借的媒介或者工具，是用来考察各类语体的基本维度之一[①]。语言作为人类最重要的交际工具，自古以来最主要的传播媒介有两种：一是通过声音实现同一时空背景下的口头即时传播；二是通过文字这种记载语言的符号以实现不同时空背景下的间接传播。前者的交际双方通过口耳相传，是不借助媒体的直接交流；后者的交际双方借助媒体（如文字、影像等）做间接交流。直接交际对言谈现场以及交际双方的身体语言（如面部表情、肢体语言、眼神等）和语境的依赖性较强。讲说体最早是街坊里巷的说书艺术，无疑属于直接交际类。

古今中外的小说都以语言为媒介，也都能划分出口头流传与书面记录两大类型，只要是以纸质媒介进行传播的也都具有非现场性。从这个角度来看，讲说体小说似乎并无特殊之处，但与现代叙事小说相比却面貌迥异，个中原因就在于：讲说体小说在案头书面化供人阅读之后，仍模仿着书场的说书格局，即使绝大多数情况下都是讲说者在独白，但语篇中却仍时不时地模拟着听说双方的互动交流，表现出了较强的即时性、现场性和交互主观性特点。

根据传媒变量，讲说体可描述为：以书面记载，却又模拟书场现场说书格局的口说叙事语体类型。

讲说体的传媒方式的特点主要表现在以下几个方面。

1.1 口说的书面文学

口语和书面语的区别在任何一种语言中都存在，在古代汉语中更是泾渭分明。口头交际和书面语交际之间也有显著差异，口语交际大多是面对面的口谈，语义的理解更依赖于交际双方的互动、眼神或肢体动作等非语言手段以及情景语境等，即时现场性特点限制了言语生成、理解的时间和形式，所以它的句法结构较为简单、松散，甚至不规范；书面

[①] 陶红印：《试论语体分类的语法学意义》，《当代语言学》1999年第3期。

交际中，交际双方处于不同的时空，话语的生成更为从容与有计划性，读者的理解则更依赖语言环境，因而书面语的语法相对复杂、严谨、规范化。

宋元时期，说书艺术兴盛，艺人于街坊市井间"只凭三寸之舌"，面对听众"褒贬是非，略咽万余言，讲论今古。说收拾寻常有百万套，谈话头动辄是数千回"。"最畏小说人，盖小说者，能讲一朝一代故事，顷刻间提破。"①所言皆为说书盛况。讲说体的口头讲述形式成为深受百姓喜闻乐见的欣赏模式。当讲说体小说的书面形式成熟后，口说与书面文学之间的关系开始复杂起来。小说在形式上一致"模拟"或"保持"着口头文学的话语特征，即使转变成以书写符号为载体的书面小说之后，仍穿着"说书人的外衣"，模拟在"书场"中以"说书的"身份对"看官"的口头讲述活动，以这种特殊方式形成讲说体这种"口说的书面文学"形式。

表达方式和表达媒介不一致的现象在语言中并不罕见。陶红印（1999）就曾指出，"口头的表达方式可以出现在书面的表达媒体上，造成一种口语化的书面风格（如口语化的小说、戏剧作品、书面广告等）"②。"讲述"是讲说体的典型叙事方式,有一个讲说者面对看官们讲故事，深度介入故事的讲述中，并在故事文本中留下讲述痕迹；由于隔着一个讲述者，读者与所述故事之间的距离较远，接收到的叙事信息也往往显得比较精练。

1.2 文言与白话

"书写"造成的视觉识别符号序列是文字，文字是记录语言的符号。古代汉语的书面语长期以来都存在文言和白话两种同源殊途的语言体式系统。在作为记录语言的工具层面上，文言与白话没有区别，但文言是只见于文而非口说的语言，白话却是口说的语言③。因此，传播媒介除了有口头与书面的划分之外，白话与文言也是汉语的两个重要"书写"

---

① 〔宋〕罗烨:《醉翁谈录》，古典文学出版社，1957年，第3、47页。
② 陶红印:《试论语体分类的语法学意义》,《当代语言学》1999年第3期。
③ 张中行:《张中行全集》第6卷，北方文艺出版社，2019年，第25页。

维度。

讲说体"小说"以白话为主要书写方式，同时也杂有程度不等的文言成分，诗词曲赋等韵文在语篇中占有不小的分量，由此形成了"文白夹杂"的书写面貌。该情形与"小说"在文学史上的地位有关。古代"小说"在相当长的时期内一直被当作"末技"，为传统的正经读书人所不齿，靠作小说为生的大多是仕途无望或为生计所迫的落魄文人。中国自古就是"诗"的国度，诗歌的文学地位自不待言，引"诗骚"入文是一种传统，也是提高小说品位的捷径，更是小说作者夸耀才情的方式。于受众角度而言，讲说体小说受众以城市中文化水平普遍较低的市民阶层为主体，小说作者要创作出为受众所理解、欢迎的作品，既要选取受众易于接受理解，又能够朗朗上口、易于讲说的大白话，作为传播的主要语言形式，同时又要取信于听众，在讲说过程中加入诗词韵文以增加所述故事的权威性；另外，吟诗诵词也可增添音乐美感，多方位地激发受众的兴趣与关注。

文言与白话在语言表达上也各有优势。文言长于概括写意，小说在叙述、人物和场景描写时，多采用文言笔法；白话善于铺陈描绘，多用在故事主线推进，对故事人物对话、行动、性格及心理活动的塑造刻画上。如：

（1）宝玉早已看见多了一个姊妹，便料定是林姑妈之女，忙来作揖。厮见毕归坐，细看形容，与众各别：两弯似蹙非蹙罥烟眉，一双似喜非喜含情目。态生两靥之愁，娇袭一身之病。泪光点点，娇喘微微。闲静时如姣花照水，行动处似弱柳扶风。心较比干多一窍，病如西子胜三分。宝玉看罢，因笑道："这个妹妹我曾见过的。"（清《红楼梦》第3回）

上段引文为《红楼梦》中宝黛初次相见的场景，从宝玉视角引入黛玉的正面人物形象描写时，采用的是文言书写符号，而从叙述者视角叙述以及人物会话部分采用了白话书写。讲说体小说这种以白话为主，文白夹杂、韵散交织而形成的"芜杂"语言面貌,在古代文言小说、现代叙事小说中都相当罕见。

1.3 拟书场的交流空间

"说书"艺术转换为书面小说之后,由于"说书"深受百姓的喜闻乐见,小说作者或改编者一直都拘泥于宋元话本铸定的框架,模仿代替了创新,忽视了"听觉艺术"与"视觉艺术"的区别,即便是纯粹由文人创作的小说,也仍保持着书场讲述故事的口头叙事特征。

讲说体小说的讲说者和听者都是"出场但不介入式"身份,他们不在所述故事中扮演任何一个角色,他们的交流属于小说故事之外的超叙事层的互动。例如:

(2)直到林屋做了南京翰林院孔目,撞着这人来游雨花台。林屋知道了,着人邀请他来相会,特问这话,方说得始末根由,备备细细。林屋叙述他觌面自己说的话,作成此传,无一句不真的。方知从古来有这样事的,不尽是虚诞了。‖<u>说话的,毕竟那个人是甚么人?那个事怎么样起?看官,听小子据着传文,敷演出来</u>。(明《二刻拍案惊奇》)

引文中画线部分记录的是讲说者与听众的交流互动,他们在针对前文"林屋"撞见的"这人"及事进行讨论,讲说者还公布了自己的叙事安排。而这些叙事套话没有给小说故事增加任何新信息,也不影响小说人物的命运和故事情节的发展,在读者看来完全多余,却由于其使用能够营造出浓重的"书场"氛围,将本来的"读-写"关系迅速转为"听-说"关系,形成讲说体小说独特的"风味",而一直被保存下来。

在说书场中,说书艺人直接面对听众讲述故事,他的一言一行都左右着每一位听众的情绪,同时每位听众的一颦一笑也影响着讲说进程,言听双方的面对面即时交流实现了场上场下的互动,使讲述与接受活动获得成功。而书面化的讲说体小说语篇,却缺乏同处一个时空进行现场交流互动的交际主体，也缺乏感官可及的物理空间和副语言手段等口头交际要素，即便如此，双方的现场交流特性仍大大强于普通书面文学中作者与读者的关系。很大程度上，讲说体小说的这种拟书场现场交流的叙述程式的确立和巩固得益于"说书的"与"看官"这对称谓标记，围绕着这对话语角色的称谓语，小说文本拟构出了一整套现场性要素来保证言听双方处于现场交际状态：有言者——说书的，有听者——看官，在同一时空——说书场的某一说书场次中，有可感知的话语——说书人讲说的故事。将本应为"写"与"读"的关系，通过"说"与"听"的途径实现，这就使得讲说体小说区别于笔记传奇小说、现代小说等其他叙事艺术，而呈现出独树一帜的奇特风格。

至于讲说体小说为何要在拟书场格局中叙事？美国叙事学家韩南（1989）认为，"这样一种定式当然是对作者有利的——它帮助作者解决了写作中的大难题。因此不奇怪，中国作家很不愿意放弃这种语境"[①]。确实，拟书场叙事格局在口头传播时期有利于"说话"艺术师徒相授、代代相传，案头化之后也有助于小说作者依葫芦画瓢地模仿创作，但更多的是经年养成的听者欣赏趣味的反映。

讲说体小说在漫长的发展过程中，逐步形成了各种各样的叙事程式，大到叙事结构，小到叙事套话，都是模拟或维持"拟书场"的交流手段或策略，也是构成讲说语体风格特征的要素之一。"（中国小说）长篇和短篇小说的来源、叙述型式、历史，大体上相同，唯一的区别只在篇幅。"[②] 这种"虽云长篇，颇同短制"[③] 的结构形式，很大程度上受到了书场演出固定时长的限制。不论长篇章回还是短篇话本小说，都以大大小小的故事为结构单元，大故事中嵌套着若干小故事，每个小故事又都基本具有相对完整的叙事要素而自成一个头尾俱全的独立场景，各小场景串联成故事情节，再按照叙事主线推进，组成彼此照应有起承转合的网状或线性叙事结构。短篇小说无论其题材是"公案""鬼怪"，还是

---

① ［美］P. 韩南：《中国白话小说史》，尹慧珉译，浙江古籍出版社，1989年，第23页。
② 同上。
③ 鲁迅：《中国小说史略》，上海古籍出版社，1998年，第156页。

"传奇""愚行"或"宗教",其结构之道与技法皆惊人地相似,其语篇组织结构包括:题目、入话(又称楔子、引子或头回,概述点明宗旨)、正话(介绍、系列事件、结局)、出话(评价、尾声)。长篇章回小说,无论是缀段式、单体式,还是网络式,其叙事结构也都大体一致。如,都将各个故事分成段落差不多体量的"回"(也叫段、节、则、章、卷等);每一回还有"回目",一般是整齐的双句对偶形式;每个章回皆由正文与回末套语两部分构成;有的各回之前还有"引头诗(词)";回末套语后还有"散场诗"等。可以认为,讲说体小说的程式化结构,是从其书场语境中提取出来的符号化了的故事讲说行为模式,而语篇结构本身也是语体风格的构成要素之一。

2. 话语角色关系

话语角色"是言语行为方面具有社会规范特征的社会角色,是社会角色在言语交际领域中的具体化"[①],包括说话者和听话者两种角色。在一般言语交际中,说话者给予信息,听话者接受信息。讲说体的"说话者"角色由"说书人"承担,行使作者和讲述者的功能、权利和义务;"听话者"角色由"看官"承担,但该"看官"并非一般意义上只被动接受的听众,他还被允许偶尔参与到谈话中去,还可以对说话人的话语作出回应。自然,这种参与、回应,并非真正的听者说者之间的现场互动,而是作者假想出来的虚拟交流。

交际双方的角色定位以及关系恰当与否,关系到话语的组织与理解,话语角色的变化也会影响话语结构及其话语构建,还会影响交际效果及交际目的的达成。冯胜利(2010)就曾指出,"语体之体应当指交际双方在交际时产生而后遵循的原则和规律,交际对象尤为重要,对象不同,则语体不同"[②]。比如,现代公文语体中的申请与批复,就是两种因写作者与读者角色关系不同而导致的语气格调全然相反的语体类型。

---

① 王德春、陈晨:《现代修辞学》,上海外语教育出版社,2001年,第28页。
② 冯胜利:《论语体的机制及其语法属性》,《中国语文》2010年第5期。

Leech（1983）[①]曾根据话语角色之间有无合作关系，将言语行为分成竞争类、和谐类、合作类和冲突类四种。讲说体的"娱目醒心"功能和商演属性，决定了它必须以和谐、合作类言语方式为主，而不太可能选择体现竞争类和冲突类言语行为的话语方式。

讲说体的话语角色主要涉及说者与听者关系的显隐、对等两种关系。

2.1 外显的言听角色关系

讲说体言听双方角色关系非常外显。"讲述"叙事方式就是让讲说者以"出场但不介入式"身份公开介入文本，并且毫不隐瞒自己的讲说者身份，以第一人称"说话的""说书的"或"在下"自称，与"看官"们相呼应甚至当面交流。讲说者凌驾于叙述世界之上，随时对所述内容加以解释或评论，帮助听者扫除疑问或形成价值判断。听者角色的"看官"们，也同样以"出场但不介入式"身份倾听说者的讲述，接收叙述信息，理解故事，了解叙事进程，还偶尔参与讲说者的交流讨论。

2.2 不对等的言听角色权位关系

讲说体说者与听者角色的权位关系完全不对等。角色关系的不对等主要与人际关系中的"权位"因素相关。系统功能语言学将"权位"分解为权势和社会距离两个连续体，权势在交际双方的分配可以是对称或不对称的，即交际双方可能平等，也可能不平等。权势又可以分为社会权位和知识权位。社会权位方面，听者高于说者。这是由说书的"商业表演"性质造成的。讲说活动的成功与否直接影响讲说者经济收入的高低，要保证生存之道，就必须以听者为中心，从"讲说"活动的各个方面去迎合、迁就听者的欣赏水平与口味，随时关注听者的注意与兴趣点，根据听者的反应来调整自己的角色定位和与之相适应的话语方式、表达特点，策略性地选用合适的话语方式、表达方式，吸引听者尽量长久地追随自己的讲说活动。因此，说者在有限的时间内调动"十八般武艺"讲好故事，通过融表、白、评为一体的各种语言表达手段，既要让

[①] Leech, G. N., *Principles of Pragmatics*, London: Longman Group Limited, 1983.

听者接受自己所讲说的故事和所表达的情感态度,又要充分激发听者的感知、想象、联想、思考等心理活动,引起情感上的共鸣,以收到强烈的艺术效果。

在知识权位方面,说者明显高于听者,说者拥有绝对的知识权位。近代社会民众文化水平普遍不高,听者的主要成员是以妇孺老幼为主体的平民百姓,平均知识水平较为低下。而写作者则以没落文人为主体,如曹雪芹、施耐庵、吴敬梓、吴承恩等,他们的文化知识水平远高于听者群体,"商业表演"的传统所带来的"听者为中心"意识,使写作者们在创作(或讲说)的过程中自觉地承担起帮助听者扫清知识障碍、增长见识的义务。在讲述过程中,说者往往会根据自己对听者的认知,不时地中断故事的讲述,停下来给听者解释、说明那些可能会给听者带来困惑或影响听者理解的疑难点;在写作者的创作意识中,要考虑到读者接受的能力、心理、期待和效果来选择合适的形式;说者还自觉承担起社会教化功能,在讲说(创作)中宣扬大众的、主流的道德、伦理、意识形态,以达到寓教于乐的目的。

此外,讲说者还拥有绝对的话语权位。讲说体小说虽偶尔杂有说者与听者的交流协商,有些模仿言听双方交流互动的对话存在小说文本中,听者的接受心理和欣赏趣味,也会左右说者的讲说活动,但在话语权上绝对是以说者主导的独白为主,故事讲什么、怎么讲、讲多长、在哪讲等都由说者说了算。

综上所述,从交际双方——说者和听者的角色关系维度来看,讲说体可以描写为:在社会权位方面听者高于说者,而知识权位上说者高于听者,话语角色关系具有不对等性的语体类型。

3. 功能意图

功能意图是语体变量中最为复杂的一种。刘大为(2013)[①]曾将功能意图区分为"言者设定"与"言听双方共同设定"两类,同时还设定

[①] 刘大为:《论语体与语体变量》,《当代修辞学》2013年第3期。

了具体的功能类别：

> 言者单方设定：叙事、描写、论证、报道、使令、询问、说明、评价、报告、宣告、建议、谴责、批评、指导、记录等；
> 言听双方共同设定：论辩、争吵、协商、讨论、对话、聊天等。

据此，讲说体小说可划定为典型的独白型叙事体。讲说者承担叙述功能，以公开的、显性的方式叙述故事，对故事主题、情节人物进行评价，也对小说的谋篇布局、遣词造句进行品评，借以传递价值观、道德伦理和态度立场。不可否认，讲说体除了叙事与评价功能外，还有描写功能，只不过讲说体小说不像现代小说那样以静态描写见长，而擅长借小说人物视角，呈现给读者一幅幅戏剧化的动态场面；静态描写不从故事人物的心理出发，而是或用诗词曲赋等韵文，以充满陈腐的意象和典故进行程式化的人物刻画；更为重要的是，讲说体的描写功能未能形成相应的、成体系的显性语言表达手段，不符合本书语言学角度的研究。因此，本书将描写与叙事功能合并，不单列为讲说体的一个功能意图变量。

综合而言，在功能意图维度上，讲说体可描述为：讲说者假托"说书人"在书场中向假想的听众讲述故事的叙事性语体，同时也跟听众就情节等问题进行讨论，并借助各种表达手段对所述故事进行评价，以达到娱乐、教化目的的多功能语体类型。

3.1 叙事功能意图

纵观白话通俗小说发展史，自宋元时期说话艺术转型为书面阅读小说以来，小说题材蔚为大观，有神仙志怪、才子佳人、侠义公案和狭邪、谴责等几大类。无论哪类题材，讲说体小说都是基于虚构的叙事性文学样式，具有叙事语体的表达共性，因此叙事性是小说功能意图维度上最为重要的一个功能动因。

叙事，通俗地说就是"讲故事"。当代修辞叙事理论代表人物詹姆斯·费伦将叙事定义为"某人在某场合下为某种目的给某听众讲述某个故事"①。与同样是叙事体的文言小说或现当代小说相比较,近代白话小说在叙事性方面有独特追求:布局讲究一波三折;故事有头有尾,有高潮有结局;以人物及其命运为情节线索或故事结构中心;题材必须曲折动人;讲述要求夹叙夹议,叙评并重,做到惟妙惟肖,引人入胜,使听者获得艺术与情感双重体验等。具体而言,讲说体的叙事有如下几个特点。

3.1.1 关注事件行为主体

叙事体关注事件的行为主体,讲说体小说亦不例外。在关注事件行为主体方面,现代叙事体一般在文中自然地展示人物,而讲说体小说尤其在意事件的行为主体,以致在开场介绍人物时形成了独有的溯源式开局模式,该模式"以说书人的身份来介绍、回顾人物生平,往往先将书中主人翁之姓氏、来历叙述一番,然后评其事于后"②。例如,《水浒全传》一号人物宋江的首次出场亮相,就采用了追源溯流的介绍方式:

(3)只见县里走出一个吏员来。【叙】那人姓宋,名江,表字公明,排行第三。祖居郓城县宋家村人氏。‖【评】为他面黑身矮,人都唤他做黑宋江;又且驰名大孝,为人仗义疏财,人皆称他做孝义黑三郎。‖【叙】上有父亲在堂,母亲早丧;下有一个兄弟,唤做铁扇子宋清,自和他父亲宋太公在村中务农。守些田园过活。‖【评】这宋江自在郓城县做押司,他刀笔精通,吏道纯熟;更兼爱习枪棒,学得武艺多般。平生只好结识江湖上好汉;但有人来投奔他的,若高若低,无有不纳,便留在庄士馆谷,终日追陪,并无厌倦;若要起身,尽力资助……

对宋江这一人物的生平介绍还夹杂着作者的主观评价,使得读者马上对人物形象形成一个较为全面、立体的了解。溯源式开局模式主要针

---

① [美]詹姆斯·费伦:《作为修辞的叙事:技巧、读者、伦理、意识形态》,陈永国译,北京大学出版社,2002年,第82页。
② 赵毅衡:《苦恼的叙述者》,四川文艺出版社,2013年,第131页。

对故事中的重要人物,而对新人物的引介,将已经出过场的人物重新引回当前叙述的时候,都有其特别的标记。例如:

(4)却说临安城中,<u>有个吴八公子</u>,父亲吴岳,见为福州大守。<u>这吴八公子</u>,打从父亲任上回来,广有金银,平昔间也喜赌钱吃酒,三瓦两舍走动。(明《醒世恒言》)

例中话题标记"有"引出了首次出场的新人物"吴八公子"。因中间插入了"父亲吴岳",后文再次继续引入"吴八公子"为话题时,使用了标记词"这"以示其踪。再如:

(5)宝玉便问<u>袭人</u>道:"怎么宝姐姐和你说的这么热闹,见我进来就跑了?"问一声不答,再问时,<u>袭人</u>方道:"你问我么?我那里知道你们的原故。"宝玉听了这话,见他脸上气色非往日可比,便笑道:"怎么动了真气?"<u>袭人</u>冷笑道:"我那里敢动气!只是从今以后别再进这屋子了。横竖有人伏侍你,再别来支使我。我仍旧还伏侍老太太去。"一面说,一面便在炕上合眼倒下。宝玉见了这般景况,深为骇异,禁不住赶来劝慰。<u>那袭人</u>只管合了眼不理。(清《红楼梦》)

例中"袭人"已是出过场的"旧人",但在后面事件的当下语境中需要再次提起,并以她为话题人物进行陈述的时候,前面加注标记词"那"以特别标识。这些标记的使用表明,讲说体特别关注事件的行为主体,因为它们的使用能够调节听者的注意,使即将要进入工作记忆平台进行处理的信息,得到更多的注意资源分配。

3.1.2 时间的连续性、完整性与局部的"时间倒错"

小说是时间的艺术。讲说体小说极为注重时间的连续性和完整性,每个重要的时间节点都会有固定的语言形式进行标注。法国学者克里斯蒂安·麦茨曾指出:"叙事作品是一个具有双重时间性的序列……所讲述的事情的时况和叙述的时况（所指的时况和能指的时况）。"[①] 讲说体小说也属于书面叙事文学，也必然有"故事时间"与"叙事时间"两种时况。"故事时间"指小说所讲述的故事发生的实际时间；"叙事时间"指叙述该故事时在小说文本中所呈现的时间状态。叙事时间指"说话人"叙述者向"看官"进行书场表演的时刻，一切叙述活动都立足于该时刻，在叙事过程中也会不断地触及，如《西游记》（第六十三回）"那怪物负痛逃生，往极北海而去，至今有九头血滴虫，是遗种也"，句中"至今"就表征了叙事时间。"故事时间"也有其特定的语言编码，如"史进又道：'哥哥既有包裹在寺内，我和你讨去。若还不肯时，一发结果了那厮。'智深道：'是。'当下和史进吃得饱了，各拿了器械，同回瓦罐寺来。"（《水浒全传》）其中，"当下"就是故事时间的标记。

叙事时间是一种线性时间，故事发生的时间则是立体的。故事中的几个事件可以同时发生，但叙述时只能按顺序一件一件讲出来；于是一个复杂的形象就被投射到一条直线上[②]。相较于西方与我国现当代叙事文学在叙事时序上的错综复杂，讲说体小说相对简单，它多用历史纪年或传记式的叙述方法，在叙事过程上注重时间的连续性，遵守自然时序，较少扭曲叙事时间和故事时间，习惯使用一条符合逻辑发展的中心线索把一连串的事件连缀起来，诸多事件都围绕一个中心事件展开，而该中心事件又自有其前因后果，来龙去脉，故事情节的发展也始终保持在符合前因后果的范围之内[③]。虽然在叙述主线中也不时插入次要故事，或征引补充一些无伤大雅的背景信息，但在插补之后又会立即返回到主线故事的讲述之中去，以此维护时间的完整性。

虽说讲说体小说较为严格地按故事自然时序连续叙事，但也普遍存在局部的"时间倒错"[④]。"时间倒错"是时间连续性、完整性要求与"听

[①] Metz, Christian, *Film Language: A Semiotics of the Cinema*, New York: Oxford University Press, 1974, p.18.
[②] ［法］兹韦坦·托多罗夫：《叙事作为话语》，载《马克思主义文艺理论研究》编辑部编选：《美学文艺学方法论》（下），文化艺术出版社，1985年，第562页。
[③] 鲁德才：《〈水浒传〉的叙事艺术》，《水浒争鸣》第四辑，长江文艺出版社，1985年，第228页。
[④] 罗钢：《叙事学导论》，云南人民出版社，1994年，第132页。

者中心",讲求跌宕起伏叙事效果要求相背离的结果。按自然时序叙事就难免一马平川、按部就班,难以引人入胜;追求连续叙事,容易遗留空白与漏洞,叙事效果难免打折扣。最经济的措施则是制造"时间倒错",一则设置悬念形成叙事张力,二则补救叙事空白与漏洞。

  讲说体中的时间倒错形式主要为倒叙与预叙,二者都是相对于"原本"的叙述线索而言的,某事件迟于"原本"应该发生的时刻叙述称为倒叙,反之则为预叙。学界普遍认为,倒叙是西方文学叙述的传统手法,自唐以降,小说创作虽获长足进展,倒叙仍极鲜见,而插叙却日渐增多。插叙与倒叙性质虽同,但插叙的幅度极短,不足以改变第一叙事的叙事顺序,因而叙述者运用得比较自如。我国古代长篇章回小说根据其叙事体例的差异,可分为编年体和纪传体两种类型,但无论哪一种,其叙事时间与故事时间在时间矢向上大体都是一致的。也就是说,整体上的全书倒叙法基本上不存在,直至晚清时期吴趼人的《九命奇冤》出现,才算勉强有了全书倒叙手法的运用。

  预叙是另一时序变形的主要方式,指提前讲述某个后来才发生事件的叙事方式。法国叙事学家热奈特曾指出,与插叙和倒叙相比,预叙在西方十九世纪小说中"明显地较为罕见",但在中国古代小说尤其是在长篇章回小说中,预叙却使用得相当普遍。讲说体小说中的预述方式大部分都是有回应的,比如几乎所有的白话长篇小说,在楔子中都预示了故事的结局,故事尚未开始便知结果。此时叙述展开的主要动力不是回答"会有什么样的结果"之类的疑问,而是重在表现"结果是如何取得的"这一过程。此外,讲说体长篇小说中每章的结尾都有程式化的预叙方式,以《水浒全传》第一回结尾为例:

  (6)外面火光中照见钢叉,朴刀,五股叉,留客住,摆得似麻林一般。两个都头口里叫道:"不要走了强贼!"不是这伙人来捉史进并三个头领,怎地教史进先杀了一二个人,结识了十数个好汉?<u>直教:芦花深处屯兵士,荷叶阴中治战船。毕竟史进与三个头领怎地脱身,且听下回分解</u>。

例中"直教""毕竟"等词语所标引的内容,就是对下一回将重点讲述的史进与另三个头领想方设法脱身情节的简单预告。

关键情节的发展转折处也常出现预叙方式,这是书场"说书人"在讲说中途暂停下来,向听众讨取关赏的"开呵"环节在书面小说中遗留的印迹,例如:

(7)宋金向空叩头,感谢龙天保佑。然虽如此,此身如大海浮萍,没有着落。信步行去,早觉腹中饥馁。望见前山林木之内,隐隐似有人家,不免再温旧稿,向前乞食。只因这一番,<u>有分教宋小官凶中化吉,难过福来</u>。(明《今古奇观》)

"有分教宋小官凶中化吉"抢先一步将叙事时序本来靠后的结局说了出来,该预叙方式极具讲说体特色,可借此继续黏住观众,充分利用了听者欲罢不能的接受心理。

3.1.3 第三人称的全知型叙事视角

"视角"本是西方叙事学的一个重要概念,指人物观察场景时的立足点。透过远近高低不同的视角观察到的场景特征亦形态各异。无论口头讲说还是书面叙述都避不开一定的视角,讲说体作品习惯采用全知型无限视角以第三人称叙事。另外,虽然人物限制视角也较为常见,但第一人称视角叙事却极为罕见,第二人称的限制视角则绝无仅有。这种叙事视角的选取使得近代白话小说叙事风格殊异于西方小说、我国古代的文言小说和现当代小说。视角代表了人们所具有的一种与语言选择紧密相连的认知能力,视角的选择制约着说写者对语言所有层面表达形式的选择[①]。比如讲说体小说中普遍可见的"只见/只听/看见+无定主语句",便是受全知型第三人称叙事视角制约而被选择的句子格式,因为"说话人为了更紧地吸引听者,把自己置身于所讲述的情景之中是一个很好的选择"。如"只见这边一个客人从松林里走将出来,手里拿一

---

① 朱冬怡:《会话叙事视角的缺省语义空间探析》,《浙江外国语学院学报》2019年第4期。

个瓢,便来桶里舀了一瓢酒"这类便是①。其中的"只见"已演化为专职的视角标记语。除此之外,讲说体中的"但见、却见、忽见、你看、只听"等都是全知型第三人称叙事视角或人物限制视角在语言层面上的显性编码。

全知型视角指叙事者伪托说书人的身份直接介入故事中,凌驾于人物事件之外,能够自由地出入书中人物的内心世界,向听众揭示人物的心理奥秘,还能够现身引领听者去梳理头绪纷繁的情节和复杂的人物关系甚至预测事件的走向。这种叙事类型模式便于表达观点、灵活调度结构,迅速移动情节,时空跨度大小长短听凭叙述者掌控,有时几句话交代了一切,能够省却许多笔墨。特别是该视角能窥视人物的内心活动,便于随时评述人物及事件的得失。

然而在转入只供读者阅读的书面小说后,全知型的"说书人"也成了一位令人生厌的"向导",因为他总是把每个人物的一切都和盘托出,一览无余,人物的动机轻易被人识破,毫无咀嚼品鉴的余地。当然,这是站在西方小说理论立场的批评,叙事视角本身并无好坏、高下之分,关键在于什么样的艺术形式和故事内容与哪一种叙事视角更适配,更何况任何一个民族的小说叙事形式都自有其历史发展过程,任何一种叙事形式的形成,都绝非偶然。全知全能的叙事视角,虽与西方早期小说一样同属传统的写作模式,但形成原因和表现形态并不相同,单从叙事结构看,深受唐代变文和宋元说话的直接影响,明清文人再刻意模仿以表明讲说体小说千世一系与"说话"艺术间割舍不断的血缘关系。

应该看到,讲说体小说的叙事视角并不意味着全知到底,在全知视角的框架下允许视角"调适"。例如《水浒传》第八回"鲁智深大闹野猪林"就运用了人物限知视角叙事,"话说当时薛霸双手举起棍来,望林冲脑袋上便劈下来,说时迟,那时快,薛霸的棍恰举起来,只听松树背后雷鸣也似吼一声,那条铁禅杖飞将来,把这水火棍一隔,丢去九霄

---

① 张伯江:《以语法解释为目的的语体研究》,《当代修辞学》2012 年第 6 期。

云外,跳出一个胖大和尚来,喝着:'洒家在林子里听你多时!'两个公人看那和尚时,穿一领直裰,挎一口戒刀,提着禅杖,轮起来打两个公人,林冲方才闪开眼来看时,认得是鲁智深。"此段被金圣叹赞为"奇文奇笔",实际上,"奇"就"奇"在此段事件的人物限制叙事角度,只能写公人和林冲亲眼所见之事,目力范围外的一概不知一概不写,保证了"来人是谁"的悬念维持到最后,由此带来的审美张力对听者的吸引力之大不言而喻。

3.2 评价功能意图

"评价"指讲说者(或作者)对所述内容、听者所表达的主观观点和情感态度,是一种言语行为,涉及说者、听者和言谈内容三个方面。系统功能语法提出话语有概念、人际和语篇三个功能。听说双方在交际中,除了交流命题内容(话语的概念功能)外,还常常表达个人的评价(即人际功能),表达方式包括语法手段、词汇选择和副语言手段等。通过评价,讲说者使自己参与到某一情景语境中,对所叙述的事件或命题表达自己的态度和判断,并试图以此影响别人的态度和行为。评议也是一种话语人际意义的实现方式。Hyland(2005)将"评议"定义为作者的语篇声音或者言语社区公认的个性,包括作者展现自己和表达判断、意见及承诺的方式,作者对特定信息的态度、作者对信息真实性的确定程度、作者获取信息的方式以及作者对待信息和读者的视角[①]。汉语研究者除了使用"评价"一词外,还使用"言据性、情感程度副词、情感、情态、态度、立场"等名称。

讲说体小说一方面体现叙事语体的表达共性,另一方面也通过在叙述之外发表评价来表达对所述内容的看法或表达自己的情感态度,构建听说双方的人际互动。讲说者的评价以反映讲说者的元认知活动和元语用意识为主,与故事人物的情感态度并无关联。相比西方和我国现当代叙事类文学作品,讲说体小说的评价形式以叙议结合为主,其评议功

---

① Hyland, K., "Stance and Engagement: A Model of Interaction in Academic Discourse", *Discourse Studies*, 2005, 7(2).

能尤为突出,评价手段更为复杂多样。我国小说形式的发展演变受到历史著作的影响,一直有引"史传"入小说以承担"娱人"之外的"载道""警世"功能,"史才、诗笔、议论"等"文备众体"成为小说家们的一致追求。另外,讲说体小说的口头说话艺术特征,叙述者所采用的第三人称无限叙事视角,也给予其随时站出来随心所欲发表议论的极大便利。

3.2.1 评价方式

讲说体小说文本中存在大量的讲说者评价。据南宋罗烨《醉翁谈录·舌耕叙引》记载,"讲论只凭三寸舌,秤评天下浅和深"[①]。"只凭三寸舌,褒贬是非"所言即是讲说者以公开的、显性的方式传递自己的价值观点、思想认识甚至伦理立场的情况。讲说体的评价以下面三种形式表达:一是以小说的楔子或"入话"、收场诗等为载体,将评价遍布于小说文本各处;二是依附于诗词等韵文、熟语渗透全篇;三是在小说叙事过程中随时插入评价话语。

以议论始,几乎是每部讲说体小说的通例。"入话"或长篇章回小说的第一回楔子作为位于结构的起始部分,往往是评议最集中处,叙事者在"入话"中对道德伦常、处世哲学或人生观发表议论,表明自己的立场态度。胡士莹先生认为,"入话"是解释性的,和篇首诗有关,或涉议论,或叙背景,以引入正话[②]。如:

(8)这首词,名为《西江月》,是劝人安分守己,随缘作乐,莫为"酒""色""财""气"四字,损却精神,亏了行止。求快活时非快活,得便宜处失便宜……假如你有娇妻爱妾,别人调戏上了,你心下如何?古人有四句道得好:人心或可昧,天道不差移。我不淫人妇,人不淫我妻。(明《喻世明言》)

---

① 〔宋〕罗烨:《醉翁谈录》,古典文学出版社,1957年,第47页。
② 胡士莹:《话本小说概论》(上册),中华书局,1980年,第178页。

引文出自冯梦龙短篇拟话本小说《蒋兴哥重会珍珠衫》的入话部分，位于"篇首诗"之后、"正话"之前，讲说者围绕"好色"这一题旨发表了议论。长篇章回小说沿袭话本小说创作体制，从构思、结构、内容、寓意诸方面去精心营造小说开篇，在开头用因果轮回或寓意去解释小说思想内容，如：

（9）此开卷第一回也。作者自云：因曾历过一番梦幻之后，故将真事隐去，而借"通灵"之说，撰此《石头记》一书也。故曰"甄士隐"云云。但书中所记何事何人？自又云：今风尘碌碌，一事无成，忽念及当日所有之女子，一一细考较去，觉其行止见识，皆出于我之上。何我堂堂须眉，诚不若彼裙钗哉？实愧则有余，悔又无益之大无可如何之日也！当此，则自欲将已往所赖天恩祖德，锦衣纨袴之时，饫甘餍肥之日，背父兄教育之恩，负师友规谈之德，以至今日一技无成，半生潦倒之罪，编述一集，以告天下人：我之罪固不免，然闺阁中本自历历有人，万不可因我之不肖，自护己短，一并使其泯灭也。虽今日之茅椽蓬牖，瓦灶绳床，其晨夕风露，阶柳庭花，亦未有妨我之襟怀笔墨者。虽我未学，下笔无文，又何妨用假语村言，敷演出一段故事来，亦可使闺阁昭传，复可悦世之目，破人愁闷，不亦宜乎？故曰"贾雨村"云云。此回中凡用"梦"用"幻"等字，是提醒阅者眼目，亦是此书立意本旨。列位看官：你道此书从何而来？说起根由虽近荒唐，细按则深有趣味。待在下将此来历注明，方使阅者了然不惑。‖原来女娲氏炼石补天之时，于大荒山无稽崖炼成高经十二丈，方经二十四丈顽石三万六千五百零一块。（清《红楼梦》）

在上段话中作者主要介绍了写作的缘起、创作原则、题旨寓意，交代了书中主人公的前世姻缘背景，然后再引导读者进入故事。评论部分表达了讲说者（或作者）的世界观与人生观，主观色彩极强。"入话"或"楔子"是讲说体评价的表现形式之一，如果把议论部分删去，虽无伤于整个故事的完整性，但是听读者就无从了解曹雪芹创作《红楼梦》的独具匠心及其对艺术的精辟见解，同时也削弱了作品的思想深度。由"篇首诗"过渡到"正话"，"入话"的存在缓冲了由诗歌直接过渡到故事讲述的突兀感，具有聚拢听众注意、概隐全文大意、确定故事情感基调、引起下文等多重功能，同时，它作为讲说体不可或缺的一个文体结构单位，还与讲说者（作者）对劝诫功能的强调有关。由此可见，讲说体小说中的评价实为不可或缺的有机构件，其"叙议结合"的功能也是与其他语体类型相区别的一个重要特征。

故事结尾处也是发表评价的固定板块。这当是史传中"太史公曰"卒章显志的惯例在小说中的延续。小说总结式评价，显示出讲说者对叙事的掌控，因而也是叙事干预的一个重要途径。讲说者站在自己的立场总结人物结局，点明故事主旨，宣扬社会主流的道德伦理观念，达到劝教目的。如长篇章回小说《三国演义》全书就以一段作者的议论收结：

（10）自此三国归于晋帝司马炎，为一统之基矣。此所谓"天下大势，合久必分，分久必合"者也。后来后汉皇帝刘禅亡于晋泰始七年，魏主曹奂亡于太安元年，吴主孙皓亡于太康四年，皆善终。<u>后人有古风一篇，以叙其事曰</u>：高祖提剑入咸阳，炎炎红日升扶桑；……纷纷世事无穷尽，天数茫茫不可逃；鼎足三分已成梦，后人凭吊空牢骚……

例中"此所谓"与"后人有古风一篇，以叙其事"引出的话语、诗句，就是作者对三国的世事浮沉、兴盛衰亡所发的慨叹，与第一回的发端词"话说天下大势，合久必分，分久必合"遥相呼应，在结构、文气、故事的发展过程等方面都呈现出了完满态势。

除了利用"入话""结尾"固定部分进行评价外，在故事讲述过程中随处夹叙夹议更是讲说体小说中惯常运用的评论方式。夹叙夹议方式中的评价有的是讲说者的有感而发，例如：

(11) 巢大郎一发惧怕，烧纸拜献，不敢吝惜，只求无事。怎当得妻妾两个，推班出色，递换来扰？不够几时，把所得之物干净弄完。宁可赔了些，又不好告诉得人，姊夫那里又不作准了，悒悒气色，无情无绪，得病而死。<u>此是贪财害人之报。可见财物一事，至亲也信不得，上手就骗害的</u>。（明《二刻拍案惊奇》）

故事讲述至巢大郎不幸财散人亡的结局时，讲说者开始显身，对该结局发出"此是贪财害人之报。可见财物一事，至亲也信不得，上手就骗害的"的慨叹，而不是让听者通过故事情节、人物遭遇自己去总结体悟，与现代小说习用的"言有尽而意无穷"的留白抒情方式有着霄壤之别。

有的是引用格言熟语或前文某人说过的话语来表达说者的态度立场，同时也增加话语的可信度，对听者更有说服力。如：

(12) 宇文公子，此时意兴未阑，又带了一二百狠汉，街上闲撞。时已二鼓。也是宇文公子淫恶贯盈，合当打死，又出来寻事。<u>大凡一饮一啄，莫非前定，况生死大数，也逃不得天意</u>。正是：祸福本无门，惟人乃自召。塞翁曾有言，彼苍焉可料？（清《八仙得道》）

讲说体小说不仅"以诗开篇"，还形成了"以诗为证""以诗结尾"的基本格局，通过引诗词曲赋、俗言谚语入文来对所述内容进行评议、点明题旨或某一道理，以表说书人的劝诫和评判。鲁迅先生就曾指出，白话通俗小说"诗词简启，充塞书中，文饰既繁，情致转晦"[①]的情况远远甚于其他类型的叙事体作品（如近代笔记体小说、文言小说等），意为恰到好处的吟诗赋曲本可以为平淡的叙事调谐音韵、添加音乐美感，但过度引用则显得作者在卖弄才情，讨好听者，滑入堆砌辞藻、言不达意的境地。

---

① 鲁迅：《中国小说史略》，《鲁迅全集》第九卷，人民文学出版社，1982年，第259页。

3.2.2 评价内容

传统小说作者（或讲说者）常自觉承担宣扬道德伦常、处世哲学或人生观、价值观等义务，如《石点头·序》所言："小说家推因及果，劝人作善。"《二刻拍案惊奇·小引》："其间说梦说鬼，亦真亦诞，然意有劝戒，不为风雅罪人，后先一指也。"《娱目醒心编·序》："无不处处引人于忠孝节义之途。"讲说者会在讲说过程中针对所述故事主题、人物情节进行评价，有时也针对小说遣词造句、谋篇布局发表议论，试图借此来"劝善""劝诫""引人"。

对故事主题的评价几乎是每一篇小说必有的组成部分，一般出现在篇首的入话和结尾部分，讲说者针对性地表达自己的态度立场。例如：

（13）词云：风月襟怀，图取欢来，戏场中尽有安排。呼卢博赛，岂不豪哉？费自家心，自家力，自家财。有等奸胎，惯弄乔才，巧妆成科诨难猜。非关此辈，忒使心乖。总自家痴，自家狠，自家呆。——词寄《行香子》。

<u>这首词说着人世上诸般戏事</u>，皆可遣兴陶情，惟有赌博一途最是为害不浅。盖因世间人总是一个贪心所使。见那守分一日里辛辛苦苦，巴着生理，不能够近得多少钱；那赌场中一得了采，精金、白银只在一两掷骰子上收了许多来，岂不是个不费本钱的好生理？岂知有这几掷赢，便有几掷输。（明《二刻拍案惊奇》）

这段话引自《二刻拍案惊奇》第八卷《沈将仕三千买笑钱，王朝议一夜迷魂阵》。言者通过入场诗和入话开宗明义，表达了批判赌博陋习，劝人踏实劳作，不要贪图不义之财的题旨。

讲说者还通过对小说中人物、情节发表评价来引导听者的判断，并表达出使之与自己立场趋同的主观意图。例如：

（14）玉凤姑娘一面吃饭，把他这段话听了半日，前后一想，心里暗暗的说道："我何玉凤从十二岁一口单刀创了这几年，甚么样儿的事情都遇见过,可从没输过嘴,窝过心;便是昨日安家伯父那样的经济学问,韬略言谈,我也还说个十句八句的。今日遇见这位太太,这是块魔,我可没了法儿了。此时合他讲,大约莫想讲得清楚,只好慢慢的再商量罢。"<u>列公,这念佛、持斋两桩事,不但为儒家所不道,并且与佛门毫不相干。这个道理,却莫向妇人女子去饶舌。何也?</u>有等恨钱的,吃天斋,也省些鱼肉花消;有等嘴馋的,吃天斋,也清些肠胃油腻。吃又何伤?要说一定得吃三百六十天白斋,这却大难!即如这位张太太,方才干啖了那三碗白饭,再拿一碗白水一泖,据理想着,少一刻他没有个不醋心的。那知他不但不醋心,敢则从这一顿起,"一念吃白斋,九牛拉不转",他就这么吃下去了。你看他有多大横劲!(清《儿女英雄传》)

引文中,讲说者针对故事人物"张太太"的"念佛、持斋"等行为大发议论,表达了他对这两桩事的否定态度,同时也告诫女性读者要明辨是非。

对小说自身的遣词造句、谋篇布局进行议论,是讲说体小说中比较独特的一种评价方式,讲说者对自身是故事创作者的身份毫不隐晦,甚至还将自己的讲述计划、创作目的等和盘托出。例如:

(15)后来孟沂中了进士,常对人说,便将二玉物为证。虽然想念,再不相遇了,至今传有"田洙遇薛涛"故事。

<u>小子为何说这一段鬼话?</u>只因蜀中女子从来号称多才,如文君、昭君,多是蜀中所生,皆有文才。所以薛涛一个妓女,生前诗句不减当时词客,死后犹且诗兴勃然,这也是山川的秀气。唐人诗有云:锦江腻滑蛾眉秀,幻出文君与薛涛。诚为千古佳话。至于黄崇嘏女扮为男,做了相府掾属,今世传有《女状元》本,也是蜀中故事。可见蜀女多才,自古为然。至今两川风俗,女人自小从师上学,与男人一般读书。还有考试进痒做青衿弟子,若在别处,岂非大段奇事?<u>而今说着一家子的事,委曲奇咤,最是好听。</u>从来女

子守闺房，见见裙钗入学堂？文武习成男子业，婚姻也只自商量。（明《今古奇观》）

通过引文中的画线部分语句，讲说者交代了自己的谋篇布局，在正话故事之前先安排"田洙遇薛涛"故事的原因，借此引出"女扮男装考秀才得姻缘"的正话故事，袒露出心目中对理想女性的定位和期待，从而达到让听者把握故事主旨要意的目的。

综上可见，讲说体小说评价范围广泛，评价手段多样，当讲说者评价时，都会暂时从故事世界抽离，回到拟书场里跟现场听众交流互动。因这种评价不给故事情节增加新信息，也不影响故事本来的情节走向和结局，所以属于元叙事层面的话语。

4. 小结

讲说语体形成于媒介方式、话语角色关系、功能意图等语体变量的相互关联、相互制约，它以听者的接受为中心，讲说者（或作者）通过各种语言手段刻意营造出"说"与"听"恒定关系的"书场"氛围，选用一系列语言手段和叙事策略来讲述故事，表达态度立场，以达到娱乐和寓教于乐交际目的。

语体本身可看作由功能动因层和语言变异层构成的双层结构体，语体的功能变化与语言变异之间具有互动关系。讲说体在媒介方式、话语角色关系、功能意图三组语体变量的制约下必将引起语言的成格局变异，形成即时性、现场性、交互主观性的语言风格特征。任何一种语体都是因适应不同交际目的内容需要而在相对应的交际领域中形成的全民语言的功能变体（李熙宗，2005）。语体形成之后具有相对的稳定性，对语言使用产生一定的约束力，特定的语体会要求语言使用者在不同的场合、针对不同的交际内容，为达到特定的交际效果，实现和满足不同的交际目的和需要，而采用恰当的语言交际策略使用合适的语言表达方式。关于讲说体的语言风格特点，本书还将在第 3 章结合话语标记的使用动因进行详细论述。

第3章
讲说体话语标记及其类型与使用动因、形成机制

本章通过厘清话语标记与语用标记语、元话语标记、篇章连接成分和话语关联标记以及叙事套语这几个相关概念,提出本书对话语标记的理解,并构建关于话语标记的分类体系,进一步讨论讲说语体话语标记的使用动因、形成机制以及发展演变动因。

第1节 讲说体小说话语标记的概念及其类型

1. 与话语标记相关的几个概念

话语标记到底是一种什么样的语言现象,虽有大量外国文献可参考,但由于缺少汉语实际研究的支持和验证,至今仍众说纷纭,未形成统一的认识。具体表现在,术语的使用可谓名目繁多。如话语标记(Schiffrin, 1987; Fraser, 1999; 方梅, 2000; 吴福祥, 2005; 刘丽艳, 2005; 董秀芳, 2007; 殷树林, 2012 等)[①]、元话语标记(Williams, 1981;

[①] Schiffrin, Debroah, *Discourse Markers*, Cambridge: Cambridge University Press, 1987; Fraser, Brase, "What are Discourse Markers", *Journal of Pragmatics*, 1999, 31(7); 方梅:《自然口语中弱化连词的话语标记功能》,《中国语文》2000 年第 5 期; 吴福祥:《汉语语法化(转下页)

Crismore，1989；Hyland，2005；徐赳赳，2006；李秀明，2006 等）①、语用标记语（冯光武，2004；方梅，2005；李宗江，2019 等）②、话语关联标记（姚双云，2012 等）③、篇章连接成分（廖秋忠，1986）④ 等。以上名称虽不完全一致，但客观上学界较认可的主要有"话语标记（语）""语用标记（语）""元话语标记""篇章连接成分""关联标记"等几种。话语标记的研究随着功能语言学、语用学、社会语言学、互动语言学等相关语言研究领域或视角的变化亦历经了一系列改变，从句法意义到语用篇章研究，从话语本体到认知应用研究，已逐渐步入更为深层次的探讨。但国内外语言学界因研究方法、理论、研究侧重点等的不同，对话语标记的认识尚未形成一致。其中究竟哪个名称的内涵能够更恰切地解释该类语言现象，还是各自都指向了其中的某一类型，有待于进一步廓清。

1.1 话语标记与语用标记

关于话语标记与语用标记，有的学者认为前者是后者中的一个类别，如 Fraser（1999）将话语标记置于语用标记语之下，明确指出，只有那些连接两个或两个以上小句的词语才能叫话语标记；话语标记的作用就是点明或是突出同一语篇中两个话语单元之间的语义关系。持同样观点的有冯光武（2004）、方梅（2005）、李宗江（2019），认为话语标

（接上页）研究的当前课题》，《语言科学》2005 年第 2 期；刘丽艳：《口语交际中的话语标记》，浙江大学博士学位论文，2005 年；董秀芳：《词汇化与话语标记的形成》，《世界汉语教学》2007 年第 1 期；殷树林：《话语标记的性质特征和定义》，《外语学刊》2012 年第 3 期。

① Williams, R., *Style: Ten Lessons in Clarity and Grace*, Boston: Scott Foresman, 1981; Crismore, *Talking with Readers: Metadiscourse as Rhetorical Act*, New York: Peter Lang, 1989; Hyland, Ken, *Metadiscourse*, London and New York: Continuum, 2005; 徐赳赳：《关于元话语的范围和分类》，《当代语言学》2006 年第 4 期；李秀明：《汉语元话语标记研究》，复旦大学博士学位论文，2006 年。

② 冯光武：《汉语语用标记语的语义、语用分析》，《现代外语》2004 年第 1 期；方梅：《认证义谓宾动词的虚化——从谓宾动词到语用标记》，《中国语文》2005 年第 6 期；李宗江：《近代汉语语用标记研究》，上海教育出版社，2019 年。

③ 姚双云：《自然口语中的关联标记研究》，中国社会科学出版社，2012 年。

④ 廖秋忠：《现代汉语篇章中的连接成分》，《中国语文》1986 年第 6 期。

记是语用标记范畴中的一个子类,与语用标记具有上下位关系,语用标记是上位概念,话语标记是下位概念。但在实际研究中,语用标记与话语标记却并未严格区分,比如李宗江(2019)认为,"语用标记属于功能语类,许多具有篇章连接功能",并将具有句际关联功能的标记列为语用标记中的一大类。

也有一些研究者未区分话语标记和语用标记,而将它们看作同一语言形式。如吴福祥(2005)认为,"话语标记,也称'语用标记''话语小词''话语连接词'等,是话语或篇章中常见的一种语言形式"。

以上各种观点的主要分歧在于:话语标记是仅具话语或篇章的衔接与连贯功能,还是既表衔接连贯功能又表言者的主观态度立场?学者们认为,话语标记的话语或篇章的组织功能毋庸置疑,如 Schiffrin(1987)认为,话语标记指依存于前言后语、划分说话单位的界标。Fraser(1999)指出,话语标记是"这样一些词汇表达式,它们从连词、副词和介词短语等句法类中抽取出来,用来标示它们所要介绍的节段与它前面节段之间的关系"。冯光武(2004)、方梅(2005)把主观性看作是语用标记语的区别性特征。方梅(2000)认为,话语标记"不表达真值语义关系,却是言谈中构架话语单位的重要的衔接与连贯手段"[①]。冯光武将话语标记视为"说话人展现他/她对话语单元之间的语义关系的判断,或者将这种判断清晰化、明朗化的一种手段。而语用标记语展现的是说话人对话语命题的主观评价"。方梅(2005)提出,话语标记与语用标记虽然都不参与命题意义的表达,但是,话语标记在言谈当中起组织结构、建立关联的作用。而语用标记不具备此类组织言谈的功能。比如,"然后"用作命题意义表达时,表示时间上具有先后关系,不用作命题意义表达,在谈话中可以连接说话人相继说出的并无时间先后关系的内容,使言谈保持连贯。上述用法属于话语标记。如果一个成分对连贯言谈并无作用,而重在表现说话人的态度,这种成分指把它看作"语用标记"。

---

① 方梅:《自然口语中弱化连词的话语标记功能》,《中国语文》2000 年第 5 期。

更多的学者认为，话语标记既表衔接连贯功能又表言者的主观态度立场。例如吴福祥（2005）明确提出，"（话语标记的）主要功能是表达说话人对话语流中话语单位之间的关系或者言谈事件中受话人角色的态度、视角和情感"。董秀芳（2007）在研究中也采纳了吴福祥的观点，认为"话语标记并不对命题的真值意义发生影响，基本不具有概念语义，它作为话语单位之间的连接成分，指示前后话语之间的关系，也就是说，它标志说话人对于话语单位之间的序列关系的观点，或者阐明话语单位与情景交际之间的连贯关系。话语标记也可以表明说话人对所说话语的立场和态度，或者对听话人在话语情景中的立场或态度"。刘丽艳（2005）[①]虽然不像功能语言学者那样，认为话语标记功能的首要特征是连接性，她把话语标记放到口语交际的整个过程，从交际主体的认知层面出发，认为话语标记功能的首要特征在于体现了交际主体在交际过程中的元语用意识，实际上也承认了话语标记兼有"语篇组织功能和人际互动功能"。

本书无意评判两种观点的高下，但是在研究中采用后一种观点，认为话语标记与语用标记都是话语层次上的语用功能类别，既可表达语篇连贯与衔接，也可表达言者主观态度具有多功能性的语言单位，兼具语篇连接功能和人际功能。所以在本研究中合二为一，在名称上采用指涉范围更广的"话语标记"一词。另外需要说明的是，"标记"概念的外延大于"标记语"，还包括非语言单位之外的一些形式，如虚拟对话空间人们常用的表示应答的"嗯嗯"，表示各种情绪的表情符号"😄、😊"等，由于本书的研究对象讲说语体是书面语篇，不涉及某些语气以及副语言的标记形式，因此对"话语标记"与"话语标记语"两个概念不作严格区分。

1.2 话语标记与元话语标记

元话语是相对于那些具有指称命题信息功能的话语而提出的一个概念，指"关于基本话语的话语"，是对命题态度、语篇意义和人际意义

[①] 刘丽艳：《口语交际中的话语标记》，浙江大学博士学位论文，2005年。

进行陈述的话语（Williams，1981）[①]。Crismore（1989）[②]认为，无论是哪种形式的言语交际，话语都包括基本话语和元话语两个层面。基本话语表达关于话题的命题信息，元话语告诉读者如何理解、评述关于话题的命题信息。Hyland（2005）[③]把元话语定义为，"用来协商语篇互动意义的自反性表达，能帮助作者（说话人）表达观点、与作为社会成员的读者进行交际"。可见，"元话语"概念的提出侧重于体现语言所具有的对自身的解释能力，使语言研究的角度更有针对性。Hyland还提出了判别元话语的标准：元话语不同于话语的命题；元话语是语篇中作者与读者互动的部分；元话语只指话语内部的关系。

国内学者李秀明（2005）[④]在元话语基础上提出了元话语标记概念，认为元话语标记就是在语篇中对元话语形式进行标识的言语形式。徐赳赳（2006）[⑤]将元话语标记定义为，体现组织话语、表明作者对话语的观点、涉及读者反应方法的语言形式。

对于元话语标记和话语标记的关系，学界主要有两种意见：一种认为元话语标记也是话语标记的一种，如李秀明（2005）、施仁娟（2015）[⑥]等；另一种认为两者并不相同，但存在一定的关系，如李佐文（2001）[⑦]，李心释、姜永琢（2008）[⑧]等。

我们认为，元话语标记是话语标记的一种，但并不能反过来说话语标记就是元话语标记，因为话语标记结构上属于元话语层面，话语标记是元话语经过语用化后形成的，话语标记的范围要大于元话语标记。本书所涉及的话语标记绝大多数都是元话语层面的话语标记，反映了讲说体小说讲说者（作者）的元语用意识。

[①] Williams, R., *Style: Ten Lessons in Clarity and Grace*, Boston: Scott Foresman, 1981.
[②] Crismore, A., *Talking with Readers: Metadiscours Easrhetoricalact*, NewYork: Peter Lang, 1989.
[③] Hyland, Ken, *Metadiscourse*, London and New York:Continuum, 2005.
[④] 李秀明：《汉语元话语标记研究》，复旦大学博士学位论文，2005年。
[⑤] 徐赳赳：《关于元话语的范围和分类》，《当代语言学》2006年第4期。
[⑥] 施仁娟：《论元话语与话语标记的关系》，《宁波大学学报（人文科学版）》2015年第4期。
[⑦] 李佐文：《论元话语对语境的构建和体现》，《外国语（上海外国语大学学报）》2001年第3期。
[⑧] 李心释、姜永琢：《对话语标记的重新认识》，《汉语学习》2008年第6期。

1.3 篇章连接成分和话语关联标记

首先,"篇章"与"话语"两个概念的内涵与外延都不尽相同。"篇章"指"一段有意义、传达一个完整信息、前后衔接、语义连贯具有一定交际目的和功能的言语作品。篇章是书面而不是口头的,它包括口语的书面材料,如小说、戏剧中人物对话等"①。因此,篇章连接成分更多的是指在书面语篇中的句子及大于句子的结构之间所使用的连接成分。伴随着西方篇章语言学的兴起,国外学者在对语篇衔接与连贯的研究中,开始关注连接成分,如 Haliday 和 Hasan(1976)②将篇章的衔接方式划分成"指称、替代、省略、连接和词汇衔接"等五类。国内学者廖秋忠(1986)③开启了篇章连接成分的研究先河,他对书面材料中的"连接成分"进行了系统研究,并从功能和位置两个角度对连接成分提出了识别标准,认为"从功能上来看,连接成分是用来明确表达语言片断之间在语义上的种种转承关系。从位置上来说,篇章中绝大多数连接成分位于句首,在主语之前,只有少数位于句中,在谓语之前。凡是符合这两个标准的词语,都是这里所说的连接成分"。

"话语"可定义为超句子的任何语言单位,话语包括口语和书面语中的对话和独白④。话语关联标记角度研究的对象,也应包括口语与书面语中的关联成分,如姚双云(2017)研究了口语与书面语等不同语体语篇中的关联标记,他提出"关联标记是一种显性的衔接标志,主要语法功能是以明确的形式显示逻辑语义关系,通常在微观层面(小句内、小句间)与宏观层面(跨句、跨段落)发挥作用"⑤。

从上述定义及识别标准来看,篇章连接成分和话语关联标记都有话语联结功能,也表程序意义,这类成分实际上就是话语标记。以上两个

---

① 郑贵友:《汉语篇章语言学》,外文出版社,2002 年,第 16 页。
② Haliday, M. A. K. & Hasan, Ruqaiya, *Cohesion in English*, London: Longman, 1976.
③ 廖秋忠:《现代汉语篇章中的连接成分》,《中国语文》1986 年第 6 期。
④ Schiffrin, Dborah, "Conversation Analysis", in Frederick J. Newmeyer (ed.), *Linguistics: The Cambridge Survey* IV, Cambridge: Cambridge University Press, 1988, p.253.
⑤ 姚双云:《关联标记的语体差异性研究》,世界图书出版有限公司北京分公司,2017 年,第 48 页。

概念的不同使用折射出了学界在话语标记指向口语交际还是书面交际这一问题上的不同看法。如刘艳丽（2005）提出，"话语标记是口语交际中所特有的一种语用机制"，张黎等（2017）认为"话语标记纯粹是一种口语交际现象。可以在书面语中出现的所谓的话语标记成分是具有实在意义或逻辑意义的，去掉它们会使语篇的内在逻辑联系和连贯关系受到影响"[①]。

综合其他研究成果可知，话语标记固然大多数用于口语交际中，但书面语中也不乏使用，且与口语话语标记呈现出互补性。具体到某个话语标记，还有比较强的语体相宜性。比如"表明""指出""在……看来"等转述标记在汉语学术语篇中有集中体现[②]。"初""昔"等为古代汉语叙事语篇中的插叙标记，与本书所涉及的强断言标记"正是"一样，都具有鲜明的书面语体特征。"正是"常位于一段散文与韵文之间，在语篇中主要发挥组织话语、调控人际关系的功能，表达言者对人、事或物肯定、确认的认识立场。如：

> 巴到那日，慧澄清早起来，端正斋筵。先将滕生藏在一个人迹不到的静室中，桌上摆设精致酒肴，把门掩上了。慧澄自出来外厢支持，专等狄氏。<u>正是</u>：安排扑鼻香芳饵，专等鲸鲵来上钩。狄氏到了这日晡时，果然盛妆而来。（明《初刻拍案惊奇》）

以上"正是"的话语标记用法在自然口语中未曾见到。同类的还有"话说""有分教""有诗为证""不在话下"等。

此外，以上观点还涉及话语标记的另一个重要问题，即，话语标记到底表不表概念意义？除了张黎等（2017）之外，董秀芳（2007）在对话语标记的定义中也提出"话语标记基本不具有概念语义"。李宗江

[①] 张黎、袁萍、高一瑄：《汉语口语话语标记成分研究》，北京语言大学出版社，2017年，第139页。

[②] 刘锐、黄启庆、王珊：《汉语学术语篇转述标记的形式、功能与分布》，《当代修辞学》2021年第6期。

等（2011）则认为，"话语标记本身可能有概念意义，但发挥话语标记作用时，不是表达概念意义的"①。而周明强（2022）认为，"任何意义都是在概念意义的基础上形成的，话语标记也不例外……语用意义的产生离不开概念意义"②。我们认为，话语标记标示了话语之间的关系，为理解命题意义提供信息，重点关注的理当是其程序意义，而程序意义就是一种经语用推理而形成的意义，其产生与概念义有着极为密切的关系，所以，话语标记或多或少都含有一定的概念意义。如口语话语标记"好了"，从概念意义上说，可表示"结束或制止义"，如"好了，今天就谈到这里"③。而作为话语标记，有"制止或劝止别人的语言或行为"的功能④。就本书研究所涉话语标记而言，有些也有其基础语义。例如讲说体小说中的弱断言话语标记"想来"，就承载了"经某一事物或行为事件的触发下，话语主体对所产生结果的性质、状态等进行猜测、估量"的概念义，在此基础上叠加了其后语句为话语主体推测、估量结果的程序义，其他类似的还有互动标记"你想"和"看官听说"，话题标记"不在话下"等，都含有一定的概念义，其程序义也是从概念义引申泛化而来的。

1.4　叙事套语

"叙事套语"特指我国传统白话小说中的"说书套语"，指"在白话文学作品中重复使用的习套式词组或者短语"⑤，或白话小说中说书人标引叙事话语的"固定不变的启行之辞"⑥。关于叙事套语，聂绀弩先生曾指出，"真正的话本供临场发挥，而在模拟的写本中，'话说''欲知后事''有分教'反而得全部写上，有一百次就得写一百次"⑦。对此，赵毅衡（2013）解释为，"从叙述学观点来看，口头叙述与书面叙述有本

---

① 李宗江、王慧兰：《汉语新虚词》，上海教育出版社，2011年，第24页。
② 周明强：《现代汉语话语标记系统与认知研究》，中国社会科学出版社，2022年，第5页。
③ 中国社会科学院语言研究所词典编辑室编：《现代汉语词典（第7版）》，商务印书馆，2016年，第520页。
④ 李宗江、王慧兰：《汉语新虚词》，上海教育出版社，2011年，第166页。
⑤ 王凌：《形式与细读：古代白话小说文体研究》，南开大学博士学位论文，2009年。
⑥ 卢惠惠：《古代白话小说语言形式的程式化特征》，《明清小说研究》2007年第1期。
⑦ 聂绀弩：《中国古典小说论集》，上海古籍出版社，1981年。

质上的不同。口头叙述是一种多中介传达。其物质表现形式（表演者的演艺、声音、服装道具布景等）在叙述文本（广义的文本）中结合得很紧，使得其文本本质上是'非重复的'。每次表演都创造一个新的文本，不管表演者对'底本'如何忠实。为了平衡这种非重复性。为了稳定表演的接受与理解，程式在口头叙述中就变得很重要。反过来，程式又保证了口头叙述所传达的意义之确在，保证了传达之有效"[①]。叙事套语在讲说体小说中可谓五花八门，有表现为语句甚至语段的，也有表现为短语和词、词组形式的；功能方面，有体现叙述者和听者交流互动的，也有结构起承转合的，还有用以发表评价议论的。如：

（1）滴珠听了，便道："我是好人家儿女，便做道有些不是，直得如此作贱说我！"大哭一场，没分诉处。到得夜里睡不着，越思量越恼，道："老无知！这样说话，须是公道上去不得。我忍耐不过，且跑回家去告诉爹娘，明明与他执论，看这话是该说的不该说的！亦且借此为名，赖在家多住几时，也省了好些气恼。"算计定了，侵晨未及梳洗，将一个罗帕兜头扎了，一口气跑到渡口来。说话的若是同时生，并年长，晓得他这去不尴尬，拦腰抱住，撇胸扯回，也不见得后边若干事件来。只因此去，天气却早，虽是已有行动的了，人踪尚稀，渡口悄然。（明《初刻拍案惊奇》）

（2）慈航骑了，复出阵前。此乃是三大师收伏狮、象、犼；后兴释门，成于佛教，为文殊、普贤、观音，是三位大士；此是后话，表过不题。且说通天教主见如此光景，心中大怒。（明《封神演义》）

（3）今日为甚说这段话？却有个波俏的女子，也因灯夜游玩，撞着个狂荡的小秀才，惹出一场奇奇怪怪的事来。未知久后成得夫妇也不，且听下回分解。正是：灯初放夜人初会，梅正开时月正圆。且道那女子遇着甚人？那人是越州人氏，姓张，双名舜美，年方弱冠，是一个轻俊标致的秀士，风流未遇的才人。（明《喻世明言》）

[①] 赵毅衡：《苦恼的叙述者》，四川文艺出版社，2013年，第19页。

（4）本年又应一举，仍复不第，连前却满十次了。心里虽是不伏气，却是递年"打撕锣"，也觉得不耐烦了。说话的，如何叫得"打撕锣"？看官听说：唐时榜发后，与不第的举子吃解闷酒，浑名"打撕锣"。（明《初刻拍案惊奇》）

（5）那秦桧自斩了施全之后，终日神昏意乱，觉道脊背上隐隐疼痛。过不得几日，生出一个发背来，十分沉重。高宗传旨命太医院看治。说话的在下只有一张口，说不来两处的事。且把秦桧一边的话丢下，待慢慢的表。（清《说岳全传》）

以上五个引例中的画线部分均为叙事套语，都承担着特定的叙事和语篇组织功能，但显然大多数都不能划入话语标记范围，只有那些语法化或规约化并产生了固定语义的叙事套语，才进一步跨入话语标记的行列，如"不提""正是""言归正传""不在话下"等，对讲说体语境的依赖性大为降低，即使用到别的语境中，其特定的语用意义也不会发生改变。

通过梳理以上几组概念可见，很难说其中究竟哪个的内涵更恰切地解释了话语标记这一语言现象，各家研究者因自己的研究范围和研究路径的实际需要而冠以具体名称。实际上，本书采用的话语标记当为广义的话语标记，包括了前文述及研究者所框定的那些只起话语组织功能、突显话语单元之间程序意义的话语标记和对话语关联不起作用、重在表达言者主观态度的语用标记。

2. 话语标记的类型

根据不同标准，话语标记可以分成不同的类别。如 Fraser（1999）从语义出发，将话语标记分为四类：对照标记，如 but；阐明标记，如 and；推理标记，如 so；时间标记，如 then。Hyland（2004）[①] 根据不同

[①] Hyland, Ken, "Disciplinary Interactions: Metadiscourse in L2 Postgraduate Writing", *Journal of Second Language Writing*, 2004, 13(2).

的功能，把英语中的元话语分为信息交互式元话语和人际互动式元话语两大类，然后下面再分过渡标记、结构标记、内指标记、证据标记、语码标记和含糊性表达标记、语力表达标记、态度标记、读者介入标记、自我提及标记等几个小类。

国内学者廖秋忠（1986）[①]以功能为主、位置为辅，将篇章连接成分分为时间关系连接成分和逻辑关系连接成分两大类，分别下设序列时间、先后时间、加合、阐明、总结、再肯定、纪效、推论、比较、意外、实情、让步、对立、对比、题外等小类。李宗江（2019）根据语义、语用功能对近代汉语语用标记进行了分类，即句际关联标记（包括加合、序列、时间、话题、巧合、换言、意外、释因、后果、推论、无奈、醒悟、总结、举例14小类语用标记），言语行为标记（包括陈说、建议、劝慰、礼貌、探询、醒示6小类），情态标记（包括断言、评价、坦言、引述、认同、修正6小类）三大类别。此外，还有根据形式标记来进行分类的，如刘丽艳（2005）将汉语口语中的话语标记分为非词汇形式话语标记（如"喂、哎、啊、嗯、呦"等）和词汇形式话语标记（如"我说、这个/那个、就是说、那么、好、是、不是、你知道吗/吧"等）。

综上所述，虽然各家都依据一定的标准对话语标记分出了不同的类别，表明话语标记都可看成一个相对封闭、成员数量有限的功能类别。话语标记涉及不同性质的语言单位，不同语体（如口语与书面语体及其下位语体之间）、不同时代（如近代汉语与现代汉语）语篇中话语标记的种类肯定会有一定的差距。但总体而言，当前对话语标记的分类还存在含混不清的现状，本书将尝试利用第2章对讲说语体的分析成果对这一区分建立新的原则。就话语标记使用意图而言，有的是为了言者主观判断的表达，带有一定的概念意义，如"令人遗憾/的是""可恨/喜/恶""这么着""所幸/喜/恨/憾""不巧"等，可归为言者导向的话语标记；有的是为了照顾听者的接受心理，使其引导听者向预期话语效果

[①] 廖秋忠：《现代汉语篇章中的连接成分》，《中国语文》1986年第6期。

趋同，可归为听者导向的话语标记，如"正是""原来""大凡""有诗为证"等。受传媒方式、话语角色关系和功能意图等语体变量的制约，为实现即时性、拟现场性和交互主观性的语体特征，讲说语体必然大量使用听者导向的话语标记，换言之，即，讲说体小说话语标记的优势类型为听者导向的话语标记。

本书基于讲说体的语体功能特点对话语标记进行了分类。讲说体的功能意图主要为叙事与评价，而叙事功能又以帮助听者理解、梳理情节，引导听者形成对故事人物、事件的认知态度、价值评判，指引听者展开想象获得形象体验等为中心，即以叙述对象与叙事方式为重点。因此，我们将话语标记分为：话题标记、叙事标记、评价标记三大类，其中话题标记又根据位置和功能分为话题引入标记（如"有、这/那、大凡"等）和话题终止标记（如"不在话下、不提"等），叙事标记包括叙事时序标记（如"原来、有分教"等）、叙述视角标记（如"只见、但见"等）、叙事话语方式标记（如"话说"），评价标记包括断言标记（如"正是、想来、想是"等）、互动标记（如"你想、看官听说"）、推论标记（如"可见"）、引述标记（如"有诗为证、说什么"等）（见表3-1）。

表3-1 近代汉语讲说体的话语标记分类表

	言者导向	听者导向
话题标记	—	话题引入标记：有 这/那 大凡 至于
		话题终止标记：不提 不在话下
叙事标记	—	叙事时序标记： 有分教 原来 后话 合当有事 命不该（死） 花开两朵，各表一枝 话分两头
		叙事话语方式标记： 看官听说 话说（表） 只说 单说（表） 且说 却说 话里且说 休说 再说 言归正传 且听下回分解
		叙事视角标记：只见 但见 只听 忽见

续 表

	言者导向	听者导向
评价标记	可恨/喜/恶/笑/悲所喜/恨/憾的是 令人遗憾的是 这么着 不巧	断言标记： 不消说　不用说　不必说　没的说　不须说 不瞒你说　不消讲　不用讲　不必讲　不须讲 （真）可谓正是　真的（真）是　端地是 端的　真真的　实不相瞒 想　料想　想来　想是　想必　我想 我说　叫/教我说　要我说　不是我说　在我说来 说起来　我看　看来　看起来
		引述标记： 常言道（说）　古人说（云）　俗话说　道不得　却不道 有诗为证（有诗赞/叹/曰/道/云）　诗曰（云）　词曰（云）　说（道）什么　听说（有）人说　说（道）什么　据说　按说
		互动标记： 看官听说　列位有所不知　你想　你看　你道　你说
		推论标记： 可见　可知　也未（不）可知　也是有的　论理

上表并未完全穷尽列举近代汉语讲说体的话语标记，限于篇幅，仅表中所列话语标记本书亦不能全部进行详细的个案讨论，下面章节将择取每类中较有代表性的话语标记逐一展开分析。

第 2 节　讲说体的语体特征及其话语标记的使用动因

语体是人们在语言应用过程中形成的功能模式，任何一种语体因素的介入都会带来语言特征的变化，语体对人们的语言运用有塑造作用。讲说体在媒介方式、话语角色关系和功能意图三组语体变量的互相关联、互相制约之下，形成了以即时性、现场性和交互主观性为主要特征的语言变异特点。讲说语体是以民间艺人的说书演出活动为基础发展起来的书面记载的口说文学样式，讲说者假想自己在说书场中面对一群听者讲述故事，从听者的接受心理出发，通过选用一系列语言手段和叙事策略营造出"说书场"氛围，叙述故事、表达主观情感，以达到娱乐和教化目的的语体类型。讲说体的功能目标就是连贯地叙述一个故事，给予听者视听艺术体验，达到娱乐目的同时又承载着一定的寓教于乐教化功能。讲说体的语体特征和它所要达到功能目标之间存在着一定的矛盾，解决矛盾以实现该功能目的主要依靠语言手段或语言策略，话语标记便是其中的主要语言手段之一，而如何实现这些功能目标也成为讲说体话语标记的使用动因。

1. 讲说语体的特征

刘大为（2013）[①]论证了对语体的认识：语体是由功能动因层和语言变异层组成的双层结构体，前者是一组语体变量的组配，后者是一个语言变异特征的格局。所以，任何语体分解下来首先都是一组语体变量，对它们的分析可以预测语体中将会发生怎样的变异，或对已经发生的变异进行解释，而对参与某一语体组配的一组变量做全面分析，就可以发现这个语体的语言格局。本书第2章已从传播媒介、语用主体、功能意图三组语体变量角度对讲说语体的功能动因层进行了详细分析，认为讲说体小说原本是书场说书的脚本，是专为"说"而写作的文本，后来转为书面小说仍保留"说"的特征，因此，传播媒介方式是讲说体形成的自变量或首要因素，而语用主体（小说的言者和听者）、功能意图等为因变量，它们随着传播媒介的变化而变化。讲说体是基于声音符号为媒介的口头形式的书面文学样式，体现出了口头交际的即时性与现场性特征；但归根结底，它还是以文字符号为载体的书面小说，语用主体处于异时空进行有规划、有准备的交流，又表现为言谈的拟现场性和情

---

① 刘大为：《论语体与语体变量》，《当代修辞学》2013年第3期。

景的非现场性特征;"听者中心"的话语角色关系还导致了强烈的交互主观性。

1.1 即时性

口语体与书面语体最大的区别在于口语有即时性,口头交际的准备与表达皆受时间限制,只能边说边想,口语表达的过程直接反映了说者初始思维活动的过程。书面语的时间性要求不如口语体紧迫,可反复推敲修改以做充分准备,书面表达反映的是经过加工的思维过程。正是因为口语与书面语反映了人们不同的认知活动,代表着不同的思维进程,因而造成了口语体和书面语体不同的风格色彩。但讲说体是经过书面加工的口头讲述,所以它既有口语体和书面体的共性,又缺乏口语体和书面体的某些特性。

① 讲说体的语言不像一般的即兴口语那样,说者处于边想边说的状态,在表达过程中常常出现语义断层,在思考、组织下文语句的同时,连续语句中还要使用某些与语义不相关的话语成分以占住话轮,维持话语权。口语表达时,说者在连续语流中随时自我监控,发现有错漏时,马上进行更正和修补;表述不清晰时,也会紧接着在后续语句中补充明确说明;有时说者还特意重复,或加注重音、拖长发音来强调某些他认为特别重要的语句。所以在口语语句中常杂有一些诸如"这个、嗯、啊"等冗余性成分,修正、补充或重复性的话语。而这些口语体的特征在讲说体中都不存在,因为讲说体是书面记载的口语,它是有准备、有计划、有条理的口语体,先说什么后说什么,情节在哪里切分,都经过事先规划。讲说体小说文本中有各种程式,如叙事结构、叙事套话等都是讲说体小说事先对讲说过程进行规划的具体表现,讲说者按入话—正话—结尾的结构顺序,再按故事的自然发生时序、事件之间的因果逻辑顺序,按部就班开展讲说活动。因而,语句的连贯性、讲述故事的时序性,都不容许有大的时间倒错,如确实需要对故事情节进行追加、补充,也只体现在局部的插叙和预叙上,而基本不采用倒叙方式。插叙和预叙也都必须用特定的语言手段,如"原来""有分教""这是后话"等标记词明示。如果是同时发生的几件事,讲说者会采用显性的语

言手段对讲述顺序进行操控,例如使用话语标记"话分两头"或"花开两朵,各表一枝",将同时发生的两个事件安排为线性序列的演进。这些都是口语即时性对讲说体提出的具体要求。

② 口语的即时性使得听者在听取较长篇幅故事的讲述时,被声音媒介转瞬即逝的特点妨碍了深度理解。因为听说认知活动需要紧紧跟随说者的语流,无暇对所讲内容进行咀嚼、消化、回味。复杂的人物关系、纷繁芜杂的线索都不利于听者的理解,因此,说者需要适当地做出标注以提示不同的语义层次,例如口语对话中使用具有关联功能的话语成分"前面说过了……,下面接着说……,最后我再总结一下……",就是说者对听者该如何高效地完成听说活动以实现对所讲内容形成整体性把握的程序安排的语言手段。由于讲说体具有口语特征,其"看官"同样也面临口语即时性带来的问题,同时,它的书面文本属性将"讲说"这种言说行为处理成一种标记符号,并在一定程度上从讲说语境中提取出来,供读者自行观察体会,以实现听者所期待的效果,如迅速厘清人物关系、情节线索,整体把握故事结构和内容等。这类符号化了的标记语在讲说体小说中成体系地出现,例如对小说谋篇布局、故事人物命运的安排进行明示时,所用的"不提、言归正传、闲话少说、花开两朵各表一枝,不说……且说……"等。

③ 口语交际的即时性还要求说者在话语中使用一些解释性成分以避免听者混淆视听,例如"他姓章,立早章,不是弓长张"的解释性说法,就是因为"章"与"张"同音同义,口语表达时仅通过"他姓zhang"的语音输入,听者无法有效区分。讲说体具有口语和书面语的双重特性,其书面记载特性避免了同音字词带来的混沌不清,不需要做这方面的解释。但它却另有烦恼——在文本中有韵文和散文、讲说者的叙事话语与故事话语、人物的直接引语以及其他的一些引语在"听-说"关系上引起的混同,所以在这些方面也需特别注重使用明示的标记语如"有诗为证、诗曰、词云""话说、单说、却说"和"XX说(道)、说什么、常言道得好"等来做出解释说明,提醒听者注意区分。

1.2 现场性

讲说体作者都带有试图还原说书现场或展现所讲述事情的心理，所以小说文本中体现出较强的现场性特征。所谓的现场性，指话语交际活动发生的特定时间、特定空间与特定环境的统一，是双方相互作用的特定的言语场所[1]。反之，如果话语交际活动发生的时间、空间和环境都不统一，则是非现场性。现场性又分成真实现场性和虚拟现场性。前者的交际双方处在能够互相感知的同一时空之中，这种会话的现场性真实可感；后者的听说双方处于异时空，也未亲临活动现场，仅在一定程度上将不在现场的言谈因素和情景因素虚拟到现场中，属于口语交际的虚拟现场性。讲说体的现场性还可细分为言谈（言听双方的互动交流）的拟现场性与情景（所述故事）的非现场性。

1.2.1 言谈拟现场性

真实现场交流不仅通过有声语言，还可借助语境和无声的肢体动作、眼神、表情，甚至语气、语调等进行交流互动，当说者说的时候，听话人出于合作、礼貌原则会用语言或非语言符号进行互动，说者根据听者的反应或反馈调整话题或讲述方式，听者也会在说者的提示和引导下进行语境匹配，完成话语理解。总之，真实现场性会话过程和意义的建构过程，是在交际双方的共同努力下完成的，是一种双向交流。而讲说体小说虽然也建立在"听"与"说"关系的讲述活动上，但它以虚拟的书场为基础，作者和读者分别以虚拟的"说话的"和"看官"身份交流互动，言听双方的信息交流过程都是通过语言手段或叙事策略虚构出来，实质上却仅是作者的单向交流。

现场性话语的语言表现形式主要有：交际双方的对话；以说者所在位置为参照点的处所成分如"我的右手边"，时间成分如"此时此刻""刚刚"，指示成分如"这边""那个地方"[2]；视点引导结构如"在

---

[1] 王珏、洪琳：《由人际代词与非人际代词的对立看语体分类》，《当代修辞学》2013年第3期。
[2] 刘娅琼：《电视现场报道的语体特征浅析》，《当代修辞学》2012年第6期。

我身后有一座建筑，这就是长春伪皇宫博物院的同德殿"①等。而拟现场性交际中缺失了同一时空中交际双方可感知的话语和身体等因素，也就失去了以"说者"所处位置作为参照点的语言表述手段，如讲说体中的第一人称"我"极少用来指称讲说者，这是因为讲说者要与故事世界的人物区分开来，自称时专用"说话的""说书的"或"在下""小子"等，"我"则留给故事人物自称专用。虚拟现场性的语言手段主要为：使用"说话的"和"看官"这对称呼语来营造出"听"-"说"关系的书场现场氛围；使用"看官听说"和"诸公有所不知"以及设问句式"果然一所大庄，怎见得？但见：碧流萦绕，古木阴森"，邀请读者参与到故事情节的现场讨论中来；听者也可以偶尔显身，就讲说者（或作者）提出的某个问题进行回答或者发表意见，比如"说书的，我且问你""且住，说书的这话有些言过其实"等，对话中发话者和回应者都由讲说者一人假扮着轮番上场。我们发现，这种由文字记录下来的一问一答，与现场言听双方进行的问答话轮有着一定的相似性，但这仅仅是形式上的"对话"，难以体现出自然会话的互动性特征，"说书的"牢牢把控着话语主导权，"看官"也不可能主动参与进去。讲说体的虚拟现场性语言手段还有"指代词+NP"，如"这宝玉""那悟空"等，通过"这""那"的直指功能让听者与当前感知到的人物、情景等联系起来，使听者当下感知并且将注意力牢牢锚定在"宝玉"或"悟空"的行踪上；还可通过特定的话题标记如"有"来引入新人物，或重新将某人、某物放到叙事前景中续谈，这也是讲说体营造拟现场性的特定语言手段，如：

（1）天子又问："你大臣中，谁可前去招抚梁山泊宋江等一班人众？"圣宣未了，<u>有殿前太尉宿元景</u>出班跪下，奏道："臣虽不才，愿往一遭。"（明《水浒全传》）

---

① 刘大为:《作为语体变量的情景现场与现场描述语篇中的视点引导结构》，《当代修辞学》2017年第6期。

"殿前太尉宿元景"是小说中首次出场的人物,本不适合作为话题,在"有"的标记下被征引为话题,告诉听者这个人成为当前的谈论对象,体现出了很强的现场性。相形之下,"殿前太尉宿元景出班跪下"仅仅是一般的陈述,因不能给听者带来身临其境的现场感而更常用来交代背景信息。

1.2.2 情景非现场性

作为借助文字与读者进行间接交际的小说,无论是真正的读者还是隐藏在讲说者话语世界的潜在听者,都不可能做到与说写者有真正的言语交流,只能是以理解为主的被动心理反应。讲说体小说言听双方的异时空交际除了形成言谈的拟现场性外,还造成了情景的非现场性,也就是故事人物的行为举止、性格命运、喜怒哀乐等,都只能通过说者"讲述"给听者听,完全依靠听者的想象来获得艺术体验。不可能像影视戏剧那样将人物形象、场景、事件等通过图像、声音全方位呈现给观众。即使没有多媒体,仅依靠有声语言也可以产生情景现场性,比如运用语音的轻重、语调的高低、语气的变换、语速的缓急、节奏的快慢以及停顿的长短等表达技巧,有些还可模仿自然界的声音、不同说话人的腔调来使听者获得沉浸式的听觉体验。但读者要体验书面化的讲说体小说情景就只能依靠文字手段,主要有:引诗词韵文入小说,诗词韵文的押韵和节律也能带来与散文不一样的音乐美感;通过讲说者的主观视角引入一些带有意象性的人物或景物描写,使听读者被"强制性"地融入情景体验中。例如:

(2)说太宗自服了安神定魄之剂,连进了数次粥汤,被众臣扶入寝室,一夜稳睡,保养精神,直至天明方起,抖擞威仪,你看他怎生打扮——戴一顶冲天冠,穿一领赭黄袍。系一条蓝田碧玉带,踏一对创业无忧履。貌堂堂,赛过当朝;威烈烈,重兴今日。好一个清平有道的大唐王,起死回生的李陛下!(明《西游记》)

(3)说着,顺着脚一径来至一个院门前,只见凤尾森森,龙吟细细。(清《红楼梦》)

例（2）中用标记语"你看他……"启发听者去联想太宗皇帝的堂堂威仪；例（3）的说者把自己置身于所述情景之中，通过自己的主观视点"只见"①把"凤尾森森，龙吟细细"的幽静美感带给听者，一方面紧紧吸引住听者的注意，另一方面也是"强行"让听者透过自己的视角去欣赏感知所引入的情景。

1.3 交互主观性

讲说体小说言听双方不对等的话语角色关系导致了讲说体语言的主观性与交互主观性，其中又以交互主观性最为突出。语言的"主观性"是一种表现自我的性质，是说话人主体意识的表现，这种"主体意识"包括认知、感情和感觉②。而交互主观性是说话人与听话人之间关系的体现，是言语交际的基础，包括言者对听者的关注、听者对言者话语的理解、分析以及做出的反应和反馈③。交互主观性的核心是言者对听者的关注，Traugott 和 Dasher（2001）曾指出："主观性包含着说话人对事物的主观评价，而交互主观性却体现出说话人对听话人的认同和关注。"④ 交互主观性不仅涉及说话人对听话人的关注，而且设想了听话人对话语的理解及反应。在长期的反复使用中，这些原本用以促进双方合作与联系的语句的意义，"经由时间变成对有关说写者在认识意义和社会意义上对听读者'自我'的关注这样的隐含义加以编码或使之外在化"，就成了表达交互主观性的语言手段。

① 讲说体的口语交际性对听者的工作记忆提出了更高要求。

话语理解是在工作记忆中进行的。据心理语言学研究成果表明，工作记忆容量有限，一般为 7±2 个左右单位，保持的时长也很短暂（在没有复述的情况下只能保持 15—30 秒），如果说话时语句容量过大，对听者的记忆和反应的都将是极大考验。张伯江（2012）提出，在讲说

---

① 张伯江：《以语法解释为目的的语体研究》，《当代修辞学》2012 年第 6 期。
② 沈家煊：《语言的"主观性"和"主观化"》，《外语教学与研究》2001 年第 4 期。
③ 张博宇：《话语标记语的主观性与交互主观性探析》，《外语学刊》2015 年第 3 期。
④ Traugott, E. C. & Dasher, R. B., *Regularity in Semantic Change*, Cambridge: Cambridge University Press, 2001.

体的口头叙述表达形式中,说话人要顾及听者的短时记忆,每当有新角色引进,讲话人就有必要用相对固定的形式标记标明。他提到的短时记忆,就是工作记忆,是一个在短时记忆支持下的工作平台。当处理复杂任务如话语隐含意义的推理、对故事情节线索的梳理等,系统无法解决时,就需要中枢执行系统介入。口语和书面语的理解不仅需要加工不断出现的新言语信息,还要存储已经加工过的言语信息、提取已有的言语信息,以及把当前的言语信息与已有的信息进行整合[①]。由于讲说体建立在"听"-"说"关系基础之上的口语交际所依赖的声音符号转瞬即逝,不可能像书面交际可以回过头去反复揣摩,所以讲说体对听者的工作记忆提出了更高要求。听者在聆听说书艺人的任何一段话语时,都要把从上文或即时获取的信息,包括说书人的表情语调以及从长时记忆中提取出的信息等,放到工作记忆平台上进行认知处理和整合,并且随着讲述话语的推进,该工作平台也不断变换推进。工作记忆平台上的操作本应由听者独立进行,但讲说体的言者出于演出时间、听者水平及话语效果等的考虑,而表现出想要控制听者认知操作的态势。比如,在引入新角色时用相对固定的形式标记加以明示,在言语信号中提供明确的线索信息引导听者通达相关的记忆表征,从而避免听者花费大量的时间去搜索大量无关的记忆表征。比如《三国演义》描写的人物众多,讲好人物故事对于言听双方来说都需要付出复杂的认知努力,此时尤其需要讲说者做出恰当的引导与调控,所以,文本中每当讲说完一个人物事件,转到另一个人物事件时,常常需要使用"不说……,且说/却说……"等诸如此类的标记,看似烦琐,实则自有其独特功用。如:

(4)<u>不说孔融起兵</u>。<u>且说</u>玄德离北海来见公孙瓒,具说欲救徐州之事。(明《三国演义》)

"孔融起兵"和"玄德见公孙瓒"都是已经讲述到的两条情节线

[①] 杨玉芳编著:《心理语言学》,科学出版社,2015年,第34页。

索，当说者想从前一条线索转到后一条线索时，就先用"不说"将听者工作记忆平台上正在处理的"孔融起兵"撤下，然后用"且说"激活另一已存在长时记忆中的"玄德见公孙瓒"等信息，使之重新搬上工作记忆平台，进入到当下的认知活动中，从而显示出对听者认知过程的操控。

② 讲说体的"听者中心意识"，尤其重视听者的接受心理。

讲说体小说源自"说书"艺术传统，为商业利益所驱动，听者被赋予了绝对的社会权位，导致言者具有强烈的"听者中心意识"，由此，他需自觉承担起对听者的接受心理活动和话语效果的全面责任，因而在字里行间留下了浓厚的交互主观色彩。在说—听关系主导的说话艺术里，说话人直接面向广大"看官"（听众）讲说故事，表演大都在勾栏瓦舍、茶楼、酒肆、场院等嘈杂场所进行，"看官"群体的主体为文化程度低下的贩夫走卒、手工业工人、市民等，听书目的主要就是娱乐消遣。如果"看官"们不能获得预期效果，直接的后果就是听众数量流失，而这无疑直接影响说者的经济收入。这就要求"说书人"要特别关注听者的接受心理，为自己的话语效果负责，为此，他必须想方设法使听众听得懂、愿意听，要提供有趣的故事情节和典型人物给听者欣赏，更要调动听者感受、思考、联想、想象等心理活动的积极运转，保证听者能获得艺术体验；同时，还需要根据"看官"的反馈不时调整变换叙事的速度和节奏，保证吸引其注意力，并使之尽可能地保持下去。心理学研究成果表明，当人的注意力处在一个集中与分散的矛盾中，很难长时间停留在一种固定的状态上。感官在接收外界信号时，如果环境嘈杂或始终听取一种单调的相似的频率，注意力难免涣散、消失，从而产生厌烦和困倦心理，此时，讲说者就要调用恰当的语言手段、叙事策略进行干预。比如，它所选用的全知型第三人称视角，就便于它实现叙事、评价的娱乐和寓教于乐的意图目的，便于从内外、正侧、虚实、动静等各角度全方位地展现广阔的生活场景，剖析复杂人物内心世界，缩短说书人与听众的心理距离，并将讲说体艺术构思方式固定在听与说的关系上，从而使听者能轻松地被动接收故事的讲述，而无需花费精力去进行再创造。

③ 交互主观性的语言手段,注重维护听者的"面子"。

由于听者意识占据讲说体小说家创作意识中的重要组成部分,处处制约着作家的叙事策略和叙事效果,说者与听者之间权位关系的高低不等,必然会影响说者对话语内容及方式的选择。出于交际目的的考量,说话人在考虑如何更好地明示信息与如何使受话人更好地接收信息两方面后,完成一个可以同时满足表达和理解需求的最佳编码。(讲说文学)口头形式的叙述表达特点,决定了受话者不可能像阅读那样有比较从容地梳理故事线索和人物关系的余地,因此,每当有新的角色引进,讲说者有必要用相对固定的形式标记如"只见""有""这/那"等标明角色。Leech(1983)①将言语行为分成竞争类、和谐类、合作类和冲突类四种。讲说体以和谐合作类言语方式为主,而不太可能选择体现竞争类和冲突类言语行为的话语方式。比如反映言者意图的话语标记,基本上皆为含有委婉建议义的"且听下回分解""看官听说"或自我祈请类的"话休絮烦""休题""自不必说"等;而不会使用"我们认为""毋庸置疑""众所周知"等高高在上含有强势语气的话语方式。合作类言语方式还表现在,说者在情节结构上有什么计划安排也以固定的方式知会听者,如"这是后话不提""不在话下""言归正传""看官有所不知""这回书紧接上回,话表……""这且按下不表"等。

讲说体的听者中心取向特征还决定了讲说者的语言策略,主要体现为贬己尊人的语用习惯和尽量维护受话者的面子。在语言方式上表现为:使用一些亲切或尊敬的表述方式,说者提到自己时言必谦称"在下"或者"说书的",提到听者则尊称"看官"或"诸公""列位"等。比如在交流互动中添加"想来""看来""想是""料想""你想""依你说来"等指向受话人消极面子的话语标记词,以在话语中减轻受话者的道义责任,使其有更多的选择余地,从而体现出更高等级的礼貌程度,

---

① Leech, G., *Principles of Pragmatics*, London: Longman, 1983.

体现出说者的受话者中心意识。

交际活动同时还是一个社会心理活动过程，能否达到预设的交际目的，在很大程度上取决于听者的心理状态，说者首先需要对听者角色有一定的认知，并合理估测、把握听者的心理，运用有效的言语表达方式或话语风格来构建话语信息。讲说体的言者虽然在知识权位上占据绝对优势，当面对一群文化素养有限的普通听众时，也会主动采取策略降低听者的认知努力，同时又最大限度地收到预期效果。为此，讲说者在选择讲说程序、话语形式、语气情态时，会充分考虑听话人的身份地位、心境情绪、知识水平、反应接受等，把"听者中心意识"纳入对话语意义的建构过程中。比如，当说者预设听者对某个讲述内容会产生理解障碍或情感困惑时，就会暂停主线情节的叙述，插入由固定格式或固定标记引导的解释性话语。这种例子在讲说体小说中比比皆是，例如：

（5）宝钗因笑说道："成日家说你的这块玉，究竟未曾细细的赏鉴过，我今儿倒要瞧瞧。"说着便挪近前来。宝玉亦凑过去，便从项上摘下来，递在宝钗手内。宝钗托在掌上，只见大如雀卵，灿若明霞，莹润如酥，五色花纹缠护。<u>看官们须知道，这就是大荒山中青埂峰下的那块顽石幻相</u>。后人有诗嘲云：女娲炼石已荒唐，又向荒唐演大荒。失去幽灵真境界，幻来亲就臭皮囊。好知运败金无彩，堪叹时乖玉不光。白骨如山忘姓氏，无非公子与红妆。那顽石亦曾记下他这幻相并癞僧所镌篆文，今亦按图画于后面。但其真体最小，方能从胎中小儿口中衔下，今若按式画出，恐字迹过于微细，使观者大废眼光，亦非畅事。所以略展放些，以便灯下醉中可阅。<u>今注明此故，方不至以胎中之儿口有多大、怎得衔此狼犺蠢大之物为诮</u>。（清《红楼梦》）

（6）黄州至眉州，一水之地，路正从瞿塘三峡过。<u>那三峡？西陵峡、巫峡、归峡。西陵峡为上峡，巫峡为中峡，归峡为下峡</u>。那西陵峡又唤做瞿塘峡，在夔州府城之东，两崖对峙，中贯一江，滟堆当其口，乃三峡之门，所以总唤做瞿塘三峡。……东坡讨个江船，自夔州开发，顺流而下。原来这滟堆，是江口一块孤石，亭亭独立，夏即浸没，冬即露出。因水满石没之时，舟人取途不定，故又名犹豫堆。俗谚云：犹豫大如象，瞿塘不可上；犹豫大如马，瞿塘不可下。（明《警世通言》）

以上两例中画线部分的话语，都是说书人（作者）预测听者可能会出现认知障碍，特意运用带有明确标记的语言进行解析，以引导听者在有限的时间内快速扫除障碍。

独白型的讲说者为话语活动中的绝对主导者，在话题内容、言语方式的选择上都由说者决定。在话语方式上表现为小说单向传输，几乎不给听者任何回味的"留白"，一手操控听者的认知理解，但目的都在于通过讲说活动使听者在有限的时间内产生强烈艺术效果，能够牢牢地锁住听众，使讲述活动持续进行。比如，预设听者可能对某些内容感兴趣时，会特意多着笔墨铺陈敷衍。例如：

（7）原来绍兴地方，惯做一项生意：凡有钱能干的，便到京中买个三考吏名色，钻谋好地方选一个佐贰官出来，俗名唤做"飞过海"。怎么叫做"飞过海"？大凡吏员考满，依次选去，不知等上几年。若用了钱，空选在别人前面，指日便得做官，这谓之"飞过海"。（明《今古奇观》）

（8）这首诗乃昔日性如子所作，单戒那淫色自戕的。论来好色与好淫不同。假如古诗云："一笑倾人城，再笑倾人国。岂不顾倾城与倾国，佳人难再得！"此谓之好色。若是不择美恶，以多为胜，如俗语所云：石灰布袋，到处留迹。其色何在？但可谓之好淫而已。然虽如此，在色中又有多般。假如张敞画眉、相如病渴，虽为儒者所讥，然夫妇之情，人伦之本，此谓之正色。又如娇妾美婢，倚翠偎红；金钗十二行，锦障五十里；樱桃杨柳，歌舞擅场；碧月紫云，风流女夸艳。虽非一马一鞍，毕竟有花有叶，此谓之傍

色。(明《醒世恒言》)

以上两例的"飞过海""好色""正色""傍色"等，本都是可以一笔带过的小细节，但是说者抓住了听者的好奇心理，预测他们必定会对这些奇闻轶事、风流韵事感兴趣，所以在故事的主线叙述中插入了大段的解释性语句，"这（此）谓之NP"，就是讲说体中极为普遍的解释性结构。

交互主观性还体现在，为了让听众随着讲说的进展迅速梳理清楚复杂的故事情节，把握每个人物的来龙去脉，同时按照言者意图形成清晰的价值判断，以产生情感共鸣，讲说者还将本应经过复杂的认知推理才能推断出的逻辑关系、判断结果等直接揭示出来，明示给听者知晓，在语言手段上采用彰显逻辑关系、推理过程的标记词，尽力减轻听者推理判断的复杂认知加工负担。例如：

（9）天子用人之际，恐拂其意，只得传旨，教杨国忠捧砚，高力士脱靴。二人心里暗暗自揣，前日科场中轻薄了他，"这样书生，只好与我磨墨脱靴"。今日恃了天子一时宠幸，就来还话，报复前仇。出于无奈，不敢违背圣旨，正是敢怒而不敢言。(明《今古奇观》)

（10）那徐氏见了孙儿如此长大，喜不可言。当初只道灭门绝户，如今依旧有子有孙；昔日冤家，皆恶死见报。天理昭然，可见做恶人的到底吃亏，做好人的到底便宜。(明《喻世明言》)

以上例中"正是"把判断结果"敢怒不敢言"和判断依据（波浪线部分）连接了起来；"可见"把推断结论"做恶人的到底吃亏，做好人的到底便宜"和前文的推理的前提条件（波浪线部分）联系在一起。讲说者针对所述故事得出的结论，既表达了态度立场，是主观性的表现，但更多的还是交互主观性的，体现出引导听者在听讲的过程中迅速形成与自己趋同的价值判断的功能意图。

2. 讲说体话语标记的使用动因

我国传统的白话讲说体小说受叙事特殊性制约形成了特殊的叙事规则，这种叙事规则对句式、词汇等语言要素，修辞手法甚至篇章结构等的选择都有特殊要求。从这些要求出发，讲说体中的语言运用形成了别具一格的特点和规律。也正是由于"说话"的艺术渊源和全知全能型的叙事方式，使讲说体小说同时具有书面文学和口头文学的双重特征，形成了一套有别于其他语体的独特的叙事语言规则，并对语言要素、修辞手法和篇章结构的选择和运用形成了特定要求，而讲说体语言运用上的整体特点的形成，正是这种要求与语言自身发展规律相结合的结果。

讲说语体具有口语的即时性、言谈的拟现场性、情景的非现场性和交互主观性等特征。"讲说"是一种以听者为中心的言语活动类型，语言理解时，工作记忆的运作本是由听者独立进行的，但是作为言者的说书艺人面对一群文化素养较低的听者，必须在有限的时间内通过讲说活动使听者体验到强烈的艺术效果，达到娱乐和寓教于乐的目的。说书艺人会关注并揣摩听者的接受心理，形成一种试图通过一定的程序信息去强势影响听者理解的欲望，并对听者应该如何完成"听说"活动以实现预期效果处处施以程序性安排，这种安排与话语标记所编码的程序信息不谋而合，用语言明示出来就是话语标记，意欲使听者工作记忆的中枢执行系统在言者话语标记的指引下进行运作。也就是说，说者对听者话语理解的干预控制需要话语标记来明示，这是讲说体话语使用的最主要的动因之一。

为克服工作记忆容量的有限性与保持的短时性，并最大限度地增加话语语境效果，讲说者在讲说过程中尽力调动语言的一切可能性，引导听众付出尽可能小的认知努力。话语标记就是讲说者对听者认知进行操控的一种重要语言手段和话语策略。话语标记的使用是一种认知活动，与以最小的认知投入获得最大认知效果的人类认知总目标相一致。所以，言者操控听者对话语的加工处理以实现所期待的效果，又可视为一种基于语言接受心理的认知过程，而这种认知过程也需要话语标记来明示，这是讲说体话语标记使用的另一主要动因。

第3节 讲说体话语标记的形成机制与演变动因

当前学界对话语标记的历时来源及演变问题进行了多角度的研究，无论是研究方法还是理论上都取得了进展，对深入了解话语标记以及丰富语法化、词汇化和语用化等理论有着积极意义。但由于所采用的理论与分析路径不同，对话语标记演变过程和结果的研究各有侧重，加上话语标记本身的异质性与多源性，因而所得出的结论差异性也很大：关注话语标记语言形式变化的，从句子内部发掘演变动因的，倾向于语法化导致语法标记的形成；关注话语标记在话语层面上的功能，从语境、使用场合及语用习惯等角度寻找演变动因的，则倾向于语用化导致话语标记的产生。本书认为，要探究话语标记的形成机制，除了关注一般话语标记语法化的共性之外，还应结合特定语体的发展规律和特征，因为当语体形成之后就具有一定的稳定性，会对语言使用产生一定的约束力，特定的语体会要求语言使用者在不同的场合、针对不同的交际内容、为达到特定的交际效果及实现和满足不同的交际目的和需要，而采用恰当的语言交际策略、使用合适的语言表达方式。

1. 讲说体话语标记的形成机制

话语标记的形成并非一蹴而就，它与其他语言形式一样，要经历或长或短的演变过程。讲说体中的话语标记来源各异，形式多样，功能也各不相同，所经历的演变过程以及触发其演变的动因和机制也不一样，但总体来看，话语标记大都是从言语主体的元话语发展而来。"语法化的基本机制有五个，即隐喻、转喻、重新分析、类推和语法复制，其中前四个是语法化的内部机制，最后一个是语法化的外部机制；语法化的动因有四个,即效率性动因、创新性动因、互动性动因和接触性动因,其中前三个是语法化的内部动因,最后一个是语法化的外部动因"。① 结合讲说语体话语标记的语言事实,本书认为,促进某些语言单位话语标记化的主要机制为隐喻与重新分析,主要动因为语用因素。需要说明的是,讲说体中的话语标记在形成过程中都伴有语义引申虚化、去语法范畴化、语法位置固定等词汇化或习语化的共同特征,故将词汇化或习语化视为语法化的组成部分。本章重点分析隐喻和重新分析两种机制及相关的语用动因。

1.1 隐喻机制

隐喻是引发语言表达式语法化的最常见的认知因素。隐喻涉及两个不同认知域之间的投射,用一个概念来表达另外一个相似的概念。隐喻模式指从具体概念域投射到抽象概念域,不同认知域间的投射是基于相似关系,对语法化过程有促动作用。讲说体小说为更便于广大文化水平不高的群众接受理解,达到娱乐和宣教的目的,使用接近口语的白话进行讲述(写作),另外在选择话语标记来组织语篇、表达态度立场的时候,还特别注重用简单、具象的概念来隐喻抽象概念。比如讲说体中高频话语标记"你想、想来、想是""可见、只见、但见"等,起初都是话语线性序列上的跨层组合,其中的"想"与"见"表示心理动作和视觉动作,与其他语素组合成词之后,分别表示"料想、推测、估计"和"感觉、觉察"等认知活动,从行为域投射到了认知域,再后来又成为言者主观世界外显的窗口,进入到言域,从而发展为话语标记,在整个过程中起主导作用的是隐喻机制。

隐喻机制还对话题标记化之后的进一步演变起作用。如讲说体话题结构标记"不在话下",表示"眼前的话题或所说的故事不在下面的讨论范围内"之义,其关涉对象为说者言谈中切实存在着的某一话题,说话人使用该标记语意欲实施告知、明示听者"要终结某话题"这一言语行为,所突显的意义具有客观性。由于宋元以来说书艺术普遍流行,听

---

① 吴福祥:《也谈语法化的机制和动因》,《语文研究》2021年第2期。

书是市民阶层最为熟悉的娱乐休闲方式，人们自然会将自己喜闻乐见的说书叙事模式投射到生活的各个领域，比如投射到量级的比较领域：能力强/地位高+（能力弱/地位低，不在话下），于是"不在话下"离开元叙述话语层面，进入故事世界，之后再通过"抄近路得出的隐含义"[①]，从比较域投射到比较结果"主观小量"，最终发展为仅表示言者态度的主观性词语。在叙事话语方式标记"话说""且说""单说"等的形成过程中，从"口说"领域投射到"笔写"领域，都可视为隐喻机制触发的话语标记化。

1.2 重新分析

"重新分析"改变语言结构的底层形式，引起规则的改变，在语言结构的"组合"轴上起作用，能够产生新的语法结构，其后果是组合性变化，即改变语法形式的句法、构词和语义特征[②]。重新分析被视为语法化最重要的机制。同样的，在讲说体大多数话语标记的形成过程中也发挥了重要作用。本书所讨论的互动标记"你想"、强断言标记"正是"、引述标记"说什么"、叙述视角标记"只见"和推论标记"可见"等，都经历过重新分析过程，其使用规则再经过类推扩展最终才发展成为话语标记。以互动标记"你想"为例说明。"你想"起初是作为线性序列上的两个相邻语言单位而出现在句中，分别充任句子的主、谓语，如，"你想那陋巷颜渊，箪瓢原宪"（元《全元曲·杂剧》）。例中"你想"尚未融合成词，"想"为心理动词，表"思念、考虑"等实义，动词范畴特征明显，其后可接体词性宾语，时体标记、补语等。当组合中的第二人称代词"你"语义发生泛化，虚指交际对方中的任意一人，"想"之后的宾语由体词性宾语发展为谓词性宾语或小句宾语时，"你想"发生了质变，如"你想石婆婆家小大哥是贩南商的，常有江西好针在家里"（元《全元曲·杂剧》）。"想"原来作为整个句子结构的表义重心，现在转移到其后的谓语中心语"常有江西好针在家里"之上了，

[①] 沈家煊：《语用法的语法化》，《福建外语》1998年第2期。
[②] Hopper, Paul & Traugott, Elizabeth, *Grammaticalization*, 2nd., Cambridge: Cambridge University Press, 2003.

"想"的语义引申为认知义"料想、推测、估计",句法地位下降为附着成分,句子结构发生重新分析:

你‖想‖宾语——你想‖宾语

重新分析的结果是"你"与"想"之间的分界模糊,最终融合成词,句首位置固化,表明它后边引导的句子是一种主观推测、估计出来的观点,标识说话人对所谈问题的主观认识,成为说者主观世界外显的窗口,"你想"最终演变成为话语标记。

2. 讲说体话语标记的演变动因

对于讲说体话语标记的发展演变来说,最重要的是适宜的语法化环境。Traugott 和 Trousdale(2013)提出,对语法化环境的考察不应该局限于语法化项最直接的结构环境,应该包括上下文语境,广义地解释为语言学意义上的语境,包括句法、词法、音系、语义、语用推理、语体模式(书面语/口语),以及间或更宽的篇章及社会语言学意义上的环境[1]。这个定义涵盖面非常广。彭睿(2020)[2]又提出,语法化环境具有层次性,各层次在语法化中发挥不同的作用,但语用因素是语法化背后的重要推手,这已成为目前学界的共识。因此在讲说体某些话语标记的形成过程中尤其需要关注语用条件,关注其背后的语用驱动力。方梅(2017)[3]曾指出,叙述者视角与情节内人物视角的重叠,是"但见"虚化为元话语成分的临界语境。语用因素所起的促进作用几乎贯穿讲说体话语标记的整个形成发展过程。再如"再说",根据彭睿(2014)[4]

---

[1] Traugott, Elizabeth C. and Trousdale, Graeme, *Constructionalization and Constructional Changes*, Oxford: Oxford University Press, 2013.
[2] 彭睿:《语法化理论的汉语视角》,北京大学出版社,2020 年。
[3] 方梅:《叙事语篇的衔接与视角表达——以"单说、但见"为例》,《语言教学与研究》2017 年第 5 期。
[4] Peng, Rui, "The Diachronic Development of Zaishuo in Chinese: A Case of Polygrammaticalization Chains", *Journal of Chinese Linguistics*, 2014, 42(2).

的研究，12世纪以后的白话小说和话本里，"再说"出现了"现在（我们）来谈谈别的事"义，具有转移情节或开启新话题的功能。如：

（1）三巧儿真个把四碗茶，两壶酒，分付丫环拿下楼去。那两个婆娘，一个汉子，吃了一回，各去歇息，不题。<u>再说</u>婆子饮酒中间，问道："官人如何还不回家？"三巧儿道："便是，算来一年半了。"（元《元代话本选集》）

例中"再说"与现代汉语"作业的问题就谈这些。现在再说考试的事情"中的"再说"相比，虽然仍是动词短语，但是语义的理据性有所弱化，因为"现在（我们）来谈谈别的事"已经不是"再"和"说"意义的简单相加，融合度也增加了不少。这种用法只能出现在白话小说和话本里。由此可见，是"讲说"这种言语活动及讲说语体给话语标记"再说"的形成提供了语用环境。类似的还有"话说""且说""却说"等含言说动词的词组，皆因出现在讲说体小说这种新的语义语用环境中，才获得专门的语用功能从而发展成为话语标记。

话语标记于语用层面发挥作用，与语境情景密切相关，在特定的语境中由于语境义的强化、概念义的弱化而成。语用现象可在语法里固定下来，语言的某些语用因素在语言使用中逐渐规约化，甚至进一步语法化。如在讲说体的强断言标记"正是"的形成过程中，语用因素起了促进作用，它本为加强肯定判断的动词短语，使用的典型语境为"NP1正是NP2"，如：

（2）这个牧童<u>正是</u>天师。（明《水浒全传》）

例中的"正是"判断NP1"牧童"与NP2"天师"为同指关系。讲说体小说中"正是"常用于如下语境：说话人先讲述了一事件、人物、景物，然后"正是"再引用一句俗语、诗词进行概括性的评价：

（3）泼贼！我自来又和你无甚么冤仇，你如何这等害我！<u>正是</u>"杀人可恕，情理难容！"（明《水浒全传》）

例（3）"正是"出现的句法环境变化为"S1，正是 S2"，S1 与 S2 之间由同指关系转变为话题–评述关系，"正是"由原来必不可少的句法成分转为可删除的，只表程序义、标示其后话语为说话人的主观评议的话语标记。这是非常典型的语境因素促成语法化的情况。

而引述标记"有诗为证"和互动标记"看官听说"的标记化则完全是语用法的规约化，在以"拟书场"为叙事语境的讲说体小说中，受"说书"体制的规约而发展为评价标记的，离开了讲说体这一特定语用环境，这两个短语都难成为话语标记。

语用因素不仅影响话语标记的形成，还直接导致话语标记消亡或功能改变。讲说体中话语标记功能的解读高度依赖于特定语体和社会角色、社会关系等语用条件，这些语用因素一旦消失，它们就丧失了原本负载的话语功能。晚清以来，尤其是"五四"新文学运动前后，作家们受西方叙事理论的影响，"直觉"小说可以有各种各样的作法，不一定要讲故事，不一定要有头有尾，不一定要有高潮有结局，也不一定要布局曲折动人。一句话，不一定要以情节为结构中心[①]。原本充斥于传统白话小说中的话题标记、叙事标记、评价标记几乎被一扫而净，其根本原因就在于，讲说体的传播媒介、话语主体间关系、功能意图等语体变量的变化而致使讲说语体发生了根本变化。

传媒方式的改变对言语方式的影响，无论是面对面的口头直接交际，纸张文字的书面传播，还是现代社会科技高度发达之后催生的广播信号、电视场景画面，或者电脑互联网等多媒体传输，同样一个客观事件，家人闲聊、报纸刊载、电视直播、微博推送或者网络即时交流工具的聊天都可形成一套独特的话语形式，在表达内容、言语方式和语言结构上也都必然呈现出与各自传播媒介相适应的特点，形成听与说、读

[①] 陈平原：《中国小说叙事模式的转变》，上海人民出版社，1988 年，第 108 页。

与写或者如讲说体小说中存在的听读与说写交相混合的复杂关系。"说"与"听"涉及两套截然不同的心理机制,听读与说写的交杂,更加剧了其背后所涉及的心理机制的复杂性。随着讲说体传媒方式的最终改变,作者、读者不再把自己当作书场中面对面交流的言听双方,标记"听"与"说"口语交际关系的一系列叙事话语标记"话说""再说""且说"的相关功能也开始丧失或改变。如"话说"不再承担叙事文学的叙事职能,即便偶有使用也局限于纪实类的影视或文学作品的标题,如"话说长江",表示"讲述长江和长江相关的事"之义。近些年还出现在网络虚拟对话语境中,在引出一个新话题的同时营造出轻松调侃意味。例如:

(4)<u>话说</u>你们有没有做梦梦到自己牙齿掉了很多颗啊?我梦到过好几次了,还觉得特别真实。(新浪微博)

以上"话说"出现在某一虚拟话轮的起首位置,表示说者将要发表一个"关于梦中掉牙"的话题,言语间多有戏谑调侃之意。

现代小说基本采取"展示"叙事方式,主张用客观显示的方式让故事像戏剧一样上演,有意识地隐藏作者,弱化叙述者对小说的介入。这与讲说体的"讲述"叙事方式反其道而行之,也就使得现代小说突破传统说书模式和经典文人小说叙事策略的藩篱,实现了叙事方式的根本转变。讲说体小说"说书场"格局分崩离析,言者与听者间"听"与"说"关系瓦解以及不对等权位关系改变之后,相关话语标记也随之消失或发生功能变化。讲说体中的话语标记几乎都出现在讲说体小说语篇的超叙述层面[①],是作者公开、显性地表达对听者接受心理进行关照,对听者认知加工进行干预而较高频被使用的语言手段或话语策略,这在现代叙事性话语成品中再也难觅踪影。比如原本作为讲说体小说第三人称

---

① 超叙事层指叙述者与受述者在实现各自职能的过程中产生出界限分明的叙事层次:故事层面是主叙述层次,叙述者与受述者的交流则处于故事层面之上的超叙述层次。

全知型视角标记的"只见",它引导"上帝"视角,便于把一切所见所闻所知所感讲给听者听;而现代叙事文学绝大多数改用第三人称限制视角叙事,所以"只见"在现代叙事语篇中的使用频率大为降低。但它又未完全消失,而是摇身一变,在新闻语体中发挥起标记叙事视角的功能。这是因为新闻报道也关注受众的接受心理,通过受众的视角来引入新场景、新事物,并将主观视角寄予其中来表达立场态度,在这一点上与讲说体相契合,因而使用的语言表达手段也相同。

讲说体小说叙议并重以实现娱乐和社会教化的双重功能意图。自晚清"小说界革命"始,小说更多地被作为启蒙民智、救国图存的利器,更重要的是突破了长期以来的"末技"边缘地位,进入了文学家族的中心。由此一来,与传统小说叙事、评议功能相适配的语言表达方式、文体结构等也因之发生了深刻的变革,呈现出了异于以往的语言面貌。相应地,绝大多数话语标记都在现当代叙事文学作品中消失殆尽,但是它们对现代汉语叙事语体语篇的组织方式影响深远,普遍影响着现代汉语篇章的语法表达[①]。比如,现代小说运用新技巧来处理叙事时间,以往传统白话小说时间结构要素如时间满格、自然时序叙述以及预叙等都渐趋消亡,叙事性小说文本语言面貌巨变,直接导致了标示分叙、插叙、预叙等叙事方式的标记性语词如"花开两朵,各表一枝""原来""有分教""这是后话"等使用频率骤减甚至消亡。而那些公开、显性地表达价值观、思想认识甚至伦理立场的评价也变为隐含的、让读者自己去领悟的方式,随之而来的便是那些讲说体中特有的评价标记如"正是""想来""你想""说什么""有诗为证""可见"等,要么丧失了原来在讲说体中的功能,要么滋生出其他新功能。

由此可见,语体语用因素在讲说体话语标记的形成和发展演变过程中的作用不容小觑。

---

① 方梅:《汉语篇章语法研究》,社会科学文献出版社,2019年,第159页。

第 4 章
讲说体话题标记研究

世界上很多语言都有"话题+述题"的结构形式,汉语就是一种非常典型的话题型语言。Li 和 Thompson(1976)[①]指出了衡量话题优先型语言的标准,其中一个重要标准即为话题优先型语言具有显性的编码形式。徐烈炯、刘丹青(2018)提出:"话题作为一种语法成分,通常具有语言形式方面的某种表现,尤其是在话题优先的语言中。用来体现话题功能的语言形式手段就称为话题标记。广义的话题标记可以包括各种音段成分、超音段成分(或叫韵律成分),以及成分的排列顺序即语序。"[②]话题标记在形式上没有强制性,并非所有汉语话题都要强制添加话题标记,但有时要满足句法语义、语篇衔接和连贯、言者话语立场方面的要求,也会有添加话题标记的需求。李宗江(2017)[③]在讨论近代汉语话题标记时指出,"话题标记"是用来标记句子或语段话题的语言表达式。本书把话题标记视为话语标记的一种,它们承担标记话题功能,概念意义较弱,重点表达程序意义,语法化(或规约化)程度较高;话题标记不可单独使用,必须黏附在其他成分上组织成更大的语言单位;有些话题标记不能被删除,但其有无并不影响命题意义的表达,

---

[①] Li, Charles N. &Thompson, S., "Subject and Topic: A New Typology of Language", in Li, Charles N. (ed.), *Subject and Topic*, New York: Academic Press, 1976, pp. 457–489.
[②] 徐烈炯、刘丹青:《话题的结构与功能》,上海教育出版社,2018 年,第 71 页。
[③] 李宗江:《近代汉语的话题标记及其演变》,《汉语学报》2017 年第 4 期。

有些话题标记还具有可删除性。

李宗江（2017）将话题标记分为话题引入标记和话题转换标记两种，前者如"论、说、若论、若论着"等，后者如"若、若乃、至若、至于、却说"等。纵览近代白话讲说体小说，除了话题引入和转换有固定标记外，话题终结也同样有着固定的形式标记。小说这种叙事文学样式总是围绕一定的话题来展开叙述，频频涉及引进、转换或终结某一话题。与现代叙事文学不一样的是，近代汉语讲说体小说是口说的书面记载，当它引入、转换或终结某一话题时，更仰赖固定的语言形式来作为醒目的标记，以更好地吸引听者的注意或指引听者的理解。如引入某一话题时的常用标记：

（1）话说春秋战国时，有一名公，姓俞名瑞，字伯牙，出过郢都人氏，即今湖广荆州府之地也。那俞伯牙身虽楚人，官星却落于晋国，仕至上大夫之位。（明《警世通言》）

其中"话说"引入的是篇章话题，其管界超出了所在的句子范围而延伸到了整个语段。"有"和"那"则引出句子话题"一名公"与"俞伯牙"。转换、终结话题也有固定的语形标记，如"不提子期回家之事。再说俞伯牙点鼓开船"，其中的"不提"表达结束话题"子期回家之事"，"再说"则在终结前一话题的基础上转入另一新话题的述说之中。类似的表达在现当代叙事文学语篇中绝无仅有，我们通过对莫言、余华、王朔三位现当代文学家的小说作品的考察，发现现当代叙事文学语篇的话题引入、转换或终结，更依赖故事情节发展的逻辑或语序、分行、分段、标点符号等，没有专用的话题引入、转换或终结标记。如：

（2）我的故事，从一九五〇年一月一日讲起。在此之前两年多的时间里，我在阴曹地府里受尽了人间难以想象的酷刑。每次提审，我都会鸣冤叫屈。（莫言《生死疲劳》）

莫言小说《生死疲劳》的第一章开篇所引入的话题就无任何形式上的标记，但谁也不能否认"我的故事"不是话题，因为它是整篇故事谈论的起点，是说话人有意引导听话方注意的中心。再如话题转换：

（3）<u>此事</u>虽异，毕竟为一盆花而已，知道之人还并不广大，过后也便罢了。没想到了夏天，西京城却又发生了一桩更大的人人都经历的<u>异事</u>。（贾平凹《废都》）

例（3）节选自贾平凹小说《废都》，话题1"此事"结束，转而叙述话题2"一桩更大的人人都经历的异事"，无论话题1的结束还是话题2的引入，所依赖的形式标记为句号，表示前一话题的结束，而更多的是语义上的起承转合。相比讲说体小说对话题推进的刻意而为，现当代小说的了无痕迹显得更为自然和谐。

本章将以"有""这/那""大凡""不提"与"不在话下"为例，重点讨论近代讲说语体中引进或终结话题的各种语言标记手段，以期对讲说体的话题标记形成较为全面的认识。

第1节　话题标记"有"

近代白话讲说体小说中的"有"与现代汉语一样是个多义动词，主要表示"领有，具有"，"存在"和"性质、数量达到某种程度"义。但也有特殊用法，比如在"有 + NP + VP"无主句中所产生的话题标记功能。如：

（1）张招讨见宋江申复金节如此忠义，后金节到润州，张招讨大喜，赏赐金节金银、缎匹、鞍马、酒礼。<u>有副都督刘光世</u>，就留了金节，升做行军都统，留于军前听用。（明《水浒全传》）

（2）这四句诗是夸奖妇人的。自古道："有志妇人，胜如男

子。"且如妇人中，只有娼流最贱，其中出色的尽多。有一个梁夫人，能于尘埃中识拔韩世忠。(明《警世通言》)

（3）从此，嘉靖爷渐渐疏了严嵩。有御史邹应龙，看见机会可乘，遂劾奏："严世蕃凭借父势，卖官鬻爵，许多恶迹，宜加显戮。其父严嵩溺爱恶子，植党蔽贤，宜亟赐休退，以清政本。"(明《今古奇观》)

（4）他原籍是浙江湖州府人，流寓到苏州，甚不得意。有个甄士隐和他相好，时常周济他。以后中了进士，得了榜下知县，便娶了甄家的丫头。(清《红楼梦》)

以上例句中的 NP 都具有以下共同特点：皆为有定实指名词短语，"副都督刘光世""梁夫人""御史邹应龙""甄士隐"，均表官职名或人名，在语篇中都是首次出现的新人物。通常情况下，交际需要和思维展开的常规是，说话人优先选择已知信息作为话语的起点，否则会给听者造成没头没脑的突兀感。在现代汉语中，这类"有"字，要么从句中删除，说成"副都督刘世光"，要么改换表述形式，如拆分成两个独立小句，说成"有一个叫甄士隐的人，和他相好"。但该"有"字句却在近代白话讲说语体语篇中较高频使用，个中原因值得一探究竟。

由于 NP 的指称性质不同，讲说语体语篇中有两种"有 + NP + VP"无主句并存。例如：

（5）而今再说一个唐时故事。乃是乾元年间，有一个吏部尚书，姓张名镐。有第二位小姐，名唤德容。(明《初刻拍案惊奇》)

前一 NP "一个吏部尚书" 的定指程度比后一 NP "第二位小姐" 低得多，可见"有"引导的 NP 的有定程度存在高低之分。

以上各例中的"有"，与本指"与'无'相对，表'具有'"和"存在"的常见动词"有"差距较大，发生了一定程度的语法化：

丧失了大部分动词范畴特征。不可带时体标记"了、着、过"，不能被否定，不可重叠，不可带补语；但也保留了部分动词特征，可带宾语（如"有一个梁夫人"中"一个梁夫人"为"有"的形式宾语），还可受少量副词的修饰限定（如"只有、忽有、却有"等）。

在语义和句法结构方面可删除。如例（1）"有副都督刘光世"说成"副都督刘光世"，句法结构及所表达的命题意义无大变化，甚至在某种程度上还更符合汉语的表达习惯。

具有强黏附性。该"有"不能脱离其后的语言成分单独运用，与其后的语言成分组构成"有+NP"之后，仍不具句法自足性，对语境高度依赖，要求有后续句对引入的所指作进一步的评价或陈述。

句法位置固定。"有+NP+VP"无主句，"有"处于句首位置，其前可允许时间或处所名词存在，如：

（6）<u>其时有个归夜光，善能视鬼</u>。玄宗召他来，把张果一看，夜光并不见甚么动静。（明《初刻拍案惊奇》）

（7）当下西门庆正在金莲房中饮酒，忽小厮打门，说："<u>前边有吴大舅、吴二舅、傅伙计、女儿、女婿，众亲戚送礼来祝寿</u>。"方才撇了金莲，出前边陪待宾客。（明《金瓶梅》崇祯本）

综上可见，"有+NP+VP"中的"有"在语篇中主要实施语篇功能。吕叔湘先生早已发现"有"字的该类功能，他将"'有一个乡下人进城逛庙'看作'有这么一个乡下人，他进城逛庙'的紧缩形式，认为在形式上可以看作是一个"'有无'句之后融接一个叙事句"[①]。虽然吕先生从句法的角度将该类句式称为"有无繁句"，但他指出该"有"字是一个"动词意义非常弱的形式词"，一语道出了表达语篇功能的"有"与动词"有"区别之所在。此后，关于"有"的性质及其引导的NP的指称属性，就成了话语功能语言学研究者的关注热点。如 Li &

---

① 吕叔湘：《吕叔湘文集》（第一卷），商务印书馆，1990年，第101页。

Thompson（1981）、陈平（1987）①、方梅（2019）等②学者,从句式角度提出"有 + 无定 NP 主语句"具有引入篇章话题的功能,认为"有"后面的名词性成分往往是新引入篇章的概念,NP 为无定名词词组。石毓智（2001）③也提出,"有 + NP + VP"无主句中的"有"是一个从表领有或者存现的普通动词虚化而来的表示无定的语法形式。张新华（2007）指出,该结构中的"有"已经"从存现句中的完全动词语法化为一个弱限定标记,加在有指却无定的形式前面,使之具有一定的限定性,具备话题资格"④。周士宏、申莉（2016）⑤从句子信息结构的角度,将"有 + NP + VP"称为"'有字'呈现句",认为"有"的动词词汇意义已经弱化,是一种形式动词,作用是把一个新的所指锚定并呈现或者介绍到当前语篇,使其成为后续小句的谈论起点。

以上诸学者虽给予"有 + NP 主语句"中"有"不同的名称,但大多认为 NP 是"无定名词词组"。然而也有少数不同意见,如赵建军（2013）⑥指出"有"是有定标记,NP 是有定的,他还将该"有"命名为话题标记,认为"有 + NP + VP"无主句中的"有"提升 NP 的有定性,通过"有"的引进介绍,NP 成为一个新话题,"有"可以看作话题标记。范继淹（1985）⑦在讨论无定主语句时,提出"蒙下有定"和"部分有定"概念,并认为"数量词 + 修饰语 + NP"形式可以转换为"有"字句。换言之,"有 + NP + VP"中的 NP 并非完全无定,还可以是"蒙下有定"或"部分有定"。

由于研究的角度与侧重点不同,学者们关注焦点多在对"NP"指称属性的讨论上,研究集中于"有 + 无定 NP + VP",而对"有 + 有定

---

① 陈平:《释汉语中与名词性成分相关的四组概念》,《中国语文》1987 年第 2 期。
② 方梅:《从话语功能看所谓"无定 NP 主语句"》,《世界汉语教学》2019 年第 2 期。
③ 石毓智:《语法的形式和理据》,江西教育出版社,2001 年,第 75 页。
④ 张新华:《与无定名词主语句相关的理论问题》,《北京大学学报（哲学社会科学版）》2007 年第 6 期。
⑤ 周士宏、申莉:《汉语中的"无定 NP 主语句"及相关的"有"字呈现句》,《励耘语言学刊》2016 年第 3 期。
⑥ 赵建军:《作为话题标记的"有"》,《汉语学习》2013 年第 1 期。
⑦ 范继淹:《无定 NP 主语句》,《中国语文》1985 年第 5 期。

NP + VP"结构未见有研究;对"有 + NP + VP"句的语篇功能有了一定研究,但是对功能形成动因的研究尚需进一步深入。

本节将"有"置于近代汉语讲说语体语篇中,通过对"有 + NP + VP"在语篇中的分布规律及其功能的考察,确认标记词"有"及其标引的语言成分的性质与功能,以对近代讲说体话题标记"有"的功能、认知动因和发展演变进行探究。

1. 话题标记"有"的语篇表现形式

话题标记"有"所在的结构式"有 + NP + VP"具有如下特征:在句法形式上为无主句,VP 不一定与"有 NP"同处一个句子,可充任若干小句或其他词类(如形容词)构成的述谓语。"有"并非绝对居于句首位置,其前或有表时间、地点的名词,或有其他不表实义仅凑足音节的副词性语素,或其他话语标记。

1.1 时间/地点 + 有 + NP + VP

时间词多为表示时段的时间名词短语,讲说体不要求像传记体或新闻体那样对时间的精确性,无论是叙述时间还是故事时间,大多用语义模糊的时段词语表达,如表示某一朝代的"国朝永乐年间""唐玄宗皇帝朝""我朝""唐时"等,或概言某一段时间的"近代""昔时""今""当"等。句首时间名词为"有"引入的人物活动、事件的开展提供时间背景。例如:

(8)国王心下十分不悦。<u>当有一个驸马将军</u>,名字叫做哈里虎,看见国王不悦,跪上前去,禀说道。(明《三宝太监西洋记》)

(9)<u>话说唐玄宗皇帝朝,有个才子</u>,姓李,名白,字太白,乃西梁武昭兴圣皇帝李暠九世孙,四川锦州人也。(明《今古奇观》)

以上两例中的"当"与"唐玄宗皇帝朝"都是表时间的名词或词组,"当"意即"当下"。如果时间名词词组形式较冗长,一般与"有"之间有较长停顿。

"有"字结构之前还常出现表处所、方位的词语，为故事中人物的活动提供地点框架。例如：

（10）却有一件事教相公得知，离此间不远，有座山，唤做桃花山。山上有一伙强人，为头的是打虎将李忠。（明《水浒全传》）

"离此间不远"和"山上"均为表处所的短语结构，为事件、活动的进一步发展框定大致范围。讲说体语篇的叙事性特征要求时间、地点、人物等必不可少的叙事要素，因此在"有"引入的话题之前，时间与处所、方位词语同现现象较为习见，而且越是重要的人物，伴随出场的时间、地点信息越是详细。例如：

（11）话说国朝成化年间，苏州府长洲县阊门外有一人，姓文，名实，字若虚。生来心思慧巧，做着便能，学得便会。琴棋书画，吹弹歌舞，件件粗通。（明《今古奇观》）

（12）话说大宋徽宗皇帝政和年间，山东省东平府清河县中，有一个风流子弟，生得状貌魁梧，性情潇洒，饶有几贯家资，年纪二十六七。这人复姓西门，单讳一个庆字。（明《金瓶梅》崇祯本）

"文若虚"与"西门庆"都是小说主人公，整个故事情节皆围绕他们为中心开展，因此有必要尽可能详细介绍与之相关的时间、地点等背景信息。

1.2 副词 + 有 + NP + VP

"有 + NP + VP"中"有"之前有其他副词性语素，如"忽、却"等，这些语素的添加不在于表意，而更多是出于韵律平稳以增加句子的可接受度之需。如：

（13）一日正是贾政的生辰，宁荣二处人丁都齐集庆贺，闹热非常。忽有门吏忙忙进来，至席前报说："有六宫都太监夏老爷来降旨。"（清《红楼梦》）

（14）郑夫人到一家化斋，其家乃是里正，辞道："我家为接官一事，甚是匆忙，改日来布施罢！"<u>却有间壁一个人家</u>，有女春闲立在门前观看搭彩，看这道姑，生得十分精致，年也却不甚长，见化不得斋，便去叫唤他。（明《警世通言》）

例中"忽""却"是讲说体转换话题的惯用标记，意外和转折义均较微弱，用在起此处凑足音节的作用。

讲说体文献中，"有"居于句首的"有＋NP＋VP"，并非都是本书所指的"有＋NP＋VP"无主句，还有其他的结构类型，例如：

（15）武松道："既是嫂嫂厚意，<u>今晚有行李便取来</u>。"（明《水浒全传》）

例中的"有＋NP＋VP"构成紧缩复句或复句中的分句。有些"有＋NP＋VP"可以看作主语承前省的主谓句，据语境可添补出"有"的领有者，例如：

（16）大哥在上，武二今日蒙知县相公差往东京干事，明日便要起程，多是两三个月，少是一月便回，<u>有句话特来和你说</u>。（明《金瓶梅》崇祯本）

"有句话特来和你说"实为"我有句话特来和你说"，句中"有"表领有。而本研究的"有＋NP＋VP"根据语境无法添加出主语，如前文例（13）的"忽有门吏忙忙进来"，例（14）的"却有间壁一个人家"皆如此。

还有表估量、比较义的"有"字句，也表现为"有＋NP＋VP"形式，也非本书的研究对象。例如：

（17）那座山，正当顶上，有一块仙石。其石有三丈六尺五寸高，<u>有二丈四尺围圆</u>。（明《西游记》）

"有二丈四尺围圆"意即"圆大约二丈四尺围","圆"为形容词做谓语,据前文可添补主语"其石"。

话题标记结构式"有 + NP + VP"与"有"字存在句也有区别,除了话题标记"有"的语义虚化程度较高之外,存在句还有一个较为显著的特征,即"NP 处所 + 有 + NP 存在物 + VP",其中的 VP 属于可有可无的非必要成分,"NP 处所 + 有 + NP 存在物"句法自足,而话题标记结构式"有 + NP + VP"中的 VP 是强制性的,否则"有 + NP"句法不自足,影响语义表达。例如:

墙上有一幅画挂在那里——墙上有一幅画
话说国朝成化年间,苏州府长洲县阊门外有一人,姓文,名实,字若虚——*话说国朝成化年间,苏州府长洲县阊门外有一人

显然,第二个例子中如果没有后续的 VP"姓文,名实,字若虚",原句就不成话。

2. 话题标记"有"的语篇分布特点

讲说体是有口说渊源的叙事性语体,讲说的故事以表现人物性格和有因果联系的事件为主。西方的叙事文学以故事为本位,而我国自《史记》开创纪传体以来,从魏晋到明清,小说家们莫不以人物为本位[①]。这一传统也影响了明清小说的叙事思想,小说构思皆以人物为本位,小说家在塑造人物形象时费尽心力,在语言层面上表现为,对人物引进、指称、命名等进行编码时,都会在语言形式的择定上字斟句酌。比如在引进新的人或物时,会特别使用显性语言标记来给予听者一定的心理准备时间,借此提醒听者注意有新人物、事物即将登场亮相,并被征用做话语谈论的起点。因此,标记词"有"绝大多数都分布于引进新人、事、物等语境。

---

① 赵炎秋等:《明清叙事思想研究》,湖南师范大学出版社,2008 年,第 74 页。

讲说体语篇中的话题类型可分为篇章主话题、次话题和句子话题，篇章主话题有专门的固定程式化表达，如使用章回标题，或由叙事标记"话说"引出等。"有"引导的话题一般不常位于篇首始发位置，所引导的内容包括人物、地点、事件等，基本上都分布在语篇内部，标记一个事件或行为的新参与者或事件发生的处所作为言谈起点。

2.1 伴随首次出场的新人物

（18）此榜行至海州地方，<u>有一人姓陈名萼</u>，表字光蕊，见了此榜，即时回家。(明《西游记》)

（19）却说临安城中，<u>有个吴八公子，父亲吴岳</u>，见为福州太守。这吴八公子，打从父亲任上回来，广有金银，平昔间也喜赌钱吃酒，三瓦两舍走动。(明《醒世恒言》)

"有"引出场的新人物既可以是小说的主人公，如例（11）、例（12）中的"文若虚"和"西门庆"都是贯穿全篇章的头号人物；也可以是故事中的偶现人物，如例（18）中的"陈萼"是唐僧父亲，在小说中仅作为介绍唐僧身世的背景人物而出场，例（19）的"吴八公子"也是小说中为衬托秦重的深情厚意而出现的一个次要人物，仅在局部情节中活动。

2.2 伴随新出现的事物

"有＋NP＋VP"引出新事物：

（20）只行到那极巅之处，果然见金光万道，瑞气千条，<u>有块四方大石</u>，石上贴着一封皮，却是"唵、嘛、呢、叭、咪、吽"六个金字。(明《西游记》)

（21）忽抬头看见前面一带粉垣，里面数楹修舍，<u>有千百竿翠竹遮映</u>。(清《红楼梦》)

用"有＋NP＋VP"引出一段诗文或一句俗语，是最具讲说体小说特色的用法，有些甚至发展成为程式化的叙事套语，例如：

（22）那菩萨降莲台，径离仙洞，与揭谛驾着祥光，过了南海而来。<u>有诗为证</u>，诗曰：佛说蜜多三藏经，菩萨扬善满长城。摩诃妙语通天地，般若真言救鬼灵。致使金蝉重脱壳，故令玄奘再修行。（明《西游记》）

（23）<u>有句俗语道得好</u>："官无三日急。"（明《醒世恒言》）

"有诗为证"是讲说体小说引入诗词韵文的专用引述标记。

综合而言，"有"引导的话题都是语篇中首次登场亮相的新信息，所标记的话题的延展性有强有弱，引出的人物可以是贯穿全篇的主线情节上的主人公，也可以是在某个情节发展中起穿针引线作用的偶现人物或铺垫情节的事物。

3. "有"所引导的话题类型及其信息结构特点

3.1 "有"所引导话题的类型

"有 + NP + VP"，NP 为"有"引入的话题。话题类型参照徐烈炯、刘丹青（2018）①的划分方式，以话题与述题或其组成部分之间的语义关系为话题类型的划分标准，将话题分为论元共指型话题、语域式话题、拷贝式话题和分句式话题，后两种为方言话题类型，本书仅涉及前两种话题类型。

3.1.1 论元共指型话题

"有"引导的论元共指型话题有主语型话题和宾语型话题。

主语型话题。主语型话题指"有"字引入的话题是后边述题结构所在小句的逻辑主语。汉语句首位置的话题与主语常常重叠，主语型话题可以表现为句内话题，是述题部分主要动词的施事。例如：

（24）方点完时，忽听外边马跑之声。一时，<u>有十来个太监都喘吁吁跑来拍手儿</u>。（清《红楼梦》）

---

① 徐烈炯、刘丹青：《话题的结构与功能》，上海教育出版社，2018 年，第 104 页。

话题"十来个太监"是连动结构"跑来拍手儿"的施事者,是文中的偶现人物,句内话题的话题性较弱,活动结束人物即退场。

篇章话题中的主语型话题,通过代词、零形式、同指名词等的回指延续至若干小句,显示出较强的话题性,一般引入较重要的人物。讲说体是口头形式的书面文学,其口语性决定了其更倾向于使用零形式或指代明确的同指名词及"指代词+名词"对话题中的先行词进行回指,以保证口头叙事的流畅性、连贯性及表意的明确性。例如:

(25)数月前有一将军,【 】姓张,【 】名飞,【 】引数十骑到此,【 】将县官逐去,【 】占住古城,【 】招军买马,【 】积草屯粮。(明《三国演义》)

例中"有"所标记的话题"将军"为后续述题小句中动词"姓、名"的当事者,以及动词"逐、占、招军买马、积草屯粮"的施事。后续述题以零形式回指话题,形成了一个话题链,话题延展性强。这种"有"字话题结构,通常处于讲说体小说语篇起始部分的始发句中,为故事中新人出场的常见模式之一。

宾语型话题。宾语型话题指"有"所引导话题的同指成分在后续句中充当宾语,大多为述题结构谓语动词的受事或与事论元。宾语型话题多分布在对话场景,由于话题人物为会话双方之外的第三者,因而比起主语型话题来,更常用第三人称代词"他"回指。例如:

(26)山呼行礼已毕,神宗对钦圣道:"外厢有个好儿子,卿可暂留【 】宫中,替朕看养他几日,做个得子的谶兆。"(明《警世通言》)

(27)西海蛟说道:"贤太子你有所不知,前日哨探的小番告诉我说道,南朝有一个道士,官封【 】引化真人,能呼风唤雨,役鬼驱神。这个莫非就是他的徒弟,故此也会呼风唤雨。"(明《三宝太监西洋记》)

例中"有"引入的话题"好儿子"与"道士",分别是后面两个小句动词的受事或与事宾语。

据对语料的观察发现,讲说体小说语篇中"有"主语型话题数量远超宾语型话题。其主要原因在于,话题之后的述题句都是针对同一个人或事物进行陈述,无须中途转换陈述对象,以维持语篇局部语义连贯,给予听读者行云流水般顺畅的视听享受,故较受讲说体小说讲述者的青睐。还有另一个重要原因是"有一个将军,姓张,名飞"这类"有+无定NP"类的主语型话题句,是言者站在事件之外的叙事表达,有非现场性的解读[1],契合讲说体小说运用第三人称无限视角的叙事传统。

以上两种话题–述题结构中,主要动词的某个论元或相关的空位所指相同,话题与述题之间的语义关系紧密,话题标记的使用与否对句法层面影响不大。

3.1.2 语域式话题

"有"引导的还有相当一部分是背景语域式话题,又分为时地语域、背景语域、上位语域和领属语域等各式话题。分别举例如下:

(28) 有一日,江阴县中解到一起劫盗,内中有一行脚头陀僧。(明《二刻拍案惊奇》)

(29) 有个亭子上面设着座位,四面点缀些奇岩怪石,又有新篁围绕。(清《七侠五义》)

时地语域话题。时地语域话题,为述语动作行为的发生提供时间、处所框架。讲说体小说的时间、地点习惯放在话题之前交代清楚,依靠"有"引入的时地语域话题不多。

背景语域类话题中,NP为述题提供背景知识。背景跟述题内容的联系需要依赖背景知识或上下文语境建立,关系显得较为疏松,对话题标记"有"的依赖较强。

---

[1] 方梅:《汉语篇章语法研究》,社会科学文献出版社,2019年,第74页。

（30）曾有一个笑话，道是一个老翁有三子，临死时分付道："你们倘有所愿，实对我说。我死后求之上帝。"一子道："我愿官高一品。"一子道："我愿田连万顷。"末一子道："我无所愿，愿换大眼睛一对。"老翁大骇道："要此何干？"其子道："等我撑开了大眼，看他们富的富、贵的贵。"（明《今古奇观》）

"有"引入的话题"一个笑话"为述题提供了文体背景知识。

上位语域类话题中，NP 是述题谓语动词某个论元的上位概念，例如：

（31）有一种善能识人的女子，如卓文君、红拂妓、王浑妻钟氏、韦皋妻母苗氏之辈，俱另具法眼，物色尘埃。（明《初刻拍案惊奇》）

话题 NP"一种善能识人的女子"和述题动词"如"的当事宾语"卓文君、红拂妓、王浑妻钟氏、韦皋妻母苗氏之辈"之间为上下位关系，NP 是上位语域式话题。

领属类话题中，NP 与述题谓语动词某个论元有领属关系。例如：

（32）一个官人，复姓宇文，名绶，离了咸阳县，来长安赶试，一连三番试不遇。有个浑家王氏，见丈夫试不中归来，把复姓为题，做一个词儿嘲笑丈夫。（明《喻世明言》）

话题 NP"浑家王氏"与述题谓语动词"见"的对象"丈夫"有领属关系。

对话题而言，话题和述题及述题组成成分间的语义关系越不紧密，就越要依赖话题标记来维系或巩固它们之间的联系。邓莹洁（2019）[①]

[①] 邓莹洁：《汉语前置型话题标记强制程度及相关问题》，《汉语学习》2019 年第 4 期。

按照话题和述题及述题组成成分间语义关系的紧密程度，将各话题类型进行了排序：

论元共指性话题＞时地语域话题＞领格语域话题＞上位语域话题＞背景语域话题

这与讲说体中话题标记"有"的使用规律相符。论元共指型话题标记"有"删除后原句仍然成立，而时地、领属等背景语域式话题标记"有"具有更强的强制性，删除后原句需要调整。

3.2 "有"字话题的信息结构特点

事物的指称属性指名词性成分是指称实体还是显示属性，主要关涉有定和无定这两个限定性范畴的下位概念。说者认为所指称的实体听者能够识别确认则为有定成分；反之，则为无定成分。话题虽是某种话语单位的起点，从交际需要和思维展开的常规来看，说者会优先选择已知信息作为话语起点，以避免说话没头没脑。所以，话题应是听说双方的共享信息，是话语中已激活的信息。一般认为，话题是从事件中提取出来的一个实体，需由有定、已知的名词性成分充任。徐烈炯、刘丹青（2018）曾强调，对于话题来说已知性比有定性更为重要。关于汉语名词性词语"有定"性的强弱，陈平（1987）曾做过排序：

A. 人称代词＞B. 专有名词＞C. "这／那"＋(量词)＋名词＞D. 光杆普通名词＞E. 数词＋(量词)＋名词＞F. "一"＋(量词)＋名词＞G. 量词＋名词

陈平认为 A、B、C 三类为典型的强有定成分，D、E 两类属于中性成分，既可充当有定成分也可充当无定成分，F、G 两类则为典型的强无定成分。而所谓的信息是否已知，因观察的立足点不同判断结果也不同，比如同一个信息，立足于说者角度是已知，立足于听者角度却是未知，因此，可据前文语境是否出现过该信息来判别是否为已知。近代讲说体小说"有"引导的话题指称既有话题的普遍共性，也有独特的个性。下面将"有"字话题分为有定、中性和无定三类进行考察。

3.2.1 有定性话题

（33）天子日坐朝廷，为苦拘束，有他这样一位滑稽人物陪同谈笑，却自另有意趣。（清《八仙得道》）

（34）到第二日，西门庆正生日。有周守备、夏提刑、张团练、吴大舅许多官客饮酒，拿轿子接了李桂姐并两个唱的，唱了一日。（明《金瓶梅》崇祯本）

（35）看看前后将及两月。有这当案叶孔目一力主张，知府处早晚说开就里。那知府方才知道张都监接受了蒋门神若干银子，通同张团练，设计排陷武松。（明《水浒全传》）

（36）安公子虽是闭门读书，不问外事，早有那些关切些的亲友得了信，遣人前来探听。（清《儿女英雄传》）

上引四例中充当话题的体词性成分所指皆在前文语境出现过，为言听双方所确知，属于已知的旧信息。近代白话讲说体文献中尚未发现有人称代词单独作"有"字话题的例子，但以第三人称代词"他"作为修饰限定语的却为数不少，如例（33）中"他"与其后的"这样一位滑稽人物"为指同关系的同位语，是从前文话语中提取的实体。例（34）的NP"周守备、夏提刑、张团练、吴大舅"等为专有名词，是《金瓶梅》小说世界中特定的、独一无二的人名或称呼；例（35）和例（36）"有"的话题NP受指代词"这/那"与数词"些"构成的指量结构共同修饰。以上三类皆属于陈平（1987）所划分的A、B、C三类程度极高的有定成分。值得注意的是，现代汉语中"有"如与专有名词结合，其间必须用上"一个"，将专有名词不定指化，否则就不成话，如"从前，森林里有一个白雪公主"不可说成"从前，森林里有白雪公主"。而近代汉语中"有+专名"却屡屡可见，可见其独特性。

3.2.2 中性话题

陈平（1987）所指的中性成分为光杆普通名词与"数+（量词）+名词"。近代讲说体小说中也有"有+光杆普通名词"，但该结构一般充当复句的一个分句，其中光杆普通名词表类指义。如：

（37）那桂姐一径抖搜精神，一回叫："玉箫姐，累你，<u>有茶倒一瓯子来我吃</u>。"（明《金瓶梅》崇祯本）

"有茶倒一瓯子来我吃"是紧缩复句"你如果有茶的话就倒一瓯子来给我吃"中表假设的条件分句。

本书所谓的中性话题为范继淹（1985）提出的"蒙下有定"话题，即先以无定形式的"（一）个NP"出现，下文再提供足够的信息使NP与某一实体建立确指关系。"蒙下有定"话题通常是前文语境中未出现过的新信息。如果上文提供的信息使受话人对确认某个实体有很强的预期，亦即能使受话人预期下文将有足够的信息来帮助他确认某一实体，那么在当下语境中该实体也能获得较强的有定性[①]。"蒙下有定"话题先以无定形式的"（一）个NP"出现，从接受心理角度而言是一种吸引听者注意力的有效手段。讲说体比一般的叙事体有更强的交互性，听者的预期会影响发话人对听者确认能力的判断。先利用无定话题的不确定性制造悬念，引起听者认知上的好奇与进一步深究的愿望，然后再提供足量的信息来对话题进行描述、说明、解释，最终使听者确定话题的所指。这样的表述方式显然比平铺直叙更跌宕起伏，错落有致，有利于实现扣人心弦叙事效果。相对而言，中性话题所涉对象基本上是偶现的人物或事物，例如：

（38）<u>有个门馆教授</u>，姓郑名居忠，原是韩忠彦抬举的人，现

[①] 薛宏武：《"有"的核心信息功能与特性——兼论无定主语/话题句》，《汉语学习》2014年第1期。

任御史大夫。(明《水浒全传》)

(39) 一日,<u>有几个走海泛货的邻近</u>,做头的无非是张大、李二、赵甲、钱乙一班人,共四十余人,合了伙将行。(明《今古奇观》)

陈平(1987)指出,不用于回指的"数 + 量 + 名"词组都是无定的。例(38)和例(39)的话题"(一)个门馆教授"和"几个走海泛货的邻近",都非征引自前文的已知信息,而是首次引入篇章中的新实体,负载着未知信息,但述题结构紧接着就从几个角度提供足量的信息使 NP 的所指与述题信息建立起解析关系。可见,这种本来无指、根据语境信息使来确认所指的话题具有"蒙下有定"性。

3.2.3 无定性话题

讲说体中"有"引入无定名词词组充当话题非常普遍。NP 包括普通名词和专有名词两类,可以是主线情节上的主要人物,有也可以是枝节上的偶现人物或事物,就此而言,它不同于无定名词短语在汉语篇章中主要用于引入一个(潜在的)重要话题①。无定话题包括两类,一类为 NP 本身无定指的,另一类则本身是有定的,但是加上无定标记"一个"再转化为无定指的。例如:

(40) 到了第七日,<u>忽有一少年秀士</u>,生得面如傅粉,唇若涂朱,俊俏无双,风流第一。(明《警世通言》)

(41) <u>其时有个归夜光,善能视鬼</u>。玄宗召他来,把张果一看,夜光并不见甚么动静。<u>又有一个邢和璞,善算</u>。(明《初刻拍案惊奇》)

以上例中话题皆为未出过场的新信息。NP "归夜光""邢和璞"和"少年秀士"之前有数词、量词或数量词组修饰,其中的"一"与"个"皆由数量词组"一个"减省而成,都是表示不确定性的无定标记。

---

① 许余龙:《话题引入与语篇回指——一项基于民间故事语料的英汉对比研究》,《外语教学》2007 年第 6 期。

陈平（1987）将以上三类都归入典型的强无定成分。汉语乃至人类语言的话题都倾向于用有定成分。尤其在孤立或始发的状态下，汉语句子的话题对无定成分有较强的排斥性。数量词组"一个"作为无定标记，一般只能修饰限定不定指名词或词组，但讲说体小说却大量存在像例（40）中"（一）个归夜光"和"一个邢和璞"这种"有+一个+专有名词"的特例。众所周知，专有名词都是客观世界独一无二的特定人或物，本身已蕴含数量关系而不接受数量词组修饰。而"有+一（个）+NP"中，却特意将本来有定的专有NP加上量词"个"处理成无定NP，看似很不合语法常规。通常认为，如果一种不合语法的语言现象却被广泛运用，那一定在语用方面有其特殊功能。

4. 话题标记"有"的语用功能及其使用的认知动因

4.1 引入话题

在故事开端引入一个实体作为情节生发起点，是讲说体小说标记词"有"最重要的功能。我们对明代短篇拟话本小说集《初刻拍案惊奇》进行了考察，40个语篇中有38篇以"有+NP+VP"的话题结构形式引入首现的主人公，剩余2篇中的主人公，1篇以无定主语句"X$_{时}$X$_{地}$+无定NP，VP"引出，另1篇以"主谓句"形式引出。可见，讲说体小说语篇在引出新人物、地点、事物等实体时对"有+NP+VP"话题结构的选择偏好。以往的研究指出，做主语的"一量名"可用来指称一个新引入语篇的实体对象[①]。那么为何还要在前面加缀"有"字作为标记？我们认为主要原因有以下几个方面。

首先，在讲说体的言听双方话语角色关系中，听者具有绝对的社会权势地位，言者要经常关注听者的接受心理，为听者的话语效果负责。所以，面对无定性话题或"蒙下有定"话题时，标记词"有"能起到锚定言谈对象的作用，使之成为认知上的可识别对象。充当无定话题或"蒙下有定"话题的NP如果出现在主语位置，那么该NP将集"指称

[①] 方梅：《汉语篇章语法研究》，社会科学文献出版社，2019年，第76页。

功能"和"语义角色功能"于一身，而人类在认知上倾向于"单一信息限制"，即 Chafe 提出的"一个语调单位所传达的信息通常不超过一个，一次一个新信息"原则，这势必给认知加工处理带来一定难度[①]。语言编码能力受认知能力制约，说话人为降低语言编码难度，在语言编码尤其口语交际中，倾向于将引入话题所指和谈论该话题所指分项进行。也就是当无定话题或"蒙下有定"话题的 NP 出现在主语位置时，将它分项处理成先锚定话题，再对它进行陈述的"有 + NP + VP"表达模式。吕叔湘（2007）将"有"字句命名为"融合叙述句"，就是敏锐地发现了"有"的这种语篇功能。比如，"有一个归夜光"可视为"有一个人"与"叫做归夜光"两个小句的融合体。融合成句之前，"归夜光"是"人"的同指名词，融合后"归夜光"代替"人"出现在"一个"之后。话题结构"有 + NP + VP"反映了人们认识人物、事物，总是先在意识中确认现实世界中存在着这个人或事物，然后再在此基础上进一步陈说的一般认知规律。

其次，讲说体的言谈现场性特征使然，标记词"有"的使用可以避免新的施事直接出现在主语位置上，同时也给听者带来现场氛围感。经前文分析可知，由"有"引入的主语型话题要远多于宾语型话题，绝大部分新引入的 NP 都是施事论元。赵元任（1979）[②] 指出，汉语有一种强烈的发展趋势，即主语所指的事物有定，宾语所指的事物无定。Du Bois（1987）[③] 也指出"避免新的施事题元出现在主语位置上"。在上述"有 + NP + VP"的话题结构中，"有"作为一种形式动词表领有、存在的本义已经虚化，功能主要在于"以动词的身份为后面的名词提供了一个槽位，使新引入的名词处于常规宾语的位置/焦点位置"[④]。标记词"有"给予听读者心理准备，提请听者注意：其后的成分尽管第一次

[①] 转引自周士宏、申莉：《汉语中的"无定 NP 主语句"及相关的"有"字呈现句》，《励耘语言学刊》2016 年第 3 期。
[②] 赵元任：《汉语口语语法》，吕叔湘译，商务印书馆，1979 年，第 46 页。
[③] Du Bois & John W., "The Discourse Basis of Ergativity", *Language*, 1987, 63(4).
[④] 周士宏、申莉：《汉语中的"无定 NP 主语句"及相关的"有"字呈现句》，《励耘语言学刊》2016 年第 3 期。

出现，但已被征用为话题，成为当前的谈论对象。

最后，话题标记"有"除标引新的未知信息成为话题外，还可提取前文语境或交际双方共享知识中存在的实体成为话题，将它重新推上叙事前景进行续谈，也就是激活长时记忆中的人或物，重新回到工作记忆平台上进行认知加工处理。这也标志着"有"引入的话题进入了叙事前景，因而体现出了较强的现场性。例如：

（42）月娘见他面色改常，便问："你今日会茶，来家怎早？"西门庆道："今该常二哥会，他家没地方，请俺们在城外永福寺去耍子。<u>有花二哥邀了应二哥</u>，俺们四五个，往院里郑爱香儿家吃酒。正吃着，忽见几个做公的进来，不由分说，把<u>花二哥</u>拿的去了。把众人吓了一惊。我便走到李桂姐躲了半日，不放心，使人打听。原来是<u>花二哥</u>内臣家房族中告家财，在东京开封府递了状子，批下来，着落本县拿人。俺们才放心，各人散归家来。"（明《金瓶梅》崇祯本）

"花二哥"指已出场的"花子虚"，是问答双方都确知的人物，但花子虚此时不在言谈现场，离上一次提到此人的话距也较远，并不适合做话题，但因为西门庆下面所要述说的事件跟花子虚有关，需要先将他引入言谈中，才能让吴月娘明确事件的关联对象。为了征引这种不适合做话题的实体成为言谈的起点，就特别需要使用显性的语言标记来确立该实体的话题地位，提醒听者注意马上要重新引入一个已知实体来充当下面话语的起点。类似的例子不胜枚举。再如：

（43）谁知次日天未明，<u>有公差在路</u>，见小人身后有血迹一片，<u>公差</u>便问小人从何而来。小人便将昨日探亲回来，天色太晚，在庙内伽蓝殿上存身的话，说了一遍。不想公差拦住不放，务要同小人回至庙中一看。哎呀太爷呀！小人同差役到庙看时，见佛爷之旁有一杀死的僧人。小人实是不知僧人是谁杀的。（清《七侠五义》）

叙事过程中立足点的不同会造成掌握的信息量的不对称，对有的人来说已是旧信息，但对另外的人来说却是有待识解的新信息，这类未识解实体的引入也往往需要"有"来确立其话题地位，这在消息通报、禀告、启奏等场景中最为常见。酌举例如下：

（44）这日徐宁正在家中纳闷，早饭时分，只听得有人扣门。当直的出去问了名姓，人去报道："<u>有个延安府汤知寨儿子汤隆，特来拜望。</u>"徐宁听罢，教请进客位里相见。汤隆见了徐宁，纳头拜下，说道："哥哥一向安乐？"（明《水浒全传》）

在《水浒全传》的故事世界中，汤隆前往徐宁家游说徐宁上山落草，是讲说者和听读者共知的事件，汤隆也是已出场的人物，然而对于徐宁和"当值的"来说，却是未知事件和未出场人物，因此"当值的"以"有 + 无定 NP + VP"模式禀报徐宁，其中的"有"就起到了将已知人物标示为新出场的未知人物的作用。

4.2　增强话语启后性，操控听者的注意重心

在"有 + NP + VP"话题结构中，"有"语义虚化，由领有、存在义动词语法化为形式动词，"有 + NP"对语境依赖性增强，不能独立运用，必须有后续的 VP 句法语义才能自足。这也就向听读者预示，话题之后一定还有后续成分做进一步陈述或评价。

刘丹青（2014）[1]曾指出，对于动宾句来讲，宾语是句尾；在宾语带定语时，自然焦点的范域略有弹性，可以是宾语核心，也可以是包括定语在内的宾语，这两者都含有句尾部分。但自然焦点决不可以单取定语而排斥宾语核心，这是汉语尾焦点强势特征。近代汉语的 NP 尤其是表人的名词之前鲜有长定语，总是习惯于将修饰性成分分解成若干个小句，后置于 NP，比如：

---

[1] 刘丹青：《著名中年语言学家自选集·刘丹青卷》，上海教育出版社，2014 年，第 400 页。

A. 有一少年秀士，生得面如傅粉，唇若涂朱，俊俏无双，风流第一

A 句断然不会说成下面这种"欧化"的现代汉语句子：

B. 有一生得面如傅粉，唇若涂朱，俊俏无双，风流第一的少年秀士

原文 A 句的表义重点在修饰成分"生得面如傅粉，唇若涂朱，俊俏无双，风流第一"上，若说成 B 式，句法自然焦点就在句尾"少年秀士"这一信息强度较低的成分上，信息强度高的修饰成分却没能得到突出强调。最经济的办法莫过于采用话题化策略，即把"少年秀士"处理成"有"标引的话题，因为话题通常不是自然焦点，因此，整个表达的重点自然就后移至由数个修饰小句构成的述题结构上了。可见，话题标记"有"将修饰性成分和核心名词整合成了一个话题结构。如此一来，就可引导听者按照话题与命题之间的相关性去理解话语可能存在的关系，言者想突出的内容也得到了强调。同时，心理学上著名的"鸡尾酒会效应"表明，注意会调节言语加工过程，人类具有很强的听觉选择性注意能力，能够在嘈杂的环境中选择特定的听觉信号进行加工[①]。听读者将注意力放在某一特定对象而不是其他对象上，或者在多个对象上分布强弱不同的注意力，该现象反映主体与客体在心理接触时所做的一种价值判断——认知价值更高的对象更容易引起注意或者吸引更多的注意力。相对于无标记话题，当一个话题 NP 之前加上了显性标记词变成了有标记话题结构时，将赋予 NP 更高的认知价值，听者能更准确捕捉到言者意图，把散漫的注意力聚拢到标记词"有"之后的 NP 上去，使之进入工作记忆平台得到加工，以此调控听者对话语的关注。

---

① 杨玉芳编著：《心理语言学》，科学出版社，2015年，第42页。

5. 话题标记"有"的形成与发展演变

5.1 话题标记"有"的形成

清代段玉裁《说文解字注》认为,"有,不宜有也。谓本是不当有而有之称。引伸遂为凡有之称。凡春秋书有者、皆有字之本义也"。"有"在上古汉语中就有前置于名词之前、语义虚泛的用法,例如:

(45)格尔众庶,悉听朕言。非台小子,敢行称乱;<u>有夏多罪</u>,天命殛之。(周《今文尚书》)
(46)象曰:<u>山上有泽,咸</u>。君子以虚受人。(周《易经》)
(47)节而信之。故受之以中孚。<u>有其信者必行之</u>,故受之以小过。<u>有过物者必济</u>,故受之以既济。(周《易经》)

以上三例与话题句"有+NP+VP"无论句法位置、结构还是功能皆有相似之处,如其前有表时间、地点的词语或没有任何其他词语,直接居于句首;NP所指实体可以是无定的"泽",也可以是有定的"夏"与指代词修饰限定的名词性词组"其信者";"有+NP"之后"多罪""咸""必行之"等谓词性成分对实体NP进行描写或陈述。可见,话题标记"有"并非新生的语言现象,而是对上古汉语"有"的传承,但亦经历了或多或少的变化与调整,主要体现在:"有夏"等"有+光杆名词"类结构的使用范围即使在上古汉语中也相当有限,其中NP仅限于"夏""殷""夏桀"等少数几种代表朝代和君王名字的名词。"有+光杆名词"在汉语的发展过程中逐渐式微,仅残存于文言句法中,如"有唐一代之书,今所传者惟碑刻耳"(清钱泳《履园丛话》)。应当指出的是,此类"有+光杆名词+VP"与近代汉语中的话题标记结构"有+NP+VP"(如"有六宫都太监夏老爷来降旨"),在韵律和音步上有明显区别。前者为"有NP‖VP",后者为"有‖NP‖VP",前者"有"与名词的界限模糊,"有"的使用受韵律节奏限制,非真正的话题标记;后者"有"与名词间有明显停顿,语法关系松散,"有"的使用有多重语用需求，NP 的种类及范围扩展至指人、物、事件、时间等的名词或其他词类。

与"有"字话题结构直接有源承关系的是文言语法的"有＋NP＋者＋VP"结构。历史语料显示，"有＋NP＋者＋VP"最终演变为"有"字话题结构历经了以下几个阶段：

① 有＋Adj.＋者＋NP，＋VP

此类用法集中在《诗经》一书中：

（48）<u>有菀者柳，不尚息焉</u>？上帝甚蹈，无自昵焉。（《诗·小雅·菀柳》）

（49）<u>有卷者阿，飘风自南</u>。岂弟君子，来游来歌，以矢其音。（《诗·大雅·生民之什》）

以上两例"有"用在起兴句中，引出整个定中式词组"菀柳"和"卷阿"，由于形式上受诗歌体制和韵律制约，用"者"将定语与中心语隔开，形成"有＋Adj.＋者＋NP＋VP"结构，其中，VP 主要描摹 NP 的状态，"者"起提顿作用，无实义。

② 有＋……者，VP

（50）于是宣王闻之，<u>有夫妇鬻是器者</u>，王使<u>执而戮</u>之。（春秋《墨子》）

（51）<u>有能捕告之者</u>。封之以千家之邑。（春秋《墨子》）

（52）<u>有鄙人始事孔子者</u>，曰："请往说之。"（战国《吕氏春秋》）

上引例句"有＋……者"结构中的"……者"意为"……的人"，"者"将事件句"夫妇鬻是器""能捕告之""鄙人始事孔子"转指为同义的名词性词组——"鬻是器的夫妇""能捕告之的人"和"始事孔子的鄙人"。"……者"的所指皆为指称个体的无定 NP，例（50）和例（51）的述语 VP"戮""封"后有代词"之"回指前面的 NP，NP 为 VP 的受事论元。例（52）的 NP"鄙人始事孔子者"为 VP"曰"的施事。

③ 有＋NP＋者

此类与前一类"有＋……者，VP"的区别在于 NP 可以是有定名词，例如：

（53）哀公问："弟子孰谓好学？"孔子对曰："有颜回者，不迁怒，不贰过，不幸短命死矣。今也则亡，未闻好学者也。"（东汉王充《论衡》）

"颜回"是孔子弟子颜渊，是专有名词，具有强有定性，而且对于言者孔子来说，"颜回"当然是确定的，但是对于哀公来说则未必，所以孔子采用"有……者"这种引进 NP，使其成为动词"有"的形式宾语的表达模式。这符合人们认知上主语有定、宾语无定的一般规律。"有＋NP＋者"自东西两汉始使用频率较高，后世逐渐发展成为一种介绍人物的惯用格式，例如：

（54）汝南有许季山者，素善卜卦，言家当有老青狗物，内中婉御者益喜与为之。（东汉《风俗通义》）

（55）永初末，有尹嘉者，家贫，母熊自以身贴钱，为嘉偿责，坐不孝，当死。（六朝《全刘宋文》）

例中 NP"许继山""尹嘉"因与"者"的所指完全相同，出于语言表达的经济性，"者"完全可以省略不用。汉代始，"有＋NP"与"有 NP 者"同时并存，但"有＋NP"更为少见。例如：

（56）上思念李夫人不已。有方士少翁。言能致其神。（东汉《前汉纪》）

（57）哀帝时，有老人范兰，言年三百岁。初与人相见，则喜而相应和；再三，则骂而逐人。（东汉桓谭《新论》）

而当 NP 为指个体的无定名词时，使用"有 + 一 + NP"结构，意在强化其无定指特征。"一 NP"之后也有加"者"的用例，但较少见。例如：

（58）钓城下，有一漂母见信饥，饭之，竟漂数十日。（东汉《风俗通义》）

（59）有一吏若外郡之邮檄者，小囊毡帽，坐于其侧，颇有欲糕之色。（北宋《太平广记》）

"有 + 一 + 有定 NP"类话题结构首见于北宋文言小说集《太平广记》，其典型使用语境为人物首次出场场景，如：

（60）同里对门，有一郎中李邈者，绍休沐日，多召邈与之言笑，情好甚笃。

（61）唐庐陵阓阓中，有一刘行者。以钉铰为业。性至孝。

从在文献中使用的先后时序可推断出，"有一郎中李邈者"这类"有 + 一 + 有定 NP"，可能是受"有尹嘉者"或"有老人范兰""有一吏若外郡之邮檄者"结构影响类推的结果。

综上所述，近代讲说体文献中的"有"字引导的无定和有定话题结构并非后来的新兴语言现象，而是对上古以来汉语中"有"字用法的传承与发展。期间的变化体现在"者"字的脱落和话题结构的进一步复杂化方面。话题结构中的"者"字，在晚唐五代及北宋时期俗文学发展兴盛的过程中逐渐减少直至完全脱落。据对 CCL 语料库古代汉语部分考察，《太平广记》中"有……者"结构占总"有"字结构的 29.3%，而南宋时期的《话本集》中，"有……者"仅出现 2 例，占总"有"字结构比例不到 0.01%。"有……者"结构中，"者"字衰减的主要原因在于它与 NP 之间存在同指关系，实属冗余，而话题标记"有"却因为在语用方面承担着引进新人物、事物的特殊功能，而一直存活至明清时期的白话讲说体语篇中，后来晚清时期白话小说向现代转型，随说书类叙事模式的淘汰而最终衰亡。

5.2 话题标记"有"及其话题结构的发展变化

话题标记"有"的功能在明清讲说体语篇中进一步丰富，发展出了引出"蒙下有定"话题和"量词+无定 NP"式话题的用法。这些用法的产生与讲说体关注听者接受心理，设置悬念引起好奇的叙事策略不无相关。

现代叙事性文学作品中较少采用无定性话题结构引入话题，本书对 CCL 现代汉语、古代汉语库中部分叙事文学作品的三种无定性话题结构的使用频次作了抽样调查，从中可见明显变化（见表 4-1、图 4-1）。

表 4-1　三种"有+无定话题"结构在近现代四部作品中的出现频次

书　名	总字数（万）	有+一个+NP（例）	有+一+NP（例）	有+个+NP（例）
白鹿原	49	7	0	3
我叫刘跃进	22	10	6	1
初刻拍案惊奇	39	58	57	176
儿女英雄传	59	15	11	74

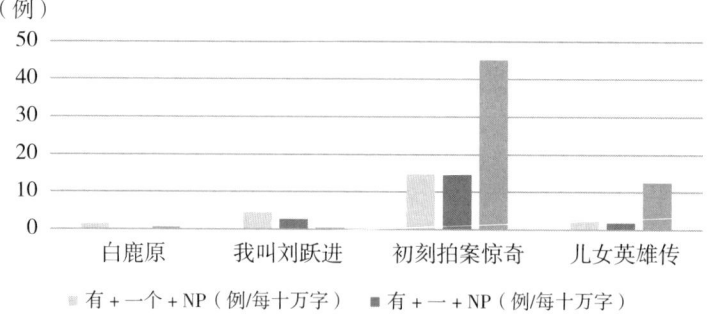

图 4-1　四部专著中"有+无定话题"的频次

从图 4-1、表 4-1 可见，两部现当代作品中的"有+无定话题"结构出现频次远低于明清时期的两部作品，而在晚清时期《儿女英雄传》中的出现频次又远低于明代《初刻拍案惊奇》。显示出"有+无定话题"结构在明清至现代汉语的叙事作品中由盛转衰趋势明显。

"有"引导的有定、中性与无定三种话题，在讲说体长篇章回体和短篇话本小说中的分布也有些许差异。以明代短篇拟话本小说集《初刻拍案惊奇》和长篇章回小说《金瓶梅》（崇祯本）为例，对三类话题进行了统计分析，具体见表 4-2、图 4-2。

表 4-2　《初拍》《金瓶梅》中三类"有"字话题例数

书　名	有定话题（例）	中性话题（例）	无定话题（例）	总计（例）
初刻拍案惊奇	34	40	218	292
金瓶梅（崇祯本）	39	19	26	84

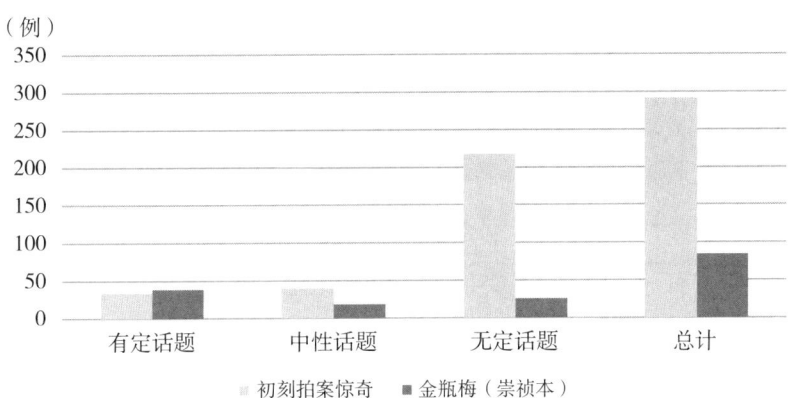

图 4-2　长短篇讲说体小说中三类"有"字话题的分布情况

从表 4-2、图 4-2 数据可见，短篇小说集中无定话题占据绝对优势，而有定话题与中性话题总量较少且占比不相上下。长篇章回小说中有定话题比例高于其他两种，无定话题与中性话题占比相差无几。短篇小说每篇均由独立的故事组成，与其他语篇的人物和情节之间不存在任何关联，且每个故事开始都要引进新人物，因而代表新人物或未知信息的无定话题数量自然多。而长篇章回小说的故事围绕着固定的主要人物展开，主人公一经出场，后续相关情节便以代表已知信息的有定话题形式出现，因此长篇小说中的有定话题数量不仅多于其他两类话题，而且也高于短篇小说的同类型话题。

6. 小结

话题标记"有"引导的话题结构为"有 + NP（话题）+ VP"。"有"在句法上有可删除性，语义上有羡余性。话题标记"有"前有表时间、地点的语言成分或其他类型的话语标记。"有"引入的话题主要是表人或物的名词性词语和少量时间、地点名词，在篇章中充当述语主要动词的主语或宾语成分，语义角色为动作的施事或当事题元，或者表明动作发生的时间、地点背景。"有"字话题在指称属性上包括有定、无定和中性三类，其中有定性话题结构在现代叙事文学中已消亡。近代讲说体短篇小说中无定话题占绝对优势，长篇小说中有定话题稍占优势。

话题标记"有"具有多重语用功能，包括引入新话题、营造言谈的现场氛围、增强某一实体对象的话题性、调控听者的注意等。

从历史来源看，近代汉语白话讲说体文献中的"有"字话题结构并非后世的新兴语言现象，而是对上古以来汉语中"有"字用法的传承与发展。现代汉语阶段因叙事模式的转变，"有"引导的话题结构内部重新调整，"有 + 有定 NP"类话题已销声匿迹，而"有 + 无定 NP"类话题沿用至今，但对语体类型有一定的限制。

第 2 节　话题标记"这/那"

很多学者都已关注到指示代词"这/那"的话题标记功能。方梅（2002）认为，"'指示词 + 动词'构成的弱化谓词标记可以用在句首作为话题，指称之前叙述的行为或事件"。方梅还特别指出，所谓用作话题标记的指示词是指，指示词介绍出来的对象是第一次在谈话中出现的那种非回指性的用法。这种情形下的"这""那"不能换作"这个""那个"①。朱倩、李小军（2009）②指出，在"这/那（个）+人名"格式中，由于"这（个）"与"那（个）"较高的可及性，说话人为了使受话人能够更好地接收、理解信息，将其作为组织话语的策略和手段，即话题标记。前辈学者林祥楣（1984）③虽未从话语标记角度研究"这/那"，但也发现了指示代词"这/那"的特殊功能：加在专名前面的"这、那"，如"这郑屠整整自切了半个时辰"。"郑屠"是专名，专名一般只有一个，当然不能也不必再加以区别。这些"这、那"都可不用；用上了，那个被指点的词就显得突出些。李宗江（2019）④对近代汉语话题标记进行了分类研究，将话题标记分为引入标记和转换标记。我们通过对近代讲说体小说话题标记"这/那"的考察发现，情况比上述学者论及的要复杂得多，"这/那"不仅功能丰富，引出的话题类型也较为多样。尤为特殊的是，近代讲说体小说"这/那"标记的话题性质，与方梅（2002）提到的"作话题标记用的指示词所指示的对象，应当是未在前文中出现过的信息，是首次出现在对话当中的非回指性用法"不尽一致。我们的观察结果是，那些已经被激活过的、已知的信息，更可能成为"这/那"引导的话题，而那些首次出现的新信息也能被"这/那"标引为话题，但为数极少。本研究的对象仅限于"这"与"那"，"这"与"那"与其他词语的组合形式不在研究范围之内，为称说方便，下文如无特别说明，将"这"与"那"合并提及，标示为"这/那"。

1. 话题标记"这/那"的语篇表现形式

话题标记的主要功能就是标记话题，引入、突显言者或写作者在

---

① 方梅：《指示词"这"和"那"在北京话中的语法化》，《中国语文》2002 年第 4 期。
② 朱倩、李小军：《"这/那+人名"格式的话语功能》，《广西民族大学学报（哲学社会科学版）》2010 年第 1 期。
③ 林祥楣：《代词》，上海教育出版社，1984 年，第 45 页。
④ 李宗江：《近代汉语语用标记研究》，上海教育出版社，2019 年，第 85 页。

语篇所要进一步讨论的语言成分，也同时起到提示述题的作用。以下的"这/那"为话题标记：

（1）礼部为此复奏，盛夸郭仲翔之品，"宜破格俯从，以励浇俗。吴天□可试岚谷县尉，仲翔原官如故。"这岚谷县与岚州相邻，使他两个朝夕相见，以慰其情，这是礼部官的用情处。（明《喻世明言》）

（2）这日不知为何，二人言语有些不和起来，黛玉又在房中独自垂泪。宝玉也自悔言语冒撞，前去俯就，那黛玉方渐渐的回转过来。（清《红楼梦》）

例句中"这/那"的有无，不影响句子的语义表达与合法性，它对后面的语言成分有较强的黏附性。"岚谷县""黛玉"与其后的语句"与岚州相邻""方渐渐的回转过来"组成话题-述题结构。吕叔湘先生（1942）[①]将这种"这/那"的功能称为"承指"，即上文已说的或听的人了然于何所指，也就是说，这种加在"岚谷县"和"黛玉"这种确有所指的已知信息之前的"这/那"，发挥的主要是语用功能，而不再是指别作用。

以下有明显替代或指别功能的"这/那"，不属于话题标记：

（3）莫把金枷套颈，休将玉锁缠身。清心寡欲脱凡尘，快乐风光本分。这首《西江月》词，是个劝世之言。（明《警世通言》）

（4）应伯爵走了几步，回转来道："那日可要叫唱的？"西门庆道："这也罢了，弟兄们说说笑笑，到有趣些。"（明《金瓶梅》）

例（3）"这"与"首"组成了更大一级的语法单位；例（4）的"这"为替代用法。

[①] 吕叔湘：《中国文法要略》，商务印书馆，1942年，第167页。

话题标记"这/那"引导的话题主要由以下几类语言成分充任:
1.1 "这/那"+NP
NP 可分为普通名词和专有名词。
1.1.1 "这/那"+普通名词

(5)他把一个白玉蟾蜍做压钗物事。这蟾蜍是一对,前日把一个送外甥了,今日又替他行礼,做了个囫囵人情。(明《二刻拍案惊奇》)

(6)悟空撩衣上前,摸了一把,乃是一根铁柱子,约有斗来粗,二丈有余长。他尽力两手挺过道:"忒粗忒长些,再短细些方可用。"说毕,那宝贝就短了几尺,细了一围。(明《西游记》)

例中"这/那"引导的话题"蟾蜍""宝贝"是可量化的光杆普通名词。汉语有一个倾向性的规律,以光杆名词形式出现的成分大多数语用无指性很强[①]。这个规律与话题的有定性相背,可见,"这/那"的使用是为了增强光杆名词的有指性从而获得话题地位。

对于非光杆名词,加上"这/那"之后,话题的独立性增强,甚至述题都可隐含而不影响话语理解,如:

(7)府尹冷眼看吴氏时节,见他面上毫无不忍之色,反跪上来道:"求老爷一气打死罢!"府尹大怒道:"这泼妇!此必是你夫前妻或妾出之子,你做人不贤,要做此忍心害理事么?"(明《初刻拍案惊奇》)

例中"这"用于对话场景,引导的话题为定中式 NP"泼妇",由于词语中已包含了属性义,所以述题部分可以略去,变成"半截子话"[②]

---

① 陈平:《语言学的一个核心概念"指称"问题研究》,《当代修辞学》2015 年第 3 期。
② 陈建民:《汉语口语》,北京出版社,1984 年,第 158 页。

而不影响句子的合法性和对话语的理解。这类"这"为情景直指用,意在营造出现场氛围感。

"这/那"还能引导集体名词充当话题,如:

(8)老爷道:"船便是行得好,只是各船上的军人都要瞌睡,没精少神,却怎么处?"长老道:"这个是一场大利害,事非小可哩!"……老爷听知还有个大病来,心下越加慌张了,说道:"怎么还有个大病来?"长老道:"这众人是不伏水土,故此先是瞌睡病来;瞌睡不已,大病就起。"(明《三宝太监西洋记》)

话题"众人"由前一话轮中的先行词"各船上的军人",激活成为后一话轮中的言谈对象。"众人"本为无界集体名词,加上"这"转化为有界名词,有利于听者框定被谈论对象的范围。

抽象名词也可以在"这/那"的标引下成为话题:

(9)严蕊到了监中,狱官着实可怜他,吩咐狱中牢卒,不许难为,好言问道:"上司加你刑罚,不过要你招认,你何不早招认了?这恶是有分限的。女人家犯淫,极重不过是杖罪,况且已经杖断过了,罪无重科。何苦舍着身子,这等苦楚?"(明《二刻拍案惊奇》)

(10)黄氏尚未开口,他妻牛氏笑道:"只要门子结实,事情倒还容易,须得如此如此,这般去办。照会秦思美,休教别人知道,必须办得干净。趁他这几日正病着,不能起身,先给他散过谣言,叫人动了疑心,咱们就可以用计了。衙门里再使上几个钱,怕不是发官卖?叫秦思美买了回去,又省他日后起调。"黄氏母子只是点头说好。于富仁道:"这主意出的不错,就是指不出奸夫来,恐官面办不下去,倒说咱们谎告,可不是顽的。"(清《儒林外史》)

以上例中话题"恶"与"主意"均为抽象名词,具有类指义,泛指某类事物。"这/那"加在抽象名词之前,可看作是以"这/那+上位概念名词"的形式来指称言谈语境中的具体言行。如"这恶"下指"女人家犯淫"这一具体罪行;"这主意"回指牛氏所说的话语。这类"这/那+话题"指称的皆为言谈语境中已论及的相关概念,便于听读者辨识所谈论对象的具体内涵。

时间、地点名词也是"这/那"引导的常见话题类型,例如:

(11) 絮烦到了<u>半夜</u>,魏三封使起猛性……魏三封怒从心起,一手采翻,拳撞脚踢,口咬牙嘶,把个程大姐打得象杀猪相似的叫唤。惊起魏三封的母亲老魏,来到房门口敲门,问道:"<u>这半夜三更</u>,你因甚打人家孩子?花枝一般的美人,倒也亏你下得毒手!"(清《儿女英雄传》)

(12) 土泥在钵内,忽然拥出一座小小山岗,<u>那岗上</u>走出一只小小金睛白额虎来,渐渐长大。(清《东度记》)

"三更半夜"和"岗上"分别表示时间、处所,为述题的动词提供了时间、地点参照。时地话题与句子的状语功能对应,不是句子的主干结构成分,与述题之间的关系较疏远,更需要借助话题标记来显化关联。

1.1.2 这/那+专有名词

"这/那+专有名词"是颇具近代讲说体特色的一类话题,专有名词包括指人名、地名、官职名、节日名等等的词语。例如:

(13) 林冲大怒道:"量你是个落第腐儒,胸中又没文学,怎做得山寨之主!"……林冲拿住王伦骂道:"……今日众豪杰特来相聚,又要发付他下山去。<u>这梁山泊</u>便是你的!你这嫉贤妒能的贼,不杀了要你何用!"(明《水浒全传》)

(14) <u>这哪吒太子</u>,甲胄齐整,跳出营盘,撞至水帘洞外。<u>那悟空</u>正来收兵,见哪吒来的勇猛。(明《西游记》)

例中"这/那"引导的话题"梁山泊""哪吒太子""悟空",分别为指处所与人名的专有名词。专名不仅代表唯一的事物，还代表听说双方共享的特定信息，有定性极强，本不需要与其他事物作区分，此处的"这/那"不用于回指、区别与替代，专用以突显专有名词的话题地位。

1.2 "这/那"+"的"字结构

"这/那"+"的"字结构是"这/那"的另一常见话题结构类型，"的"字结构所指相当于NP，表特指。如：

（15）那两个提扑刀的走近一步，却被武松叫声："下去！"一飞脚早踢中，翻筋斗踢下水去了。这一个急待转身，武松右脚早起，扑通地也踢下水里去。那两个公人慌了，望桥下便走。武松喝一声："那里去！"把枷只一扭，折做两半个，赶将下桥来。那两个先自惊倒了一个，武松奔上前去，望那一个走的后心上，只一拳打翻，就水边拿起朴刀来，赶上去，搠上几朴刀，死在地上。却转身回来，把那个惊倒的也搠几刀。这两个踢下水去的，才挣得起，正待要走，武松追着，又砍倒一个；赶入一步，劈头揪住另一个。（民国《上古秘史》）

（16）京师有个风俗，每遇初一、十五、二十五日，谓之庙市，凡百般货物俱赶在城隍庙前，直摆到刑部街上来卖，挨挤不开，人山人海的做生意。那官员每清闲好事的，换了便巾便衣，带了一两个管家长班出来，步走游看，收买好东西旧物事。（明《二刻拍案惊奇》）

例中"这/那"引导的"两个踢下水去的"和"那官员每清闲好事的"，是两个"的"字结构，转指前文语境中"与行为动作或性质相关的人物"。通过话题"这/那"，使不在当下叙事前景中的人物重新成为当下的谈论对象，对强化现场当下性有积极作用。例（16）话题"官员每清闲好事的"，是由前文语境先行词"刑部""人山人海"间接激活的信息，可及性很低，"那"在该句中近乎"零回指"，说明其功能在于将话题性不强的语言成分包装为特指性的话题。

1.3 "这/那" + VP

Chauncey（1993）①认为，典型的话题应当是名词性词语，位于谓语句首或动词之前，可用作小句间的接续，具有特指或有指性。而在近代讲说体文献中，"这/那"引出谓词性话题却是常见现象，其中 VP 有动宾、状中、重叠等形式。例如：

（17）（众人荡秋千）因望李娇儿众人说道："这打秋千，最不该笑。笑多了，一定腿软了，跌下来。"（明《金瓶梅》崇祯本）

（18）及至珍哥入到监中……珍哥说："瞎话！我怎么就知不到他合你们睡觉哩？"因妇说："那起初进来，身上也还干净，模样也还看的；如今作索象鬼似的，他还理你哩！"（明《醒世姻缘传》）

（19）只得陪着笑脸儿说："说那里话！我安某从不会说谎，更不敢轻慢人。这个……还请原谅。"那女子道："这轻慢不轻慢，倒也不在我心上。"（清《儿女英雄传》）

例中"打秋千""起初进来"与"轻慢不轻慢"都是谓词性的，也是前文语境中已出现过或言谈现场中确指的已知信息。加上"这/那"之后，这些谓词性成分部分失去了陈述功能，例如不能加时体标记，把"这打秋千"说成"这打了秋千""这打过秋千"等，实际上转指"打秋千这件事""起初进来的时候""轻慢不轻慢这种状况"等，于特定语境中拥有了类似于动词转名词时形成的具体事件指称义，为言谈提供了话语的起点，为后续语句的陈述提供了背景语域，规定了述题的谈论范围，所以也是一种话题。

1.4 "这/那" + 小句

"这/那"还可引导小句话题。例如：

---

① Chu, Chauncey C., "The Prototypicality of Topic in Mandarin Chinese", *Journal of the Chinese Language Teachers Association*, 1993, 28(1).

（20）婆子又与汪锡计较定了，来对滴珠说："恭喜娘子，你事已成了。"就拿了吴家银子四百两，笑嘻嘻的道："银八百两，你取一半，我两人分一半做媒钱。"摆将出来，摆得桌上白晃晃的，滴珠可也喜欢。说话的，你说错了，<u>这光棍牙婆见了银子</u>，如苍蝇见血，怎还肯人心天理分这一半与他？（明《初刻拍案惊奇》）

（21）原来罗家也是走广东的，蒋家只走得一代，罗家到走过三代了。那边客店牙行，都与罗家世代相识，如自己亲眷一般。<u>这蒋世泽做客</u>，起头也还是丈人罗公领他走起的。因罗家近来屡次遭了屈官司，家道消乏，好几年不曾走动。（明《喻世明言》）

（22）若说为<u>伏侍</u>的你好，不叫我去，断然没有的事。<u>那伏侍的好</u>，是分内应当的，不是什么奇功。（清《红楼梦》）

"这/那"引导的小句充当句子话题，该小句相当于一个名词性短语。关于"这+VP"结构中"这"的功能，方梅（2011）[1]曾指出，回指性的"这+VP"具有将陈述形式标记为话题的作用。从句法层面上看，"这"的使用是语用需求驱动的，其句法后果是将一个谓词锚定为一个非谓性指称形式。从语义层面上看，该类话题跟述题内容的联系松散，主要是依赖背景知识或谈话当时的语境而建立起来的，在句子内部，无法建立明确的话题–述题句法语义联系，属于背景语域式话题。

若着眼于话题与话题后的述题或述题中的某些成分之间的语义关系，以上话题可分为两类：一为论元共指型话题，包括NP（除时间地点名词外）和"的"字结构所充当的话题。在语义上主要表现为施事、当事、对象等，在句法上表现为在主语、宾语（包括间接宾语）等论元成分所占的句法位置上存在空位或复指成分[2]。另一为背景语域式话题，主要是时间地点名词、VP和小句充当的话题。

---

[1] 方梅：《北京话的两种行为指称形式》，《方言》2011年第4期。
[2] 徐烈炯、刘丹青：《话题的结构与功能》，上海教育出版社，2018年，第104—105页。

2. 话题标记"这/那"的功能及其使用的认知动因

Himmelmann（1996）[①]将指示词的篇章功能归纳为：情景用、话语直指用、示踪用和认同用。"情景用"又被称为"外指"或者"直指"[②]或"当前指"[③]，指的是对处在说话人和听话人周围具体的、直接面对的人、事物、处所等进行指称，即交际情景指示。"话语直指用"是对语篇的指示，又称"篇章直指"[④]或"话语直指"[⑤]或"篇章用"[⑥]，指对相邻话语片段所表达的命题或事件的指称，它不同于对处于言谈现场中某一（些）客体的直指。"示踪用"回指前文已提及的某一客体，与话语直指用同属内指，两者的区别在于"话语直指用"指称上下文所述的命题或事件。"认同用"指代词所指称的对象是通过听说双方特定的、共享的知识来识别，而不是通过情景线索或者通过指称正在进行中的前面的话语片段来识别。与前三种语篇功能相比，"认同用"强调，只要是听说双方所共知或经历的客体，都可以通过添加指示词来增强其有定性。方梅（2002）还指出，认同用通常用于引入一个可辨识性相对较弱的谈论对象。从前文对近代讲说体话题标记"这/那"话题的分析来看，话题标记"这/那"功能主要涉及话语直指、示踪用和少量的情景直指，本书都归并为话题组织功能。此外，部分话题标记"这/那"还兼表人际功能。

2.1 "这/那"的话题组织功能及其认知动因

在话题组织方面，"这/那"主要起建立、延续、锚定、突显话题等作用。

[①] Himmelmann, Nikolaus P., "Demonstratives in Narrative Discourse: A Taxonomy of Universal Uses", in Barbara A. Fox (ed.), *Studies in Anaphora,* Amsterdam: Benjamins, 1996; Levinson, Stephen C., *Pragmatics,* Cambridge: Cambridge University Press, 1983.

[②] Halliday, M. A. K. & Hasan, Ruqaiya, *Cohesion in English*, London: Longman, 1976, p. 33.

[③] 吕叔湘著，江蓝生补：《近代汉语指代词》，学林出版社，1985年，第202—203页。

[④] Lyons, John, *Semantics, 2 vols,* Cambridge: Cambridge University Press, 1977, p. 667.

[⑤] Levinson, Stephen C., *Pragmatics,* Cambridge: Cambridge University Press, 1983, p. 83.

[⑥] 方梅：《指示词"这"和"那"在北京话中的语法化》，《中国语文》2002年第4期。

2.1.1 建立话题

已知与有定是话题的重要特征。而将上下文所述命题或事件或前文已提及的某一客体标记为一个新话题，是"这/那"最主要的功能。所谓新话题是相对的，并非指话题所代表的内容一定是前文所未提及的，而主要指被间接激活（相关激活或情景激活）的信息所充当的话题。如：

（23）来日天早，这老姥又走将来，笑道："舍人小小年纪，倒会掉谎，老婆滚到身边，推着不要。昨日回了小娘子，小娘子教我问一问两位管家，多说道舍人并不曾聘娘子过。小娘子喜欢不胜，已对员外说过，少刻员外自来奉拜说亲，好歹要成事了。"俊卿听罢，呆了半晌，道："这冤家帐，那里说起？只索收拾行李起来，趁早去了罢。"（明《今古奇观》）

（24）福娘一发把做了大指望，坚心守去，也不管朱家日后来认不认的事了。且不说富娘苦守教子。那朱家自回苏州，与川中相隔万里，彼此杳不闻知。（明《二刻拍案惊奇》）

例中的"冤家帐"与"朱家"均非首次出现的新事物，前者是间接激活的相关概念，话题性不如直接激活的信息强；后者虽是前文已提及的对象，但中间插入了其他内容，距先行词较远，可及性较低。因此，两者都需要显性标记来强化其话题性，建构起语篇的局部关联。"这/那"将"冤家帐""朱家"组建为话题，使之进入叙事前景并成为当下的谈论对象，前者"这"为话语直指用，后者"那"为示踪用。

讲说体小说最早是说书艺人的说书底本，后来的发展一直未摆脱这一传统，给听者讲好故事是讲说体小说的核心任务。一个完整的故事由大大小小的无数个话题组合而成，讲述活动围绕各种话题而展开，如何建立话题对于讲说体小说事关重大。"这/那"因可以把各种语言成分包装成话题，而成为讲说体小说组建话题的一种重要句法手段。从认知心理角度看，话题标记"这/那"的使用是基于听者的接受心理而采取的语言策略。由于人的工作记忆容量有限（一般为 7 ± 2 个左右单位），保持短暂（一般情况下 15—30 秒），已接收的信息可能已进入长时记忆中储存起来，当要唤醒这些已储存的信息时，可以通过相应的线索提取到当前的意识中，以重新进入工作记忆平台进行语言加工处理。话题标记"这/那"就起到了信息提取线索的作用，它将已存入听者长时记忆中相关信息激活，使之再次成为当下谈论的对象而进入到叙事前景。此外，汉语乃至人类语言的话题都倾向于已知的有定成分，一些本不适合出现在话题位置的成分，若冠以"这/那"则可处理为有定的已知信息而被建立为话题，如例（16）中的"那官员每清闲好事的"，本泛指具有"清闲好事"性质的那类人，加上"那"变成特指"去京师庙市游走、收买旧物的官员"的有定信息，从而与前后文语句建立起有机关联，可促进故事语篇的连贯和话语理解。

2.1.2 延续话题

延续话题指前后话题的接续与延展，常表现为提取前一话题结构中的部分词语或内容作为下一个话题来继续陈述，以此推进故事情节的发展。如：

（25）今年官家大张灯火，庆赏原宵，着落本州解造五架<u>好灯</u>。<u>这灯呵</u>！妙手雕镂，号玲珑玉光。（明《二刻拍案惊奇》）

（26）却说江西赣州府石城县，有个鲁廉宪，一生为官清介，并不要钱，人都称为"<u>鲁白水</u>"。<u>那鲁廉宪</u>与同县顾金事累世通家。（明《喻世明言》）

例中"这/那"引出的话题提取自前一话题句末的词语"灯"与"鲁白水"，"这灯"与前文言谈语境中的已述客体"灯"在语义、词形上完全相同，属于内指之回指，为"这"的示踪用。"那鲁廉宪"与前文言谈语境中已述客体"鲁白水"所指相同而词形稍有不同，属于内指之关联指，亦为指代词的示踪用。指代是建立语篇衔接的重要方法，回指手段的运用对建立局部语义连贯非常重要。讲说体小说的"这/那+话题"指称形式基本上限于内指，包括回指与关联指，这些指称形式都能增强与前一话题的关联度。按理,以上例(25)(26)前后话题语义承接甚紧,听读者应能轻易建立起语篇局部关联,"这/那"回指作用可谓微乎其微,可见它们的价值在于突显话题组建功能,也就是将前一个话题结构中述题的部分内容创建为下一个话题,使相邻的话题形成话题链,环环相扣,促进语篇连贯,推进话题持续进展。

2.1.3 锚定话题

"这/那"锚定话题功能,指在纷繁的人群中锚定、追寻特定人物踪迹的功能。例如:

> (27)刘姥姥此时坐不是站不是,藏没处藏,躲没处躲。凤姐笑道:"你只管坐着罢,这是我侄儿。"刘姥姥才扭扭捏捏的在炕沿儿上侧身坐下。<u>那贾蓉</u>请了安,笑回道:"我父亲打发来求婶子,……"凤姐道:"你来迟了,昨儿已经给了人了。"贾蓉听说,便笑嘻嘻的……说着便起身出去了。<u>这凤姐</u>忽然想起一件事来,便向窗外叫:"蓉儿回来!"外面几个人接声说:"请蓉大爷回来呢!"贾蓉忙回来,满脸笑容的瞅着凤姐,听何指示。<u>那凤姐</u>只管慢慢吃茶,出了半日神,忽然把脸一红,笑道……贾蓉答应个是,抿着嘴儿一笑,方慢慢退去。<u>这刘姥姥</u>方安顿了……(清《红楼梦》)

上例引自《红楼梦》第六回"刘姥姥一进荣国府",写刘姥姥正要向凤姐告饥荒的时候,插叙了一段贾蓉来借炕屏的情节,在场的有刘姥姥、凤姐、平儿、贾蓉、板儿和其他丫头等一众人物,异常繁杂,而"这/那"就像锚碇一样,借助它能轻易定位到主要人物的行踪上去。值得注意的是,文中叙述"凤姐"时一前一后用了"这"与"那"两个不同的指示词,如果仅立足于指示词指示远近不同距离的本义,个中差异很难察见,在此,空间距离的远近不是影响选择"这凤姐"与"那凤姐"的关键因素。关于这点,吕叔湘先生(1985)曾指出过,"远指和近指的区别不很显著,白话的'这'和'那'有时竟可通用"。但着眼于叙述视角,差异却很明显:支配讲说体话题标记"这/那"的选择与叙事视角的转换有一定的关联——用"那"时,更多的是透过人物内视角观察,如"那贾蓉"是刘姥姥视角所见;而用"这"时,为上帝视角的直接审视。听者代入上帝视角去直接观察,当然比借助人物视角来得便捷,心理上的距离也显得更近。限于篇幅,本书不深究话题标记"这"与"那"的异同,但并不意味着二者之间没有差异,我们以"这/那+宝玉"为例在《红楼梦》中搜索其使用频次,发现"那"的使用实际上高于"这",说明作者对"这/那"的选择实际上存在一定的偏向性,这种偏向性源于讲说体小说的特点:作者出于与读者更好地互动、带领读者深入故事的目的,选择和读者站在同一立场观察、评价人物的言行,为与故事立场相区别,因而更习惯采用具有疏离远指色彩的"那"。

通常情况下,专有名词无须指示词指别,但近代讲说体小说高频使用"指代词+专名"自有其特殊用意。代词回指主要用于提及前面曾提过的事物,回指可以有代词回指、名词回指、零回指等。代词通常回指语篇情境中高预期或高突显的概念,而不够突显的概念更可能使用名词短语等更具体的词汇来回指,以帮助听者的话语理解[1]。而"这/那+专名"叠加了代词和名词短语,其回指功能相对于单用指代词或名词短语来说是双倍的,因而对说者想要听者重点关注的人物能起到定位、索引作用,帮助听读者将有限的注意资源分配在把握人物行踪、厘清人物关系的话语理解活动上。指示词"这/那"在某种程度上显示出类似于英语定冠词的作用。

2.2 "这/那"的人际关系功能及其认知动因

话题标记"这/那"的人际功能主要体现在营造现场当下性来帮助听者感受亲临其境的艺术氛围和表达特定的主观情感两个方面。

2.2.1 营造现场效果

不同语体的语篇对话题的关注程度不同,对话题标示手段也有不同的选择,比如口语体标示话题的方式与书面语体标示话题的方式以及不同类别的书面语体标示话题的方式都会有所不同。近代讲说体白话小说

---

[1] 杨玉芳编著:《心理语言学》,科学出版社,2015年,第281页。

留存着浓重的说书人腔调,它模拟说书人口吻,在叙述过程中习与读者虚拟互动,营造现场性氛围的手段个性化特征很强,如对指代词"这/那"的高频使用:

(28)桂娘道:"好教母亲得知,适间转到房中,只见床上一颗丸药,纸上写着'定神丹专治心疼神效'。我疑心是兄弟取来的,怎不送到母亲这里,却放在我的房中?今兄弟兀自未回,正不知这药在那里来的。"孺人道:"我儿,<u>这'定神丹'</u>只有京中前门街上有得卖,此处那讨?这分明是你孝心所感,神仙所赐。快拿来我吃!"(明《二刻拍案惊奇》)

(29)不想值雨,若不是搭得官人便船,实是狼狈。又闲讲了一回,迤逦船摇近岸。只见那妇人道:"奴家一时心忙,不曾带得盘缠在身边,万望官人处借些船钱还了,并不有负。"许宣道:"娘子自便,不妨,些须船钱,不必计较。"还罢船钱,<u>那雨</u>越不住,许宣挽了上岸。(明《警世通言》)

例(28)中听说双方同时在现场,谈论的话题"定神丹"存在于双方的共享知识与视野之内,双方可以通过眼神、动作等来直指该实体,此"这"显然不为指别,而是为满足讲说体对现场性的要求,突显会话现场的即视感。例(29)"那雨"出现在叙述语言中,也是利用了"这/那"的直指功能来拟构现场情景语境,使听者获得亲临其境的体验。讲说者通过指示(狭义的当下直指的指示)这种语言手段与当下感知中的情景联系起来。指称一旦完成了对当下感知着的某对象的语言操作,该对象就获得了语义的性质而得以进入话语并随话语的存在而存在,也就失去了被当下感知的可能性;而指示完成了对当下感知着的某对象的语言操作后,该对象也进入了话语但仍然保持着被当下感知的状态[①]。当讲

[①] 刘大为:《作为语体变量的情景现场与现场描述语篇中的视点引导结构》,《当代修辞学》2017年第6期。

说者说到"这定神丹"或"那雨"时,"定神丹""雨"便借助于"这""那"进入话语,但是话题标记"这/那"依然让听者的注意力牢牢锁定在"定神丹"或"雨"上并且当下感知着它们。

"指称词的意义只有在情景语境和语篇语境中才具有生命力。作者已不是客观的叙述事物,而是透过人物观察世界,使描写更加生动。"[①] 白话讲说体小说中的人物对话虽不是实地发生对话的记录,但完全可以当作口语看待。小说中的言者与听者,或者说作者与读者的关系,虽远没有现场性的"说话"艺人与听众之间的关系紧密,却较其他书面体裁中作者与读者之间的关系更为密切。讲说艺人视听者为衣食父母以获取更多的经济效益,因而会采用更多的语言策略满足听者的视听需求。"这/那"等语法手段便是其中的策略之一,除了帮助营造出现场的体验感外,还负责引导听读者将注意力聚焦到需要重点强调的人物、事物或事件上去。

2.2.2 表达言者的主观情感

在言谈现场情景中,"这/那"还可传达言者的情感立场。如前文例(16)的"这三更半夜"相较于"三更半夜",说者认为"三更半夜应该安歇,此时把人打得鸡飞狗跳实在是有悖常理"的立场态度跃然纸上。"这/那"还常加在某些指人名词话题之前,使之变为被谈论的对象,并传递复杂情感。如:

(30)金莲道:"只说你会唱的好曲儿,倒在外边铺子里唱与小厮听,怎的不唱个儿我听?今日趁着你姥姥和六娘在这里,只拣眼生好的唱个儿,我就与你这钥匙。不然,随你就跳上白塔,我也没有。"敬济道:"<u>这五娘</u>,就勒掯出人痞来。谁对你老人家说我会唱?"金莲道:"你还捣鬼?南京沈万三,北京枯树弯——人的名儿,树的影儿。"(明《金瓶梅》崇祯本)

---

① 胡壮麟编著:《语篇的衔接与连贯》,上海外语教育出版社,1994年,第59页。

例中"五娘",如果不冠以"这"可能会产生歧义,比如可以是指人名词短语也可以是表面称的呼语。句义也有歧解,如可表祈请义——"五娘,(你)勒掯出人痞来!",也可表直陈说明义——"五娘就勒掯出人痞来(了)"。但一旦冠以标记词"这"之后,歧义消解,"五娘"被确认为话题,也从"敬济"的交谈对象变为"敬济"口中的谈论对象,"就勒掯出人痞来"是"敬济"对"五娘"的评议。从"你老人家"可以看出,"敬济"评议之后紧接着又回到了与"五娘"的对谈之中。需要注意的是,"这/那 + 指人NP"一般都带有消极的负面情感,这是吸收了述题结构的语境义而形成的。试比较:

(31)寄姐裂着嘴笑他。童奶奶道:"<u>这姑娘真是孩子气</u>!一个心焦着极的人,你可笑他?虽说这远去,预先是神灵许过的。去了那些银子,这一定也是个定数。但是弄的手里空空的,这们远路,带着家眷走,可也要好些盘缠哩。这都不是焦心的事么,你可还笑他!"(明《醒世姻缘传》)

(32)府尹冷眼看吴氏时节,见他面上毫无不忍之色,反跪上来道:"求老爷一气打死罢!"府尹大怒道:"<u>这泼妇</u>!此必是你夫前妻或妾出之子,你做人不贤,要做此忍心害理事么?"(明《初刻拍案惊奇》)

同样的言谈对象处在同样的对谈语境中,如果不加"这/那",是一般性的陈述,负面、正面情感皆可表示。如:

(33)姑娘说道:"公子此言差矣。我一青年的女子,现在庙中隐藏了四日四夜,岂能腼颜出庙?公子乃诗书门第,礼乐之家,这件事若由你将我救出,我跳在黄河也洗不清了。庙里凶僧约有二百余名,纵公子知我,无奈外人多生物议。"贺照雄说道:"心地坦白,怕什么毁谤?<u>姑娘乃九烈三贞之女</u>,贺某知之已久。"(清《三侠剑》)

例（31）(32）句子表不满与指责，而例（33）则是正面奖掖。同样的，"那"也可表达主观态度，例如：

（34）只见那火焰山土地，帅领阴兵，当面挡住道："大力王，且住手，唐三藏西天取经，无神不保，无天不佑，三界通知，十方拥护。快将芭蕉扇来扇息火焰，教他无灾无障，早过山去；不然，上天责你罪愆，定遭诛也。"牛王道："你这土地，全不察理！<u>那泼猴</u>夺我子，欺我妾，骗我妻，番番无道，我恨不得囫囵吞他下肚。"（明《西游记》）

（35）智深见了，心里早疑忌道："这伙人不三不四，又不肯近前来，莫不要撤洒家？<u>那厮</u>却是倒来捋虎须！"（明《水浒全传》）

指示代词"这/那"表达主观情感尤其是"不平、不满、批评、惊诧、感动"等已得到众多语言研究者的公认，如方梅（2002）、刁世兰（2010）、郑友阶、罗耀华（2013）、刘彬、袁毓林（2016）等都关注过该问题，认为"这/那"的话语功能本质就是表达话语者的立场，"这/那"是主观性话语立场表达的标记[1]。

"这/那"的主观情感义与言说者的认知心理有着密切关系，说话人通过择用"这/那+NP"来拉开自己与NP的心理距离，从而表明跟NP的不同立场，并传达出对NP的不满、指责等情感态度。如例（30）"敬济"面对听者"潘金莲"不称呼"你"或"五娘"，而选择了"这+五娘"的话语形式，来达到与"五娘"的疏离目的，并借此表明自己对"五娘"言行的不满。此外，讲说体中标记词"这/那"的使用，还与故事讲说者处处以听者为中心的心理取向相关，说者会考虑通过使用"这/那"的直指或回指功能，来突显某一事件或行为的指别度和预期

---

[1] 刁世兰：《人称代词与"这/那"的组合规律及制约因素》，《湖北师范学院学报（哲学社会科学版）》2010年第6期；郑友阶、罗耀华：《自然口语中"这/那"的话语立场表达研究》，《语言教学与研究》2013年第1期；刘彬、袁毓林：《现代汉语"S_1S_2是V"句式的句法特点研究》《对外汉语研究》2016年第1期。

性，从而提高自己话语的可及性，以便引领听读者更好地理解话语内容和交际意图。如例（32）利用了"这"的回指功能将语境中首现的"泼妇"一词与现场人物"吴氏"快速匹配，帮助听读者顺利辨别府尹的指责对象，并与府尹产生情感共鸣。

3. 话题标记"这/那"的发展演变

话题标记"这/那"的形成与指代词功能的变化以及所引导语言成分的话题化有关。

3.1 "这/那"指示功能的历时演变

"这"和"那"的来源复杂，学界至今尚未形成定论。王力先生认为"这"由指示代词"之"转变而来，"那"由上古指示代词"尔"演化而来[①]；吕叔湘先生也提出，"这"的本字应当是"者"，"那"则和第二人称代词"尔"和"若"有关[②]。

3.1.1 指示词"这/那"

指示词"这/那"的基本功能是指别（近指、远指）与替代，对应的句法功能分别为定语与主谓宾定状补语。从跨语言的角度看，指示词是人类语言的基本词汇，也是其他语法项的重要语法化源头。Diessel（1999）指出，指示词可以发展演变为定冠词、关系代词、第三人称代词、系词、句子连接词、标补词等[③]。梁银峰（2018）[④]的研究也证明，汉语史上，很多指示词可以向定冠词、第三人称代词、系词、焦点标记、关联词、话语标记和词内成分等语法项演变，指示词最初所处的语境决定了它们语法化的方向。

话题标记"这/那"对其后的语言成分有黏附性，据此可推知应当源自"指别"义充当定语成分的指示词。早在唐宋时期，"这/那"就

---

① 王力：《汉语史稿（重排本）》，中华书局，2004年，第329—330页。
② 吕叔湘：《近代汉语指示词》，学林出版社，1985年，第185—186页。
③ Diessel, Holger, *Demonstratives: Form, Function and Grammaticalization*, Amsterdam: Benjamins, 1999, p. 115.
④ 梁银峰：《汉语史指示词的功能和语法化》，上海教育出版社，2018年，第268—270页。

可直接指示人、物、时间、处所等，例如：

（36）八诏这豺狼作暴，不免喧惊。（唐《唐文拾遗》）

（37）临泾汉旧县。有后魏故朝那城。（唐《通典》）

（38）一时者，于是我佛在毗耶城内，庵罗园中，将兴方便之门，欲启慈悲之愿，为救四生热恼，愍伤三界含灵，说法而广度有缘，利益而不论高下。这日地摇六振，天雨四花，十方之贤圣俱臻，八部之龙神尽至。（五代《敦煌变文集新书》）

以上的"这/那"均为语篇直指，指示"八诏""临泾""佛在毗耶城内，说法而广度有缘（的时间）"。其中"那城"为汉旧县，因时距较远而使用了远指代词指示。

唐代还可见到话语直指用法，在会话场景中指代词把相关事物从具体语境、情景中标识出来，便于被听者捕捉确定，或辅助一些身势动作，帮助听者辨别出言者所说就是眼前某物。例如：

（39）净能闻说，作色重容，怒使使人曰："大不了事！"嘱在一边，又取雄黄及二尺白练绢，画道符吹向空中，化为一大将军。身穿金甲，□上兜□（鍪），身长一丈，腰阔数围。乃拔一剑，大叫如雷，双目赫然，犹如雷（电）掣。展转之间，便至岳神庙前。其时张令妻正拜堂次，使者高声作色，"咄！这府君，因何取他生人妇为妻，太使极怒，令我取你头来！"（唐五代《敦煌变文新书集》）

"府君"通过指示词"这"与现场人物"张令"建立起关联，凸显了"这"的话语直指功能。

3.1.2 类指标记

"这/那"还常用在表示类别或表示抽象概念的光杆名词之前，如"功、齐、神、魂、精神、道理、善、性、情、法度、意思"等，这些词语所指本为某一类事物，而加上"这/那"之后转为特指某一具

体事物。此时"这/那"的指别语义已发生变化,可称为类指标记。例如:

(40)且如知止,只是闲时穷究得道理分晓,临事时方得其所止。若闲时不曾知得,临事如何了得。事亲固是用孝,也须闲时理会如何为孝,见得分晓,及到事亲时,方合得<u>这道理</u>。(南宋《朱子语类》)

(41)人多把<u>这道理</u>作一个悬空底物。大学不说穷理,只说个格物,便是要人就事物上理会,如此方见得实体。(南宋《朱子语类》)

前例中的"这道理"回指上文语境中的"道理","这"为指示词;后例中的"这道理"前无先行词,表明此"这"不再有指别义,不特指某一个道理而是类指"道理"这类抽象事物。"那"也发展出了同样的属性:

(42)譬如一井水,终日搅动,便浑了<u>那水</u>。(南宋《朱子语类》)

(43)质朴者又和文义都理会不得。譬如撑船,着浅者既已着浅了,看如何撑,无缘撑得动。此须是去源头决开,放得<u>那水</u>来,则船无大小,无不浮矣。(南宋《朱子语类》)

例(42)"那水"特指"井水",例(43)"那水"类指"水","那水"在上文语境中不存在相关的先行词,指代性弱化,发展成了类指标记。

3.1.3 类定冠词

唐宋时期"这/那"可用在专有名词之前,该用法是由指示抽象名词和类指义光杆名词用法类推扩展而来的。该功能的"那"出现得比"这"稍晚,是受"这"影响而类推出的功能。如:

（44）说这惠远，家住雁门，兄弟二人，更无外族。（唐《庐山远公话》）

（45）黄达才问："颜子如何尚要克己？"先生厉声曰："公而今去何处勘验他不用克己！既是夫子与他说时，便是他要这个工夫，却如何硬道他不用克己！这只是公，那象山先生好恁地说道。"（南宋《朱子语类》）

例中"这/那"用在定指程度极高的专名"惠远""象山先生"之前，特别指示前文曾提及的人、物、事，或听说双方都清楚的人或物。专有名词有定性都较强，本无再用指示词指别的必要，它们要么指称义不明确要么无须指别，已不再是指示词的功能可以涵盖的，在一定程度上显现出类似于英语中定冠词的属性，定冠词是西方语法理论的概念，我们将这种专有名词之前的"这/那"称为类定冠词。

3.1.4 话题标记

指示词"这/那"的初始功能为指示名词性事物，在汉语中，谓词性成分或小句也可以像名词一样用于指称，也就是说"这/那+NP"框架中的NP理论上也可以是VP。因此，当谓词性成分进入该框架时，因语法环境发生改变，"指示名词性事物"这一原始定位在新语法环境中无从解释，语法化项"这/那"的功能被重新分析为话题标记："这/那"对谓词性成分不再有指别作用，而是标记说话人引入的话题，同时吸引听话人的注意，以关注上下文新话题的转换或旧话题的延续，帮助听话人建立起语篇中各部分的语义关联。"这"标记体词性成分或小句的用法出现在宋代，"那"稍晚，大致出现在元代。例如：

（46）曰："三句蒙师指，如何辨古今？"师曰："向后不得错举。"上堂："天平等故常覆，地平等故常载，日月平等故四时常明，涅盘平等故圣凡不二，人心平等故高低无诤。"拈挂杖卓一下，曰："诸禅者，这挂杖子昼夜为诸人说平等法门，还闻么？"（南宋《五灯会元》）

（47）后面北斗七星板儿做的好，<u>那雀舌儿牢壮便好</u>。(元《朴通事》)

"拄杖子昼夜为诸人说平等法门""雀舌儿牢壮"，都是谓词性结构或小句，在"这/那"作用下，转指事件或状态，成为后边语句"还闻么"和"便好"的陈述对象，获得话题身份。"这/那"指别功能不再生效，仅起标记作用，因此可以说，"这/那"已发展成为话题标记。

综上所述，话题标记"这/那"的发展历程可以概括为：

指示词 → 类指标记 → 类定冠词 → 话题标记

3.2 "这/那"所引成分的话题化

"这/那"是否演化为话题标记，一方面要看它自身功能的变化，即语法功能是否弱化、语用功能是否强化；另一方面还要看它所引导的语言成分是否话题化。所谓话题化是指受语用因素驱动的，让句中的某个成分处于句首并成为注意中心或成为对比焦点的过程。这种过程的实质，就是让某个本来处于句中位置的成分移到句首位置，成为话语平面上的话题。

首先，由于指示词的前置性，"这/那"引导其他成分，可以出现在句首或句中的任一位置，而话题绝大多数处于句首，因此，话题标记"这/那+话题"必须处于句首主语位置。跨语言比较的资料表明，选择语义上的施事和语用上的话题作主语是一种语言普遍现象[①]。这种话题是无标记的。但是在特定语境中，为突出这个施事或当事主语的话题地位，可以把这个主语移出来，使其成为话题，也可以通过移位把句中其他成分移到句首成为话题，这些都是有标记话题。有标记话题的词汇形式标记有后置话题标记"啊、呢、吧"等语气词，也有前置话题标记如

[①] [美]伯纳德·科姆里：《语言共性和语言类型》，沈家煊译，华夏出版社，1989年，第13页。

"这/那、关于、至于"等助词或介词。指示词的前置性使得"这/那"及其引导成分可位于句首,但句首做定语的并非都是话题标记,还需满足其他条件。如:

(48)应伯爵道:"我再说个笑话你们听:<u>一个人</u>被虎衔了,他儿子要救他,拿刀去杀那虎。<u>这人</u>在虎口里叫道:'儿子,你省可而的砍,怕砍坏了虎皮。'"(明《金瓶梅》崇祯本)

例中"这人"回指"一个人"和"他",用以指别,不宜看作话题标记。只有那些出现在句首,用以引导话题成分的"这/那"才是话题标记。

其次,"这/那"所引导的语言成分需被分析为话题。关于"话题",徐烈炯、刘丹青(2018)[①]定义为,一个句法结构概念,同时话题还具有某些语义和话语功能性质:作为句法成分的话题,其核心功能主要是作为句子的起点统摄本句后面的内容,告诉听者话题后将有围绕话题展开的内容(即述题),并且述题才是表达的重点。在形式上,话题后可以有一个明显的语音停顿,话题排斥表示对比焦点的重音。据此,对于"这/那"引导的语言成分的话题地位可从三个方面进行分析:一看所标记成分之后是否有后续语句对它进行陈述,如此,句法、语义、语气上才能自足。二看所标记成分是否具有对比性,一般而言,话题焦点具有[−突出][＋对比]的特点。三看所标记成分之后是否可以停顿。符合以上三个条件的语言成分方可赋予话题身份。

"这/那"最初用以指示空间距离的远近。"这"表示近指,"那"表示远指。通常而言,有近指就有远指,有远指就有近指,两者对立存在。"这/那"具有成为对比焦点或突显焦点手段的特性,故常对举共现以称代或指示事物。例如:

---

① 徐烈炯、刘丹青:《话题的结构与功能》,上海教育出版社,2018年,第32—34页。

（49）秋泉一片树千株，暮汲寒烧外有余。青嶂这边来已熟，红尘那畔去应疏。(唐《全唐诗》)

（50）临济小厮儿，却具一只眼。师云，这贼。普化云贼贼，便出去。(唐《佛语录·镇州临济慧照禅师语录》)

以上例中的"这/那"引导的语言成分都还不是话题。例（49）的"这/那"不位于句首，句子表意重心在"这边、那畔"或"这里、那里"之间的对比关系上，而非"已熟、应疏"与"则易、则难"这些性状信息。徐烈炯、刘丹青（2018）曾讨论过对比焦点和话题焦点之间的不同，认为前者有突出性与对比性，是言者突出强调的信息，而后者只有对比性没有突出性，被突出强调的内容落在其后的述题上。例（50）中的"这"虽处于句首，但"贼"为自然焦点，不具对比性，而且"这贼"之后没有对它进一步说明的后续语句。"这/那"引导话题的例子，最早出现于唐代《佛语录》这类记载师徒间参禅悟道的对话体文献中，因对话常围绕某一话题展开，为话题的产生提供了典型的语言环境。例如：

（51）黄檗，因入厨次，问饭头，作什么。饭头云，拣众僧米。黄檗云，一日吃多少。饭头云，二石五。黄檗云，莫太多么。饭头云，犹恐少在。黄檗便打。饭头却举似师。师云，我为汝勘这老汉。才到侍立次，黄檗举前话。师云，饭头不会，请和尚代一转语。师便问，莫太多么。黄檗云，何不道，来日更吃一顿。师云，说什么来日，即今便吃。道了便掌。黄檗云，这风颠汉，又来这里捋虎须。(唐《佛语录·镇州临济慧照禅师语录》)

上例"这"引导的语言成分"风颠汉"为话题焦点：居于句首；后面可以加上提顿词说成"这风颠汉呢/呀/吧"；加入提顿词之后，文中呈现出对比意味，即"这风颠汉"与其前后的"黄檗、师"等人存在对比关系，但说者的表意重点不在突出该对比关系，而是要强调对"风颠汉，又来这里捋虎须"反常言行的不满；"这风颠汉"有强制性的后续语句，以合乎语法，完整表达语义和语气，"这风颠汉"具备了话题的三个特征，因此可看作话题。

3.3 "这/那"话题标记化的机制

在"这/那"话题标记化的过程中，类推和隐喻机制发挥了重要作用。

话题标记"这/那"形成的主要机制为类推。类推指一个句法结构发生了表层形式的改变，但底层结构没有变化，语法规则经长时间使用被固定下来后，又扩散到其他的语法形式上。"这/那"从情景指示、话语直指到类指标记，再到指示唯一事物的类似定冠词，最后到标记谓词性短语和小句充当的话题标记化过程，是受"这/那＋NP"这一源始话题结构类推而成的。指示词"这/那"最早用在名词性事物前，发挥指别、突显等作用。后来，这一结构中的NP范围扩展，VP或小句等均能进入该结构的NP位置，但是受"这/那＋NP"底层结构规则压制，其中的VP或小句在句法上都呈现出NP的特性，即谓词性弱化、句法降格，转为指称性的语言成分，从而能够作为主体获得话题地位。如"这打秋千""这蒋世泽做客"等，在语法规则的强制作用下，谓词性成分被指称化为事件性成分，而"这/那"聚焦、突显的底层作用并未改变。从对名词事物的指示类推扩散到对类属词语的定指，再到对专门性事物的限定，最后到对行为或性质的相关事件的标引，"这/那"也由指示词被重新分析为类指标记、类定冠词直至成为话题标记，在标记化过程中，其语法功能日益减弱，语用功能得到了强化。

在类推的过程中也伴随着隐喻机制。"这/那"本义指示空间距离的远近，随着指示对象范围的扩展，逐渐由指示空间距离发展为指示心理距离或视角的内外不同，这是一个从具体到抽象的过程，其空间指别义逐渐虚化，成为标引有定化信息的话题标记，甚至发展出主观评价义。由此可见，在这样一个从具体事物向抽象概念投射的过程中，隐喻机制发挥了作用，"这/那"由指示代词演变成了话题标记。

3.4 "这/那"运用的发展变化

现当代小说中,"这/那"依旧发挥着话题标记的功用,标记的话题类型仍以论元共指型话题和时地等背景语域型话题为主,但使用频率远低于近代汉语。本书以 CCL 语料库中的古代汉语和现代汉语部分各 110 万字左右的语料对话题标记"这/那"的频次进行了粗略统计,结果见表 4-3。

表 4-3 "这/那"在四部作品中的出现频次表 单位:次

书名及字数	话题标记"这"/专有名词话题标记例数	话题标记"那"/专有名词话题标记例数
初刻拍案惊奇(40 万字)	55/11	251/105
红楼梦(73 万字)	89/21	258/150
四世同堂(64 万字)	39/2	37/1
白鹿原(49 万字)	26/2	46/1

从上表可见,话题标记"这/那"从明清至现代汉语阶段,呈现出使用频率下降的总趋势,近代讲说体中习惯标记专有名词的用法,在现当代叙事文学作品中变得极为鲜见。另外还可发现,作为话题标记,"那"的使用频率一直都高于"这"。

现代汉语中话题标记"这/那"还在进一步发展,产生出了新的语篇表达形式和功能,例如:

(52)这水,<u>这可祝福的水啊</u>,它会把他从住了十八年的家带到未知的城市和未知的人群中间去。(现代《家》)

(53)待了一会儿,<u>天上</u>,<u>那凝冻了的天上</u>,有了红光。(现代《四世同堂》)

例中的"这可祝福的水"和"那凝冻了的天上"都是话题,由于它是在拷贝先行词的基础上增加了修饰限定成分,因此增添了补充描绘的功能。这种话题结构是受欧化语法影响形成的。

此外，据方梅（2002）的研究，在北京话口语中，"这"也可用作话题标记，用来介绍第一次在谈话中出现的非回指性对象。例如：

> 康六：宫里当差的人家谁要个乡下丫头？
> 刘麻子：这不你女儿命好吗？
> 康六：谁呀？
> 刘麻子：大太监，庞总管！你也听说过庞总管吧？伺候着太后，红的不得了哇！人家家里头，打醋那瓶子都是玛瑙的！
> 康六：<u>这要孩子给太监做老婆</u>，我怎么对得起女儿啊？

上例引自老舍的话剧《茶馆》。戏剧是舞台表演艺术样式，强调"展示"现场的感受力和视觉冲击，可以借助舞台环境、道具等传递信息和表达情感，因此在戏剧中可以有"介绍首次在谈话中出现的非回指性的对象"这种情境用法的话题标记。而书面记载的近代讲说体小说是文学艺术样式，侧重于通过"讲述"来使听者感知文本的语言美感和内在思想表达，可依赖的物理语境单一，因此与情境直指的话题标记"这/那"适应性不强而极少使用。

4. 小结

本节对讲说体话题标记"这/那"的语篇表达形式、相关功能及使用的认知动因和发展演变等问题进行了深入探讨。近代白话讲说体小说中，"这/那+话题"结构被用于句首，近指与远指的指示功能在语法化过程中被削弱，语用功能得以突显，其话题标记功能也随之浮现，具有开启、延续、转换和锚定话题等话题组织功能。认知心理和语体等因素也影响着"这/那"话题标记的使用。在讲说语体小说中，"这/那"在不同情景语境中发挥作用，叙述者拥有自由而灵活的评价立场，"这/那"展现出了突显话题、表达人际关系的功能，成为叙述者干预叙事效果、与非现场性的听读者产生联结的手段，因而在近代汉语讲说体小说中得到了高频使用。现代小说叙事与写作模式发生变革,讲说体小说中"讲说者"这一身份特征被淡化,话语中"这/那"组织话题、表达主观立场态度等功能也随之逐渐减弱,但也产生了一些与现当代小说叙事模式相适应的新功能。

第3节 话题标记"大凡"

汉语是典型的话题优先型语言,话题优先型语言有显性的编码形式。除了语气词和动词可以充当话题标记外,副词也具有突显话题功能。学界指出部分副词有连接功能是一种普遍现象,如张谊生(1996)认为,"具有连接功能是现代汉语副词的基本功能之一"[①],需要关注副词的语篇连接功能。确实,副词标引话题、组织话语、表达言者立场等也是常见功能,值得加以关注。本节以"大凡"为例,结合近代讲说体小说语篇,探讨副词类标记话题的语篇功能及其实现方式和使用的认知心理动因。

"大凡"由"大"与"凡"复合而成,"凡"为核心语素,《现代汉语词典》释为"总括一般的情形",常跟"总、都"等呼应。学界对于"凡"的词性尚存争议,主要有"副词说"[②]和"连词说"[③]两种观点。"连词说"认为,"凡"可以用在名词性成分之前,具有连接功能,这与副词不可修饰名词的基本功能相悖,因而只能是"连词";而"副词说"认为,"连接"是副词的基本功能之一。本书采取"副词说",认为副词"大凡"与话题标记"大凡"分属语法和话语层面,当"大凡"作为话题标记时,可标记体词、谓词甚至小句等,名词性话题在线性序列上虽

[①] 张谊生:《副词的篇章连接功能》,《语言研究》1996年第1期。
[②] 吕叔湘主编:《现代汉语八百词(增订本)》,商务印书馆,1999年,第198页;王还主编:《汉英虚词词典》,华语教学出版社,1992年,第89页;张斌主编:《现代汉语虚词词典》,商务印书馆,2001年,第175页。
[③] 张新荣:《谈"凡"和"凡是"》,《新疆大学学报(哲学社会科学版)》1995年第3期;周芳:《"凡是"的语义功能分析》,《暨南大学华文学院学报》2006年第1期。

然紧邻"大凡",但并不是受"大凡"修饰限制的唯一对象,此"大凡"为句首副词,其辖域涵括了整个话题-述题结构。

1. 话题标记"大凡"的分布规律

"大凡"多位于句首,少数情况下前面有其他副词或插入语等外围成分。例如:

(1)婆子又道:"大凡走江湖的人,把客当家,把家当客。比如我第四个女婿朱八朝奉,有了小女,朝欢暮乐,那里想家?或三年四年,才回一遍。住不上一两个月,又来了。家中大娘子替他担孤受寡,那晓得他外边之事?"(明《喻世明言》)

(2)只听他那里问安老爷道:"这个就是嫂夫人?"原来大凡大江以南的朋友,见了人是个见过的,必先叫一声;没见过的,必先问问这个可是某人不是。安老爷见问,忙答道:"正是拙荆求见。"(清《儿女英雄传》)

(3)为什么呢?你想大凡世上的骗局,总是骗着别人拿出钱来,那有做骗子的人倒反拿出钱来,买所住房之理?(清《九尾龟》)

例(2)和例(3)"大凡"之前还叠加了插叙标记"原来"和互动标记"你想",但这些词语的使用与否不影响"大凡"标引话题的基本功能。

在讲说体小说语篇中"大凡"还常与焦点标记"是"组合成"大凡是"。"大凡"与"大凡是"意义、功能基本相同,如:

(4)登时把个老头子气的紫涨了脸,嚷成一片,说道:"好哇,你们竟敢说不认得我!告诉你,我姓邓!住家在山东茌平,也有个小小的名声儿,人称我一声邓九公!大凡是绿林中的字号人儿,听见我邓九公在那里歇马,就连那方边左右的草茇儿也未必好意思的动一根!"(清《儿女英雄传》)

以上各例的"大凡"或"大凡是"都自成韵律单位，基本语义为"范围总括"，但删除后不影响句子合法性和真值语义。它们主要在话语层次上发挥作用，将其后的话语成分标记为话题，对言者的表达与听者的理解进行指示或提示。因此，我们称之为话题标记。

"大凡"可以出现在故事话语层面，常用于应答话轮，所构成的话题结构针对引发话轮所提出的事例或观点进行陈述或评议。"大凡"更常出现在讲说者的叙事话语层面，此时，"大凡"之前必定有个表示已发生的事件或是已存在的事实或道理的先行语句，作为"大凡"及其标引话题进一步陈说的由头或评价的基础。

2."大凡"所标记的话题类型及其语篇表达结构

"大凡"在讲说体语篇中的表达模式可简化为：先行语句 + 大凡 + 话题 + 述题 + 其他后续语句。下面在分析"大凡"所标引的话题类型、话题与先行语句之间的关系、话题与述题以及后续语句之间关系的基础上，揭示"大凡"语篇功能的实现条件。

2.1 "大凡"标记的话题类型

2.1.1 论元共指型话题

"大凡"引导的论元共指型话题，包括主语型和宾语型话题，分别举例如下：

（5）大凡好人家女眷，【】出外稀少，到得时节头边，【】看见春光明媚，【】巴不得寻个事由来外边散心耍子。(明《初刻拍案惊奇》)

（6）二郎神道："大凡世间宝物，不可独享【】。小神缺少围腰玉带。若是夫人肯舍施时，便完成善果。"(《醒世恒言》)

2.1.2 语域型话题

语域型话题包括时地语域、上位语域、背景语域、领格语域等类型的话题，分别如下：

（7）大凡人在饥渴之中，觉得东西好吃。（明《二刻拍案惊奇》）

（8）大凡女人只是偏向人家的大妇，不向人家的小妻。（清《醒世姻缘传》）

（9）大凡养儿女是为着老来有靠，便是小户人家，还要挣一碗饭养活母亲。那里有将现成的闹光了，反害的老人家哭的死去活来的？（清《红楼梦》）

（10）大凡酒德不好的人，酒性发了，也不认得甚么人，也不记得甚么事；但只是使他酒风，狠戾暴怒罢了，不管别人当不起的。（明《二刻拍案惊奇》）

话题"人在饥渴之中"为述题的行为动作提供了时间参照；话题"女人"是述题动词宾语"人家的大妇""人家的小妻"的上位概念；话题"养儿女是为着老来有靠"为命题提供了背景知识；话题"酒德不好的人"与述题中的"酒性"之间有领属关系。

2.2 话题的指称属性

"大凡"标引的话题在指称上均表类指，无论名词性还是动词性话题，甚至小句话题都具有该特点。

2.2.1 名词性话题

（11）饮酒中间，婆子问道："官人出外好多时了还不回，亏他撇得大娘下。"三巧儿道："便是，说过一年就转，不知怎地担阁了。"婆子道："依老身说，放下了恁般如花似玉的娘子，便博个堆金积玉也不为罕。"婆子又道："大凡走江湖的人，把客当家，把家当客。比如我第四个女婿朱八朝奉，有了小女，朝欢暮乐，那里想家？或三年四年，才回一遍。住不上一两个月，又来了"。（明《喻世明言》）

（12）王夫人哭道："他若抛了父母，这就是不孝，怎能成佛作祖？"探春道："大凡一个人不可有奇处。二哥哥生来带块玉来，都道是好事，这么说起来，都是有了这块玉的不好。"（清《红楼梦》）

"大凡"引出的话题句一般不作为首个话论的始发句，例中话题"走江湖的人"和"一个人"皆为名词性词组，它们是从先前谈论的话语中提取出来的一个实体，该实体与先行词形成上下位关系，如例中先行词"出外的（三巧儿）官人"与话题"走江湖的人"，"他（指宝玉）"与"一个人"之间都是类与属的关系。从信息结构看，话题名词与先行词语义关联紧密，为直接激活的已知信息。值得注意的是，例（12）话题"一个人"中虽包含无定标记数量词组"一个"，但"一个人"并不是某个个体的"人"，而是表示整个"人"的集合，是"类指"范畴中的"所有NP"，强调整个类别而非专指类中的具体个体，更不指确定的或待定的个体，具有类指性。"类指成分跟有定成分在指称义上有共同点，都是可以确定的，从而区别于无定成分。有定成分是直接提供可以确定的对象，类指成分则提供听话人可以确定的类别，并不排他性地特指该类别的任何成员。由于类指成分和有定成分存在这样的共同点，因此在充当话题的功能方面，类指成分跟有定成分十分相近，都是适合作话题的成分。"[①]

"大凡"引导的话题-述题结构，如果述题结构语义简单，话题与述题结构在句法层面上可以表现为一个简单句，如"大凡一个人不可有奇处"，"不可有奇处"对话题"一个人"作出了主观评价。如果述题结构的语义复杂，话题与述题之间有停顿，述题表现为若干小句，从多个角度对话题进行陈述，如例（11）。

2.2.2 谓词性话题

"大凡"标记的话题还有相当一部分是谓词性词组，但该谓词不表动作行为，只表示有关该行为动作的信息，其所指已发生事件化。例如：

（13）颜氏道："你打帐做甚生意？"阿寄道："大凡经商，本钱多便大做，本钱少便小做。须到外边去，看临期着便，见景生情，

[①] 徐烈炯、刘丹青：《话题的结构与功能》，上海教育出版社，2018年，第163页。

只拣有利息的就做,不是在家论得定的。"颜氏道:"说得有理,待我计较起来。"(明《今古奇观》)

(14)我不禁点头道:"我也不敢多说了,明日我送一份门生帖子来拜先生罢。"姊姊道:"甚么先生门生!我这个又是谁教的,还不是自己体会出来。<u>大凡读书</u>,总要体会出古人的意思,方不负了古人作书的一番苦心。"(清《二十年目睹之怪现状》)

"大凡"引导的直接成分"经商""读书"为动词词组,转指与"经商""读书"相关的这一类事件,因而也有类指义。谓词性话题也同样不作为语篇中的始发句出现,它将先行语句中的相关信息征用为话题,根据前文语境,可以建立起先行语句的相关信息与话题间的联系,例如"打账做生意"与"经商","拜先生、教"与"读书"语义都直接关联,话距很近,话题属于间接激活的信息,对于言听双方也是已知、有定的旧信息,有话题属性。事件化的谓词性话题"经商""读书"为述题提供了讨论的语域。这类话题-述题与前一类名词性话题-述题之间的关系更疏松,对有形标记词"大凡"依赖程度更高,如果删除话题标记词,虽不影响语法结构和语义表达,但语篇层面上的连贯性有所欠缺。

2.2.3 小句话题

"大凡"还可将条件或因果关系分句标记为话题,句子命题也有类指性。例如:

(15)大嫂道:"不瞒姆姆说,奴家见有身孕,抱不得小官人。"原来有这个俗忌:<u>大凡怀胎的抱了孩子家</u>,那孩子就坏了脾胃,要出青粪,谓之"受记",直到产后方痊。(明《警世通言》)

(16)苟太太听了,兀的跳起来骂道:"连你也帮着派我的不是了!这公馆里都是你们的世界,我在这里是你们的眼中钉!我也犯不上死赖在这里讨人嫌,明儿你就打发我回去罢!"苟才也怒道:"我在这里好好儿的劝你!<u>大凡一家人家过日子</u>,总得要和和气气,

从来说家和万事兴,何况媳妇又没犯甚么事!"(清《二十年目睹之怪现状》)

话题句"怀胎的抱了孩子家""一家人家过日子"为惯常体小句,是后面述题小句实现的条件基础。相对于先行句"奴家见有身孕,抱不得小官人"这一具体事件,"怀胎的抱了孩子家"是概括性的抽象命题;同样,与先行句"苟太太欺压儿媳妇,跟丈夫吵闹"所表事件比较起来,"一家人家过日子"更抽象概括。可见"大凡"标记的小句话题也有类指属性。话题整体提取了先行句信息,但没有出现直接相关的先行词,因此话题是对已知信息的间接激活。话题与述题之间逻辑语义关系的判别对语境有强依赖性,如在例(15)和例(16)中,话题小句解读为述题小句的条件,为述题设定了进一步陈述的语域,如果换做其他语境,需借助其他渠道判别话题–述题的逻辑语义关系。小句话题–述题联系不紧密,需要显性话题标记词进一步维系。

综上所述,"大凡"引导的话题有名词性词语、谓词性词语和分句;都表示有定的、类指性事物,或发生了事物化或指称化的事件;话题所述内容主要涉及"普遍认同的社会道德、文化价值体系"以及"特定范围内的通行做法或普遍存在的客观事实"等交际中言听双方应知的或认可的共享信息,属于Chafe(1994)所言的"可及性较强的信息"[1]。

2.3 话题标记"大凡"的语篇语义表达模式

话题标记"大凡"的语篇语义表达结构可简括为"先行语句 + 大凡话题 + 述题 + 其他后续语句"。"大凡"与各组成构件之间建立起了语篇内在关联,实现了多重语篇功能。

话题标记"大凡"的语篇模式表达从个别具体现象推广到普遍规律,或从一般规律推及个别事物的叙事过程,与人类认识活动中的归纳与演绎两种逻辑思维方式有像似性。在认知过程中,人们总是先接触到

---

[1] Chafe, Wallace, *Discourse, Consciousness and Time: The Flow and Displacement of Conscious Experience in Speaking and Writing*, Chicago: The University of Chicago Press, 1994.

个别的具体事物,由此推及一般,然后再从一般推及个别,循环往复促进认识深化。

2.3.1 从个别到一般的归纳模式

在个别到一般的归纳模式中,先行语句先提及某个具体事件,然后再由"大凡"引导的话题–述题结构对该事件反映出的普遍社会道德、文化价值或通行的行为规范等进行揭示。如前引例(2):

只听他那里问安老爷道:"这个就是嫂夫人?"原来大凡大江以南的朋友,见了人是个见过的,必先叫一声;没见过的,必先问问这个可是某人不是。安老爷见问,忙答道:"正是拙荆求见。"(清《儿女英雄传》)

引例中先叙述了"他"(一个南方人)向安老爷的问候方式,这本是个案特例,但由于该问候方式不符合旗人礼节而显得颇为怪异,讲说者预测听读者会产生疑惑,因而中断情节讲述,显身向听者交代背景知识以助其解疑释难。通过"大凡"引导的话题告知听话人先行词"他"是"大江以南的朋友"这个集合体中的一分子,该问候方式在"大江以南"习以为常,既向听读者解答了疑难,又普及了文化常识,凸显出了知识权势地位,反映出讲说体小说作者注重关照听者接受心理的元语用意识。该语篇表达模式由个例推及一般,扩大了言谈对象的范围,揭示了客观事物之间所具有的普遍性和规律性关系,也提升了话语的说服力。

2.3.2 从一般到个别的演绎模式

演绎模式指"大凡"先引出一个普遍的规律性现象或事件,然后推演到某个具体事例上的表达方式。相较于归纳模式,演绎模式的使用频率相对低一些。前文引例(1)和例(11)即为演绎模式:

饮酒中间,婆子问道:"官人出外好多时了还不回,亏他撇得大娘下。"三巧儿道:"便是,说过一年就转,不知怎地担阁了?"婆子道:"依老身说,放下恁般如花似玉的娘子,便博个堆金积玉,也不为罕。"婆子又道:"大凡走江湖的人,把客当家,把家当客。比如我第四个女婿朱八朝奉,有了小女,朝欢暮乐,那里想家?或三年四年,才回一遍。住不上一两个月,又来了。"(明《喻世明言》)

　　王夫人哭道:"他若抛了父母,这就是不孝,怎能成佛作祖?"探春道:"大凡一个人不可有奇处。二哥哥生来带块玉来,都道是好事,这么说起来,都是有了这块玉的不好。"(清《红楼梦》)

　　例中"大凡+话题+述题"提出一个与某一类人或事物相关的普遍性观点"走江湖的人,把客当家,把家当客"和"一个人不可有奇处",后续语句再举"第四个女婿朱八"和"二哥哥"的具体事例为论证依据。例证之前有显性语言标记如"比如、例如"词语等明示。这种演绎型的叙事模式减轻了空谈大道理的武断性,有理有据,强化了话语可接受和理解的程度。

　　归纳与演绎是两种不同的逻辑思维方式,投射在语言层面的语义表达结构也表现出了明显区别。"大凡"引导的话题结构通过各组成要素之间的不同关系,彰显出了两种思维方式的差异,归纳模式突显先行词与话题-述题结构之间的"个体"与"一般"关系,其中先行词为必有构件,属前景信息,后续语句为可选性构件;演绎模式突显了话题-述题结构与后续语句之间的"一般"与"个体"关系,后续语句为必有构件,为前景信息,先行语句的表意重要性相对弱一些。

3. 话题标记"大凡"的语用功能及其使用动因

　　话题标记"大凡"的语用功能,通过所标引的直接成分以及与先行语句后续语句之间建立的语篇语义关系和语篇表达模式得以实现。标记词"大凡"的功能主要有以下几个方面。

3.1 标记话题

　　"大凡"与其他话题标记一样,最主要的功能是标记其后附的词语或小句、句子等语言成分的话题身份,使之成为下一步言谈的起点,这是"大凡"能后加体词性词语的根本原因。从句法角度看,"大凡"为高层饰句副词,其后的整个句子皆在其管界之内,也就是说,"大凡"在线性序列上虽位于体词性话题之前,但辖域或修饰限制的对象却是包括体词在内的整个句子,如:

大凡 ‖ 奴才们是一个养活不得的。
大凡 ‖ 一个人不可有奇处。

杨德峰(2008)[①]提出,除了程度副词、范围副词、处所副词外,时间、方式、否定、重复和关联副词都可以是饰句副词。从所引例(15)和例(16)中的"大凡"来看,范围副词的确可以修饰一个或多个小句,由于大多数高层副词都有关联功能,所以没有必要认为"大凡"演变成了连词。

讲说体本质上是叙事体,关注事件的主体。这也是讲说者先使用话题标记"大凡"将其后的体词或指称化了的谓词标记为话题,然后再有针对性地进行断言或陈述的原因。

"大凡+话题"还为述题部分提供了前提条件或陈述对象,前偏后正的话语结构关系,向听者明示言者的叙事意图在于强调后面的说明、解释内容。

3.2 将信息处理成背景知识

话题作为话语内容的起点,"大凡"标引的话题也具有定指、类指和可及等普遍属性。屈承熹(2006)指出,"在叙述体中,前景结构表示事件或故事进程,常按时间顺序排列,使用行动动词和完成体;而后景结构常表示枝节内容,因而无需按照时间顺序排列,通常使用状态动词和未完成体,还通常同预设、定指、已知信息和从属结构相关"[②]。据

[①] 杨德峰:《"程度副词+谓词性成分"带"的"问题试探》,《暨南大学华文学院学报》,2008年第1期。
[②] [美]屈承熹:《汉语篇章语法》,潘文国等译,北京语言大学出版社,2006年,第51—58页。

前文的分析可知,"大凡"引入的话题内容以社会道德价值体系或惯例、常理等为主,为大多数人所熟知并遵守,已作为世界知识进入言听双方的长时记忆中为双方所共享,所以在讲说体语篇中一般被处理成背景信息。讲说者通过"大凡"向听者明示这些信息都是具有权威性的共享知识。如:

(17) 七郎挥金如土,并无吝惜。才是行径如此,便有帮闲钻懒一班儿人出来诱他去跳槽。<u>大凡富家浪子心性最是不常,搭着便生根的,见了一处,就热一处</u>。王赛儿之外又有陈娇、黎玉、张小小、郑翩翩几处往来,都一般的撒漫使钱。(明《古今奇观》)

话题结构"富家浪子心性最是不常,搭着便生根的,见了一处,就热一处",是言听双方都共知的一般常识或普遍知识,为故事主线的下一个事件"七郎处处沾花惹草、撒漫使钱"奠定基础。此处"大凡"具有背景信息索引功能,也标志着语言编码将当前话语由前景信息向背景信息的认知处理过程。如果删除"大凡"及其引导的话题结构,前后语句的情节、结构仍具连贯性,但"大凡"所具有的程序意义,使得情节的发展更顺理成章,更能引导听读者从个别的、具体可感的事例中懂得一个具普遍意义的道理。

3.3 表达言者的认识立场

"大凡"标记的话题都有类指性。当类指成分位于句首话题位置时,全句通常表达认识立场或评价立场的功能[①]。

相较于现当代叙事文学,讲说体语篇更倾向于选择显性评议方式来表达主观见解。"大凡"是言者显身的标记,明示讲说者暂时中断故事的讲述,直接以评论者的身份与听读者或文本对话,阐明其从故事世界获得的主观见解或价值判断。"大凡"标记的话题-述题结构中,述

[①] 姚双云、喻薇:《"一个+NP"类指句的话语立场研究》,《中南大学学报(社会科学版)》2018年第1期。

题动词以表"领有、具有"和"判断"义的"有"与"是"为最多。本文对"三言二拍"和四大古典名著进行了统计，共检索到话题标记"大凡"96 例，其中 16 例的谓语动词为"有"，占比 16.7%，20 例为"是"，占比 20.8%，余下的也大多含有表主观情态的助动词如"合、该、应当、必须、肯、敢"等，心理动词词组"巴不得"等；还有些述题为结果分句，表示在某种条件下主观推论出的结果。"大凡"含有"总括"基本义，标引的话题结构在语篇中具有从个案概括成集合之意，由点及面，扩大了说明、议论涵括的范围，言者的态度立场也从仅针对某一人、物、事波及某一类人、物、事上，极具表达张力。言者为增强话语说服力，使听者更信服，常会调动交际双方共享的背景知识成为立场表达的支持论据。"大凡"的话题内容大多为社会生活中的惯例或言听双方共有的普遍知识，有着被言者当成论证或说明理据的明显优势。

"大凡"引出后续句标示言者事理立场，激活听者的共享知识与情感认同，体现出讲说者的知识权位优势。"大凡"强调信息的可及性，增强了言者事理立场的可信度，向听者证明言者对当前事件或现象的评价是基于事理立场的，是有理据的，可使听者的观念向言者趋同，达到教化目的。

讲说体虚拟交互性特点突出。比如讲述故事时，讲说者预测听读者可能对某一事件或某个道理的理解会产生困惑或疑问时，就会采用多重手段干预叙事，如采用显性的语言手段"大凡"引出一个普遍的规律或惯常的习俗，来明示自己的立场态度，表明自己对这类事例的看法，以消除听读者的疑虑，保证话语效果。

（18）子虚这里安排了一席，请西门庆来知谢，就要问他银两下落。依着西门庆，还要找过几百两银子与他凑买房子。到是李瓶儿不肯，暗地使冯妈妈过来对西门庆说："休要来吃酒，只开送一篇花账与他，说银子上下打点都使没了。"花子虚不识时，还使小厮再三邀请。西门庆躲的一径往院里去了，只回不在家。花子虚气的发昏，只是跌脚。看官听说：<u>大凡妇人更变，不与男子汉一心，</u>

<u>随你咬折铁钉般刚毅之夫，也难测其暗地之事</u>。（明《金瓶梅》崇祯本）

　　上例讲说者在讲述"李瓶儿不与丈夫花子虚一条心，反而胳膊肘往外拐帮助西门庆"这一有悖常理的事件时，讲说者预测听读者会生出疑惑，就使用"大凡＋话题结构"这一语言手段对听者的认知理解进行了干预，将本应潜藏在故事中靠听读者自己去领悟的道德价值观直截了当地呈现在听读者面前，摆明自己的立场态度，消除听读者的疑虑，使他们无须花费过多的认知去思考其间的因果关系，可以全身心地沉浸到故事欣赏之中去获得情感与形象的双重体验。

　　讲说者比听读者表现出更高的知识或话语权势地位，他们讲究"无一语无来历，无一事无根据"，以此夸耀自己的广学多识，借此博取听读者的信任；同时又习惯于将听读者定位为知识水平较为低下的群体，需随时关照其理解接受的程度，减轻因推理而产生的认知负荷。因而，很多章回体小说的起首处使用话题标记"大凡"及其引导的话题结构来开宗明义。这是一种快速、直接地帮助听读者把握故事题旨大意十分有效的叙事策略。

　　（19）常说："朝里无人莫做官。"又说："朝时有人好做官。"<u>大凡做官的人，若没有个倚靠，居在当道之中，与你弥缝其短，揄扬其长，夤缘干升，出书讨荐，凭你是个龚遂、黄霸这等的循良，也没处显你的善政，把那邋遢货荐尽了，也荐不到你跟前；把那罢软东西升尽了，也升不到你身上</u>。（明《醒世姻缘传》）

　　上例引自明末清初长篇章回体小说《醒世姻缘传》第94回的开场话语。"大凡"引出话题"做官的人"，述题阐明"仕途艰难，必得有强硬的后台关系的"主要观点，为该回的故事情节定下倾向鲜明的基调，整回故事皆以此为核心展开。可见，"大凡"引导的话题结构居于篇章之首的语篇布局模式，具有帮助听读者领会言者的认识立场，把握故事大意的作用，所阐明的道理也是白话小说社会教化与舆论引导功能的重要体现①。

话题标记"大凡"除上述主要功能之外，还有话语标记的一般功能，如语篇衔接、话语组织等，不再一一赘述。

4. 话题标记"大凡"的发展变化

4.1 "大凡"的话题标记化

话题标记"大凡"源自总括副词"凡"，在韵律机制作用下发生双音节化，再经语用化，最终演变为话题标记。

"凡"在甲骨文中就已有记载。有人认为"凡"是"盘"字的初文，本义是类似于"盘子"的一种盛水器（圈足、浅腹、口大），后多指"世俗""凡庸"或"大概""要括"之义，后来本义渐为"盘"取代，"凡"由实词变为功能词，虚化为副词②。

《说文解字》释"凡"为"最、括也。从二，二，偶也。从孖，孖，古文及"。"凡"上古时期就常出现在句首位置，表示"所有的对象无一例外"，所饰句子多为带有"也、者、之、其"等助词的小句，构成话题结构"凡……者/也，VP"。位于"凡"与"者/也"之间的为VP小句，在"者/也"的作用下转指为表事件的名词性从句。如：

（20）凡与利除害。其类在漏雍。（春秋《墨子》）

（21）叔孙使告之曰："公衍、公为实使群臣不得事君，若公子宋主社稷，则群臣之愿也。凡从君出而可以入者，将唯子是听。子家氏未有后，季孙愿与子从政。此皆季孙之愿也，使不敢以告。"（春秋《左传》）

（22）凡军之所欲击，城之所欲攻，人之所欲杀。必先知其守将左右谒者门者舍人之姓名，令吾间必索知之。（春秋《墨子》）

---

① 王同舟：《明清白话小说功能略谈》，《光明日报》2016年5月14日。
② 关山岳：《"凡是"的多维研究》，渤海大学硕士学位论文，2012年。

例中的"与利除害""从君出而可以入"和"军之所欲击,城之所欲攻,人之所欲杀"都是VP小句,在"也、者、之、其、所"等语言手段作用下,降格为话题从句,作为后面主句谓语动词的主体论元,叙述一个惯常的或特定的事件,分属类指型话题和有定类话题[①]。由于各句中已有"也、者"等后置型话题标记承担了标记话题的功能,所以先秦汉语中的"凡"主要为副词,修饰限定其后的小句,尚未发生话题标记化,但在句法语义方面对后续句有强制性要求,有一定的语篇关联功能。

春秋战国时期,因韵律之需,"凡"与语素"大"复合成双音节词"大凡","大凡"传承了核心语素"凡"引导话题句的语用功能。起初,"大凡"引导的话题小句中多有话题标记"者",而"也"则逐渐减少。例如:

(23)大凡生於天地之间者,皆曰命。(战国《礼记》)

(24)俄有二丈夫来。一人身甚长,衣黑衣,称姓甲,名侵讦,一人身广而短,衣青衣,称姓曾,名元。与彦揖而语,其吐论玄微,出于人表。……黑衣者曰:"吾之先,本卢氏,吾少以刚劲闻。大凡物有滞而不通者,必侵犯以讦悟之。时皆谓我为'侵讦',因名之。"(北宋《太平广记》)

作为话题标记的"也"主要是用在话题主语之后起提顿作用。如:

(25)回也,非助我者也。(春秋《论语·先进》)

(26)轲也请无问其详,愿闻其指,说之将何如?(战国《孟子·告子下》)

例中"也"作为后置型话题标记,将"回""轲"标记为话题,同时也舒缓语气,功能相当于现代汉语中的提顿词"呢"。后来话题标记

[①] 刘丹青:《先秦汉语的话题标记和主语–话题之别》,《古汉语研究》2016年第2期。

"也"用在话题之后述题之前，与表类同义、用以修饰谓语的副词"也"句法位置重叠，因易引起混淆而逐渐被弃用，不再出现在"大凡"引导的话题之后。

宋代以降，用在"凡"引领的话题句之后的话题标记"者"在白话文中渐趋消亡，如：

（27）吾之先，本卢氏，吾少以刚劲闻。大凡物有滞而不通者，必侵犯以评悟之。时皆谓我为"侵讦"，因名之。（北宋《太平广记》）

（28）国王道："小国海边上还有一等龟龙，约有三四尺高、两个獠牙、四只脚、满身鳞甲，甲缝里又生出刺来，不时出没；大凡国人遇着他的，便遭他一口，甚是为害。"（明《三宝太监西洋记》）

例（27）引自文言笔记小说，"物有滞而不通者"指"滞而不通的事物"，"者"用在带有长修饰语的名词结构之后，表示提顿。例（28）"国人遇着他的"中"的"与"者"语义、句法位置大致相同，但不能就此认为"的"取代了"者"的话题标记功能，此处"的"与动词结构"国人遇着他"组合成"的"字结构，转指行为施事者"遇着他的国人"，"的"为结构助词，不具话题标记功能。

正因为"大凡"源自副词"凡"，同时又传承了"凡"引导话题句的功能，加之原本承担标引话题功能的标记词"者"和"也"逐渐淡出或被取代，标记话题功能转而由位于句首的副词"大凡"承担。在语篇功能增加的同时伴随着句法语义功能的弱化，具体表现为述题句中另有"总括、周遍"义副词开始普遍使用。"大凡"由饰谓副词发展成为饰句副词，其后的 NP 表类指且表示对比、强调，获得了话题地位[①]。至此，话题标记"大凡"正式形成。

---

① 徐烈炯：《话题句的合格条件》，载徐烈炯、刘丹青主编：《话题与焦点新论》，上海教育出版社，2003 年，第 131—144 页。

（29）佛言："阿难，为人若解行孝，见世得人敬奉，命终又不入三途。大凡世上不孝人，多在家费父母心神，出入又不依时节。"（五代《敦煌变文集新书》）

（30）贝氏笑道："你枉自有许多聪明，这些事便见不透。大凡做刑名官的，多有贪酷之人，就是至亲至戚，犯到手里，尚不肯顺情。何况他与你素无相识，且又情真罪当，怎肯舍了自己官职，轻易纵放了重犯？无非闻说你是个强盗头儿，定有赃物窝顿，指望放了暗地去孝顺，将些去买上嘱下。这官又不坏，又落些入己。不然，如何一伙之中，独独纵你一个？"（明《今古奇观》）

以上两例中，"大凡"所引导"世上不孝人"与"做刑名官的"都属于类指名词性词语，含周遍义，为言听双方都已知或共享的信息；这些 NP 都与其前后的名、代词短语"行孝的人"和"他"形成了对比而被强调；其后的述题句中又有副词"多"（表"大多"义）共现，语法语义功能重叠，受语言经济性原则驱动，"大凡"句法地位被削弱，转变为承担语篇功能的话题标记。

句首位置的固化也是标记词"大凡"形成的关键因素。据对 CCL 语料库古代汉语部分的检索，1 360 例话题标记"大凡"中，居于主语或话题之前的有 1 278 例，占比 93.9%；而居于主语或话题之后的用例数量极少，且大多为"大凡+数量词组"类，"总共、统共"之义。"这些位于句首的副词，既是篇章的插入语，又是句、段的连接语；既是篇章组织的黏合剂，又是语义转换的调节器；既是篇章顺序发展的路标，又是读者和听话者理解的向导。"① 位置的固化与语义功能的分化最终促使"大凡"发展为话题标记。

4.2 现代汉语中的话题标记"大凡"

据本书对 CCL 语料库现代汉语部分语料的考察，现代汉语中，话题标记"大凡"出现了明显变化：

---

① 张谊生：《副词的篇章连接功能》，《语言研究》1996 年第 1 期。

首先是数量减少。作为话题标记的"大凡"在 CCL 现代汉语语料库中收集到 635 例，CCL 古代汉语语料库中 1 360 例。

其次是语体适应范围更广。CCL 古代汉语语料库中，近代话题标记"大凡"在小说之外的语体语篇共 205 例，小说语篇共 1 155 例，小说语篇占了总例数的 84.9%。现代汉语时期，话题标记"大凡"除了在文学作品之外，还在说明事理的应用文和新闻报道中有运用，尤其新闻报道等语篇中的用例占总例数的 26.6%，已远超文学类的 10.4%。我们对 CCL 语料库现代汉语部分做了一个粗略的分语体调查，话题标记"大凡"分布情况见表 4-4：

表 4-4 "大凡"在现代汉语语体语篇中的分布情况表

语篇类型	"大凡"分布（例）
文学	66
应用文	38
史传	9
新闻（人民日报、市场报、新华社报道）	169

综上可见，话题标记"大凡"的发展变化反映了中国现代小说与古代传统小说读者群体的变化。五四以后，完成叙事模式转变的现代小说由"大众化"转向"文人化"，由此体现出的深层审美意识的变革，更容易为有较高文化修养的知识分子而不是粗通文墨的工农大众所接受。小说作者不再拥有绝对知识权势，不再高高在上地俯瞰受众，作者与读者间关系的平等化深刻影响了叙事方式，进而影响到语言表达手段的选择，如社会生活惯例或是普遍性知识，不再需要小说作者向读者过多地普及，作者也不需要刻意彰显自己的知识权势地位。因此，承载诸如此类功能的"大凡"等标记词的选用频率相应大幅降低。相反，在文学作品之外的语体类型中，出于向读者表明事理、解释原因、阐述观点的交际目的，作者仍会择用功能与之相适应的"大凡"类话题标记语言手段

进行表达。这也是"大凡"未完全消失的原因之所在。例如:

（31）大凡形式主义的东西，同领导机关、领导干部一般都有密切关系，或者是领导点头的，或者是领导参与的，或者就是专门表现领导人活动的。（1993年《人民日报》）

（32）大凡盐、铁、酒、茶、陶瓷、木材运输、谷物运输之类涉及国计民生，属于有利可图的"大众消费"商品文化，不是官营，便是半官营。（1994年《报刊精选》）

以上两例"大凡"标记话题"形式主义的东西"和"'大众消费'商品文化"，为专业性较强的名词词组，普通读者不一定都具备此类专业知识，作者预测可能会成为读者理解障碍的难点，调用特定的话语策略以减轻读者理解时的认知加工负担，比如选用显性话题标记词"大凡"标定要着意说明解释的话题对象，然后再引入相关的背景知识进行科普。

5. 与话题标记"大凡"相似的其他标记词

讲说体小说中与话题标记"大凡"相关的还有"凡"与"但凡"。三者在讲说体的大多数语境中可互通换用。例如:

（33）杨安居为吴保安义气上，十分敬重。他每对人夸奖，又写书与长安贵要，称他弃家赎友之事。又厚赠资粮，送他往京师补官。凡姚州一郡官府，见都督如此用情，无不厚赠。（明《今古奇观》）

（34）话说哪吒一乾坤圈把张桂芳左臂打得筋断骨折，马上晃了三四晃，不曾闪下马来。……子牙又问:"可曾叫你名字？"哪吒曰:"桂芳连叫三次，弟子不曾理他罢了。"众将不知其故。但凡精血成胎者，有三魂七魄，被桂芳叫一声，魂魄不居一体，散在各方，自然落马；哪吒乃莲花化身，浑身俱是莲花，那里有三魂七

魄，故此不得叫下轮来。(明《封神演义》)

"凡"表意丰富，表示：① 平凡，凡庸；② 宗教迷信和神话中称人世间；③ 总共；④ 大概；要略。"大凡"与"但凡"都是由核心语素"凡"与修饰语素复合成的双音词，三者语义功能既有相同点，又有一定的差异。主要表现在，"凡"作为话题标记的频率较低；"但凡"大约在明代文献中才出现，比"凡"与"大凡"要晚近得多，在运用中呈现出独特个性，比如还有对比强调功能。例如：

(35) 探春没听完，已气的脸白气噎，抽抽咽咽的一面哭，一面问道："……何苦来，谁不知道我是姨娘养的，必要过两三个月寻出由头来，彻底来翻腾一阵，生怕人不知道，故意的表白表白。也不知谁给谁没脸？幸亏我还明白，但凡糊涂不知理的，早急了。"(清《红楼梦》)

例中话题"糊涂不知理的"属于类指义的名词词组，用来指称言听双方共享知识中"糊涂不知礼的这类人"。徐烈炯、刘丹青(2018)根据背景和焦点的位置关系，采用两对特征来描写焦点的功能。"突出"是指焦点以本句其他内容为背景，焦点成为本句中最被突出的信息。"对比"是指以本句外的其他话语成分或共享知识为背景，相对于那个句外成分，焦点是被突出的信息。根据[±突出]和[±对比]两组特征，焦点可分为三种：自然焦点：[+突出][-对比]；对比焦点：[+突出][+对比]；话题焦点：[-突出][+对比]。话题焦点只能以句外的某个话语成分或认知成分为背景，在本句中得到突出，而不能以本句中其他成分为背景。即使是话题焦点也并不比句子的其他成分更突出，句子可以另有突出的部分。话题焦点的强调作用只表现在跟句外成分的对比上。带话题焦点的句子的整个表达重点仍然在话题后的成分上，这是被比的话题间的具体对比内容之所在。据此，"糊涂不知理的"应为话题焦点，"但凡"仍是话题标记，但是所引导的话题成分也同时以前文语境中的"（还算明白事理的）我"为背景形成鲜明对比，同时述题部分的"早急了"与前文语境中隐含的"明白事理的人不着急"也形成强烈对比。可见"但凡"是负载了标记话题、对比关系功能的标记词。"但凡"与焦点标记结合成的"但凡是"对比功能进一步强化，话题标记功能进一步消退，最终成了焦点标记。例如：

（36）邢夫人见他这般，因冷笑道："总是你那好哥哥好嫂子，一对儿赫赫扬扬，琏二爷凤奶奶，两口子遮天盖日，百事周到，竟通共这一个妹子，全不在意。但凡是我身上掉下来的，又有一话说，——只好凭他们罢了。况且你又不是我养的，你虽然不是同他一娘所生，到底是同出一父，也该彼此瞻顾些，也免别人笑话。"（清《红楼梦》）

例中"但凡"引导的名词性词组"我身上掉下来的"不含类指属性，以后文"你又不是我养的"为背景，与之形成强烈对比，"我身上掉下来的"为对比焦点。一般认为话题与焦点是两个相对的概念，因此"我身上掉下来的"不宜视为话题。"但凡是"还表"假设、如果"义，具有［＋突出］［＋对比］特征，此"但凡是"为对比焦点标记。

以"凡"为核心语素组成的"凡是"也可以作为话题标记，大约产生于南北朝时期。"是"为词内成分，语音弱化，与"凡"之间没有语音停顿，没有表判断或强调的功能，也不能分析为独立的连词①。例如：

（37）臣以今月七日，预皇太子正会。会毕车去，并猥臣停门待阙。有何人乘马，当臣车前，收捕驱遣命去。……宗云："中丞何得行凶，敢录令公人。凡是中丞收捕，威仪悉皆缚取。"（六朝《全刘宋文》）

---

① 董秀芳：《"是"的进一步语法化：由虚词到词内成分》，《当代语言学》2004年第1期。

例中"凡"与"是"已融合成词，共同将谓词词组"中丞收捕"标记为话题。

6. 小结

讲说体话题标记"大凡"源自副词"凡"，在饰句副词的基础上发展出话题标记功能，它的话题标记化还与先秦时期含"凡"话题小句中标记词"者""也"的消失，总括副词"多、率、皆"等的共现有关。"大凡"作为话题标记主要活跃于明清时期的白话讲说体小说中，承担标记话题，标记背景信息，标记言者显身并传达立场观点，体现讲说体语篇虚拟互动性等多重功能。其使用主要是因为讲说体关注事件主体，需要用"大凡"引入进一步陈说的对象；需要向听者明示共享知识，增加言者话语的权威性。"大凡"在现代汉语中使用频率降低，功能缩减，但语体适应性有所扩张，在科普类的应用文和论证道理的议论文中更为多见，体现了语言发展变化中的语篇功能动因。

第4节 话题终结标记"不提"

1. 关于"不提"

宋元以来，以说书艺术为渊源的白话讲说体小说采用全知全能或第三人称的叙事观点进行叙事时，会设置提示、设问、重复、诠释等一整套的叙事语言规则，习惯上称之为说书人套语，其中"不提"即为其中最常见的一种。"不提"一般有三种表现形式，如：

（1）胜爷往西又转身，扭项向三太等说道："三太，你等小弟兄们留神他左手打镖。"金头虎贾明说道："三大爷您快迎上去吧，他要是跑了，什么官司我都替贼人打啦。"不提胜爷迎战众贼，单表恶淫贼战得热汗直流，二睛乱转。（清《三侠剑》）

（2）孝基别了父母，回至家中，悄悄与浑家说了，浑家再三称

谢。<u>不提</u>。(明《醒世恒言》)

（3）小官人闻言，惨然无语……此时便萌了个自尽之念。顺路到生药铺上，赎了些砒霜，藏在身边。回到家中，<u>不提</u>起算命之事。至晚上床，却与朱氏叙话道。(明《醒世恒言》)

例（1）与例（2）的"不提"相同，意为"我（即说书人或作者）不再说这个话题了"；而例（3）"不提"则指"小官人不再说起算命之事"。前两例与后一例"不提"性质不同：前者在语音上可识别，自成一个韵律单位；句法上有独立性和非强制性，不与前后相邻成分构成其他语法单位，删除后原语句仍合法，不影响原语句命题的真值语义条件；语用方面，故事讲述者主要借此告诉听者当前话题与前后话题之间再无关联。后者仍为实义动词词组，属于句子的核心结构成分，故不在本文的讨论范围之内。由此可见，此类"不提"是特为引导听者识别话语关系及理解说者意图提供方向择用的显性语言手段，主要用以明示话题结构的终结，故本研究称之为"话题终结标记"。

关于"不提"，当前学界讨论得较为充分的是其"言说义"的发展演变问题。如董正存（2009）[①]和王丽玲（2011）[②]都从语法语义演变角度对"提""言说义"来源作了深入研究。而对于作为话题结构终结标记的"不提"的语用功能及其来源问题则研究者甚少，目前所见只有李宗江（2017）[③]将包括"提过""不提"在内的词语称为话题转换类语用标记，指出它们一般为呼应式，由两部分构成，一部分表示结束上一话题，另一部分表示进入一个新的话题，并指出含"题"的标记词如"话且题过"产生于宋代，而以"提"为核心语素的"不提"产生时代稍晚，元明时期始现。遗憾的是该文研究重点在于近代汉语的话题标记及其演变问题，因此亦未结合特定语体对话题终止标记"不提"进行深入探讨。综上所述，对于语用标记"不提"的句法结构形式、语义和语用

---

① 董正存:《词义演变中手部动作到口部动作的转移》,《中国语文》2009年第2期。
② 王丽玲:《也谈动词"提"言说义的来源》,《中国语文》2011年第6期。
③ 李宗江:《近代汉语的话题标记及其演变》,《汉语学报》2017年第4期。

功能特点是什么，语用功能的形成及其背后的认知因素等相关问题的研究，都有必要进一步开展。本书将拟立足于明清时期的白话小说等讲说体语篇，对话题终止标记"不提"（为叙述简便，下文如无特殊说明，简称为话题标记，亦不再区分"提""题"，除例句外，字形统一写作"提"）的上述问题做出回答。

2. 话题标记"不提"的句法、语义及语用功能分析

2.1 话题标记"不提"的不同句法位置及其语用功能

讲说体语篇中话题标记"不提"语用功能的实现以特定的句法结构及语义特点为前提。"不提"的基本语义表示"不（再）说"。在具体语篇中，话题标记"不提"只位于句首与句尾，句中的"不提"仍为述谓语。句首与句尾位置的"不提"虽同为话题标记，但具体句法表现和标记功能均存在一定的差异。

2.1.1 句首位置

句首位置的"不提"是个框架式标记语，需与"且说/却说/单说/再说"等"说"类话语标记搭配使用，构成"不提 S1，且说/却说/单说/再说 S2"类的语言结构形式。"不提"引导的话题 S1 包括句子话题和篇章话题，与之配合的"且说/却说/单说/再说"引出话题 S2。据本研究对 CCL 语料库古代汉语部分的讲说体白话小说语料的观察发现，S1 都是包含已知信息的旧话题，而 S2 则为未知信息的新话题。所构成的话题结构表示"停止讲述旧话题 S1，开启新话题 S2"。句首位置的标记词"不提"与所引导的话题处于不同的语义层面，前者为叙事层面的元话语，后者为故事层面的"对象语言"。如：

（4）孙寡妇又叮嘱张六嫂道："与你说过，三朝就要送回的，不要失信！"张六嫂连声答应道："这个自然！"<u>不提孙寡妇</u>。且说迎亲的，一路笙箫聒耳，灯烛辉煌，到了刘家门首。（清《隋唐演义》）

（5）且说邓公子进内见了父母，说姐姐到红济寺敬香，险些被李雷抢去。多亏众花夫把信，是孩儿救回。细说了一遍。小姐大哭

一场。邓老夫妇闻听，魂胆皆飞。说："罢了罢了，幸得救回，真乃万幸也！"登时吩咐焚香点烛，答谢神明。又吩咐今日上下合家有酒，要吃个太平宴。众人欢喜。不提邓府之事，且说李雷被邓林吓走。（清《善恶图全传》）

（6）不题唐公回至太原。却说叔宝自十五日，就出关赶到樊建威下处。（清《隋唐演义》）

（7）不提宋齐邱在家中杜门谢客，为了幼子病重着急。且说唐主李璟在官，听说宋齐邱家内，因徐温作祟，累及幼子，心内虽也十分惊骇。（民国《宋代宫闱史》）

前置型话题标记"不提"所标记的话题由两种语言成分构成：一种是将先行事件中的行为主体 NP 提取出来成为话题，如例（4）的"孙寡妇"；也有将先行事件统括为一个定中式 NP 作为话题的，如例（5）的"邓府之事"，涵括了前文语境中的多个事件，"不提"与 NP 构成一个动宾式的无主句。话题部分指称的并非"孙寡妇"这个人，而是与例（5）含义类似，指"孙寡妇之事"。另一种是对前述事件的概括，表现为表述命题的一个或两个简单句，如例（6）与例（7），例（6）"唐公回太原"，例（7）"宋齐邱在家中杜门谢客，为了幼子病重着急"均为篇章话题，"不提"与话题部分组成一个形式上的无主兼语句，话题部分表示事件或活动的名称，即"唐公回太原"指称"唐公回太原这件事"，"宋齐邱在家中杜门谢客，为了幼子病重着急"即"宋齐邱在家中杜门谢客，为了幼子病重着急之事"。可见"不提"所终止的话题信息都是对前文已知的旧信息的回指，指向明确，利于引导听读者理解。

众所周知，中国古代白话小说借鉴了说书艺术中的"说-听"模式，晚清之前几乎全是"我讲他（她）的故事"[①]，基本上采用全知全能视角进行叙述，便于作者假托叙述人身份俯视众生，带领听读者通过不断流动的叙事视角去参观形象体系的各个侧面以得到较全面认识，甚至

[①] 陈平原：《中国小说叙事模式的转变》，上海人民出版社，1988 年，第 219 页。

还可深入人物的内心隐秘世界，因而语篇中大多采用第三人称叙事。而叙事者除了偶尔以"在下""小子""说话的"显身外，第一人称"我"在文本中，尤其是在叙述元话语中极少出现，这也都是基于传统小说的叙事习惯，防止听者误将作为讲说者的"我"混同于故事中人物自称等方面的考虑。因此，在上引4个例句中，动词性词组"不提"的言语主体就是被隐含的叙述者。"不提S1"表示"我（或"在下""小子""说书的"等）对孙寡妇/唐公/宋齐邱的相关事情的讲述到此结束"之意。接着"且说""却说"将话锋转向另一话题，S2"迎亲的到刘家接亲"和"叔宝出关"都是前文从未谈及的新内容，S2与S1中的人物"孙寡妇""唐公""宋齐邱"不再相关，S2接替S1成为后续情节的起点，从而推动情节向前发展。

与话题标记"不提"相配合的后项标记词，常见的有"且说""却说""单说"等，功能大体相同，用以转接一个句子或篇章话题。其中"再说"稍异于其他，其字面义虽为"再一次说起"，但引导的却是新话题，它还可以衔接两个章回之间的篇章话题，话题容量更为庞杂。例如：

（8）查步军统领为人忠厚廉明，可充此职，帝即允奏。正是：一封朝奏入，百害日滋生。毕竟张志伯可得外差否，且听下回分解。
第十七回　索贿枉诛县令
<u>不提严嵩专权，再说那张志伯奉了圣旨，即日收拾起程，由直隶、山东巡察而来</u>。（清《海公大红袍传》）

例（8）中"不提……，再说……"绾接了两个章回的篇章话题。"不提"所终止的是前一章回中已讲述过的"严嵩专权"话题，后项标记"再说"开启的则是后一章回的新话题"张志伯奉旨启程巡察"。"不提"所终止的话题S1与即将开启的话题S2之间，逻辑相关但并无主次之分。

2.1.2 句末或段末尾位置

句末或语段末尾是话题标记"不提"的优势位置。我们在 CCL 古代汉语部分共检索到 1 933 例话题标记"不提",其中居于句末位置的共 1 415 例,占了 73.2%(见图 4–3)。

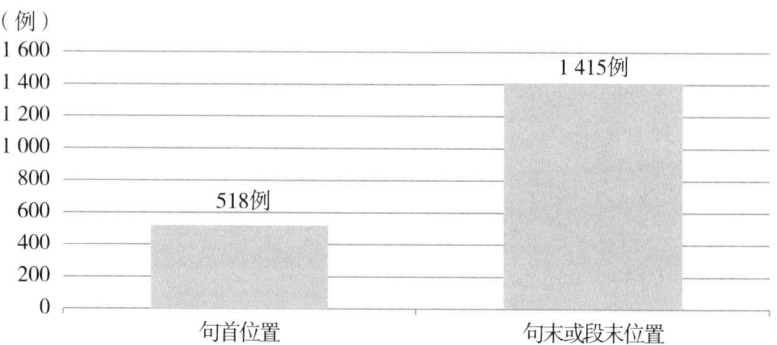

图 4–3　CCL 语料库古代汉语部分话题标记"不提"的位置分布情况

与句首位置话题标记"不提"相同,句子主语由"不提"的言语主体"我/说话的/在下"充任,但一般都被省略。话题在句中处于主语位置,相当于一个受事主语,构成"S,不提"或"S 不提"。话题 S 多表现为指称某个活动或事件的一个或若干个语句。"不提"的基本功能仍是标记其前面话题的结束,表示"这个话题下文不再提起(讲述到此为止)"。

与句首位置的"不提"稍有不同,句或段尾"不提"所终止的话题大多为次要话题。本书对"三言二拍"和《红楼梦》做了小范围统计,收集到有效例证 72 条,其中 60 条属于相对于某个大事件中的小插曲或提前告知某件小事的最终结局,占到了总例数的 83.3%。例如:

(9)这里探春湘云就跟着贾母吃了晚饭,然后同回园中去。不提。(清《红楼梦》)

上例选自《红楼梦》第八十三回"省宫闱贾元妃染恙　闹闺阃薛宝钗吞声",主线情节为"黛玉旧疾复发,探春与湘云去探望",故事主要围绕黛玉展开,"不提"所终止的探春、湘云等人的行为事件皆属情节简单的旁枝末节。话题与"不提"在线性序列上前后相接,话距更短,可及性高于前置型标记词"不提"。

2.2 句法位置不同的话题标记"不提"的运用特点

话题标记"不提"因句法位置不同,在具体语篇中的使用也表现各异。

首先,句尾位置的"不提"之前多有回指话题所表命题的代词或代词+名词词组,如"这、此、这话、此话、这里、后话、后事、闲话"等配合使用;同时,还常与同功能的"搁下、按下"等叙事套语叠加使用。例如:

(10) 这场官司好难结哩!有分教:绰板婆消停口舌,磁器匠担误生涯。<u>这事且搁过不提。</u>再说白铁将那尸首,却撇在一个开酒店的人家门首。(明《醒世恒言》)

(11) 陶观察还想留他,辛修甫回过头来道:"我要再在这里坐一回儿,胀破了肚子叫那一个和我抵命呢?"说着急急的走了出去。<u>这且按下不提。</u>(清《九尾龟》)

上面两例中"不提"标记的话题内容丰富,语句多且长,均有指代词"这"回指,此外还叠床架屋地使用了"搁过、按下"等讲说体中常见的表示停止、结束义的叙事套语进行二次强化。句首位置的"不提"未见有此用法。

其次,句首、句末位置上的话题标记"不提"均可与"再说"等连用,表示"结束话题 S1,转入另一话题 S2"。据观察,句首"不提"相关的 S2 皆为另起的新话题,但后置式"S1 不提,再说 S2"中的 S2 除了新话题外,还有激活前文旧信息再次成为话题,"重拾话头"进行连贯叙事的情况。例如:

(12) 只有庭前一棵大紫荆树,积祖传下,极其茂盛,既要析居，这树归着那一个？……三嫂羞惭，还房自缢而死，此乃自作孽不可活。这话搁过<u>不提</u>。<u>再说</u>田大可惜那棵紫荆树，再来看时，其树无人整理，自然端正，枝枯再活，花萎重新，比前更加烂熳。（明《醒世恒言》）

例中先用标记语"不提"终结 S1"三嫂自尽"这一话题，紧接着以"再说"引入 S2"大紫荆树"相关的话题，虽然"大紫荆树"前文已叙述过，但中间隔了另一个话题，距当下话语场景较远，已从听者的工作记忆中撤退，因而需调用话语标记"再说"启动"大紫荆树"重新回到工作记忆平台、进入前景叙事之中。

2.3 话题标记"不提"的语用功能及认知因素

话题标记"不提"表"不说、不再说"义，在句首和句、段末位置上发挥语篇组织和人际调控功能，其背后还隐含着较为复杂的认知心理和社会因素。

2.3.1 语篇功能及其认知动因

2.3.1.1 终止某一话题

被"不提"终结的话题既有延展性较强的语篇话题，也有延续性较弱的句子话题。虽然句首、句或段末位置的"不提"均与其他话题标记"且说／却说／单说／再说／"等配对使用，构成框架式话题标记，在形式上强化"结束一个旧话题，开始另一个新话题"的功能，但不影响"不提"标识某一话题被终止的基本功能。心理语言学的研究成果表明，在言语交际中，交际双方会把所要传达的信息编码成一个个已知信息和新信息互相作用的信息结构。信息结构可以调控认知资源，新信息可获得更多的注意，获得更深层的语义加工[①]。长篇讲说体小说每个章回都有固定的起讫范式：以简述上回最后的情节为起始，以简述下面将发生的情节为终结。这是模仿口述表演——开场时回顾上次内容，结束时略述下次内容，让流动的听众获得延续感，激发好奇心，吸引他们能再次付

---

① 杨玉芳编著：《心理语言学》，科学出版社，2015 年，第 276 页。

钱来听故事。该范式在书面文学虽已不再承担原来的功能，但作为拟书场叙述格局的语体程式而继续被沿用。在该起讫范式中就常用到话题标记"不提"。"不提"向听者明示其前引或后接的语句皆为前一章中已讲述的、听者已知的信息，它将这些信息统一包装处理成背景知识而搁置起来，后续语句所预示的是将要讲述的内容，值得注意，从而将听者的认知资源顺理成章地引流至新话题上，故事讲述活动也顺利过渡到下一章回或环节上。

2.3.1.2　加强语篇局部连贯

讲说体白话小说具有叙事文学的时间连续性特征。话题标记"不提"的使用帮助故事语篇做到了主要情节、人物活动交代方面的有始有终，也兼顾了副线情节在线人物或事件的来龙去脉，突显叙事或故事时间的连续性，强化了语篇局部的连贯性。在语义连贯方面，话题标记"不提"也发挥着一定的作用。由于在"不提 S"或"S 不提"中，"不提"所终止的话题 S 都是旧信息，之前都有各种形式的先行语句，S 复指先行语句中的焦点信息，"不提 S"或"S 不提"等于使用"不提"将焦点信息再重复一遍。如前文所引例（4）：

孙寡妇又叮嘱张六嫂道："与你说过，三朝就要送回的，不要失信！"张六嫂连声答应道："这个自然！"不提孙寡妇。且说迎亲的，一路笙箫聒耳，灯烛辉煌，到了刘家门首。（清《隋唐演义》）

"不提孙寡妇"中的"孙寡妇"实质上是从前面画线部分"孙寡妇与张六嫂"事件中抽取出来的重点信息，对它的重复，无疑有利于整个故事语篇的语义连贯，也有利于强化基于语义连贯之上的理解记忆。

2.3.2　人际功能

话题标记"不提"的人际功能在于体现虚拟互动性及对听者表明叙事意图两个方面。白话小说虽是独白型叙事体，但其模拟说书场与听众面对面交流，有着假想互动关系的讲述方式，是与现当代叙事文学在叙事模式上的显著区别特征之一。话题标记"不提"还是言者显身的标记，标志着讲说者暂时从故事世界离身，转向现场听读者，就话题、情节结构的安排进行一次短暂的互动，引领听者关注情节结构的起承转合，领会自己的叙事意图，同时，显示讲说者对听者认知的关照，帮助听读者在叙述者、听者、作者、被叙述者中的故事人物等的"众语喧哗"中辨别方向、理清头绪，随后再回转到故事世界里。

从现代叙事学角度而言，"不提"的使用标志着叙事者强行介入故事，并未给整个故事发展增添任何新信息，反而将故事进程生生打断，人为地在听读者与被述对象间设置隔断，有违对故事流畅性、真实性的体验，给人以"画蛇添足"之感。然而，口头叙事渊源的白话小说对"不提"的择用却有其特定功用：当听者在连续语流中听到讲说者发出"不提"的语音编码时，等于接收到了预示某一话题行将结束的信号，对故事相关行为主体活动的进一步期待心理也随之戛然而止，转而跟随讲说者将注意力转移至下一故事情节。

被"不提"终结的大多为故事的非主线情节，一般情况下，这些小插曲或小事件的结局对故事主线的发展不形成任何障碍，但讲说者（作者）仍不厌其烦地频频使用"不提"进行明示，折射出了传统白话小说事无巨细都要原原本本向听读者交代清楚的叙事传统习惯。

3. 话题标记"不提"的形成及其变体

3.1 话题标记"不提"的形成

"不提"的"提"本是表手部动作的动词，后来通过隐喻和转喻机制，经历了"手部动作＞口部动作＞言说"的演变过程而引申发展出"言说"义（董正存，2009）。历史文献中，"提"与"题"皆有"言说"义，尤其在元明清时期的白话小说等文献中，"不提"与"不题"基本混同使用，因此有研究者提出了"提"源自"题"的可能，如王丽玲（2011）认为，元明时期还存在大量"言说"义的"题"，且在宋元时期"题$_{言说}$"用例远多于"提$_{言说}$"，"题$_{言说}$"和"提$_{言说}$"，在清代中期以后才合流为"提$_{言说}$"。可见"题$_{言说}$"也可能是"提$_{言说}$"的来源之一。本研究赞同王丽玲（2011）将"题$_{言说}$"视为"提$_{言说}$"来源的观点。"题$_{言说}$"来源于"题"

的"书写"义;"题"从"书写"到"言说"的语义演变,主要是在话本这一特定文体中实现的,话题标记"不提"是语用化的结果。

本研究分语体检索了 CCL 语料库古代汉语部分话题标记"不提"的使用情况,结果显示"不提"只分布在近代白话小说中,具体情况如表 4-5 所示。

表 4-5　CCL 语料库古代汉语部分话题标记"不提"分语体分布情况表

	语录	诗词	戏剧	笔记	史书	小说
不提	−	−	−	−	−	+

注:+表示有使用,−表示没有使用

讲说体小说虽是书面小说,但它沿袭宋元"说话"的叙事体制,习惯以虚拟的说话人(叙述者)向虚拟的听众(读者)讲说小说世界中的人物和事件,说和听的审美观系决定了"看官听说"的叙事语式[①]。在讲说体中"题"从"书写"本义中衍生出了"言说"义。

话题标记"不提"与"不题"在讲说体文献中的意义功能几乎完全一致,仅使用频率上稍有差异。CCL 语料库古代汉语部分显示,宋元等较早期的白话小说作品中,"不题"数量多于"不提",明清时期"不提"开始反超。具体如表 4-6 所示。

表 4-6　宋元、明清民国时期"不题"与"不提"的使用数量表

	宋元时期总例数	明清民国时期总例数
不题	14	820
不提	2	1 684

就分布序列而言,"不题"多分布于句末位置,"不提"倾向于句首位置。由于 CCL 中的语料版本未经严格考订,相同作品不同版本中的

---

① 鲁德才:《中国古代白话小说艺术形态学导论》,南开大学出版社,2013 年,第 2 页。

同一句话，字形作"题"或"提"，因而考证"不提"与"不题"之间是否存在分工的难度很大。本研究姑且将"不提"与"不题"视为一对字形有异、语义及用法等同的变体。

话语标记"不提"来源于"题_言说_"的否定式，其发展演变伴随着"不题"语法地位的改变，即由句子的核心结构转为可有可无的外围成分。早期用例字形大多写作"不题"，有"不题 X"和"X，不题"两种表达模式，例如：

（13）今复有诗篇十卷，与《英华》相似，起自梁代，迄于今朝，以类相从，多于慧静所集，而不题撰集人名氏。（唐《明皇杂录》）

（14）是月两浙钱 A 贡佛头螺子青一山螺子青十婆萨石蟹子四空青四其表不题。（北宋《资治通鉴》）

以上例中"不题"均为谓语成分，句中唯一动词，是句子结构及语义表达不可或缺的核心成分。

然而，在元明讲说体语料中，无论句首还是句末或段末位置的"不提"，其表意重心都旁落于句中其他成分之上。据前文的分析，句首位置的"不提"往往与"且说/却说/单说/再说"等"说"类话语标记构成使用框架，例如：

（15）兴哥送了些人事。排家的治酒接风，一连半月二十日，不得空闲。……不题兴哥做客之事，且说这里浑家王三巧儿自从那日丈夫分付了，果然数月之内目不窥户，足不下楼。（明《喻世明言》）

例中句首位置"不题"所在语句的事件皆为之前已经讲述过的内容，理应无须再次重复，因而框式结构"不题……，且说……"的表义重心实际上应在"且说……"之上，故"不题……"沦为可有可无的冗余信息。

句或段末位置的"不题"有单用和与其他话语标记合用两种情形。先看独用语例：

（16）夫人那里放心？就是家人每、养娘每也不肯信相公的话。夫人自吩咐家人各处找寻去了不题。（明《二刻拍案惊奇》）

（17）公子出的门来，雇了骡子，星夜回到省城，到晚进了察院，不题。次早，星火发牌，按临洪同县。（明《警世通言》）

例中"不提"之前的句子或语段里还包含其他谓词性成分，如"找寻去""出……来""雇""回到""进"等，这些谓词性成分都带有完结义时体助词"了""过"或补足语"出NP来""到NP"等，意味着话题所表示的活动或事件已经完结，在语言编码上则体现为不再出现其他后续语句。可见，此"不题"无论于表义还是语法结构、语气上都不再是必不可少的语言成分了。

再看合用例，句末"不提"常与其他类型的话语标记组合成框架式话题标记。有的前加其他叙事元话语如"表过、搁下、按下、搁过"等，构成"搁下/按下/表过/搁过S，不提"格式；有的添加后项标记语如"且说、却说、再说、单说（表）"等，构成"S1不提，且说/却说/再说/单说（表）S2"格式。例如：

（18）可见严蕊真能令人消魂也。表过不题。且说婺州永康县有个有名的秀才，姓陈名亮，字同父。（明《二刻拍案惊奇》）

（19）玄德、关、张三人往代州投刘恢。恢见玄德乃汉室宗亲，留匿在家不题。却说十常侍既握重权，互相商议，但有不从己者诛之。（明《三国演义》）

句尾位置的"不题"与功能类同的叙事套语"表过、搁下、按下、搁过"等叠加使用，提升表达强度的同时也分流了部分句法语义功能。"不题"与转入新话题的"说"类叙事标记词"且说、却说、再说、单说（表）"连用，标志着句末或段末位置的"不题"在表义和句子结构方面的权重被削弱，即由句子的核心成分降格为从属成分。

相较而言，句末或段末位置的"不提"因不带宾语，虚化程度高于句首位置的，因而句末"不提"承担了更多的语篇层面的话语功能。但这并不是说句末"不提"完全丧失了语法结构功能，它在句法层面和话语层面同时起作用的情况依然存在，如：

（20）子牙心下十分不乐："又是左道之术！"只见黄天化在傍，听见父亲被擒，恨不得平吞了郑伦。当日晚间不题。（明《封神演义》）

时间短语"当日晚间"字面上是时间话题，但显然并不是为形式上的述谓语"不题"提供时间参考，而是用来概括"当日晚间所发生的事"，具指称义，整个话题结构表述的是讲述者的叙事安排"当日晚间所发生的事不在下面提及"。单从句法层面看，"不题"虽也充任了句子谓语成分，但其主要功能仍是将"当日晚间"标记为话题成分，因此，我们仍将它视为话题标记。

据此可以认为，句法与话语的功能重叠是"不提"从动词短语发展成为话语标记的临界语境，是话题标记"不提"形成的关键环节。同时，也从中发现并非所有的话语标记都完全不含概念义而仅仅表示程序意义。

3.2 "不提"与"休题/少提"

明清讲说体小说中还有"休提、少题"两个相关的话题标记，它们与"不提"在语义、结构、功能上皆较为相近，可以看作"不提"的变体形式。这组变体标记词的语篇功能都是标记某一个话题的结束，大都居于句末位置。

"休提"与"少提"出现频率总体偏低，但分布于故事人物对话中的比例高于"不提"，虚化程度也更低。在CCL古代汉语部分，"休提"总共126例，其中33例出现在人物对话中，占比约26.2%；"少提"情况类似，出现在人物话语中的占比为 21.4%。而 1 933 例话题标记"不提"都分布在叙述话语。"不提"更倾向于用作叙事套语，体现讲说者的元话语意识，表达语用功能，虚化程度相对较高。

如果将各变体与"不提"的言语主体添补出来，还可以发现"不提"与"休、少+提/题"在语气的传递上有明显差异。仍以前文例（4）为例说明：

不提孙寡妇，且说迎亲的。——【我讲说者】不提孙寡妇，且说迎亲的。

例中的言者只能为故事的讲说者——"我"，表达"自我祈使"语气，是言者对所说话语的自行监控。再看"休提"和"少提"：

（21）那文若虚运未通时卖扇子就是榜样。扇子还是放得起的，尚且如此，何况果品？是这样执一论不得的。<u>闲话休题</u>。且说众人领了经纪主人到船发货，文若虚把上头事说了一遍。（明《今古奇观》）

（22）炎凉之态，想着实在可笑可怕。<u>闲话少提</u>。不知不觉，已到了三月初旬娶亲的吉期了。（清《二十年目睹之怪现状》）

若将例（21）和例（22）"休题/少提"的施事补出：

闲话休题——你闲话休题/我闲话休题
闲话少提——你闲话少提/我闲话少提

可以发现，"你""我"作为"闲话休题/少提"的言语主体均符合句法规则，但显然第二人称"你"更符合汉语母语者的语感，如果是第一人称的话，此处至少也应当是包括言听双方在内的"咱们"才更符合语言习惯，而非排除式的"我"或"我们"。经检索 CCL 语料库语料，

以上假设得到了验证:"休提""少提"总是出现在发话者对听话者命令或建议等祈使场景,且受祈者只能是第二人称"你"。例如:

(23)二人双膝跪下,掉下泪来。王爷说:"没下梢的狗畜生,<u>不知死在那里了,再休题起了!</u>"(元《元代话本集》)

(24)陶氏口尊:"老爷请听:小妇人夫主贸易为生,金铺打杂。小妇人终日闭户家坐。单夫独妻,度过光阴。无故招灾拿进衙门,莫把旁言,信以为真。"贤臣闻听动怒,说:"<u>刁妇住口!少提胡言,与我捞起来!</u>"(清《施公案》)

而"不提"大多用于陈述语境,行为主体以第三和第一人称居多,例如:

(25)吃毕茶,<u>那应伯爵并不提吴主管之事</u>,走下来且看匠人钉带。(明《金瓶梅》崇祯本)

(26)胜三爷叫道:"刘寨主!你为的是亲戚朋友,份所当然。这场官司你跟着打不了,沾上点嫌疑,就是杀头之罪。夜入皇宫内院偷盗圣上的万寿珍珠灯,并且又黑夜入院衙刺杀钦差大人,这宗官司了不得。刘寨主没有你的事,我绝不肯将你父子株连重案。私了吧,官不究。回去交差之时,<u>我就报告在杭州捉住的要犯,绝不提碧霞山之事</u>。"(清《三侠剑》)

例(25)和例(26)中"不提"的施事者一个是第三人称的"应伯爵",一个是第一人称的"我"。这与否定副词"不"用于动词之前表示对行为动作否定时侧重于否定主观意愿的基本功能有关。

根据语法化理论中的"保持原则","实词演化为仅表语法功能的虚词后往往还会保留实词的某些特征"[①]。"不提"与"休题/少提"本是动

---

① 解惠全:《谈实词虚化》,载《语言研究论丛》编委会编:《语言研究论丛》第四辑,南开大学出版社,1987年,第208—227页。

词性短语，话题标记用法是语用化的结果，虽未完全演化为虚词，属于语法化过程中的一个阶段，但在规约化之后也保留着其源始动词短语的某些句法、语义特征，而这些残存的特征正是它们在语用功能上形成差异的根源之所在："不提"源自第一人称的主谓结构"（我）不提"，因此，演变成为讲说者表达自我祈使、自省式话语监控策略的话语手段；而"休题/少提"则源自第二人称的主谓结构"（你）休题/少提"，因而演变成为模拟听者视角，含不耐烦语气，制止说者进一步提供已知晓或认为不太重要的信息的表达方式。

4. 小结

话题终结标记"不提"作为明清白话小说讲说者惯用的叙事套语，是言者显身的标志，有着特定的话语功能，表示对某一话题的终止，有助于加强语篇连贯，促成句子结构完整、语义表达完满，同时也可表达虚拟互动和对听者认知关照的人际功能。"不提"有句首与句尾两种分布形式，基本功能大体一致，但结构形式、所标引的话题性质以及虚化程度等方面均有一定差异。"不提"在同时期的白话文献中还存在两个变体形式"休题"和"少提"，其细微差异源自源始结构的不同。发展至现代汉语阶段，话题标记"不提"逐渐淡出了叙事文学语体，仅作为对象语言而继续使用。

第5节　话题标记"不在话下"

讲说体文献中有一个常见的叙事套语"不在话下"，其功能在于表明某一话题的终结，如"山东一境，尽被曹操所得。安民修城，不在话下"（明《三国演义》）。发展到现代汉语阶段，"不在话下"已褪去程序化套语外衣，话题终结功能消失，只作为一个成语使用，表示"不值一提"和"不成问题"之义。

目前，尚未见有语言学角度对"不在话下"的研究，仅在几本工具书中散见对其的释义。

王涛等（1987）[1]将"不在话下"释为：① 小说戏曲中套语，表示此处不用详细叙说。如"以下各随次第加官赐赏，这且不在话下。（元代秦简夫《赵礼让肥》）" ② 事物轻微，不值得提，或不成问题。如"太史之类，不过傀儡，其实是不在话下的。（《鲁迅书信集·致章廷谦》）"

李法白、刘镜芙（1989）[2]认为"不在话下"指：事情无关重要或不成问题，用不着说。如"二人又闲话一回，至晚席散，王都尉自回驸马府去，不在话下。（明《水浒全传》）"

白维国（2011）[3]指出，"不在话下"是：① 话本小说套语，表示某些无关紧要的细节略去不说。如"王伦叫杀羊置酒，安排筵宴，管待杨志，不在话下。（《水浒传》）" ② 表示事情轻微，不值得一提。如"那李遇周区区算术小数，不在话下。（明《拍案惊奇》）"

比较而言，词义方面，王涛等（1987）概括得更为全面，李法白、刘镜芙（1989）和白维国（2011）立足于断代专书，关注的是该词某一时段的语义。语用功能方面，王涛等（1987）和白维国（2011）都注意到了"不在话下"可区分为"套语"和"一般话语"两种用法。那么，"套语"性质的"不在话下"具体功能究竟为何？与一般话语的关系又如何？在产生年代方面，王涛等（1987）援引元代例证，白维国（2011）引明代例证，说明该"套语"的使用时间虽较本研究于CCL语料库中搜检到的南宋话本例要晚近得多。但众所周知，话本在流布过程中极可能遭后人篡改，并非十分可靠的语料，况且目前尚未发现其他南宋同期语料可资参证。而秦简夫历史上确有其人，成书于元至顺年间的《录鬼簿》曾记载其行迹："见在都下擅名，近岁来杭。"据此可基本认定叙事套语"不在话下"至迟在元至顺年间就已在书面语中广泛存在。而作为一般话语的成语"不在话下"，王涛等（1987）引用现代鲁迅著述语句为例，白维国（2011）引明人作品为例，时间上相距甚远。据本

---

[1] 王涛等编著：《中国成语大辞典》，上海辞书出版社，1987年，第116页。
[2] 李法白、刘镜芙编著：《水浒语词词典》，上海辞书出版社，1989年，第36—37页。
[3] 白维国主编：《白话小说语言词典》，商务印书馆，2011年，第90页。

研究搜检 CCL 明代语料库，在凌濛初的《初刻拍案惊奇》《二刻拍案惊奇》与罗懋登（约明神宗万历中前后在世）《三宝太监西洋记》中均可见使用，由此可确认，至迟在明代，"不在话下"就已存在叙事套语和一般话语（即成语）两种用法。

  叙事套语实质上是一种元话语，即，叙事小说话语中的那些不指向虚构世界的对象，而指向叙事话语的语言符号自身的话语[①]。它在语篇中表达概念意义之外的意义，是作者组织语篇、吸引读者、表示对命题内容和对读者的态度的显性语言手段[②]。本研究认为，"不在话下"在白话小说中主要用来标记某个话题的结束，是关照说者和听者认知需要的元话语。为突出其标记话题终结功能并区别于其他话语标记，本书称之为"话题标记"。这与一般所谓的"话题标记"略有不同。语法学界一般将"话题"框定在单句范围内进行研究，将话题视为句子的一个有机组成部分，"话题标记"指那些标记句子或语段话题的标记，如"这种情况啊，谁也没料到"，其中的"啊"是话题标记，表明其前的成分为话题，其后为述题。述题对话题进行陈述。李宗江（2019）[③]认为，"话题"除了在简单句范围之外，还可以在篇章意义上进行讨论。他将"话题标记"分为"话题引入标记"和"话题转接标记"，前者为标记第一次提出的话题或承接上文的话题的标记，如"且说"；后者为标记与上文不同的话题、变化了的话题，如"再说"。本研究赞同李宗江先生的观点，并进一步将话题标记范围拓展至"话题终结标记"，即明示某一话题结束的标记语，如讲说体文献中的"不在话下"和"话休絮烦""言归正传"等。话题终结标记在现代汉语书面语篇中较为罕见，因而尚未引起学界的关注。本研究通过对近代汉语讲说体语料的梳理考察，对话题标记"不在话下"的结构形式、语义特点及功能发展变化等几个问题进行深入探讨。

[①] 封宗信：《叙事小说中的元语言功能及意义》，《清华大学学报（哲学社会科学版）》2004 年第 1 期。
[②] 杨信彰：《元话语与语言功能》，《外语与外语教学》2007 年第 12 期。
[③] 李宗江：《近代汉语语用标记研究》，上海教育出版社，2019 年，第 84—89 页。

1. 话题标记"不在话下"的语篇表达结构

在近代汉语讲说体小说语篇中,"不在话下"是个后置型标记语,只分布在话题右侧,话题结构可简示为"S 话题,不在话下",其中,S 可表现为单句话题和篇章话题两种形式。"不在话下"大多与 S 分隔,自成一个韵律单位。

先看单句话题只含一个事件命题、单句形式的"S,不在话下":

（1）妈妈道："虽然知县相公如此,却是闻得辛家愈富,不肯住手,要到上司陈告,恐怕对他不过。我起初曾着人到你父亲处商量去了,不知有甚关节来否？"幼谦道："这事且只看县里申文到州,州里主意如何,再作道理。娘且宽心。"须臾之间,邻舍人家多来叫喜。杨老妈也来了。<u>母亲欢喜</u>,<u>不在话下</u>。却说本州岛太守升堂,接得湖北帅使的书一封。(明《初刻拍案惊奇》)

从话题结构的语表形式来看,例中"母亲欢喜"与"不在话下"语义无法正常匹配。但如果对古代白话小说叙述方式有所了解的话,应知道"不在话下"是故事讲述者的程式化叙述话语,它与"母亲欢喜"分属"对象语言"和"元话语"两个层面,前者又称"一般话语",指称虚构的故事世界的语言,是对语言的"使用",后者指称描述或者解释语言本身的语言,是对语言的"提及"①。"母亲欢喜"就是被"不在话下"所"提及"的对象,故该句应当理解为"对于'母亲欢喜'（这个话题）,不在话下了。"

"不在话下"经说书艺人和话本小说作者不断模仿和反复使用固化成为叙事程序套语,进入言听双方的长时记忆系统并存储为共享的背景知识,所以当听者听或看到"母亲欢喜,不在话下"之类有悖常规的语

---

① 姜晖、范晓波:《英语教师课堂元语言话语行为研究》,《辽宁师范大学学报（社会科学版）》2015 年第 6 期。

义搭配，也能自动识别，不至于影响对故事的理解。一些看似有违句法常规的组合结构也应做同样理解，例如：

（2）且说林善甫脱了衣裳也去睡，但觉有物癗其背，不能睡着。壁上有灯，尚犹未灭，遂起身揭起荐席看时，见一布囊，囊中有一锦囊，中有大珠百颗，遂收于箱箧中。<u>当夜不在话下</u>。(明《初刻拍案惊奇》)

通常情况下，当时间名词位于动词性词语之前时，要么构成陈述与被陈述的主谓关系，如"一个小时过去了"，要么构成修饰与被修饰的状中关系，如"早上去，晚上回"。明显例（2）的"当夜不在话下"很难归为其中的任何一种，时间名词"当夜"既非"不在话下"的陈述对象，亦非为"不在话下"这一行为状态提供的时间参照。所以"当夜不在话下"不可视作一个句法句子，而应视为一个语用层面上的句子。"当夜"是一个"被提及"的元话语，概指前文先导事件（指例中的"脱了衣裳、去睡、收于箱箧中"等一系列事件）。"当夜不在话下"意谓"当夜（发生的所有事情），下面不再继续述说"。

由上可见，单句形式话题结构中的话题 S，实质上是从先行事件中抽取出来的行为主体或时间等直接相关的信息，因此，S 是已知的有定的信息充当的论元共指型或时地语域式话题。

话题标记"不在话下"还可终止含系列命题的篇章话题，此时，话题 S 由数个并列关系的句子构成。因 S 所代表的话语内容较为庞杂，语句数量繁多，"不在话下"之前往往有复指话题 S 的名词或代词词组"此事、这事、这些、此、这"等，以及有概括范围或时间的副词"都、皆、更、又、亦、暂且"等同现，以增强可及性，形成"S，这/此/这事/此事/这些等＋都/更/又/亦/暂且＋不在话下"格式。例如：

（3）<u>陈大郎有心要结识这妇人，不时的制办好衣服，好首饰送他，又替他还了欠下婆子的一半价钱，又将一百两银子谢了婆子，</u>

往来半年有余,这汉子约有千金之费。三巧儿也有三十多两银子东西,送那婆子。婆子只为图这些不义之财,所以肯做牵头。这都不在话下。(明《今古奇观》)

例(3)中的篇章话题 S(波浪线部分)承载的信息量较大,涉及陈大郎、三巧儿和婆子等多个人物的多个事件,由 10 多个语句构成。讲说者为聚焦话题,框定范围,先用"这"对 S 进行回指,然后再将其与"都不在话下"组合成话题句,使前面 10 多个语句与"不在话下"之间建立起紧密关联,有利于讲说者组织话语,构建语篇,也有助于听者注意力的聚拢和话语理解。"这都不在话下"意谓"'婆子为何肯替陈大郎和三巧儿做牵头的缘由'等话题,下面将不再继续讲述"。

综上可见,话题标记"不在话下"在语篇中的结构形式较为单一,只处于所标示的话题之后。从信息传递角度而言,"不在话下"并未给故事情节增加任何新信息,"S,不在话下"意为"不再继续说 S"。当人们"不再说某话题"的时候,往往就意味着"停止说该话题",因而"不在话下"蕴含的基础语义为"停止讲说某一话题"。由于"不在话下"对新信息的传递起不到积极作用,其使用亦不影响句子命题的真值语义及语篇的合法性,具有句法上的可删除性和语义上的冗余性。需要说明的是,此处可删除的包括"不在话下"及其标引的直接语言成分。所以,当一个语言成分或结构在句法语义上功能微弱却又有存在必要时,其突显的必定是语用方面的特殊功能。"不在话下"是在语用层面上起明示话题终结作用的语用标记,主要传达说者"不再讲述某一话题"的叙事意图和对所述话语的立场态度,表达句子之间的程序性意义和话语的组织功能。

明清时期的讲说体文献中,"不在话下"还有一些变体形式,如"不在言表"和"不在言下"等,语义、功能几无差别,但出现频次较低,酌举两例如下:

(4)西门庆道:"我不知道。"即叫平安,分付:"你和天福儿两

个轮,一递一日,狮子街房子里上宿。"<u>不在言表</u>。(明《金瓶梅》崇祯本)

(5)一日,三服、乐道将龙女、凤女、紫玉、雪青子、榴真子、了尘子、从善道姑、醋枉道姑、回念道姑一一导至。三缄命各入洞,分班习道。复为大别门徒,传以三步功夫,使其前进。弃海等得师所传,如获奇珍,时时习之,<u>不在言下</u>。(清《绣云阁》)

另外,同时期的同类型语料中还可见到一个极为相似的习语"不在意下",但两者差异悬殊,不宜混同,例如:

(6)童奶奶那夜等童七不回,只道他在陈公外宅通宵畅饮,<u>不在意下</u>。等到次日将午不回,方叫小虎哥到陈公外宅门口打听。(明《醒世姻缘传》)

"不在意下"与其先行语句均属于虚构的故事世界,都是对象话语,"不在意下"的逻辑主语为故事人物"童奶奶",意谓"'童七彻夜未回'之事不在童奶奶意下"。而"不在话下"的逻辑主语却是讲述者——"说话的",如例(4)中,指的是"'西门庆嘱咐平安、天福轮宿狮子街'等相关情节不在'我说书的'言表"。所以"不在意下"虽然语形、序列位置等均与"不在话下"类似,但它们分属两个话语层面,并不具有话题标记功能。

2. 话题标记"不在话下"的语篇分布特点

话题标记"不在话下"在近代讲说体小说语篇中呈现出以下几个分布特点。

其一,集中于讲说体白话小说语篇,代言体的戏曲中仅有少量用例。

据对CCL语料库古代汉语部分的检索,话题标记"不在话下"共有815例,其中813例分布在白话小说语篇,2例分布在戏剧语篇。传统白话小说作者多以说书人自居,采用上帝视角进行第三人称进行叙事,自然常选择"不在话下"等能够突显言者身份的语言手段。"不在话下"等话题标记既是说者把听者注意力吸引到"语码"层次上的语言手段,也是叙事小说的显性语体特征。所以,白话小说中的"不在话下"既分布于"元话语"又分布于"对象语言"之中。戏剧是"代言体",通过故事中人物登场后的自叙(即代言)形式展开情节,让观众自行体会,故"不在话下"等说书人套语在戏剧体中无存在理据。CCL 语料库戏剧文本中只检索到 2 例"不在话下",均分布在人物宾白中,相对于白话小说,使用频率极低,很可能是戏中人物对说书人腔调的模仿。这种语体语篇分布上的不均衡性,体现出了语言使用的语体功能动因。

其二,出现在叙述层面,是言者显身的标记。

CCL 语料库古代汉语部分收录的白话小说中共有"不在话下"813 例(见表 4-7),其中 808 例分布在叙述性的元话语层面,是标志讲说者从故事世界暂时抽离出来,暂停故事的讲述,现身于虚拟的听读者之前,双方进行交流互动,明示叙事安排的一种话语策略性语言手段。话题标记之外的另 5 个"不在话下"语例均出现在故事人物言语中,指向故事世界,其语义也不尽一致,发生了较为明显的引申虚化,指"不用说或比不上",例如:

(7)天师道:"陛下朝里的宝贝,莫说是斗量车载,就是堆积如山,也难以拒敌这一个宝。"万岁爷道:"敢是个骊龙项下的夜明珠么?"天师道:"<u>夜明珠越发不在话下了</u>。"(明《三宝太监西洋记》)

例(7)"夜明珠"与"不在话下"构成话题-述题,是陈述与被陈述的关系,二者同属对象语言层面。该"不在话下"尚有动词性词语的范畴特征,如带有动态助词"了"。以上现象表明,对象话语层"不在话下"具有概念义,句法结构上也不可或缺,与话题标记"不在话下"有本质区别。

表 4-7　话题标记"不在话下"的近代汉语语篇分布状况

白　话　小　说		戏　　剧	
813 例	元话语层 808 例	2 例	对象话语层
	对象话语层 5 例		

其三，标记次要话题。

"不在话下"标记的话题常为一些叙事主线之外的琐碎细节。本书以《红楼梦》为例进行了考察，书中共有 65 例话题标记"不在话下"，仅 6 例用于宝玉、黛玉和宝钗等主要人物故事中，而这 6 例又主要用于对主人公一些小细节的交代上，其余绝大多数用在"红玉、贾芸、坠儿、鲍二、宋妈、蓉妻"等次要人物相关活动的话题中。例如：

（8）贾蓉一一的答应着出去了。正遇着方才去冯紫英家请那先生的小子回来了，因回道："奴才方才到了冯大爷家，拿了老爷的名帖请那先生去。那先生说道：'方才这里大爷也向我说了。但是今日拜了一天的客，才回到家，此时精神实在不能支持，就是去到府上也不能看脉。'他说等调息一夜，明日务必到府。他又说，他'医学浅薄，本不敢当此重荐，因我们冯大爷和府上的大人既已如此说了，又不得不去，你先替我回明大人就是了。大人的名帖实不敢当。'仍叫奴才拿回来了。哥儿替奴才回一声儿罢。"贾蓉转身复进去，回了贾珍尤氏的话，方出来叫了来升来，吩咐他预备筵席的话。<u>来升听毕，自去照例料理。不在话下</u>。（清《红楼梦》）

例（8）选自《红楼梦》第 10 回"金寡妇贪利权受辱　张太医论病细穷源"，该回主要叙述宁国府少奶奶秦可卿病重，阖府上下为她延医寻药，其间还穿插了为贾敬祝寿预备筵席的副线情节。主线与副线相形之下，前者的重要性不言而喻。"不在话下"明示的正是对副线话题的终结，来升本身是贾府下人，所行的又是依例之事，自然不必详述，其中所隐含的作者认为该事不重要、不值得一提的主观情态通过"不在话下"得到突显。

其四，强化终结语气。

"不在话下"标记的话题结构中多有表总结、论断性质的"自此""从此""于是""遂"等词语，伴随"结论、结果"义等终结语气的语句共现。例如：

（9）见金莲骂他家千淫妇万淫妇，暗暗怀恨在心。从此二人结仇，不在话下。（明《金瓶梅》崇祯本）

（10）因恐玄德有失，云长独力难支，特来接应。于是三人一同回寨，不在话下。（明《三国演义》）

（11）那差人不敢隐匿，遂即到县里去缴还。不在话下。（明《醒世恒言》）

（12）这才知道凤姐利害。众人不敢偷闲，自此兢兢业业，执事保全。不在话下。（清《红楼梦》）

一般情况下，含"从此、于是、遂、自此"等副词或连词的小句总是出现在关系复句的后半部分，表示通过前面的事实得出了结果或采取了进一步的行动，标志着语气、语义的表达都已圆满完结。如果在语气完满、语义自足的语句之后再次叠加表示话题终结的"不在话下"，无异于画蛇添足。以现代叙事学的观点来看，也意味着叙述者的过度介入，不仅打断故事进程，还中断文气，破坏了叙述的流畅[1]。但在源自口头说书艺术传统的白话小说中，这种叠加标记语以明示话题终止的方式却有其独到之功用。Grice（1975）[2]提出的会话理论认为，成功交流的关键是合作原则，说话者和听讲者必须尽量合作。使用话语标记可以减少人际交流的障碍，并用于社会群体的身份认同。在讲说过程

---

[1] 鲁德才：《水浒传的叙事艺术》，《水浒争鸣》1985年第4期。

[2] Grice, H. P., "Logic and Conversation", in P. Cole & J. Morgan (eds.), *Syntax and Semantics 3: Speech Acts*, New York: Academic Press, 1975, pp. 41-58.

中，讲说者通过"不在话下"这类标记语强调自己的言者身份，时时将听读者从故事世界拉回"说书现场"，向听读者明示话题的终结并传达叙事意图。同时也是对听者追求有头有尾、事事有交代的阅读习惯的关照。

综上所述，"不在话下"的语用功能可简单归纳为以下三点：

① 标记某一次要话题的结束。

② 表达讲说者对某一话题信息的主观态度，是微不足道的，不需要多费口舌的。

③ 表明讲说者对听者理解活动的关照，向听者明示叙事安排，取消听者对有关话题后续进展的预期。

3. "不在话下"的发展演变

3.1 "不在话下"语用方面的变化

话题标记"不在话下"主要在近代汉语讲说体语篇的叙事层面发挥终止话题的功能。据目前可查询到的文献，"不在话下"最早出现在元代，鼎盛于明清，民国之后急剧转衰，现代汉语中已消亡。消失原因主要在于语言系统外部的社会因素，五四白话文运动"提倡新文学，反对旧文学"浪潮推动白话文学取得了合法地位，小说等文体开了新生面，如胡适曾在"文学改良刍议"中提出著名的"务去烂调套语"等主张，传统小说的结构方式、叙述方式、表现手段被扬弃与改造，所以即使在被认为最贴近大众生活的赵树理"新评书体"小说[①]中也难再觅话题标记"不在话下"踪影。发展到现代汉语阶段，"不在话下"的突出变化在语用功能方面，它不再被用作话题标记，而是作为一般话语使用，运用范围也有所扩大，不再囿于小说等叙事语体，在史传、公文、新闻报道等语篇中均可见使用。例如：

（13）对于直板横打"一招鲜"的这只"初生牛犊"来说，几

---

① 钱理群等：《中国现代文学三十年（修订本）》，北京大学出版社，1998年，第458页。

员老将应该不在话下,而"东方快车"庄智渊则将是王皓进入半决赛的最大障碍。(新华社 2004 年 8 月新闻报道)

3.2 "不在话下"的语义演化

"不在话下"的语义变化主要经历了一个主观化过程,这是一个漫长的历时演变过程,大致可以分成"客观—主客观兼有—纯主观"三个阶段。

① 客观语义阶段

当"不在话下"在讲说体小说中用作话题标记时,语境赋予其较高的语义透明度,结构义基本上等同于字面义,表示"眼前的话题或所说的故事不在下面的讨论范围内"。其关涉对象为说者言谈中切实存在着的某一话题,说话人使用该标记语意在实施告知、明示听者"要终结某话题"这一言语行为,所突显的意义具有客观性。

② 主、客观兼具阶段

当"不在话下"离开元叙述话语层面,进入被叙述的故事语境时,它开始衍生出"事物轻微,不足挂齿"之义。

从字面义引申出熟语义,大都是隐喻机制在起作用。话题标记"不在话下"的典型语境为:主要话题+(次要话题,不在话下)。被剔除出当下言谈范围内的信息,往往是说者认为不那么重要或不太值得听者花费过多心力去记忆、关注的次要话题。由于宋元以来说书艺术的普遍流行,人们会将自己熟悉的说书叙事模式投射到自己生活的方方面面,比如投射到量级的比较领域:能力强/地位高+(能力弱/地位低,不在话下),如:

(14)自古用兵之家,知彼知己,百战百胜。臣观南朝那一班将官,足智多谋,沉酣韬略。更兼那两个异人,神通广大,道术精微。太子虽然武艺高强,不是他的对手,哈骈马愈加不在话下。(明《三宝太监西洋记》)

(15)【宋钦宗被掳,路遇落难的百王宫魏王孙女,无力营救】

然此乃是天地反常时节，连皇帝也顾不得自家身子，这样事体，不在话下。(明《二刻拍案惊奇》)

上引二例中的"不在话下"具体表达什么命题内容，单从句子"哈驸马愈加不在话下"或"这样事体，不在话下"不得而知。"不在话下"实质上是前后两个话题比较的结果，而且比较结果的理解需要听者根据语境中提供的对比项之间的关系来推理，例如：

太子武功比那两个异人低 + 哈驸马武功比太子低
所以：哈驸马愈加不在话下 = 哈驸马武功比那两个异人愈加低
百王宫魏王孙女能力弱 + 百王宫魏王孙女能力比皇帝弱
所以：这样事体，不在话下 = 皇帝顾不得自己，对百王宫魏王孙女的事体就更顾不得了。

因"不在话下"所表达的"能力更弱、地位更低"都属于主观小量范畴，这已涉及人的主观认识层面，"不在话下"突显的是字面义之外的，通过比较推理才得出的主观认识——"事物轻微、不值一提"，据此，我们认为客观的比较推理过程加合主观认识的"不在话下"，其语义兼具主、客观性。

③ 表主观态度阶段

现代汉语中的"不在话下"常用来表示肯定判断，例如：

（16）对阵厦门蓝狮前，一向低调的裴恩才乐观地认为战胜对手不在话下，可事实是武汉队被对手反咬了一口。(当代网络语料)

通常，人们对某一事物下判断，需要依据一般事理、本应当的事实或事先的了解等理据，但是当话语主体对某一事物的属性特征不需要经过比较推理就可以识解时，其语义一定是进入了话语主体的心理词库，形成了稳定的认识。这样的语用法经普遍和反复使用后逐渐固化，就是所谓的"抄近路得出的隐含义"①。例（16）在比较依据、比较推理过程未出现的情况下直接得出了"战胜对手没有问题"这一结论。如果说例（16）句中还有比较项"武汉队"与"厦门蓝狮队"，比较项的存在尚保留着一定客观性的话，那么，在那些不再包含比较项、比较依据和比较推理过程，对语义的识解只能完全依赖话语主体对事件的态度立场的用例中，"不在话下"就不再具有客观性，只表示主观性了。至此，我们认为"不在话下"已完成主观化进程。例如：

（17）孤家寨人的蒋孝武离婚时正处在年富力强之际，因此，周旋于他四周的名女人包括影视歌星之多，自不在话下。（当代《蒋氏家族全传》）

（18）G县城建局、土地局、建行等5个单位联合兴办一房地产公司，天时地利人和自然不在话下，唯一难题是缺少高级工程师，而该县仅有的一位建筑专业高工供职于县第一建筑公司。（当代《作家文摘》）

上引二例都未出现在比较语境，没有对比项，也不需要通过比较来得出结论。字面上的推理过程从例（16）的论据"隐含"发展到例（17）和例（18）的论据缺失，由此引发"不在话下"的语义引申，即不再表示"事物轻微"的"主观小量"，仅用以表示言者的立场态度——"没有问题或不必说"。此类"不在话下"已不再表实义，已完全主观化。

回到前文，王涛等（1987）和白维国（2011）将"不在话下"释为"事情轻微，不值得一提或不成问题"，将"事情轻微"作为"不值一提"与"不成问题"的前提条件。而我们通过分析认为，"不成问题"不仅是因为"事情轻微"这一前提条件，还可能因为"数量多（如例17）、事情重大（如例18）"等，如能把"事情轻微，不值得一提或不成问题"分列成两个义项，即"① 事情轻微，不值得一提；② 不成

---

① 沈家煊：《语用法的语法化》，《福建外语》1998年第2期。

问题",将更能体现出"不在话下"语义发展变化的事实。

现代汉语成语"不在话下"经历了语用和语义两个方面的发展演变：语用上，由话题标记演变为熟语，从元话语转变为对象话语；从独具讲说语体特色的说书人套语演变为适应大多数语体的语言表达方式。语义上，从表示"此话题不再详细叙说"的客观语义发展为较主观的"事情轻微，不值一提"义，最终又衍生出主观色彩更强的"不成问题"义。详情参看表 4-8。

表 4-8 近、现代汉语"不在话下"的演变情况表

	分布	语义	语用功能	语体适应范围
近代汉语	元话语和对象话语层面	1. 停止讲说某一话题；2. 事情轻微，不值得一提	1. 标记某一次要话题的结束；2. 表达讲说者对某一话题的主观态度；3. 表明讲说者对听者理解活动的关照	讲说体小说
现代汉语	对象话语层面	1. 事情轻微，不值得一提；2. 不成问题	表达说者的主观态度	叙事文学、史传、公文、新闻报道等

4. 小结

"不在话下"本为近代汉语讲说体语篇中极具风格特征的一个话题标记，是说书人惯用的叙事语言策略。其基础语义为"停止讲说某一话题"，语用功能主要标记某一次要话题的终结，同时也表达了说者的身份以及对该话题采取的"微不足道、不值一提"主观态度，体现出了说者对听者理解活动的关照。明清时期，话题标记"不在话下"因进入对象话语层，引发了语义的引申虚化，经历了"客观性—主、客观兼表—主观性"的主观化过程，表示两个义项：① 事情轻微，不值得一提；② 不成问题。晚清以来，随白话小说的现代转型，话题标记"不在话下"急剧转衰，到现代汉语阶段，已完全丧失话题标记的功能。但作为

语义虚化的成语,"不在话下"的适用范围反而有所扩张,活跃在包括叙事文学、史传、公文等在内的各种语体语篇中。

第6节 总 结

本章重点讨论了讲说语体中引进、转换或终结话题的多种语言手段,择取了5个代表性话题标记进行个案研究,以管窥近代讲说体话题标记的基本面貌、话题的语法化过程以及话语特征。讲说体小说语篇中的话题标记数量远不止这5个,但它们具有一般话题标记突显话题功能的共性,同时又各自带有句法、语义和语用方面的不同特点。讲说体话题标记有前置和后置两大类型,其中前置型话题标记的功能主要是引入一个话题或将某一实体标记为话题,是典型的话题标记;而后置型话题标记实质上是话题终止标记,标志着某一篇章话题的终结。话题标记所标记的话题类型丰富多样,论元共指型和背景语域型话题两大类及其下属小类基本都有。话题标记的基本功能是将某一客体标记为谈话的起点,而在话语组织上引进新的对象、重新引入续谈对象,标志言者显身以及表达言者的立场态度方面,各话题标记有一定的分工,呈现出各自的独特性。汉语中专门的话题标记极为鲜见,绝大多数都是实词兼任的,从中也可看出同一词语各义项虚化程度的高低有别。近代汉语讲说体小说语篇中的话题标记来源复杂,有的与古汉语话题标记一脉相承,有的是同源实词衍生出来的,有的是受讲说体语体驱动而话题标记化的,各话题标记之间的虚化程度也有差异。各类话题标记在现代汉语中的发展演变情况也不尽一致,有的彻底消亡,有的功能萎缩,有的反而进一步扩展,有的则发展出了新的功能。

1. 话题标记的类型

汉语虽然是话题优先型语言,却没有严格意义上的形态变化,与日语、韩语中有大量的专职话题标记不同,汉语中缺乏高度形式化和专用化的话题标记。从本章研究所及的5个话题标记来看,均为兼用的话题标记:"有"本是表存在、领有义的动词;"这/那"为表近指或远指的指示代词;"大凡"本为总括义的副词;"不提"与"不在话下"都本来是动词性的词组或语句。

讲说体小说中的词汇型话题标记远多于语音形式的话题标记。词汇型话题标记除了研究所及的 5 个之外,还包括介词性的"至于",动词性的"比如、比方、例如、像、说起、若说",代词性的"什么",副词性的"就",语气词"的话"等。"句中语气词是口语里特有的标示主位的标记""主语无标记的句法位置是句首,主语话题化的手段是在话题之后添加语气词或语音停顿"[①]。讲说体小说是经过了文人书面加工的口语体,不可能是自然口语的忠实记录,所以在口语对话或独白中普遍运用、无实义仅表程序意义或话语功能的语音形式的话题标记,在书面记载的口语叙事小说语篇中往往会被过滤掉,用作话题标记的句中语气词较少。有学者将停顿也看作广义的话题标记[②],停顿作为一种韵律特征,也可起话题标记作用,书面语中以逗号表示,例如:

(1)到初四日早饭过后,暖雪下楼小解,忽听得街上当当的敲响。响的这件东西,唤做"报君知",是瞎子卖卦的行头。(元《元代话本选集》)

(2)满街之人个个都赞:"好热闹戏,别人家断不能有的。"(清《红楼梦》)

在自然口语中,以有形的名词和代词或小句充当的话题,都可以在其后停顿,或带重音,或借用"提顿词"这些语音、韵律形式的话题标记以明示话题身份,而经书面加工过的口语讲说体小说则更依赖有形的词汇形式话题标记,所以讲说体小说有着比其他类型叙事文学更多的词汇形式话题标记。

[①] 张伯江、方梅:《汉语功能语法研究》,江西教育出版社,1996 年,第 41—43 页。
[②] 张美兰、陈思羽:《清末民初北京口语中的话题标记——以 100 多年前几部域外汉语教材为例》,《世界汉语教学》2006 年第 2 期。

2. 话题标记的功能

话题标记的首要功能是将话题明确地标示出来，让听读者明确知道谈话的对象或谈论的起点是什么，然后按照述题围绕话题进行陈述的话语规则去理解其间的相关性。但如果话题与述题之间关系松散或没有直接关联，其关系不是语法结构或者语义成分所能规范、解释的，仅通过语境建立起的间接的关系，那么对话题的依赖就越强烈。汉语话题对话题标记的使用没有强制性，但有时如果句法语义、语篇衔接和连贯、言者话语立场方面有需求就必须使用话题标记。本章研究的5个话题标记中，"这/那""有""大凡"都是前置型话题标记，但在具体功能上又存在一定的分工，其中"有"以引进新话题为主，也可再次引入已知信息和"蒙下有定"的信息作为话题；"这/那"以将前文已引入的实体引入当前语境进行续谈为主；"大凡"以引入间接激活的话题为主。而"不提"与"不在话下"严格说来是话题结构的终结标记，明示前文语境中叙述的一个或若干个篇章话题的结束。此外，各话题标记还在句法结构、语义表达、语篇组织和人际功能等多个层面上发挥作用（详参表4-9）。

表4-9　各话题标记主要功能一览表

话题标记	句法语义	语篇组织功能	人 际 功 能
有	+/-	引进新话题，增强话语的启后性	操控听者关注重心
这/那	-	引入话题、延续话题、锚定话题	营造现场氛围、表达言者的主观情感
大凡	-	引进话题、将信息处理成背景知识	表达立场认识
不提	+	终结话题，加强语篇的局部连贯	体现虚拟互动性，传达叙事意图
不在话下	+	终结话题	表达言者主观态度，关照听者的认知理解活动

注：+表示有完句功能需求，-表示句法语义功能方面无强制性需求。

句法、语义、语用各层次的需求所占比重决定了前置型话题标记的强制程度：（1）句法语义层次需求最多的话题标记是强制程度最高的话题标记，在该层次使用话题标记可保证最基本的句法语义要求；（2）在语篇层次需求最多的话题标记是强制程度居中的话题标记，在该层次使用话题标记可保证语篇衔接和连贯自然；（3）在话语立场层次需求最多的话题标记是强制程度最弱的话题标记，在该层次使用话题标记是为了传达或巩固言者的话语立场[①]。相对而言，"不提"与"不在话下"在某些语境中还有满足句法语义层次的基本需求，强制程度最高。而三个前置型话题引入标记在句法结构方面的强制性相对较低。

本章研究所及的 5 个话题标记都有保证语篇衔接和连贯自然的功能。话题标记篇章功能的强弱和所标记话题性强弱与篇章中的地位高低呈正相关关系。有些话题标记引入论元共指型话题和语域式话题，当引入一个论元共指型话题尤其是主语型话题后，所形成的话题链理论上可以无限延伸，此时的话题主题性强，可从各角度得到充分描写、叙述或判断，相应地在篇章中的地位也就较高；反之，有些话题标记引入的是偶现的人物、事件或背景信息，未形成话题链或话题链很短，此类话题的主题性则相对较弱。本章所讨论的几个前置型话题标记都是多功能的，但篇章功能有强有弱。"大凡"引导的话题为故事讲述者（或作者）随文引用的共享知识或发表的主观见解，皆为背景信息，话题性自然也就不强。而话题终结标记"不提"和"不在话下"标记延展性较强的语篇话题，也标记延续性较弱的句子话题。总之，话题标记标记的话题性越强、语篇地位越高，语言编码就越复杂，语义容量越庞杂，给受众尤其是讲说体这种以听−说关系为基础建立起来语篇交际中的听者带来的认知负荷越重，在语言运用时也就越倚重话题标记这类显性语言标记，因而这类标记词也就越具强制性。

[①] 邓莹洁:《汉语前置型话题标记强制程度及相关问题》,《汉语学习》2019 年第 2 期。

3. 话题标记的使用动因

讲说体话题标记的使用动因除了实现语篇功能之外，还需满足话语立场方面的需求。

① 操控听者的注意焦点。讲说体特别关注事件的主体，而话题引入标记的基本功能都是引出某一事件的主体，并将它确立或锚定为话题，如此才能有的放矢地进行断言或陈述，以便更好地将听者的注意力聚集起来，将关注重心迁移到话题之后的强调说明、解释内容上去，帮助听者迅速厘清纷繁复杂的故事线索。而话题终结标记则是讲说者操纵故事话题的起止，向听者明示对叙事结构、讲说进程进行安排调度的意图。

② 突显言者的知识权威，赋予话题更高的认知价值。话题标记可引导时间、处所、领属、背景等语域式话题，为听者的话语理解提供范围和背景知识；激活听者的共享知识与情感认同，增强言者事理立场的可信度。话题终结标记"不在话下"和"不提"还可用来表达讲说者认为某一话题信息微不足道、不值一提的主观态度。这些话题标记的使用有利于引导听者形成与言者趋同的观点立场，实现小说的教化意图。

4. 话题标记的形成与发展演变

在讲说语体话题标记的形成过程中，语义虚化，语法位置固定，语体和认知心理、社会文化等都是重要的动因。本章所研究的 3 个前置型话题标记中，话题标记"这/那"的形成经历了从情景指示、话语直指到类指标记，再到指示唯一事物的类似定冠词，最后到话题标记的语法化过程，是受"这/那 + NP"这一源始话题结构类推而成的，同时，隐喻机制也起了不可或缺的作用。"有"与"大凡"的话题标记功能，是对古汉语中句首发语词"有"和总括副词"凡"话题标记功能的继承与完善。上古汉语中已有话题小句"有 + NP……者/也，VP""凡……者/也，VP"，其时，句中起话题标记作用的是

"者"与"也"。后来,上古的代词与语气词系统历经重大调整,在讲说体小说语篇中,因"有+NP……者/也,VP""凡……者/也,VP"中的"者"和"也"逐渐隐去而演变为"有+NP,VP""大凡NP,VP"。为适应讲说语体引入新话题、设置悬念、随时表达立场观点以及关注听者的接受心理的需求,而衍生出了诸如标引"蒙下有定"类话题、语域式话题等多重功能。"大凡"话题标记功能的发展,还与讲说体语篇习惯选择显性评议方式表达主观见解有关。当讲述者在阐明其从故事世界获得的主观见解或价值判断时,为将立场态度的表达与叙事部分隔开,也需要显性的话题标记来明示哪些是讲说者对人物、事件属性、状态的判断、评价时的话语。在语体需求以及言听双方交互需求的双重作用下,讲说体中话题标记产生了种类与功能的丰富性与多元化。

"不提"与"不在话下"的话题终结标记功能更是植根于讲说体小说之中才得以形成的。"不提"的本义为"不再说","不在话下"本指"停止讲说某一话题",从字面义即可见它们是口头说书艺术影响下的产物。它们本是说书艺人的叙事用语,反映说书人元语用意识,表达概念意义之外的语用意义,是话题与话题之间的连接语,也是篇章组织的黏合剂,又是情节发展顺序的路标,更是听读者理解的向导。离开了讲说体小说,"不提""不在话下"的话题标记功能就失去了存在的基础,因此,在传统小说发展演变成现代小说之后,"不提"与"不在话下"不再用为话题终结标记,只作为一般话语存在各种语体语篇之中。"有""这/那"和"大凡"虽然不像"不提"与"不在话下"这类源自叙事套语的话题标记与讲说体小说有强烈的相互依存关系,但挣脱讲说体的藩篱之后,在现代叙事体语篇中也发生了显著变化。话题标记的演变并没有随着传统讲说体小说退出历史舞台,作为一个语用化的连续统仍在不断演进,作为话题标记的总量在锐减,标记话题的某项功能在弱化,如"有+专有名词""这/那+专有名词"类话题都已极少使用;适用的语体范围有了扩充,如近代时期的话题标记"大凡"在小说语体中的比例占总例数的84.9%,而在现代汉语中说明事理的应用文,新闻报道中却出现了较多运用,语例也远超叙事文学作品中的数量;有的还产生出了新的话语功能,如"这/那"在现代北京口语中衍生出了新的话语标记功能,"不在话下"也演变为说者表达主观态度的惯用语。

第 5 章
讲说体叙事标记研究

小说是叙事艺术，讲说体小说是我国近代时期具有独特语体特征的叙事文学作品样式。小说在语义层面分化为本体世界和象征世界；在逻辑层次分化为真实世界和可能世界；在叙述层面上分化为超叙述层和故事层，这一切都无法超越叙述通道。故事要转化成供人阅读品鉴的小说（无论是口说的还是书写的），就必然有着一定的叙事模式，形象系统必须进入相应的叙事系统，讲述者（作者）艺术思维也相应地形式化为叙述过程。叙事对于小说如此不可或缺。讲说体小说通过口头与书面（刊刻本还配有画面）等媒介进行混合叙事。叙事的视角、声音、时间等的处理本是作者的叙事技巧，如果讲说者或作者对文本中的这些叙事技巧进行指涉，一般称为元叙述，用语言表达出来则成为元话语，讲说体小说中那些程式化了的元话语作为叙事套语在文本中俯拾皆是，有些元话语还进一步规约化成了话语标记。

本章将以"原来""有分教"为代表研究叙事时序标记，以"话说"为代表研究叙事方式标记，以"只见"为代表研究叙事视角标记，以期以点概面，对讲说体的叙事类话语标记有个较全面的把握。

第 1 节 插叙标记"原来"

清代学者刘熙载在《艺概·文概》中曾总结过十八种叙述方法：

"叙事有特叙,有类叙,有正叙有带叙,有实叙,有借叙,有详叙,有约叙,有顺叙,有倒叙,有连叙,有载叙,有豫(预)叙,有补叙,有跨叙,有插叙,有原叙,有推叙,种种不同。"不同的划分标准导致了这些"种种不同"的叙述。以上概念大多没有被普遍接受,只有其中的顺叙、倒叙、插叙为后人广泛采纳[①]。倒叙和插叙都是"时间倒错"的方式(详参第2章的相关论述),插叙是在叙述中心事件的过程中,暂时中断中心事件的叙述,插入叙述一些相关的人物和事件,在插叙结束后再继续原来的叙述。它对叙述主线起补充、解释、说明、交代等作用。插叙在语言结构上常常表征为元话语,它在近、现代叙事语篇中颇为习见,例如,鲁迅《从百草园到三味书屋》在描写了百草园的种种趣事之后插叙了一段传闻:

(1)长的草里是不去的,因为相传这园里有一条很大的赤练蛇。<u>长妈妈曾经讲给我一个故事听</u>:先前,有一个读书人住在古庙里用功,晚间,在院子里纳凉的时候,突然听到有人在叫他。答应着,四面看时,却见一个美女的脸露在墙头上,向他一笑,隐去了。他很高兴;但竟给那走来夜谈的老和尚识破了机关。说他脸上有些妖气,一定遇见"美女蛇"了;这是人首蛇身的怪物,能唤人名,倘一答应,夜间便要来吃这人的肉的。他自然吓得要死,而那老和尚却道无妨,给他一个小盒子,说只要放在枕边,便可高枕而卧。他虽然照样办,却总是睡不着,——当然睡不着的。到半夜,果然来了,沙沙沙!门外象是风雨声。他正抖作一团时,却听得豁的一声,一道金光从枕边飞出,外面便什么声音也没有了,那金光也就飞回来,敛在盒子里。后来呢?后来老和尚说,这是飞蜈蚣,它能吸蛇的脑髓,美女蛇就被它治死了。

结末的教训是:所以倘有陌生的声音叫你的名字,你万不可答应他。

---

① 田乃如:《追叙·带叙·补叙》,《鞍山师范学院学报》1989年第1期。

这故事很使我觉得做人之险,夏夜乘凉,往往有些担心,不敢去看墙上,而且极想得到一盒老和尚那样的飞蜈蚣。走到百草园的草丛旁边时,也常常这样想。<u>但直到现在</u>,总还没有得到,但也没有遇见过赤练蛇和美女蛇。

例中"长妈妈曾经讲给我一个故事听"与"但直到现在"之间的内容便是插叙的故事以及"我"由此生发出的一些感悟。其中"长妈妈曾经讲给我一个故事听"是标志插叙内容起点的元话语,插叙的终点也有标记语"但到现在"标识。这是一个起点早于第一叙事,终点与当下叙事时间相连属的外在式插叙。读者通过显性语句的引导能够轻易区分插叙部分,通过插叙,读者对"我"为何"长的草里是不去的"这一悬案有所了解。在近代讲说体小说中,插叙也作为一种多功能的叙事策略而广为运用,插叙方式也有特定的标记词进行标记,例如:

(2)大字焦吉在窗子外面听得,说道:"你看我哥哥苗大官人,却没事说与他姓名做甚么?"走入来道:"哥哥,你只好推了这<u>牛子休</u>!"<u>原来强人市语唤杀人做"推牛子"</u>。焦吉便要教这十条龙苗忠杀了万秀娘。(明《警世通言》)

(3)话说当日林冲正闲走间,忽然背后人叫,回头看时,却认得是酒生儿李小二。<u>当初在东京时,多得林冲看顾;后来不合偷了店主人家钱财,被捉住了,要送官司问罪,又得林冲主张陪话,救了他免送官司,又与他陪了些钱财,方得脱免;京中安不得身,又亏林冲赍发他盘缠,于路投奔人,不想今日却在这里撞见</u>。

林冲道:"小二哥,你如何也在这里?"(明《水浒全传》)

(4)一日帝方视朝,与群臣谈论朝政,忽接边报,奏称豫章王综投奔北魏,举朝大骇。你道豫章王综为何投魏?说来话长。初综母吴淑媛,在东昏宫,宠爱在潘妃之亚。帝既受禅,欲纳潘妃,以王茂一言，遂赐之死，而心常惜之。一日，闲步后宫，见有庭院一所，重门深闭，境极幽寂，问内侍何人所居，内侍对道："是东昏旧妃吴淑媛所住。"帝遂走入宫来，宫人忙报驾到。淑媛自东昏亡后，闲废在宫，即留得性命，只好长为宫人没世。欲图新主之欢，今生料不可得……话分两头，当夜豫章奔魏，彭城中无一知者，及旦，斋内诸阁犹闭，左右启户寻之，莫知所往，众皆骇异。及午，城外有数骑魏军高叫曰："汝豫章王昨夜已来乞降，在我军中矣，汝辈留此何为？"说罢，大笑而去。众方知王已投魏，只得飞报建康。帝闻之大骇，然亦不测其故，访诸左右，始有密启其不法事者，方悟其逃去之故。（清《南朝秘史》）

（5）那妖见他来到，将一口烟，劈脸喷来。行者急回头，燻得眼花雀乱，忍不住泪落如雨。原来这大圣不怕火，只怕烟。<u>当年因大闹天宫时，被老君放在八卦炉中，锻过一番，他幸在那巽位安身，不曾烧坏，只是风搅得烟来，把他熏做火眼金睛，故至今只是怕烟</u>。（明《西游记》）

以上例中的"当初""说来话长""当年"都是插叙的标记词。有的后边还有"今日""故""方""至今"等表示插叙结束的词语配合使用，如例（3）和例（5）。插叙时间皆早于当前的叙事时间，如例（2）先有"强人唤杀人做'推牛子'的市语"，后有焦吉让他哥哥"推了这个牛子"。插叙的功能在于对前面的某一说法、事件、人物等进行解释或补充说明。

总体而言，汉语中标志插叙起始的语言标记数量有限，古代叙事文学语篇中有"初、当此之时、其时"等[①]，宋元以来的白话讲说体小说中新生了"原来、（想）当初、当年、那时、说来话长"等。其中"说来话长"标记的事件倒错跨度最大，"原来"的使用率最高，功能也最为丰富，本节就以"原来"为例分析近代讲说体插叙标记的使用及功能特

---

① 董秀芳：《汉语语篇中的插叙标记及其演变》，《汉语学报》2020年第1期。

点，并了解其发展演变情况。

"原来"在《现代汉语八百词》中分为两类：一类是形容词，表示"没有改变的"；一类是副词，有两种用法：（1）以前某一时期；当初。含有现在已经不是这样的意思。（2）发现从前不知道的情况，含有恍然醒悟的意思。邢福义（1985）[①]指出，"原来"有时是时间名词，表示起初、未变之前的意思；有时是副词，表示有所发现、有所领悟的语气。唐为群（2006）[②]也将副词"原来"分为两类，认为一类表"以前、先时"义，另一类强调某一情况是出乎说话人自己的预料之外的；或者是强调现存的某种情况与说话人的期待相反，含有吃惊、醒悟义；并指出副词"原来"在语篇中可起关联、照应作用。

对"原来"语篇功能进行过研究的主要有廖秋忠（1986）[③]，他将"原来"归入"释因连接成分"，指出"原来，有时单纯表示原因，但经常用来表示原因并不是那么明显，它的发现令作者/说者感到有点意外"。李宗江、艾贵金（2016）[④]认为"原来"是"引出事件原因或原委的释因类语用标记"。张谊生（1996）[⑤]从篇章连接功能角度考察了"原来"的释因功能，认为是补证性解说副词。以上几位先生都是在对同功能的语用标记大类做整体考察时的举例性研究。董秀芳（2020）[⑥]明确将"原来"命名为插叙标记，指出插叙标记"原来"（最初写作"元来"）原本指示过去时间，而且指示的是起始时间，后来在叙事语篇中用为插叙标记，然后从插叙标记用法中获得了解释功能，并逐渐句法化，变为一个句子层面的副词。该文重点探讨插叙标记"原来"的来源与发展演变，对插叙标记"原来"的语篇功能着墨不多。黄勤、

[①] 邢福义：《从"原来"的词性看词的归类问题》，《汉语学习》1985年第6期。
[②] 唐为群：《"原来"、"从来"、"连连"三组时间副词研究》，《长江学术》2006年第3期。
[③] 廖秋忠：《现代汉语篇章中的连接成分》，《中国语文》1986年第6期。
[④] 李宗江、艾贵金：《近代汉语"释因"类语用标记及其演变》，载复旦大学汉语言文字学科《语言研究集刊》编委会编：《语言研究集刊》第十六辑，上海辞书出版社，2016年，第178—189页。
[⑤] 张谊生：《副词的篇章连接功能》，《语言研究》1996年第1期。
[⑥] 董秀芳：《汉语语篇中的插叙标记及其演变》，《汉语学报》2020年第1期。

刘晓玉（2014）[①]从话语分析角度，采用 Hyland 和 Tse 的分类法，将元话语标记"原来"分为交互式和互动式两类。该文重在比较两个英译版本《红楼梦》中元话语标记"原来"再现情况的差异。

当前学界对"原来"的语篇功能做了一定程度的概括，所提出的释因、补证性解说、推论、因果和对比等逻辑关系的揭示以及情感态度的表达等观点，都是话语标记"原来"语篇功能的表现，从叙事学角度可统一概括为"插叙标记"。下面本研究将结合近代汉语讲说语体语篇，着重讨论插叙标记"原来"在语篇中的语用功能及其使用的认知动因，并考察它在近、现代叙事语篇中功能的发展演变情况。

1. 插叙标记"原来"的语篇分布特征

插叙是造成叙事时间倒错的一种叙事方式。插叙位于主线情节叙事过程中，暂时从主线故事中游离出来，插入一段相关的情节或背景知识，对主要情节起补充衬托作用，交代背景材料或一些细节，丰富文章内容，帮助情节开展或人物刻画。插叙结束后，一般都要回到主线按时间顺序继续叙述，往往有其他标记词如"今、当下、故、因而"等与之相配合使用，标示插叙幅度的长短。在讲说体语篇中，插叙标记词"原来"居于插叙内容之前，结构上与插叙部分形成一个整体，之间没有语音停顿。大多处于叙述话语层面，极少处于故事话语层面。换句话说，插叙标记"原来"主要以叙述者话语形式出现在语篇中，对所述内容补充交代、说明、解释、评议等，而出现在故事人物对话或心理活动中的"原来"则往往是由插叙标记虚化而来的反预期标记。例如：

（6）到天明，盥漱方毕，列俊卿夫妇二人到了，徐信出门相迎，见了俊卿之妻，彼此惊骇，各各恸哭。<u>原来俊卿之妻，却是徐信的浑家崔氏</u>。自虞城失散，寻丈夫不着，却随个老妪同至建康，

[①] 黄勤、刘晓玉：《〈红楼梦〉中的元话语标记语"原来"与其英译对比研究》，《天津外国语大学学报》2014 年第 4 期。

<u>解下随身簪珥，赁房居住。三个月后，丈夫并无消息。老妪说他终身不了，与他为媒，嫁与列俊卿</u>。谁知今日一双两对，恰恰相逢，真个天缘凑巧，彼此各认旧日夫妻，相抱而哭。（明《警世通言》）

例中"原来"位于语段起始处，辖域至"嫁与列俊卿"。自成一个韵律单位，不与其他语言单位存在句法、语义关系，删除后不影响句子的真值语义，概念意义微弱，主要表示程序意义等，具备话语标记的特征。从叙事学角度看，"原来"引导的语句与前后所述事件时间倒错明显。例中画线部分的故事时间早于叙述时间"今日见面"，按事件发展的自然线性时序应早发生的在前，晚发生的在后，讲述者为制造特定的叙事效果（设置悬念），有意将晚发生的"今日见面"安排在前，然后用"原来"引导的语句回溯至事件发生之初"自虞城失散……"。这种故意制造时间倒错的叙事策略，既能解释故事人物见面后惊骇恸哭的原因，又可制造叙事波澜，使故事情节跌宕起伏，引人入胜。该故事采用"徐信"的有限人物视角叙述其人生际遇，如此一来，作为副线的"徐信妻崔氏"何去何从就因无法述及而留下了叙事空白。为弥补该空白，由"原来"引出崔氏的遭遇，从头一一补充交代来解决受众的悬想。述至"谁知今日一双两对"处，重新回归当前叙述时间表示插入的崔氏相关情节的终结。据此可见，该"原来"标识插叙内容的开启，承担补充叙事的语篇功能，具有时序性，属于"插叙标记"。

"原来"还用来强调某一情况是出乎说话人预料之外的；或者是强调现存的某种情况与说话人的期待相反，含有吃惊、醒悟等意义[①]。"原来"引入新信息，表示与说者预期相背，此类"原来"为"反预期信息"标记。例如：

（7）刘姥姥道："因为老爷太太思念不尽，便盖了这祠堂，塑

---

① 唐为群：《副词"原来"的多角度考察》，《长江学术》2006年第4期。

了这茗玉小姐的像，派了人烧香拨火。如今日久年深的，人也没了，庙也烂了，那个像就成了精。"宝玉忙道："不是成精，规矩这样人是虽死不死的。"刘姥姥道："阿弥陀佛！<u>原来如此。不是哥儿说</u>，我们都当他成精。他时常变了人出来各村庄店道上闲逛。我才说这抽柴火的就是他了。我们村庄上的人还商议着要打了这塑像平了庙呢。"（清《红楼梦》）

（8）刘姥姥便赶来拉他的手，"咕咚"一声，便撞到板壁上，把头碰的生疼。细瞧了一瞧，原来是一幅画儿。刘姥姥自忖道："<u>原来画儿有这样活凸出来的</u>。"（清《红楼梦》）

上引二例的"原来"分布在故事话语中，"是就事件真相的疑问和不解来说的，有的疑问和不解是说者曾经有的，一个意外的机会使说者发现或了解了事情的原委，原有的疑惑解除，这种原委称为'发现性原委'，往往代表的是反预期信息"①。"原来如此"在现代汉语中已习语化为反预期标记。该类"原来"引导的语句时序性很弱，主要说明某种状态或事物，是叙事主线的有机组成部分，既不存在时间倒错，也无附属性与插入性，不属于本研究的叙事标记。

讲说体小说中还有一类高频使用的"原来"，它一般用在视觉动词之后，表示人物视线触及某事物后有所发现，既不表反预期信息，也不涉及叙事时序的倒错，我们称之为"发现性标记"，该"原来"不属于叙事标记。例如：

（9）悟空十分欢喜，拿出海藏看时，<u>原来</u>两头是两个金箍，中间乃一段乌铁；紧挨箍有镌成的一行字，唤做"如意金箍棒"，重一万三千五百斤。（明《西游记》）

（10）一面说一面大家看梅花。<u>原来</u>这枝梅花只有二尺来高，旁有一横枝纵横而出，约有五六尺长，其间小枝分歧，或如蟠螭，

---

① 李宗江：《近代汉语语用标记研究》，上海教育出版社，2019年，第145页。

或如僵蚓，或狐削如笔，或密聚如林，花吐胭脂，香欺兰蕙，各各称赏。(清《红楼梦》)

以上二例中的"原来"之前都有看视义动词"看"，之后是目光所及发现的新事物，引出描写性语段，引导受众深度了解该事物。

本节重点研究插叙标记"原来"的语用功能，"反预期"和"发现性"标记的篇章功能不再涉及。

2. 插叙标记"原来"的语用功能

插叙标记"原来"的语用功能分成语篇组织功能和人际互动功能。

2.1 语篇组织功能

插叙标记"原来"位于小句句首或语段段首的常规位置，用于标示与相邻语言单位的概念关联，使语篇交织成一个有机结构体，体现程序意义，产生篇章功能。"原来"的语篇组织功能通过插入的语句对前述事件形成的解释、说明、补充、论证等关系以实现。

2.1.1 解释原因功能

通常情况下事情的发生总有前因后果，原因和结果揭示了客观世界中普遍联系着的事物，它们是一对先后相继、彼此制约的范畴，属于引起和被引起的关系。因果关系具有严格的时间序列性，原因在先，结果在后，二者的时间顺序不能颠倒。前因后果的"因为……，所以……"或前果后因的"之所以……，是因为……"，都只是语言编码形式的变化，并不意味着事件发展自然时序的改变。但在近代汉语讲说体语篇中，却常用前果后因模式来表征插叙策略，因关联副词"原来"具有启后性，也常用来标识所插叙的原因部分。例如：

(11) 过了数日，宋江将出些银两来与武松做衣裳，柴进知道，那里肯要他坏钱，自取出一箱缎匹绸绢，门下自有针工，便教做三人的称体衣裳。<u>说话的，柴进因何不喜武松？原来</u>武松初来投奔柴进时，也一般接纳管待；次后在庄上，但吃醉了酒，性气刚，庄客有些顾管不到处，他便要下拳打他们。因此满庄里庄客，没一个道他好。众人只是嫌他，都去柴进面前告诉他许多不是处。柴进虽然不赶他，只是相待得他慢了。却得宋江每日带挈他一处，饮酒相陪，武松的前病都不发了。（明《水浒全传》）

例中插叙部分以设问句及其答语形式呈现，模拟听说双方的一问一答，展示出事件间的因果关系。这是近代白话讲说体小说惯用的叙事策略之一。"原来"之前的先行事件设置了一个令人困惑不解的悬念：仗义疏财、热情好客、广交天下英雄好汉的柴进为何不喜欢甚至冷待武松呢？第一叙事时间（指故事世界的叙事时间）中的情节述至武松投靠柴进之后就中断了，留下的叙事空白使听读者甚至故事人物宋江等都不知道个中隐情为何。此时，讲说者调动全知全能的上帝视角来揭露事情的起因——都怪武松不讲酒德，酒后伤人闹事。这段插叙亦是外在式插叙，填补了第一叙事时序留下的空白。交际遵循"急事先说"原则，讲说者抓住听者的接受心理特点，先将对方最迫切知道的新信息（即事件结果）说出来，使之成为叙述焦点，然后再用"原来……"娓娓道出原因（即旧信息）。例（11）的事件自然发展时序本应为：

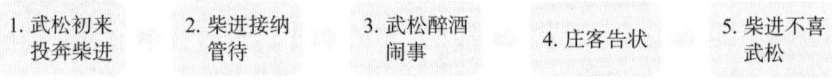

根据设置悬疑—解除悬疑的叙事效果需要，文中叙事时序调整为先果（5）后因（1、2、3、4）式：

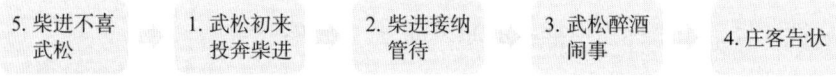

"柴进不喜武松及其原因"相对于主线情节"宋江避难柴进庄上，与武松相识"，在整个故事中的分量要轻得多，因此讲述者插叙完该情节后又重归主线叙事。在文中插入性语段的末端有结果关系连词"因此"与"原来"相呼应，既显化了因果关系，强化了连句成篇的衔接力

度,又实现了语篇内聚功能,明示了插叙终点,同时还使用表当下叙事时间的语句"却得宋江每日带挈他一处"表示由插叙部分回归到故事主线的讲述之中。

综合以上分析可看出插叙与倒叙两种叙事方式的差异:插叙的是主线之外的琐碎内容,插叙完后需要重新回到主线叙事;倒叙则把事件结局或某个最重要、最突出的节点置于开端,然后再按事情的发展顺序从头述至整个故事结束。

近代讲说体小说几乎不采用倒叙方式,而插叙在语篇中却触目皆是。

2.1.2 解释原委功能

李宗江、艾金贵(2016)指出,原因标记侧重指出导致某种结果的主要因素,而原委标记侧重对某一结果说出其来龙去脉。讲说体小说遵循"时间满格"的叙事传统,讲究事情无论巨细都必须向听读者交代清楚其来历与结果。副词"原来"的"起点、原初"本义,为其引导的语句表示"回到事件的起点,从头至尾一一缕析事件的来龙去脉"原委功能奠定了语义基础。相对而言,"原来"引入的"原委"在篇幅上要长于"原因",但前述事件与插叙部分之间的逻辑关系却更为隐晦或松散。例如:

(12)话说杨八老行至漳浦,下在槃妈妈家,专待收买番禺货物。原来槃妈妈无子,只有一女,年二十三岁。曾赘个女婿,相帮过活,那女婿也死了。已经周年之外,女儿守寡在家。槃妈妈看见杨八老本钱丰厚,且是志诚老实,待人一团和气,十分欢喜。意欲将寡女招赘,以靠终身。八老初时不肯,被槃妈妈再三劝道:"杨官人,你千乡万里,出外为客,若没有切己的亲戚,那个知疼着热?如今我女儿年纪又小,正好相配。官人做个'两头大':你归家去,有娘子在家;在漳州来时,有我女儿。两边来往,都不寂寞;做生意,也是方便顺溜的。老身又不费你大钱大钞,只是单生一女,要他嫁个好人,日后生男育女,连老身门户都有依靠。就是你家中娘子知道时，料也不嗔怪。多少做客的，娼楼妓馆，使钱撒漫。这还是本分之事。官人须从长计较，休得推阻。"八老见他说得近理，只得允了。择日成亲，入赘于檗家。夫妻和顺，自此无话。不上二月，檗氏怀孕。期年之后，生下一个孩儿，合家欢喜。三朝满月，亲戚庆贺，<u>不在话下</u>。却说杨八老思想故乡妻娇子幼。（明《喻世明言》）

上例"原来"的所引内容解析前述事件（下划线部分）的来龙去脉，"原来"的管界一直延续到"不在话下"。前述事件与插叙部分之间的逻辑关系本来不明晰不严谨，很难说"杨八老行至漳浦，下在檗妈妈家，专待收买番禺货物"这一结果一定就是由插叙内容导致的，因为其间还杂有"择日成亲，入赘于檗家。夫妻和顺，自此无话。不上二月，檗氏怀孕。期年之后，生下一个孩儿，合家欢喜。三朝满月，亲戚庆贺"等非原因条件。但通过标记语"原来"的统括，所引入的语段使听读者不仅了解到"杨八老入赘杨妈妈家"的原因，更了解了他入赘的过程，补充了故事发展的理据。可见"原来"增强了两个本来关系松散的语段之间的逻辑关系，提升了凝句成篇的能力。这类"原委"类插叙方式在讲说体小说中频繁使用，有时还会引发其他叙事策略的调整，例如：

（13）林冲赶到跟前把那后生肩胛只一扳过来，喝道："调戏良人妻子当得何罪！"恰待下拳打时，<u>认得是本管高太尉螟蛉之高衙内</u>。

原来高俅新发迹，不曾有亲儿，借人帮助，因此过房这阿叔高三郎儿子在房内为子。本是叔伯弟兄，却与他做干儿子，因此，高太尉爱惜他。那厮在东京倚势豪强，专一爱淫垢人家妻女。京师人怕他权势，谁敢与他争口？叫他做"花花太岁。"<u>当时林冲扳将过来，却认得是本管高衙内，先自软了</u>。（明《水浒全传》）

例中"原来"引入了高太尉螟蛉之子高衙内的背景，引发了听众对

"八十万禁军教头林冲见到高衙内侮辱自己的妻子时会有什么样的态度"的好奇,造成了期待心理,吸引听者继续往下欣赏,同时也给予听者对"林冲先自软了"窝囊表现以心理缓冲。正常的叙述顺序本应为:

> 林冲赶到跟前把那后生肩胛只一扳过来,喝道:"调戏良人妻子当得何罪!"恰待下拳打时,认得是本管高太尉螟蛉之高衙内,先自软了。原来高俅……,叫他做"花花太岁"。

"当时林冲扳将过来,却认得是本管高衙内,先自软了。"这句话语义冗余,但从插叙之后需要回归故事主线叙述,与第一叙事时间接续起来的角度而言,却功用不小。这种插叙多用于次要人物,并且只追述与情节直接关联的片段中。如高衙内在《水浒全传》中算不上重要人物,却是林冲的命运转折的关键人物,于是叙述者插入追述了高衙内身世来历的情节片段。

2.1.3 补充说明功能

"原来"引导的插叙内容对故事情节起补充说明作用。与前两种功能不同,此类"原来"引入的大多为不具时间性的判断句或存现句,说明或描写一种事物、情况,为情节的发展或听者的理解提供必要的背景知识和相关信息。"原来"及其语句在叙述过程中暂停故事情节的叙述,补充说明结束后再返回主线叙事,也是一种常见的插叙形式。

"原来"及其后语句,多用来对先行语句中所提到的疑难、稀罕、奇特或具特殊意义的器具、人物、绰号、规矩条文、风俗习惯等进行介绍说明。例如:

> (14)取上手看,却元来是面古镜。周围有八寸大小,雕镂着龙凤之文,又有篆书许多字,字形象符篆一般样,识不出的。王甲与妻子看了道:"闻得古镜值钱,这个镜虽不知值多少,必然也是件好东西。我和你且拿到家里藏好,看有识者,才取出来与他看看,不要等闲亵渎了。"看官听说,<u>原来这镜果是有来历之物,</u>

乃是轩辕黄帝所造，采着日精月华，接着奇门遁甲，拣取年月日时，下炉开铸。上有金章宝篆，多是秘笈灵符。但此镜所在之处，金银财宝多来聚会，名为"聚宝之镜"。只为王甲夫妻好善，也是夙与前缘，合该兴旺。故此物出现却得取了回家。（明《二刻拍案惊奇》）

例中"原来"引出的语段中包含了多个判断句，对先行语境中提及的"古镜"的来历、命名理据等进行了充分解说，也解除了听者针对王甲郑重对待古镜的态度所产生的疑问。再如：

（15）两崖对峙，中贯一江。滟预堆当其口，乃三峡之门。所以总唤做瞿塘三峡。……东坡到了夔州，与夫人分手。嘱付得力管家，一路小心伏侍夫人回去。东坡讨个江船，自夔州开发，顺流而下。原来这滟预堆，是江口一块孤石，亭亭独立，夏即浸没，冬即露出。因水满石没之时，舟人取途不定，故又名犹豫堆。（明《警世通言》）

例中讲说者预设"滟预堆"的名称来历对听读者来说是新奇事物，能够引起注意，有必要多花笔墨进行铺陈。当第一次叙述到"滟预堆当其口"提及"滟预堆"时，考虑到叙事节奏的流畅性，不好立即终止故事情节而来解说"什么是滟预堆"，直至叙述完"瞿塘三峡名称来历、东坡到夔州、安顿夫人、离开夔州"等几个事件之后，再向听读者追补"滟预堆"的得名由来。"原来"所引出语句亦是非事件性的判断、说明语句。类似的插叙方式还出现在对一些晦涩难懂的概念名称、奇风异俗的介绍说明场合，例如：

（16）陆谦大喜道："还是薛端公真是爽利！明日到地了时，是必揭取林冲脸上金印回来做表证。陆谦再包办二位十两金子相谢。专等好音。切不可相误。"原来宋时，但是犯人，徒流迁徙的，那

脸上刺字，怕人恨怪，只唤做"打金印。"（明《水浒全传》）

（17）那巡道也将一干人犯一个个单叫上去，逐一隔别了研审。当初刑厅审的都是句句真情，这覆审还有甚么岔路？拔了签，将晁源二十大板，<u>珍哥褪衣二十五板</u>，伍小川一拶二百敲，海会、郭姑子每人一拶。<u>原来妇人见官，自己忖量得该去衣吃打的，做下一条短短的小裤绷在臀上，遮住了那不该见人所在，只露出腿来受责</u>。珍哥却不曾预备，那日也甚不成光景。幸得把钱来受了苦，打得不十分狼狈。（清《醒世姻缘传》）

"打金印"和"妇人见官要事先准备护体小裤"等，都是不为普通受众熟悉的概念或做法，虽然不一定与故事情节的发展有密切关系，但不介绍清楚也会影响听读者的体验效果，因而讲说者或作者会高度关注听者的接受心理，不厌其烦地解释清楚。

上述"原来"所引语句均是对特定的先行词语进行补充说明。有时因前事叙述节奏太快而留下的叙述漏洞也常用"原来"来引入补足信息，例如：

（18）高衙内喝采道："好条计！就今晚着人去唤陆虞侯来分付了。"<u>原来陆虞候家只在高太尉家隔壁巷内</u>。次日，商量了计策，虞候一时听允，也没奈何；只要衙内欢喜却顾不得朋友交情。（明《水浒全传》）

（19）四人离了酒店，再下了船，把酒肉都放在船舱里，解了缆索，迳划将开去，一直投阮小二家来。到得门前上了岸，把船仍旧缆在桩上，取了酒肉，四人一齐都到后面坐地，便叫点起灯来。<u>原来阮家兄弟三个，只有阮小二有老小；阮小五，阮小七都不曾婚娶</u>。（明《水浒全传》）

例中所引的前述事件信息不够周全，讲说者预测听读者可能会质疑"为何今晚就可着人唤陆虞侯来分付？""为何只到阮小二家，不去阮小五阮小七家？"正是出于对听读者接受心理的洞悉，所以不忘用"原来"来明示补足话语，及时弥补叙事漏洞，除消听者疑虑，推动叙述活动顺利进行。

2.1.4 填补叙事空白，铺垫后续情节

关联副词"原来"引入的小句总是置于需要解释的现象之后，这与"原来"作为插叙标记时的位置分布正相一致[①]，也就是说，"原来"引入的插叙内容都是对前述事件进行解释说明。但在讲说体小说中也可见到大量的"原来"与前述事件并无关联，仅仅是引入一些转换场景或时序的过渡信息，弥补叙事空白，开启下文。例如：

（20）大家商议，虽有几个应该发配的，奈各人皆有原故：第一个鸳鸯发誓不去。自那日之后，一向未和宝玉说话，也不盛妆浓饰。众人见他志坚，也不好相强。第二个琥珀，又有病，这次不能了。彩云因近日和贾环分崩，也染了无医之症。只有凤姐儿和李纨房中粗使的大丫鬟出去了，其余年纪未足。令他们外头自娶去了。<u>原来这一向因凤姐病了，李纨探春料理家务不得闲暇，接着过年过节，出来许多杂事，竟将诗社搁起</u>。如今仲春天气，虽得了工夫，争奈宝玉因冷遁了柳湘莲，剑刎了尤小妹，金逝了尤二姐，气病了柳五儿，连连接接，闲愁胡恨，一重不了一重添。弄得情色若痴，语言常乱，似染怔忡之疾。慌的袭人等又不敢回贾母，只百般逗他顽笑。（清《红楼梦》）

例中"原来"开启的插叙部分与前述事件"各房发配大龄丫鬟出园"毫无关联，前文说要重起诗社，但一直被"搁起"，其原因对于叙述者和书中人物都是已知的，可对于听读者来说却是未知的，因而用"原来"引入插叙，概述这一时段内发生的事情，补充说明诗社被搁置的原因，同时也为下文"宝玉闲愁胡恨"进行铺垫，然后再自然过渡到

---

① 董秀芳：《汉语语篇中的插叙标记及其演变》，《汉语学报》2020年第1期。

"林黛玉重建桃花社"的主要情节中。这类插叙是专为情节过渡而设置的,插叙的都是可以一笔带过的甚至可以忽略不计的琐事。再如:

(21)吴太守方坐晚堂,一行人就将息词呈上。太守从头念一遍道:

劝息人张四维、李俊卿,系天台县学生。切微人金声,有女已受程氏之聘,因迁居天台,道途修阻,女年及笄,程氏音讯不通,不得已再许韩生,以致程氏斗争成讼。兹金声愿还聘礼,韩生愿退婚姻,庶不致寒盟于程氏。维等忝为亲戚,意在息争,为此上禀。

<u>原来那吴太守是闽中一个名家,为人公平正直,不爱那有"贝"字的"财",只爱那无"贝"字的"才"。自从前日准过状子,乡绅就有书来,他心中已晓得是有缘故的了</u>。当下看过息词,抬头看了韩子文风采堂堂,已自有几分欢喜。(明《初刻拍案惊奇》)

例中的插叙标记词"原来"所引入的这段话,介绍了"吴太守"的家世背景以及对"吴太守"品性的评价,这些内容与前一语段"太守念息词"没有必然联系,反倒与后文"爱惜韩子文,为其开脱罪行"存在着因果关系。可见,该类"原来"虽也引导背景信息,但其语篇衔接功能却与第3类补充说明的先行词语相反,主要与后续事件建立联系,为过渡到后面的情节进行铺垫。

2.2 插叙标记"原来"的人际功能

2.2.1 控制听读者的注意,加强期待心理

插叙标记"原来"的人际功能,首先体现在对听读者注意的控制以及期待心理的强化上。心理语言学认为,一般情况下言语信息的加工可以自动进行,不需要注意资源的参与,但在很多情况下,言语加工过程也需要控制过程的参与。Engle等(1999)提出了"工作记忆=注意控制+短时储存"的观点[①]。人们可以在实现某一特定目标时,以灵活、优

[①] 转引自杨玉芳编著:《心理语言学》,科学出版社,2015年,第45页。

化的方式控制语言认知加工。插叙标记就是一种控制资源，它用于叙事过程中的协调、转换、选择和抑制。具体而言，插叙标记"原来"在语言理解接受过程中，通过引入插叙内容，利用故事时间总是滞后于叙事时间的时间倒错，打乱故事发展的自然时序，将结果先告诉受述者，然后再叙述事件经过的"反常"做法，以调控听者的注意焦点，将听者的注意力引向据果溯因的叙事过程中去，这对于加强读者的期待心理有着重要作用。插叙可以看作是一个解除既定悬念的过程。悬念是展开叙述的动力，受众对未解之谜的好奇是阅读的必然推动力，因而也就易于成为注意焦点，易于进入言语加工的工作记忆平台。插叙因在事件正常叙述时序上仅提供了部分信息而造成悬念，插叙的内容是用来消除、回应这种悬念的。插叙的运用造成故事悬念迭起、险象丛生，增强了小说的吸引力，使得听读者一旦开卷，便欲罢不能，直至听或读完全部故事才如释重负，对于讲述者操控听读者的注意起到重要作用。当讲述者使用插叙标记"原来"时，便启动了听读者关于插叙的心理场景，其注意力自然跟随讲述者进入悬念消解带来的艺术享受过程中。

2.2.2 表达道义立场

插叙标记"原来"的人际功能，还体现在讲说者或小说作者的道义立场的表达方面。现代西方小说理论家认为，小说中的讲说者和作家应尽量隐没自己的身影，让人物自己说话。可叙述者介入文本直接发表议论却是中国传统小说的特色，叙事过程中随时都可插入评议。相对于叙事，议论属叙述者的节外生枝，也是小说情节的外围部分，议论之后应再次回到故事的叙述中。从该角度而言，在叙事语篇中引导评论话语的"原来"仍可视为插叙标记。

立场指说话者或作者所表达的个人感觉、态度、价值判断或者评价[①]。在动态语境中，插入的评议内容，表达了说话者对某一话题基于规约性的评判观点，涉及讲说者或小说作者道义立场的表达。白话小说讲

---

① Biber, Douglas, Johansson, Stig & Leech, Geoffrey, etc., *Longman Grammar of Spoken and Written English*, Essex: Pearson Education, 1999.

说者或作者自觉肩负社会教化功能，所讲述事件往往成为论据，表明观点、阐明事理、论是说非，要宣扬道德伦理，影响听读者，就必须让听读者意识到说者是在跟自己交流互动，而不是在故事世界里就事论事、无病呻吟。例如：

（22）王生乘着酒兴，大怒起来，骂道："那里来这老贼驴！辄敢如此放肆，把言语冲撞我！"走近前来，连打了几拳，一手推将去。不想那客人是中年的人，有痰火病的，就这一推里，一交跌去，一时闷倒在地。正是：身如五鼓衔山月，命似三更油尽灯。<u>原来人生最不可使性，况且这小人卖买，不过争得一二个钱，有何大事？常见大人家强梁潼仆，每每借着势力，动不动欺打小民，到得做出事来，又是家主失了体面。所以有正经的，必然严行惩戒。只因王生不该自己使性动手打他，所以到底为此受累</u>。这是后话。却说王生当日见客人闷倒，吃了一大惊，把酒意都惊散了。（明《初刻拍案惊奇》）

例中"原来"标记的语段插在"王生推中年客人，使其闷倒在地"与"王生见客人闷倒，大吃一惊"之间。插入部分除了对前述事件说明解释原因、原委或补充交代背景知识相关信息，还针对前述事件大发感慨，对听读者耳提面命，影响听读者的价值判断，使其最终能接受并赞成他对所述事件的否定立场，并从中感悟到"人生不可使性，闹事终究要受累"的处世规律，实现社会教化功能。

"原来"在具体语篇中常与"今儿""当下"等时间词相对照，引入的评价话语具有对比性，表示"发现从前不知道的情况，含有恍然醒悟的意思"①。说话人"恍然醒悟"，说明领悟了事件结果与预设或期望不相符合的原因。此类"原来"的主观性色彩浓重，多用于对意料之外结局的剖析，以使听读者不再觉得奇怪。此类"原来"表达说话者与命题的

---

① 吕叔湘主编：《现代汉语八百词（增订本）》，商务印书馆，1999年，第638—639页。

关系，包括可能性、确定性以及证据性等认识立场①。例如：

（23）秦钟香怜二人又气又急，忙进来向贾瑞前告金荣，说金荣无故欺负他两个。

原来这贾瑞最是个图便宜没行止的人，每在学中以公报私，勒索子弟们请他；后又附助着薛蟠，图些银钱酒肉，一任薛蟠横行霸道，他不但不去管约，反助纣为虐讨好儿。偏那薛蟠本是浮萍心性，今日爱东，明日爱西，近来又有了新朋友，把香、玉二人丢开一边。就连金荣亦是当日的好朋友，自有了香、玉二人，便弃了金荣。近日连香、玉亦已见弃。故贾瑞也无了提携帮衬之人，不说薛蟠得新弃旧，只怨香、玉二人不在薛蟠前提携帮补他，因此贾瑞金荣等一干人，也正在醋妒他两个。今儿见秦、香二人来告金荣，贾瑞心中便不自在起来，不好呵叱秦钟，却拿着香怜作法，反说他多事，着实抢白了几句。（清《红楼梦》）

例中秦钟、香怜二人向贾瑞告状，本寄望于贾瑞能秉公办事，却反被贾瑞抢白，出现反预期结局，这不免让读者疑窦顿生，此时叙述者通过"原来"所引入的话语向听读者传递了自己从贾瑞向来的行止中得出的发现。至此，听读者了解到贾瑞的品性做派，心中疑虑怡然自解。此类"原来"虽然时间性不明显，但受其源始义影响，引出的内容多为对过去情况的叙述，时间词"每""后""近来""近日"等表明形成了时间倒错，因而是个典型的插叙。

插叙标记"原来"的立场表达功能，是解释功能的进一步引申，在解释中取消了因果逻辑关系就成了单纯说明。解释满足了人们对事情

---

① Berman, Ruth, Ragnarsdóttir, Hrafnhildur & Strömqvist, Sven, "Discourse Stance: Written and Spoken Language", *Written Language & Literacy*, 2002, 5(2)。根据 Bertman et al.（2002）的定义，认识立场指涉及说话者与命题的关系的表达，包括可能性、确定性以及证据性；道义立场涉及说话者对某一话题基于规约的评判的观点；而情感立场涉及说话者的感情，如渴望、生气等。

之间因果关联的认知需要，对一个现象的说明满足了对事物本身认知的需要。

3. 插叙标记"原来"的形成及其使用动因

3.1 插叙标记"原来"的形成

"原来"早期写作"元来"，名词，由时间词"元"与词缀"来"复合而成。"元"本指"头"，后来引申为"根源、开始"；而"原"也指"起初"义，所以"原来"和"元来"音同义通，具有通假的音义基础。

关于插叙标记的来源尚未有定论。董秀芳（2020）从语用法的语法化角度解释"原来"作为副词的功能的产生，提出关联、语气副词"原来"可能来源于插叙标记"原来"。我们认为该观点能解释"原来"在语篇中获得的插叙功能逐渐规约化之后，就可以脱离上下文语境而成为这个形式本身的句法功能。但是插叙标记用法在文献中出现的时代远远晚于关联、语气副词"原来"，该观点难以解释后起的插叙功能何以成为早已存在的关联功能的源头。

副词"原来"的确切用例在唐宋时期就可见到，如：

（24）师因半夏上黄檗，见和尚看经。师云，我将谓是个人，<u>元来是</u>个黑豆老和尚。（唐《佛语录》）

（25）秦桧闻富季申言，深有感。归，出谓富曰："<u>元来作相当如此</u>！"后来所为，皆得之于此。不知其说，然大率保位之术耳。（南宋《朱子语类》）

以上二例均为"发现从前不知道的情况，含有恍然醒悟"义，表达语气的同时还兼具关联作用，前一例连接一个话轮中的两个子句，后一例则连接话语与前文语境。

插叙标记"原来"在 CCL 标注为南宋时期的话本小说《碾玉观音》中已有成熟用例，考虑到话本小说集在流布过程中多遭后人改动，是否产生于南宋还应参照更多同时期可靠文献以获进一步支持，可惜目前尚未发现可资借鉴的更可靠文献资料。但可以肯定的是，插叙标记"原来"在元明时期的叙事文学作品中已经形成且得到了广泛运用。我们认为插叙标记"原来"源自其副词用法，因为：

首先，"原来"从时间义引申虚化出"发现""解释"义。唐宋时期副词"原来"常用于对比语境，如例（24），预设"是个人"与根本事实"黑豆老和尚"的对比，例（25）"秦桧"的"作相"观点在"闻富季申言"前后的对比，通常情况下，对比结果能够反映出情况的变化过程，这关涉到言者的认知和推理能力。副词"原来"在本义"当初"的基础上引申出"发现预设的情况后来发生了变化"的"反预期"，从概念的行为域发展到认知域；同时，"了解了当初的情况后，对于预设情况发生的变化，自然也就不再感到意外"，其中又蕴含着解释意味，即用当初的情况来解释眼下的结果，通过转喻引申出"解释"义。"解释"是一种言语行为，属于言域，通过这种演变途径，插叙标记"原来"得以形成。副词"原来"蕴含的"发现""反预期"以及"解释"义都被后来的插叙标记"原来"继承。

其次，关联副词"原来"处于小句之间的句法位置，也为插叙标记的形成创造了有利条件。副词"原来"在讲说体语篇中不仅连接小句，更扩展出了连句成段、连段成篇的功能。

3.2 插叙标记"原来"形成的语用动因

插叙标记"原来"在讲说体小说中广为运用，其中，起决定作用的是语体与认知因素。南宋以来，说书艺术的流行促使话本、拟话本等叙事性讲说体小说大批量产生，在叙事语篇中，受到说书艺术体制、受众的审美需求、叙述者的社会教化意识等因素制约，"原来"在副词的基础上扩展、衍生出了新的语用功能，发展演变成一个多功能副词。讲说体小说以情节为中心，讲究通俗易懂，明白晓畅，故事叙述多采用全知视角，追求叙事时间的满格效应，对于事件的前因后果、线索的来龙去脉、人物生平事迹等都习惯交代得清清楚楚，否则就会有叙事不完整之嫌。以情节为中心的连贯叙述也便于听者理解和把握，而且讲说者在故事情节的纵向单线发展中，也力求把情节编织得跌宕起伏、扣人心弦,如此才能满足当时大多数以消遣娱乐为目的的低层次读者的欣赏水平①。到20世纪初接触西方小说以前,中国小说基本上采用连贯叙述方法,但在事件的讲述中本能地打破自然时序,却古已有之。如明清时期的小说批评家金圣叹提出的"横云断山"法,毛宗岗的"横桥锁溪"法,张竹坡"夹叙他事"法,韩子云的"穿插藏闪之法"等,都体现了当时人们对小说演述时间打断故事时间的直观把握。所有这些"断""锁""夹"与"穿插藏闪",都不打乱故事的自然时序,主要故事可能由于次要故事的插入而中断,但插入一旦结束,故事又接着讲,并没有真正触动"情节时间"②,随手插入讲述者自己的观点对听读者进行直截了当的劝诫、教谕,或插入从故事中获得的启示与教训,或添加人物介绍以对人物性格作多侧面的塑造,或介绍背景信息以将故事编织得更天衣无缝。

说书艺人是"严格依照因果报应的观念来解释历史和传说的粗俗说教者"③。传统白话小说讲述形态各异的故事,表面上是按自然时序来推动情节,但实质上,故事发展的内核动力却是"因果报应、天道轮回"等叙事逻辑,所以凡事有果必有其因,如果光讲结果不交代原因,对于故事的构建与解读都将是不完整的遗憾。因此,故事的讲说者在讲述事件结局之后补充交代原因的习惯,发展成了叙事自觉性,在故事结构上就形成了连贯叙事中不断被插入的部分,语言编码上就表现为插叙标记"原来"的不断使用。

"史统散而小说兴",小说和史传关系源远流长。史传作品在叙事结束后惯以"太史公曰""某某曰"等语句作结或评论传主,或抒发情感或大兴感慨,以此劝勉和警戒后人当以史为鉴。这种先叙后评的体制对传统小说形制影响深远。小说讲述者的主体意识比史传更强,他们自负"振人心触里耳"的社会教化功能,从开场诗词到入话、正话以及结尾

---

① 杨义:《中国古典小说的叙事原则》,《河南大学学报(社会科学版)》2004年第5期。
② 陈平原:《中国小说叙事时间的转变——从"新小说"到"现代小说"》,《文艺研究》1987年第3期。
③ 夏志清:《中国古典小说导论》,胡益民等译,安徽文艺出版社,1988年,第10页。

散场诗,处处都成为他们发表意见、彰显个人主观立场的阵地。

综上可见,对于讲说体小说的连贯叙事,插叙是一种广为运用、必不可少的补充叙事策略。而如何将如此频繁的插叙与第一叙事区别开来,在书面阅读的文本中当然是不成问题的,但在传承听觉艺术传统,将受众假想为听众的讲说体小说中,就势必要将受众的接受心理纳入构建语篇的考量之中,需要运用专门的标记帮助听众有效区分插叙内容的起讫,如此听者才能顺利识别说者特意设置的时间倒错,形成期待心理,获得期待的艺术体验效果,提升聆听(阅读)兴趣。"原来"本有"当初"以及"发现"和"反预期"等语义,又位于句际接榫处,替代史传和文言小说中插叙标记"初"[①]成为白话小说中专门插叙标记的最佳选择。

4. 插叙标记"原来"的发展演变

五四以后,小说作家积极模仿西方现代小说,小说功能从讲故事转为描摹世态、抒发情感,叙事时间也就不同于以往的传统小说。陈平原(1987)提出五四作家的真正贡献在于,倒装叙述不再着眼于故事,而是着眼于情绪。过去的故事之所以进入现在的故事,不在于故事自身的因果联系,而在于人物的情绪与作家所要创造的氛围——借助于过去的故事与现在的故事之间的张力来获得某种特殊的美学效果。作家们根据人物感受来重新剪辑情节,安排叙事时间[②]。所言虽是关于我国叙事文学中倒叙方式转变的根本原因,但对于插叙方式的转变也同样适用。也就是说,插叙方式的使用不再是出于叙述者的叙述之需。虽然现代叙事文学作品中还广泛存在插叙方式,但在表现形式上力求与故事融为一体,不再特地使用元话语和话语标记来明示插叙的起讫,因此讲说体小说的专职插叙标记"原来"使用频率剧减也就在情理之中了。我们以《二刻拍案惊奇》(约 52 万字)、《水浒全传》(约 96 万字)、《红楼梦》

---

① 董秀芳:《汉语语篇中的插叙标记及其演变》,《汉语学报》2020 年第 1 期。
② 陈平原:《中国小说叙事时间的转变——从"新小说"到"现代小说"》,《文艺研究》1987 年第 3 期。

（约 73 万字）与《四世同堂》（约 90 万字）、《白鹿原》（约 49.6 万字）、《长恨歌》（约 26 万字）为例，比较了近代白话讲说体小说与现当代小说中插叙标记"原来"的使用情况，以期直观小说叙事观念的变化对插叙标记"原来"的使用所造成的影响。具体参看表 5-1。

表 5-1　近代白话讲说体小说与现当代小说插叙标记"原来"使用情况表

	"原来"总例数	插叙标记"原来"例数	插叙标记占比
红楼梦	269	131	48.7%
水浒全传	298	197	66.1%
二刻拍案惊奇	129	94	72.8%
白鹿原	10	0	0
四世同堂	28	2	7%
长恨歌	30	4	13.3%

由上表可见，近代讲说体小说中，插叙标记"原来"使用比例较高，在《红楼梦》中占了 48.7%，在《二刻拍案惊奇》中更是高达 72.8%。而在现当代叙事文学作品中，《白鹿原》完全不使用"原来"作为插叙标记，《长恨歌》使用率最高，但也只有 13.3%。从近代发展到现代，叙事标记"原来"的数量下降趋势异常明显。

5. 小结

本节主要研究了讲说体插叙标记"原来"的功能、形成动因和发展演变。插叙标记"原来"以叙述者话语形式出现在句或语段之首，使相邻的语言单位产生语义关联。通过插入的语句对前述事件形成解释、说明、补充、论证等关系来实现语篇组织功能，它是重要的注意控制资源，可以优化、调控听读者的注意，加强听读者的期待心理，有利于认知加工与记忆，表达了讲说者或小说作者的道义立场。

插叙标记"原来"源自其副词用法，关联副词"原来"的句间位置也是插叙标记形成的有利条件,但起最主要作用的是语用因素。因传统小说习惯于连贯叙事,插叙是对故事情节纵向单线发展必不可少的补充叙事策略,"原来"的使用可帮助听众有效区分插叙内容的起止,识别讲说者对叙事时序扭曲以设置悬念、造成特定艺术效果的叙事意图。

现代叙事小说不再严格遵守自然时序或因果逻辑叙事,而是根据人物感受来重新剪辑情节,安排叙事时间,插叙方式的根本改变导致插叙标记"原来"的衰微。

第2节　预叙标记"有分教"

1. 讲说体中的预叙方式

叙事学中的"预叙"指故事时间与叙事时间之间有着明显差别,提前讲述某个后来才发生的事情[①],它是经小说作者有效控制的、叙事时间早于故事实际发生的时间。明示的预序清楚地交代出某一具体时间之后发生的某一事件,暗示的预序只隐约地预示人物未来的命运和结局。

法国叙事学家热奈特认为,与插叙和倒叙相比,预叙在西方19世纪小说中"明显地较为罕见"[②]。但在中国,自魏晋南北朝的志怪小说到唐传奇,自宋元话本到明清长篇章回小说,相较于"倒叙、插叙、追叙"等几种叙述方式,预叙却最为普遍,形式最为多样。从预叙所处语篇位置来分,有卷首预叙、标题预叙、章节段落结尾预叙等;从表现形式而言,又有偈语、谶言、卜辞、判词、谜语、酒令及诗词曲、歌谣等,这些也是白话讲说体小说实现预叙功能极为常见的语言手段。

① 卷首预叙。在卷首做总括性预叙是中国古典文学长篇章回体小说的常见情形,最著名的例子当属《三国演义》的开卷语"天下大势,分久必合,合久必分",提摄全篇题旨,隐括全文,预告全书从东汉末

[①] 罗钢:《叙事学导论》,云南人民出版社,1994年,第140页。
[②] 转引自张寅德编选:《叙述学研究》,中国社会科学出版社,1989年,第210—211页。

至西晋初近百年间群雄割据混战,魏、蜀、吴三国之间的政治和军事斗争,最终由司马炎统一建立晋朝的故事。短篇小说中的预叙方式更为普遍,有时叙述者在小说的开头便将故事梗概或结局透露给听读者。如《警世通言·苏知县罗衫再合》入话之后讲说者便预叙道:"今日说一桩异闻,单为财色二字弄出天大的祸来。后来悲欢离合,做了锦片一场佳话,正是:说时惊破好人胆,话出伤残义士心。"三言两语就将故事梗概和结局揭示"提破"。卷首预叙主要用于引起听读者的兴趣,使其产生对故事具体情节进一步了解的欲望。

② 标题预叙。话本小说题目与章回小说的回目,都习惯使用一组对仗的标题对小说内容进行简单交代。比如《红楼梦》第二十七回"滴翠亭杨妃戏彩蝶,埋香冢飞燕泣残红",标题中凝缩了该回叙写的女主角宝钗活泼灵动追逐彩蝶、黛玉多愁善感葬花饮泣的经典文学片段。

③ 章节预叙。讲说者在没有给出小标题的章回之内或短篇小说情节发展的关键节点暂时中断叙述,使用特定的语句安排预设,以设置悬念。如《警世通言·乔彦杰一妾破家》在语篇中部情节发展的紧要关头安排的预叙:

次日午牌时分,周氏门首又有人敲门。周氏道:"这等大雪,又是何人敲门?"<u>只因这人来,有分教周氏再不能与乔俊团圆。正是:闭门屋里坐,祸从天上来。</u>

当日雪下得越大,周氏在房中向火。忽听得有人敲门,起身开门看时,见一人头戴破头巾,身穿旧衣服。

划线语句本是说话艺人在书场讲述过程中于情节最要紧处时暂停下来向听众讨取关赏活动的叙事套语,在小说案头化为供人书面阅读的文本后,便演进为情节分段和设置悬念埋下伏笔的预叙标记。

④ 语句预叙。讲说体小说还常运用"如此如此""这般这般"等特定语句进行预叙,这也可以制造时间倒错。这种语句预叙利用指代词与指代对象间的错序(指代对象本应先于指代词出现,此类用法却故意将

指代对象后置于指代词），来创设一种讲述者和故事人物均知晓实情而故意不让听读者知晓的书场氛围。例如《三国演义》常使用该方式来展现诸葛亮的神机妙算及出人意料的战果：

  孔明曰："不须主公忧虑。尽着周瑜去厮杀，早晚教主公在南郡城中高坐。"玄德曰："计将安出？"孔明曰："只须如此如此。"玄德大喜，只在江口屯扎，按兵不动。

"如此如此"提前告知听读者诸葛亮将实施一个妙计，但究竟妙在何处，结果如何，需要继续听下去才能揭晓。此举能有效激发听读者的好奇心进而一探究竟。

至于偈语、谶言或相面占卜、判词、曲辞、谜语、酒令及诗词等也常被赋予预叙功能，在讲说体小说中均有大量使用。《红楼梦》更是集大成者，它不仅沿承发展了传统小说的预叙方式，不再单纯把诗词、酒令等作为预叙手段，同时还赋予它们情节化、性格化的特点。预叙方式一方面可以使全书结构更为严谨，另一方面还能给全书营造出"一切皆已前定"的梦幻色彩，与全书的主旨相吻合[①]。例如第五回"游幻境指迷十二钗，饮仙醪曲演红楼梦"，宝玉梦游太虚幻境，看到的金陵十二钗正册、副册和又副册的判词，听到的十二支曲子，都是对全书主要人物和以贾府为代表的四大家族的兴衰命运和悲惨结局进行的整体性预叙。

根据预叙方式反映事件信息明晰与否，预叙可分为隐性预叙和显性预叙。前者含糊地暗示人物未来命运和事件走向，需要听读者自行体会，而后者用特定的语言形式表征某一具体时间之后将要发生某一事件，例如《儿女英雄传》第十一回，当叙述至地保办完了一桩惊风骇浪的大案时，讲说者现身说法："那地保另找了两个老实和尚在庙慕化焚修，不上几年，倒把座能仁寺慕化的重修庙宇，再塑金身，这是后话

---

① 王平：《论〈红楼梦〉的预叙方式及其功能》，《红楼梦学刊》2001年第四辑。

不表。"这段话以"说书人"口吻告诉听读者晚于当下叙事时间的事件"能仁寺将来重振辉煌"是"后话",把将来发生的事提前到当前来讲述,扭曲了事件发展的自然时序,这就是显性预叙。"后话不表"以及前文提到的"如此这般"和下文将要重点分析的"有分教"等,都是显性的预叙语言编码形式,作为语言学角度的考察,本研究关注的正是这类预叙标记词。下面将以带有鲜明讲说体语体特色的"有分教"为代表对预叙标记进行研究。

2. 讲说体预叙标记"有分教"的句法、语义考察

2.1 "有分教"的句法与语形特点

语言学角度关于预叙标记"有分教"的研究成果较少,目前仅见白维国主编的《白话小说语言词典》①收录了该词条,其解释为:"有机缘使得;注定要。多用于传统小说的段终或回末,提示情节的发展线索。"该词典还指出了该词条下的不同形体,又作"有分教"和"有分叫"。"教"与"交"为同音异写关系②。例如明末清初学者仇兆鳌在《杜诗注》中"始是乾坤王室正,却教江汉客魂销"(杜甫《承闻河北诸道节度遣人入朝欢喜口号绝句十二首》之三),"教"下注曰:"平声,一作'交'。"此外,"教"与"叫"在语音上也有联系,也都有"使令"义。三种词形的语例分列如下:

(1) 那哥哥道:"既恁地,便和哥哥同到家里去走走来。"只因这一去,<u>有分交</u>:绿袍年少,别牵系足之绳;青鬓佳人,立化望夫之石。(明《二刻拍案惊奇》)

(2) 宋金向空叩头,感谢龙天保佑。然虽如此,此身如大海浮萍,没有着落。信步行会,早觉腹中饥馁。望见前山林木之内,隐隐似有人家,不免再温旧稿,向前乞食。只因这一番,<u>有分教</u>宋小

---

① 白维国主编:《白话小说语言词典》,商务印书馆,2011年,第1897页。
② 张美兰:《近代汉语使役动词及其相关的句法、语义结构》,《清华大学学报(哲学社会科学版)》2006年第2期。

官凶中化吉，难过福来。正是：路逢尽处还开径，水到穷时再发源。（明《今古奇观》）

（3）谁知这一去，<u>有分叫</u>晁大舍：猪羊走入屠家，步步来寻死路。（清《醒世姻缘传》）

例中"有分交""有分教""有分叫"均由"有分"加上使令动词"交、教、叫"构成，从中可见三个词虽词形有异，但语义、语用功能上并无差异，确为同一个词。另据本文对 CCL 语料库古代汉语部分的统计显示，"有分教"使用频率最高，为 292 例，其次为"有分交"11 例，"有分叫"0 例，仅在 BCC 语料库古代汉语部分搜索到 1 例。为叙述简便，下文如无特别说明，将不再对字形作区分，统一作"有分教"。

"有分教"表示"有缘分使得"义，整体使用，表示由前文的所述事件而导致一个结果产生，句式上表现为一个结果分句，其后引出的语句所代表的事件时间均晚于当前的叙事时间，存在时间倒错。所引句子内容是对后续故事的简单预告，在之后的章节里再叙述这一事件或人物命运的具体发展过程，这时，读者的悬念感与好奇心皆被完全吸引到这一过程之上，并造成了强烈悬念。于结果分句而言，"有分教"具有冗余性，其删除与否不影响真值语义的表达。在句法结构方面，"有分教"与结果分句之间关系疏离，一方面，在句表形式上存在较长的语音停顿，如例（1）有分号与所引导语句隔开；另一方面，"有分教"不参与结果分句的句法结构，属于句子外围成分。在语用方面，"有分教"与其后的语言单位分属两个语用层面，前者为故事讲述者的元叙事话语，后者为故事层面话语。由此可见，"有分教"是一个用来表达"预叙"功能的话语标记，本文简称为预叙标记。

2.2 预叙标记"有分教"的语篇分布特点

"有分教"的语篇分布因小说篇幅的长短而有所不同，一般情况下，长篇章回体小说中的"有分教"多分布在某一章回的结尾处。本书对明清时期几部长篇讲说体章回小说中的"有分教"的使用情况进行了统计，详见表 5-2。

表 5-2 "有分教"在明清五部长篇讲说体章回小说中的使用情况

书　名	总回数	章末"有分教"例数
儒林外史	56	49
三遂平妖传	20	14
水浒全传	121（包括楔子）	60
醒世姻缘传	100	2
西游记	100	1

表中数据显示：《儒林外史》中的"有分教"出现频次最高，87.5%的章末结尾处使用了"有分教"预叙后文内容，其次是托名罗贯中所著的《三遂平妖传》，共20回，其中14回末用了"有分教"，占了总回数的70%。值得注意的是，同为罗贯中所著的《三国演义》中竟无一例"有分教"。一般而言，一个作家的个人风格特点会在其作品中保持一定的稳定性和一贯性，并在语言运用习惯上得以体现，风格不太可能天差地别。从这个角度说，《三遂平妖传》与《三国演义》同属一个作者的可能性不大。再次是《水浒全传》，几近一半的章回结尾处使用了"有分教"。而《醒世姻缘传》与《西游记》每章结尾处也都有一句简短的预告式结语，前者的预告语基本未使用叙事套话，编码为"不知……"句式。《西游记》100回中，有99回使用了另一个预叙标记词"毕竟"与叙事套语"且听下回分解"的组合模式进行预叙。

再看"有分教"在长篇章回小说中的具体运用：

（4）周进一进了号，见两块板摆得整整齐齐；不觉眼睛里一阵酸酸的，长叹一声，一头撞在号板上，直僵僵的不醒人事。只因这一死，有分教："累年蹭蹬，忽然际会风云；终岁凄凉，竟得高悬月旦。"未知周进性命如何？且听下回分解。（清《儒林外史》）

（5）只见王则的神鬼、异兽见了秽物猪羊二血，破了那法，望本阵便走，文招讨招人马乘势掩杀将来，王则大败落荒而走，枪刀尽弃，人马踏做肉泥。只因此阵败，<u>有分交：好邪逆党俱遭刀剑分尸，妖法妇人推出市心斩首</u>。正是：

欲将妖法害正人，正人有福神灵护。

毕竟王则败走如何？且听下回分解。(明《三遂平妖传》)

（6）宋江便道："人称足下为智多星，端的名不虚传！敢问军师用甚计策，赚得本人上山？"吴用不慌不忙说出这段计来，<u>有分教卢俊义撇却锦簇珠围，来试龙潭虎穴</u>。正是：只为一人归水浒，致令百姓受兵戈。毕竟吴学究怎么赚卢俊义上山，且听下回分解。(明《水浒全传》)

以上三例中"有分教"之后均与长篇章回小说惯用的散场诗"正是……"和结束套语"且听下回分解"叠用，可见其语篇分布具有鲜明的章末倾向。白话短篇小说中也可见"有分教"的运用，一般分布在语篇中部的情节告一段落处，我们对短篇小说集"三言二拍"和《清平山堂话本》"有分教"的语篇分布情况进行了调查统计，结果见表5-3。

表5-3 "三言二拍"和《清平山堂话本》"有分教"的语篇分布情况

书　　名	"有分教"例数
初刻拍案惊奇	9
二刻拍案惊奇	8
警世通言	8
醒世恒言	7
喻世明言	9
清平山堂话本	2

具体例子如：

（7）众人都被风颠得头晕，个个是呵欠连天，不肯同去。文若虚便自一个抖擞精神，跳上岸来，只因此一去，<u>有分交：十年败壳精灵显，一介穷神富贵来</u>。若是说话的同年生，并时长，有个未卜先知的法儿，便双脚走不动，也挂个拐儿随他同去一番，也不在的。

却说文若虚见众人不去，偏要发个狠板藤附葛，直走到岛上绝顶。（明《初刻拍案惊奇》）

（8）那庆奴拜辞了爹娘，便来伏事那官人。<u>有分教做个失乡之鬼，父子不得相见</u>。正是：天听寂无声，苍苍何处寻？非高亦非远，都只在人心。

那官人是高邮军主簿，家小都在家中，来行在理会本身差遣，姓李，名子由。（明《警世通言》）

（9）不数日完备，刘二辞了哥哥，收拾了行李，长行而去。只因刘二要去趁熟，<u>有分教：去时有路，回却无门</u>。正是：旱涝天气数，家国有兴亡；万事分已定，浮生空自忙。

当日，刘二带了妻子，在路行了数日，已到高平县下马村，见了姨夫张学究，备说来趁熟之事。其人大喜，留在家。（元明《清平山堂话本》）

以上三例"有分教"都出现在短篇小说故事情节发展的重要转圜之处，所引内容皆为对后续将要发生的故事情节的概括，故事发生时间早于当前的叙事时间，时间上被扭曲，具有明显的预述性质。

2.3 "有分教"的语篇语义表达模式及其所标引成分的特点

根据语篇性质以及语篇位置的不同，"有分教"在语篇中与其先行语、后续句组构而成的模式可概括为以下几种。

① 只因/谁知 S1，有分教 S2。该模式只出现短篇小说的分段落处：

（10）看看天色明亮，蕊珠想道："此时上边未必无人走动。"高喊两声救人！又大哭两声，果然惊动了上边两人。只因这两个人走将来，有分教：黄尘行客，翻为坠井之魂；绿鬓新人，竟作离乡之妇。说那两个人，是河南开封府报县客商。一个是赵申一个是钱已。（明《二刻拍案惊奇》）

S1 与 S2 分别为表原因和结果的分句。S1 为散文句，S2 为韵文句，S2 为下文内容的预叙。

② 只因／谁知 S1，有分教 S2。正是／直使得／有诗为证 S3。该模式在第一种模式的基础上增加一个表评论的句子"正是／直使得／有诗为证 S3"，也主要出现在短篇小说语篇的段落分离处：

（11）宋金向空叩头，感激龙天保佑。然虽如此，此身如大海浮萍，没有着落，信步行去，早觉腹中饥馁。望见前山林木之内，隐隐似有人家，不免再温旧稿，向前乞食。只因这一番，有分教：宋小官凶中化吉，难过福来。正是：路逢尽处还开径，水到穷时再发源

宋金走到前山一看，并无人烟，但见枪刀戈戟，遍插林间。（明《警世通言》）

在对下文情节进行预告之后，再使用强断言标记"正是"引导的两个韵文句子 S3 对 S2 和 S1 进行评论。

③ 只因／谁知 S1，有分教 S2。正是／直使得／有诗为证 S3。毕竟 S4，且听下回分解。该模式一般出现在长篇白话小说的每一章回结尾处，在前两种的基础上再叠加了一个含有预示性的句子 S4 和终章套语"且听下回分解"。例如：

（12）武松拿着刀，提了两颗人头，再对四家邻舍道："我又有一句话，对你们高邻说，须去不得！"那四家邻舍叉手拱立，尽

道:"都头但说,我众人一听尊命。"武松说出这几句话来,<u>有分教景阳冈好汉,屈做囚徒;阳谷县都头,变作行者</u>。<u>毕竟武松说出甚话来,且听下回分解</u>。(明《水浒全传》)

"有分教"与"毕竟"引导的S2与S3分别为韵文句与散文句,共同实施了对下一章回主要内容的预告功能。

2.4 预叙标记"有分教"的语用功能及其实现的语义、句法条件

"有分教"的三种语篇语义表达模式具有以下共同特点。

① S1为前文已发生过的事件,语形上多为"这/那/此"等定指代词+VP/NP构成的简单句,与先行事件同义复指。

如上引例(1)S1"这一去"复指前文内容"那哥哥道:'既恁地,便和哥哥同到家里去走走来。'"由于前文语句结构冗长,语义内容繁杂,为避免再次提及时的重复而采用简单句替代。时代较早的一些讲说体文献中,S1也有其他的语言表达形式,如例(9)出自元明时期的《清平山堂话本》,该书语言风格较为拙朴,其中S1为简单主谓句"刘二要去趁熟",主语"刘二"和谓语"要去趁熟"都直接提取自前文事件。

② "有分教"引导的S2是以S1为前提条件而引发的现象或后果,S1与S2之间互为因果。

讲说体小说情节向前发展的动力主要是因果关系。因果关系不仅是维系作品形象、情节结构的基本秩序,还尤其是我国封建时代作家和读者认识世界、理解世界的基本原则。大因果嵌套小因果所形成的因果关系,也就成为小说情节发展的规律,小说作品基本上根据这样的原则构成,整个情节结构较为单一,多按因果链向前推进[①]。"只因S1,有分教S2"是情节之间的因果关系在语言结构上的投射。讲述者点明了S1是致使S2形成的原因,S2将所代表的内容高度凝练在语句中,细节或过程则留待下一章回或下一情节段落中具体展示。如例(10)"有分教

---

① 陈美林、冯保善、李忠明:《章回小说史》,浙江古籍出版社,1998年,第163—164页。

景阳冈好汉，屈做囚徒；阳谷县都头，变作行者"位于《水浒全传》第25回章末，第26回"母夜叉孟州道卖人肉　武都头十字坡遇张青"紧承其后，再围绕"武松杀死潘金莲和西门庆之后，阳谷县令对他的处置"进行详细讲述。

S2为韵文形式的兼语句，上引例（10）"有分教景阳冈好汉，屈做囚徒；阳谷县都头，变作行者"中的"景阳冈好汉""阳谷县都头"，既是"有分教"的宾语，又分别是"屈做囚徒""变作行者"的主语，这与"有分教"的"教"为使令动词、表示"使成"语义息息相关。

③ "只因/谁知S1，有分教S2"与"正是/直使得/有诗为证S3"之间有评议与被评议关系。

"只因/谁知S1，有分教S2"之后还常与评论性话语"正是/直使得/有诗为证S3"共现。引导S3的标记语因小说的结构体制不同而有不同的选用偏好：长篇章回体习用"正是"与"直使得/直教"，短篇小说另外还有"有诗为证"引导S3。详参表5-4统计数据：

表5-4　"正是/直使得/有诗为证S3"在长、短篇小说中的使用情况表（例）

	"正是" + S3	"直使得/直教" + S3	"有诗为证" + S3
长篇章回体小说	15	12	0
短篇白话小说	34	1	2

（13）众庄客一齐上，就地拿起林冲来，将一条索缚了，趁五更时分把林冲解投一个去处来。那去处不是别处，有分教：蓼儿洼内，前后摆数千支战舰艨艟；水浒寨中，左右列百十个英雄好汉。正是：说时杀气侵人冷，讲处悲风透骨寒。

毕竟看林冲被庄客解投甚处来，且听下回分解。（明《水浒全传》）

（14）湖商自是隔天涯，舟子无端起祸胎。个半老的人挑了两个盒子，竟进王家里来。放下扁担，对家僮问道："相公在家么？"

只因这个人来，有分教：负屈寒儒，得遇秦庭朗镜；行凶诡计，难逃萧相明条。有诗为证：湖商自是隔天涯，舟子无端起祸胎。指日王生冤可白，灾星换做福星来。那些家僮见了那人，仔细看了一看，大叫道："有鬼！有鬼！"东逃西窜。（明《初刻拍案惊奇》）

（15）乔俊道："梢工，你与我问巡检夫人，若肯将此妾与人，我情愿多与他些财礼，讨此妇为妾。说得这事成了，我把五两银子谢你。"梢工遂乃下船舱里去说这亲事。言无数句，话不一席，有分教这乔俊娶这个妇人为妾，直使得：一家人口因他丧，万贯家资指日休。（明《警世通言》）

（16）鲁提辖正听到那里，只听得背后一个人大叫道："张大哥，你如何在这里？"拦腰抱住，扯离了十字路口。不是这个人看见了，横拖倒拽将去，有分教：鲁提辖剃除头发，削去胡须，倒换过杀人姓名，薅恼杀诸佛罗汉；直教：禅杖打开危险路，戒刀杀尽不平人。（明《水浒全传》）

上引各例中，S3 的引导标记词形式虽变动不居，但 S3 的语义却相对固定，皆表达对 S1、S2 所代表事件的评论。其中标记词"有分教""直使得"与"直教"相对于"正是"与"有诗为证"而言，还额外强调了 S3 是 S1、S2 所导致的结果。

④ S3、S4 与 S1 之间有一定的交叉和延续关系。

长篇章回体小说在"只因 / 谁知 S1，有分教 S2。正是 / 直使得 / 有诗为证 S3"之后，还要加一句套话"毕竟 S4，且听下回分解"。短篇小说则跳过该套语直接续上后面的情节。例如：

（17）次早，船家在船中做饭，两兄弟上岸闲步，只见屋角走过一个人来，见了二位，低头便拜下去，说道："娄少老爷，认得小人么？"只因遇著这个人，有分教：公子好客，结多少硕彦名儒；相符开筵，常聚些布衣韦带。毕竟此人是谁？且听下回分解。（清《儒林外史》）

例中"毕竟"引导的 S4 与 S2 同样有预示功能，但二者的差异也很明显：S4 为一个简短的散文句，S2 篇幅较长，少则 2 句，多则 4 句，且大多为工整的对仗语句。S4 与 S1 有一定的交叉和延续，如例中的 S4"此人是谁"，"此人"即为 S1"遇着这个人"中的"这个人"，在此基础上 S4 又将情节进一步延伸至"是谁"，为下文情节埋下伏笔、规定走向。

（18）一个半老的人挑了两个盒子，竟进王家里来。放下扁担，对家僮问道："相公在家么？"只因这个人来，<u>有分教：负屈寒儒，得遇秦庭朗镜；行凶诡计，难逃萧相明条。有诗为证：湖商自是隔天涯，舟子无端起祸胎。指日王生冤可白，灾星换做福星来。</u>那些家僮见了那人，仔细看了一看，大叫道："有鬼！有鬼！"东逃西窜。（明《初刻拍案惊奇》）

上例引自短篇小说《初刻拍案惊奇》，缺少 S4 部分，例中"有分教"标引的 S2 与"有诗为证"标引的 S3 都是韵文句，所表达的也都是"时来运转、否极泰来"之义，语义重复表达。

综上可见，正是因为"有分教"三种语篇表达模式中前后语句之间的各种不同关系，预叙标记"有分教"在语篇中除了"预叙"的基本功能之外，在语篇组织、语义连贯、言者立场态度的表达、言听双方的互动等方面也起着不同的作用。

3. 预叙标记"有分教"的语用功能及其认知动因

"有分教"是深受说书艺术影响而形成的叙事手段，是书场表演程式化后残存在书面作品中的印迹，主要在语篇层面发挥作用。

3.1 控摄叙事线索、"黏"住听众之需

中国传统叙事文学讲究故事性。故事讲说者靠三寸不烂之舌面对观众讲故事维持生计，故事如果不生动，吸引不住听众就无以谋生，同时也表明说书技艺的失败，这是讲说者不愿出现的局面，因而讲说者要

在小说故事的容量、趣味曲折、新奇和偶然性上下足功夫。另外,长期的艺术实践培养了听读者的特殊欣赏口味。由说书转型为书面阅读型小说之后,这一习惯不但未被抹杀反越发为作家们重视。传统小说的故事性特色又往往与小说重视情节段落性的结构方式相联系[①]。即,小说情节组织安排沿袭说书的结构形式,说书艺人为便于把握讲说的进度或速度,习惯将长篇分章回、短篇分段落进行讲说。发展至书面小说后,每部书或每篇小说都由几个大小不等的情节段落构成,大、中、小段落依循一条主线演进,组成网状或线性结构。在讲述中,章回之间、段落之间的隔断,多是说书艺人停下来向观众讨取关饷的节点,之后再接着讲述。小说家或讲说者为使自己能够在中断话头之后顺利接续下去,在组织结构时就必须努力关照彼此间的联系,做到有照应、有起伏、有轻重、有转承启合、有始终,就势必要依赖一些线索性质的段落分节标记。正如刘熙载《艺概》所指出的"惟存预叙,能线索在手,则错综变化,惟吾所施"。张竹坡也曾提出"盖作者恐后文顺手写去,或致错乱,故一一定其规模,下文皆照此结果此数人也。此数人之结果完,而书亦完矣。直谓此书至此结亦可"[②]。标记词"有分教"标引的预叙在后文都有详细的叙述作为回应,可见其所具有的控摄叙事线索,突出叙事主旨的独特功能。

由于说书人在书场讲故事的时间长短不定,尤其是长篇故事甚至长达十天半个月才能讲完,听众往往也流动不居。为了更好地"黏住"听众不至流失,也为了使每位观众对故事情节能完整了解,他们常在每个行将结束的章节段落中采取"有分教"等语言手段进行"设扣子"式的情节预告,以引起听众强烈的好奇心而欲罢不能。在语言形式表征上多借助于指代词与所指代对象的时间差来制造时间错乱。一般情况下,S1所代表的内容都是前文已发生的、为听读者知晓的信息,所以 S1 中可用表示定指的指代结构来复指,但有时为了达到特定的语用效果,S1

[①] 鲁德才:《中国古代白话小说艺术形态学导论》,南开大学出版社,2013 年,第 203 页。
[②] 〔明〕兰陵笑笑生:《金瓶梅》,齐鲁书社,1991 年,第 10 页。

的指代结构也被用来指代尚未发生或未为听读者知晓的信息，并有意延宕至后文再交代。例如：

（19）武松拿着刀，提了两颗人头，再对四家邻舍道："我又有一句话，对你们高邻说，须去不得！"那四家邻舍叉手拱立，尽道："都头但说，我众人一听尊命。"<u>武松说出这几句话来，有分教景阳冈好汉，屈做囚徒；阳谷县都头，变作行者</u>。毕竟武松说出甚话来，且听下回分解。（明《水浒全传》）

例中"这几句话"本应在言听双方都明白具体所指时才可使用，但事实是，只有讲述者和故事人物知晓而故意瞒着不让听读者知道"武松说了哪几句人命关天的话"，就像哑谜一样，先抛出谜面，到下一章回或段落再揭示谜底。

此类叙事方式提升了叙事张力，可以激发出听读者的好奇和探索究竟的急切心理，从而有效地黏住了受众。

3.2 制造悬念，激发听读者的阅读期待心理

预叙能靠悬念抓住读者，更容易把一个故事讲得扑朔迷离、神秘莫测。这对中国作家和读者都有莫大的吸引力。"有分教"的基础功能是明示预叙，而预叙的目的在于利用听读者的期待心理以制造悬念，体验到预叙带来的叙事效果。所谓悬念，指人对于事物表示关注、好奇、牵挂的一种心理状态，用作小说叙事术语时则指小说中能够引起读者强烈好奇心与牵念感的人物的命运与事件的发展趋势、前因后果、结局或真相等，尤其指小说中某些能够引发读者关注、牵挂与好奇心的特定因素[①]。悬念是吸引人们阅读小说的重要因素。因此，小说家特别着意经营悬念技巧，通过制造打乱线性叙事逻辑来增强阅读乐趣，可谓洞察了听读者在悬念支配下必然迫不及待要了解事实真相的接受心理。而这种操

---

① 李鹏飞：《中国古代小说悬念的类型及其设置技巧》，《云南大学学报（社会科学版）》2014年第3期。

控听读者接受的心理意图，用语言明示出来便是话语标记的使用。由此可见，与插叙标记"原来"相同，"有分教"等预叙标记也是一种被小说讲述者充分利用的注意控制资源，通过在讲述过程中适当地使用，激发起强烈的阅读期待，成功地牢牢"黏住"听读者的注意。

戴维·洛奇的《小说的艺术》提出了两类悬念：一类跟因果关系有关（比如，谁干的），一类跟时间顺序有关（比如，下一步会发生什么）[①]。因果观念对中国古代小说叙事思维机制的渗透十分明显,前因后果也是时间关系的另一种体现形式。情节之间依靠因果关系而演进，形成讲说体小说独特的叙述特征，引导听读者建立起了特定的由"因"寻"果"或由"果"推"因"的接受心理定势。"有分教"在语篇中固有的表达模式"只因S1，有分教S2"，向听读者宣告了已述情节与后续情节之间的因果关系，当前只知其因S1，如欲知其果S2，则"且听下回分解"。可见预叙标记"有分教"对听者的接受有积极的引导作用。

这种利用"有分教"设置悬念提前将结果告诉读者的叙事手法，因对将来的情节有所透露，降低了读者对结局的期待；但另一方面，由于它"露而不透、悬而未决"，关键情节与人物关系还要依靠具体详述才能明了，因此，在这个意义上，也成功激发起读者对故事情节关系的好奇，尤其是当前因与结果有一定反差时，听读者必然会将关注力转移至事件演进的过程中去，这个中奇巧是顺叙方式难以望其项背的。例如：

（20）那巫娘子果然吃了两日素，到第三日起个五更，打扮了，领了丫鬟春花，趁早上人稀，步过观音庵来。看官听着，但是尼庵、僧院，好人家儿女不该轻易去的。说话的，若是同年生、并时长，在旁边听得，拦门拉住，不但巫娘子完名全节，就是赵尼姑也保命全躯。<u>只因此一去，有分教：旧室娇姿，污流玉树；空门孽质，血染丹枫</u>。这是后话，且听接上前因。（明《初刻拍案惊奇》）

[①] [英]戴维·洛奇:《小说的艺术》,王峻岩等译，作家出版社，1998年，第14页。

上例"有分教"引出了一段典型的预叙,它在情节发展的转折处插入,先向读者暗示巫娘子此次观音庵之行出现的后果:一是自己被玷辱;二是赵尼姑被杀身亡。因它的提前预告,读者肯定对事件结果的期待程度有所减弱,但另一方面却激发出听读者探究之所以然与具体过程的欲望。从该意义上说,"有分教"也算是一种利用时间倒错而形成的极具张力的叙事策略。

3.3 标志言者显身,表达立场态度

我国古典小说预叙方式十分发达,有的处于故事层面,如《红楼梦》中金陵十二钗正册、副册和又副册的判词与十二支曲子所作的预叙;有的处于话语层面,借叙述者之口对故事情节发展或人物性格命运进行预叙。处于话语层面的预叙者存在于故事之外,其身份需要借助"有分教"等特定的标记词定位,以免听读者混淆视听。

此外,讲说体小说作者强烈的"教化"社会责任感,也是"有分教"类预叙标记的使用动因之一。鲁迅曾指出:"唐人小说少教训,而宋则多教训。大概唐时讲话自由些,虽写时事,不至于得祸;而宋时则讳忌渐多,所以文人便设法回避,去讲古事。加之宋时理学极盛一时,因之把小说也都理学化了,认为小说非含有教训,便不足道。"[①] 这段话概括了宋代小说的普遍教化特征,而明代拟话本承袭对宋元小说一脉相承,叙述者感觉有需要当面告知读者故事内容,并进行劝诫教化。所以明清小说中多有"只因 S1,有分教 S2"后再叠加强断言标记"正是"等引导的评议性语句,该模式体现了讲述者显身于故事之外,就人物或事件总结经验教训、劝善惩恶、表达立场的叙述策略。

4. 预叙标记"有分教"的产生及发展演变

预叙标记"有分教"的产生源自我国小说的史传叙事传统。史官在记叙重大事件的过程中常常埋下伏笔,以史为鉴警示后人。预叙方式历

---

① 鲁迅:《中国小说的历史的变迁》,《鲁迅全集》第 9 卷,人民文学出版社,2005 年,第 329 页。

史悠久，早在《左传》《史记》为代表的史传作品中就已运用纯熟，史称"春秋笔法"，对古典小说预叙方式的形成影响重大。而在西方，正如热拉尔·热奈特所指出的，"提前，或时间上的预叙，显然要比相反的方法少见得多"①。

讲说体白话小说不仅传承了史传作品中的各种预叙方式，还发扬并促成了预叙方式的发达。比如前文提到的种种语言形式的预叙方式在讲说体小说的故事层面和话语层面发挥作用，还产生出了专职的预叙标记"有分教"等。

4.1 预叙标记"有分教"的产生

"有分教"由修饰语"有分"与使令动词"教"组合而成，作为一个短语，最早出现在元代话本《大唐三藏取经诗话》里，已是典型的预叙话语标记：

（21）苏知县叫快快拢岸，一时间将家眷和行李都搬上岸来。只因搬这一番，<u>有分教苏知县全家受祸</u>，正合着二句古语，道是：慢藏诲盗，冶容诲淫。

据考察，"有分"在唐宋时期就开始活跃，在佛教文献中出现频率较高，常与动词性词组组合成"VP有分"结构，表示"做某事或出现某情况是有缘分的"义，例如：

（22）师问，从甚处来。云，天台来。师曰，见智者否。云，<u>义存吃铁棒有分</u>。（唐《筠州洞山悟本禅师语录》）

（23）僧参人事毕，师曰："与么下去，还有佛法道理也无？"曰："<u>某甲结舌有分</u>。"（南宋《古尊宿语录》）

元代始，发展出了"有分VP"结构，如：

---

① 转引自张寅德编选：《叙述学研究》，中国社会科学出版社，1989年，第210—211页。

（24）空误了幽期密约，虚过了月夕花朝。<u>无缘配合，有分煎熬</u>。(元《西厢记杂剧》)

例中"无缘"与"有分"互文对举，表"缘分"义。"有分VP"结构的出现为"有分教"准备了结构形式基础。而"有分教"的最终融合成词，又与动词"教"自身的使役动词化、使成义的产生有关。

据张美兰（2006）[①]研究，"教"字在上古有"教育""教授""指教"义。"教导、传授知识技能"义很容易引申出以言语使人行事的"命令"义。这在一些音韵类的典籍中有记载，如《集韵》："教，令也。"宋贾昌朝《群经音辨》卷六："教，古肴切，使也。"表使令的用法在上古就已普遍，如：

（25）无<u>教</u>逸欲有邦。(《尚书·皋陶谟》)

使役用法由"教育、教授"义动词"教"演变而来的。唐五代时期"教"还演变出使成用法，也就是说，使成式中的使令动词"教"不仅可以是目的性的"令、让"，也可以表示致因性的"致使""导致"，如：

（26）又因一日峰见师，便拦胸把云："尽乾坤是个解脱门。<u>把手拽教伊入</u>，争奈不肯入！"师云："和尚怪某甲不得。"（五代《祖堂集》）

（27）造化可能偏有意，<u>故教明月玲珑地</u>。（南宋《李清照词》）

（28）二座主近前谏曰："莫怪触忤上座，且望慈悲。"师曰："若不是这两个座主，<u>直教他穷到底</u>。"（南宋《五灯会元》）

（29）初心闹乱未免回换。<u>所以多方教渠静观</u>。（南宋《古尊宿语录》）

[①] 张美兰：《近代汉语使役动词及其相关的句法、语义结构》，《清华大学学报（哲学社会科学版）》2006年第2期。

上引各例的句式结构可概括为："致事者 NP1 + 教 + 当事者 / 客事者 NP2 + V2（+ 其他成分）"。句中"教"与"V2"的动作性都很弱，甚至无动作性的形容词，如例（27）和例（28）的"玲珑"与"穷"也可以进入 V2 位置。因句中 NP1 多表抽象事物或名物化成分，与"教"之间有较长停顿，表明结构关系逐渐趋于松散，致事者的施使能力变弱，多表致使原因（"教"多与结果连词"故、所以"连用），整个句式表示 NP2 在 NP1 作用下发生某种变化。这与后来讲说体中"有分教"的语篇表达模式"只因 S1，有分教 S2"的典型使用语境契合。因此可认为，"有分 + VP"结构的出现与"教"使成义的产生，为"有分教"的组合成词奠定了形式与语义基础，而最终因说唱文学的兴盛，在讲说体叙事规则的驱动下规约化成为预叙标记。至于为何不是"有分"与其他的使令动词如"令、让、使"组合成词，这与"教"的本义"指教、教导、教授"相关，"教"以言行事，说话艺术又是语言艺术，两者通过"言语"纽带结合在一起要自然贴切得多。

4.2 预叙标记"有分教"的发展演变

预叙标记"有分教"产生于元代，鼎盛于明清，民国以后逐渐死亡。在 CCL 语料库古代汉语部分，明代共见 129 例，清代 126 例，民国时期为 31 例，且集中分布于某些仿古的讲史演义小说中。其他的文人作品因不再刻意模仿说书体制，预叙方式重新回归到以故事层面的预叙为主，因此，在话语层面上表示讲述者显身的预叙"有分教"也就退出了小说阵地。发展至现代，叙事文学观念发生转变，作品中讲述者习惯于隐身，因而"有分教"这类用以昭示言者显身的元叙事话语标记也完成了历史使命，退出了现代汉语词汇系统，以致后人对该词的语义不甚明了甚至误用。"百度知道"上有一则 1.6 万赞的答案显示，有人将"有分"解释为"有分别，有区别"，认为"有分教"一词是用来引领后文的评论的①。这些误解源自对"有分教"的来源及功能望文生义、一知半解。但是在情节发展的关键节点设置悬念以黏住听读者的叙事方式却

---

① https://zhidao.baidu.com/question/2434587.html.

一直延续了下来，例如，在现代电视连续剧每集播放结束时亦会播出下集预告，对剧情"漏而不透"，既吸引关注又没有完全剧透。虽然讲说体小说的传媒介质完全不同于电视连续剧，但在利用情节预告设置伏笔以吸引持续关注这一点上却异曲同工。

5. 小结

预叙是制造时间倒错的重要方法，在讲说体小说中使用非常普遍。"有分教"是讲说体小说特有的预叙标记，它在语篇中的分布因小说篇幅的长短不同而有所不同，长篇章回体小说中的"有分教"多分布在某个章回的结尾处，短篇小说则分布在语篇中部的某一情节终结处；它有不同的语篇表达模式，其语篇功能除了"预叙"之外，还有语篇组织、语义连贯、言者立场态度的表达、言听双方互动等作用。预叙标记"有分教"的形成深受说书艺术的影响，是书场表演程式化后在书面作品中的遗迹，它的使用动因是为了满足讲说体小说控摄叙事线索、"黏"住听众注意、设置悬念、造成听读者阅读期待心理、提升阅读兴趣等多种需求。

小说预叙方式的形成深受史传文学"春秋笔法"的影响，标记词"有分教"及其标引的语句，是预叙方式在话语层面的语言表征形式。预叙标记"有分教"是在"有分+VP"结构的出现与"教"使成义产生的基础之上形成的，说唱文学的兴盛、讲说体叙事规则的驱动是它形成的语用动因。现代叙事文学观念发生转变，预叙回归到故事层面，导致表征预叙方式的标记词"有分教"走向衰亡。

第 3 节　叙事标记"话说"

讲说体小说与现代叙事文学在传播媒介和叙事方式方面有显著差异。根据传媒的有无，可将交际形式区分为直接和间接两类。讲说体小说起源于口耳相传，是不借助媒体直接交流的口头"说书"艺术，书面化供读者案头阅读之后，仍模仿说书场中言听双方的直接交流，讲说者虽独白叙事，但语篇中却有许多"你听我说"这类直接交流的标记。在叙事方式方面，讲说体采用典型的"讲述"叙事方式，即小说作者模仿说书者面对着一群假想的听者在讲说故事，叙述者作为传达信息的中介存在于文本中，深度介入整个叙事过程，处处留下讲述痕迹。这些印迹符号化成为小说中的叙事标记，如"话说（表）、只说、单说（表）、且说、却说、话里且说、再说、言归正传、花开两朵各表一枝、话分两头、且听下回分解"等。本节以使用最广泛的"话说"为代表，对讲说体的叙事方式标记进行深入研究，下文简称为"叙事标记"。

1. 讲说体小说中"话说"的句法结构和分布特点

1.1 "话说"的结构形式

讲说体白话小说语篇中可以见到"话说"的两种句法结构方式，其一为线性序列上的跨层组合，例如：

（1）今日话说的，也说一个无道的君王，信用小人，荒淫无度，把那祖宗混沌的世界坏了，父子将身投北去也。（元《大宋宣和遗事》）

例中"话"为名词，"故事"义；"说"为言说动词，"话"与"说"是处于不同语法层次上的语言单位。

另一种"话说"已经词化，分为两种类型，一是名词，例如：

（2）贤弟，你既入了沙门，做了和尚，从今后，再莫题起那拙荆的话说。世间只有个火居道士，那里有个火居的和尚？（明《西游记》）

例中"话说"为名词，是动词"题起"的对象。

另一类是动词，位于句中，充当谓语中心语，例如：

（3）却是船家虽在岸上，回转头来，就看得船上见的，<u>只好话说往来</u>，做不得一些手脚，干热罢了。(明《初刻拍案惊奇》)

例中"话"与"说"均为"言说"义动词，同义复合成词，共同充当句子谓语，"往来"充当其宾语。动词"话说"还相当于句首发语词，用为讲说体小说的叙事元话语，其中"话"为"指讲史或小说的故事"的名词；"说"仍为言说义动词。"话说"义指"故事说的是……"。例如：

（4）<u>话说</u>平氏拆开家信，果是丈夫笔迹。(元《元代话本选集》)

例中的"话说"虽与"平氏"在线性序列上相连属，但是无论韵律、语义还是语法结构上，"平氏"都与后面的"拆开家信"联系更紧密，应为"话说‖平氏拆开家信"。可见"话说"不参与句子的句法结构，是叙述者用来表示故事开场的叙事套语，语义与句子命题意义无关，使用与否不影响句子的语义表达与理解，相当于故事开端的发语词，主要在故事叙述、语境建构等方面发挥叙事功能。因此，本书将其视为叙事标记词。

"话说"称得上最具讲说体小说语体特征的词语，但相关的研究成果却并不多，语言学角度的研究尤其稀少。《现代汉语词典》把"话说"解释为："① 旧小说开头时常用的词语，用于一个章节或段落开始的地方，以提起下文。② 讲述：《～长江》。"[1] 温爱华、胡倓允（2020）[2] 曾对现代汉语互联网口语词"话说"进行研究，该文将"话说"分成"动词、发语词与准话语标记语"三小类，将它的人际功能归纳为"漫谈自

---

[1] 中国社会科学院语言研究所词典编辑室编：《现代汉语词典（第7版）》，商务印书馆，2016年，第565页。
[2] 温爱华、胡倓允：《"话说"的人际功能考察》，《江西科技师范大学学报》2020年第5期。

谦、引人入胜、委婉表达与避免语码空白等主观情态功能"。以白话小说中的标记词"话说"为研究对象的主要有张爽（2010）[①]、鱼茜（2017）[②]等的硕士学位论文,两篇论文均将"话说"看作标示话题开始功能的话题标记。

本书认为,将"话说"视为话题标记不能完全涵盖其复杂的语用功能,因为它不单单标志某一话题的开始,更重要的是在小说叙事中发挥明示故事讲述行为正式开场、引入故事背景信息、前情回顾等叙事功能,因此,归入叙事标记类进行研究更符合其功能特点。

1.2 叙事标记"话说"的语篇分布特点

据对CCL语料库中近代汉语讲说体小说语料的统计,叙事标记"话说"共有4419例,95.4%位于篇章起首处,其中长篇章回小说中的"话说"位于每一章回的开篇起始处;而在短篇小说中则基本上都位于开场诗之后正话故事的开篇起首处。其余位于非篇章起始处的仅202例,占总例数的4.6%。我们以长篇小说《水浒全传》《红楼梦》和短篇小说《警世通言》《二刻拍案惊奇》为例,考察了"话说"在具体文本中的分布情况（见表5-5）。

表5-5 "话说"在小说具体文本中的分布情况

书　　名	总章回/卷数	每章回或正话起始处	文中段落起首处
水浒全传	120	111例	0例
红楼梦	120	88例	0例
警世通言	40	24例	12例
二刻拍案惊奇	39	20例	26例

由上表可见,叙事标记"话说"呈现出分布于章回或正话起始处的规律性。比如《红楼梦》全书总共120回,用"话说"开头的就有91

[①] 张爽：《古白话小说语篇中话题起承转落标记研究》,浙江师范大学硕士学位论文,2010年。
[②] 鱼茜：《明清长篇白话小说话语标记研究》,云南师范大学硕士学位论文,2017年。

回，其他 29 回虽未直接使用"话说"，但用的"且说""却说"都是与"说"相关的叙事方式标记词。酌举例如下：

（5）话说贾雨村刚欲过渡，见有人飞奔而来，跑到跟前，口称："老爷，方才进的那庙火起了！"（清《红楼梦》）

（6）天上乌飞兔走，人间古往今来。昔年歌管变荒台，转眼是非兴败。须识闹中取静，莫因乖过成呆。不贪花酒不贪财，一世无灾无害。

话说江西饶州府余干县长乐村，有一小民叫做张乙，因贩些杂货到于县中，夜深投宿城外一邸店。（明《警世通言》）

以上二例中，叙事标记"话说"位于篇章起始部分。与长篇章回体小说比较起来，短篇小说中的"话说"并非严格意义上的卷首位置。长篇章回小说中还有一小部分"话说"分布在文本的其他位置，但总体而言，篇中位置的"话说"较少，且集中在某一两部作品中，如《封神演义》集中出现了多例语篇内部的"话说"：

（7）闻太师听得此言，心中大怒，三目交辉，只急得当中那一只神目睁开，白光现尺余远近。命执殿官："鸣钟鼓请驾！"百官大悦。

话说纣王自取比干心作汤，疗妲己之疾，一时痊愈，正在台上温存。当驾官启奏曰："九间殿鸣钟鼓，乃闻太师还朝，请驾登殿。"（明《封神演义》）

上例的"话说"位于第 27 回，虽不是整个章回之首，但也是处于一个全新的故事情节的起始位置。

篇中位置的"话说"大多分布在短篇小说正话部分的起首处。众所周知，短篇小说与长篇章回体小说在叙事结构上迥然有别。长篇章回小说采用的是线性结构，把各个故事连结起来，扩散开去，分成若干回目，几个回目依人依事构筑一大段故事，每段故事可以独立，自成整体，相当于一个短篇小说。石昌渝先生（1994）① 提出，中国古代章回小说的结构，在情节外在的故事方面可分为单体式和联缀式两类，在情节内在的线索方面可分为线性式和网状式两类。而短篇小说以入话照应点明主题，然后进入正文，时而叙事，引出对话，时而插入诗词，最后以诗作结。例如：

（8）看官，你道如此贼人智巧，可不是有用得着他的去处么？这是旧话，不必说。只是我朝嘉靖年间，苏州有个神偷懒龙，事迹颇多。虽是个贼，煞是有义气，兼带着戏耍，说来有许多好笑好听处。有诗为证：
谁道偷无道？神偷事每奇。更看多慷慨，不是俗偷儿。
<u>话说</u>苏州亚字城东，玄妙观前第一巷，有一个人，不晓得他的姓名。后来他自号懒龙，人只称呼他是懒龙。（明《二刻拍案惊奇》）

例中"话说"之前的内容是说话人的议论和"有诗为证"引入的开场诗，之后才是正话部分，进入正话才标志着真正开始故事世界的讲述。

可见，讲说体叙事标记"话说"的分布，因小说体制的不同而在分布规律上呈现出一定的差异性。

2. 叙事标记"话说"的语篇表达模式

"话说"在讲说体小说中的语篇表达模式有两种：一是"话说+NP"，NP绝大多数为指人物、地点、时间、事件的名词词语或结构。例如：

（9）<u>话说</u>这燕青，他虽是三十六星之末，却机巧心灵，多见广识，了身达命，都强似那三十五个。（明《水浒全传》）

---

① 石昌渝：《中国小说源流论》，生活·读书·新知三联书店，1994年，第31页。

（10）话说四川眉州，古时谓之蜀郡，又曰嘉州，又曰眉山。（明《今古奇观》）

（11）话说大唐德宗皇帝贞元年间，有个进士覆姓独孤，双名遐叔，家住洛阳城东崇贤里中。（明《醒世恒言》）

（12）话说当日林冲正闲走间，忽然背后人叫，回头看时，却认得是酒生儿李小二。（明《水浒全传》）

（13）话说杀人偿命，是人世间最大的事，非同小可。所以是真难假，是假难真。（明《今古奇观》）

以上例中，"话说"都位于语段之首，NP 分别指人物、地点、时间和事件。传统小说讲究故事以冲突为基础，动作为主导，沿着人物的行动线，朝着一个视角的特定方向，依次展开空间。在情节发展、矛盾冲突之前引入人物、时间、空间这些基本叙事要素就显得很有必要，必须在开场时一一交代清楚,有人称之为"溯源式开场"[①]。此种模式中的"话说"与话题标记功能类似，都是引出一个话题，然后再对其进行多角度的陈述。

另一种是"话说+小句"。例如：

（14）话说西门庆自娶了玉楼在家，燕尔新婚，如胶似漆。（明《金瓶梅》崇祯本）

（15）话说世人最怕的是个"强盗"二字，做个骂人恶语。（明《初刻拍案惊奇》）

（16）话说国朝有一位官人，姓权，名次卿，表字文长，乃是南直隶宁国府人氏。（明《二刻拍案惊奇》）

（17）话说俗谚道："有钱使得鬼推磨。"却为何说这句话？盖言凭你做不来的事，有了银子便做得来了，故叫做"鬼推磨"。（明《包公案》）

---

① 王平:《中国古代小说叙事研究》，河北人民出版社，2001年，第182页。

（18）<u>话说林黛玉直到四更将阑，方渐渐的睡去</u>，暂且无话。如今且说凤姐儿因见邢夫人叫他，不知何事，忙另穿戴了一番，坐车过来。（清《红楼梦》）

（19）<u>话说建中乡士硗瘠，风俗浮靡</u>，男女性情从来滥恶。（明《包公案》）

例（14）—例（18）"话说"引出动词谓语句，各动词的动作强弱程度有差异，其中例（15）、例（16）、例（17）分别为表示一个断言、存在的人物和人们的生活实践经验的句子，动作性微弱，例（14）和例（18）的"话说"引出一个已然事件的句子，例（19）为形容词性谓语句。以上例句中"话说"所引导的成分是否都可以看作话题呢？按徐烈炯、刘丹青（2018）①所提出的话题判别标准：充当话题的词语或动词小句，首先需进入话题位置；其次看该词语或小句是否具有话题常见的某些语义和话语性质。话题的一个重要特点是它一定与后面的部分有所述关系，而且它可以但不一定与它后面的某一个成分有语义联系，其中语义关系有"陈述、共指、部分与整体"等。可以带一个通常所说的"句中语气词"（提顿词）是话题的另一个重要特点。据此可见，"话说"所引出的名词性词语或结构，如例（9）—例（13）和有些 VP 小句如例（14）—例（16），可以看作话题成分，而例（17）和例（19）则不符合话题的要求。再如以下两个语例中"话说"之后的成分都不宜看作话题，"话说"不具有话题标记的功能，例如：

（20）<u>话说晋王遣人打听</u>，黄巢差总管葛从周领兵四十八万，在黄河西岸安营。（明《五代秘史》）

（21）禹王、伯益大众到其上，听他那里音语服饰好似我中华人。<u>话说禹王使朱虎问他</u>："你这里叫做什么国名？"有一老人，庞眉白发，答道："你好似我故乡人。"（明《夏商野史》）

---

① 徐烈炯、刘丹青：《话题的结构与功能》，上海教育出版社，2018 年，第 24—27 页。

例中"话说"引出的"晋王"与"禹王"都不是话题成分,其后的成分跟"晋王"和"禹王"也不存在陈述与被陈述关系。"话说"并不都用来标记话题,所以本研究称之为叙事标记。

3. 叙事标记"话说"的语用功能及其认知动因

3.1 语篇功能

引出背景信息是"话说"的主要语篇功能。背景信息指在叙事语篇中对事件主要线索起解释和补充说明的支撑性材料,如相关因素、场景等。背景信息在句法表现上具有一系列低及物性特征[①]。无论"话说"位于语篇的哪个位置,它引导的信息都属于背景信息。"话说"位于语篇起始位置时,引出的通常为整个故事的大背景信息,包括故事发生的时间、地点,故事主人公的姓氏、性情、喜好等个性特征,这与讲说体小说习惯在开场介绍人物时采取固定的溯源式开局模式相一致。例如前文所引的例(9),出自《水浒全传》第74回,该回故事以"燕青"为主人公介绍他在泰安城里智斗"擎天柱任原"的一段事迹,开篇处就以"话说"引出"燕青"的个人相关信息,如:

(22)话说<u>这燕青,他虽是三十六星之末,却机巧心灵,多见广识,了身达命,都强似那三十五个</u>。(明《水浒全传》)

例中"话说"引出的语句对"燕青"做了整体性的介绍与评价。长篇章回小说篇首"话说"还常引出"前情回顾"的内容,这也属背景信息。例如:

(23)话说<u>三藏四众,躲离了小西天,欣然上路</u>。行经个月程途,正是春深花放之时,见了几处园林皆绿暗,一番风雨又黄昏。

---

① 方梅:《由背景化触发的两种句法结构——主语零形反指和描写性关系从句》,《中国语文》2008 年第 4 期。

(明《西游记》)

例中"话说"位于第 67 回之首,引出的语句内容"三藏四众,躲离了小西天,欣然上路"为前面第 66 回"小雷音寺降服黄眉大王"故事情节的总括回顾,"行经个月程途"则是对第 67 回新故事内容的开启。这是讲说体小说特有的背景信息介绍方式,有利于听读者温故知新,也有利于前后两个章回故事内容的连贯衔接。

也有位于章回之首位置的"话说"辖域仅关涉了前一章回故事结尾处的部分情节。例如:

(24)<u>话说周瑞家的送了刘姥姥去后</u>,‖ 便上来回王夫人话。谁知王夫人不在上房,问丫鬟们时,方知往薛姨妈那边闲话去了。(清《红楼梦》)

上例引自《红楼梦》第 7 回起首的一段话。前半句"周瑞家的送了刘姥姥去后"是对第 6 回最后一段话"二人说着,又到周瑞家坐了片时。刘姥姥便要留下一块银子与周瑞家孩子们买果子吃,周瑞家的如何放在眼里,执意不肯。刘姥姥感谢不尽,仍从后门去了"的概括。完全没有涉及第 6 回的内容。

当"话说"处于篇章之中时,引入的背景信息隶属于局部情节,例如:

(25)晁田、晁雷听得是方弼兄弟反了,吓的魂不附体。<u>话说那方弼身长三丈六尺,方相身长三丈四尺,晁田兄弟怎敢惹他?一拳也经不起</u>。(明《封神演义》)

例中"话说"引出的关于方弼、方相的身材数据,是晁田、晁雷听得是方弼兄弟反了,之所以"吓的魂不附体"的背景信息。后续句"晁田兄弟怎敢惹他?一拳也经不起"是"话说"引出的言者立场,标志着从客观描写过渡到主观评价。

讲说活动特别是讲说长篇故事时很难做到时长固定，也无法保证每次的听众不变，讲说者为尽量保证后来加入的听众对前情有所了解而不至于影响当前故事情节的理解，同时也要照顾到听者工作记忆保持的短暂性，"话说……"这种"温故知新"式的叙事策略可谓是最为经济实用的。这些标记词将前文已述情节处理成背景信息，正是讲说者顾及口头讲述的即时性对听者记忆容量和保存时间短暂带来的认知负担，特意将前情概括"复述"一遍以强化听者记忆的叙事策略的体现。

3.2 人际功能

"话说"的人际功能主要表现在提醒听读者注意和与听者的"近距离主观交互"两个方面。

3.2.1 提醒注意，宣告讲说活动开始

讲说者选择叙事套语的形式和具体位置都有特定的叙事目的。"话说"是说书艺人示意现场听众肃静，宣告故事讲说即将开始，或者告诉听众待场的闲话、小故事已讲说完毕即将转入正话故事的讲述时给出的一个明确信号。在说书现场可以使用醒木、扇子等道具，醒木一拍或扇子一响，提醒故事的开讲，如此听众才能把注意力转移到听讲当中来，与艺人形成"说"与"听"的关系，为互动交流创设条件。当"说书底本"的话本小说脱离说话表演，成为专供阅读的书面小说之后，小说的叙述者仍然是"说书人"式的讲说者，"说"与"听"的假设关系仍然存在，供表演现场静场之用的实物道具——醒木的功能便转移至语言符号"话说"之上。开篇"话说"一词一出现，供读者阅读的小说顿时又幻变成"书场"讲述模式，现场氛围立刻拉满，作者摇身一变为"讲说者"，读者变身为"看官"。讲说体小说的口语特征也由此得以突显。

说书场上说书艺人的入场诗和入话、前情回顾等，起初都是讲述过程中的临场发挥，严格意义上并不属于故事的有机组成部分，而发展到书面小说时，说书时的表演形式也被吸收到故事文本中。所以，讲说体小说文本实质上包括故事本体和讲述者的"临场表演"两部分内容。与

现代小说相比,"说书人"的存在是讲说体小说最具风格特征的叙事成分[①]。在书面文本中,"话说"这类叙事标记词仍保有提醒警示听者停止其他无关事项,将注意力集中到讲说活动中来的功能;而听者通过标记词来感知"说书人"的存在,因此也会遵循讲说者的讲述规则。"话说"作为开场首现的叙事套语,是讲说体小说口语性特征和口头叙事方式的典型代表。

3.2.2 营造书场的现场感

讲说体具有言谈的拟现场性特征,故事讲述者或小说作者借叙述话语显身,以说书人口吻将故事人物和情节讲给受众"听",是典型的"讲述"方式为主的叙事文学样式。讲说者在主观上有与受话者同处一个时空进行近距离互动并还原现场特征的心理愿望。

"话说"本身就能突显"说书者"身份,营造"说书"现场感。在实际运用中还与其他"现场性"特征的语言单位相配合,进一步强化听读者与故事文本的疏离,强调故事讲述者与听读者的近距离主观交互性。例如:

(26)话说金桂听了,将脖项一扭,嘴唇一撇,鼻孔里哧了两声,拍着掌冷笑道:"菱角花谁闻见香来着?若说菱角香了,正经那些香花放在那里?可是不通之极!"(清《红楼梦》)

(27)话说薛宝钗道:"到底分个次序,让我写出来。"说着,便令众人拈阄为序。(清《红楼梦》)

以上二例中"话说"引导的语句中分别含有句末语气词"了"、直接引用故事人物话语,而这些正是营造主观近距交互现场感的常用手段[②],可以立刻把听读者带入大观园真实的物理时空中。由此可见,话语标记"话说"是讲述者主观上与听读者近距离交互意图的体现。

---

① 孟昭连:《〈红楼梦〉的多重叙事成分》,《文学遗产》1988年第1期。
② 乐耀:《从人称和"了$_2$"的搭配看汉语传信范畴在话语中的表现》,《中国语文》2011年第2期。

4. 叙事标记"话说"的形成

叙事标记词"话说"由跨层结构凝合而成,在词汇化的过程中发生了语义虚化。

4.1 作为"言说"义动词词组的"话说"

"话"本义为"话语",名词;也可用做动词,"告喻"义,如"盘庚作,惟涉河,以民迁,乃话民之弗率。(《书·盘庚》)",该义至今保留在南方某些方言中。魏晋北齐年间,"话"和"说"同义复合成双音节词,后世一直沿用,如:

（28）北人无何便尔话说,及相访问。如此之事,不可加于人也。(北齐《颜氏家训》)

（29）及长史公回,一日,夫人犹能力为行坐,话说家事。更信宿,渐觉委顿。(《唐代墓志汇编续集》)

（30）话说间早到城中。这里一座店儿,琴童接下马者! 店小二哥那里？（元《西厢记杂剧》）

以上例中"话说"为同义复合的"言说"义动词,它在句中位置变动不居,且语义、功能等方面皆与叙事标记"话说"相去甚远。但是它作为及物动词带宾语,宾语为言说行为动作所涉及的对象这一语法特点,却为叙事标记"话说"所承袭。

4.2 叙事标记"话说"形成的语用因素

"话"在唐代可指"讲史或小说的故事",是说唱形式的一种。如元稹《元氏长庆集》卷十《酬翰林白学士代书一百韵》:"光阴听话移。"自注为:"又尝于新昌宅说《一枝花》话,自寅至巳,犹未毕词也。"敦煌卷子写本有唐五代的说话话本《庐山远公话》等。南宋吴自牧《梦粱录》"说话者谓之舌辩,虽有四家数,各有门庭"说的就是宋代"说话四家"。宋代商品经济开始发展,市民阶层逐渐壮大,市井说书艺术随之兴盛。"话"和"说"因常连在一起使用并表示固定语义,后来发展成为"说话艺术"的程式化表达方式,以发语词的形式出现在说话艺术的书面底本——话本的开篇位置,昭示艺人讲说故事活动的开始。例如:

(31)话说本地有一王妈妈,与二边说合,门当户对,结为姻眷,选择吉日良日娶亲。(南宋《话本集·快嘴李翠莲记》)

(32)话说山东襄阳府,唐时唤做山南东道。(南宋《话本集·宋四公大闹禁魂张》)

例中的"话说"引出所要讲述的故事人物、地点等信息。其中"话"是名词,表示"故事"的意思。"话说"指"这个故事说的是……",随着宋代"说话"艺术的广泛普及以及对"说话"表演范式的代代相传,本来处于线性序列相邻位置上的跨层语言单位"话"与"说"逐渐融合成词,其标志便是"话""说"之间关系紧密不可拆分,语篇位置渐趋固定,作为一个词整体使用,并产生出名词功能,如前文所引例(2)的"拙荆的话说"。下面再酌引二例佐证:

(33)孺人道:"似此签诗,凶有吉少。"员外又把个道士的话说又传述了一遍。(明《三宝太监西洋记》)

(34)行者闻言,坐在上面暗笑道:"好妖怪呀!老孙自归佛果,保唐师父,一路上也捉了几个妖精,不似这厮克剥。他问我什么家长礼短,少米无柴的话说,我也好信口捏脓答他。他如今问我生年月日,我却怎么知道!"(明《西游记》)

值得注意的是,"话说"虽已成词,但是作为名词和叙事套语时的语义却并不相同,前者为"话语"义,后者则为"故事说的是……"。讲说体小说对"说话"技艺的传承造成了与该技艺特点相适应的语言表达形式的沿袭性,"话说"才用作标识白话小说开篇的词语。此"话说"位于一个故事(篇章)的开端,已是讲说体小说的程式化特征之一。

"话说"成词后的语义也相应地虚化,虚化程度因在讲说语体小说中语篇位置的不同而略有差异。位于长篇小说第一章或楔子之首或短篇小说正话起始处的"话说",仍含有"这/此故事说的是……"的意思,正如孙楷第先生《说话考》中提出的:"今小说开篇皆作'话说'云云。'话说'二字上,似省'此本'或'这本'字样。言本书所说之事如此。'话说'二字,以起下文,亦内典'如是我闻'之比也。"[①] 同时"话说"还兼程序义,在绝大多数场合都可将其删除而对话语的真值语义和句法结构不产生影响,只对听读者的理解在程序上起着指引和制约作用。如:

(35)<u>话说天下大势,分久必合,合久必分</u>:周末七国分争,并入于秦;及秦灭之后,楚、汉分争,又并入于汉;汉朝自高祖斩白蛇而起义,一统天下,后来光武中兴,传至献帝,遂分为三国。(明《三国演义》)

(36)讲论只凭三寸舌,秤秤天下浅和深。春浓花艳佳人胆,月黑风高壮士心。<u>话说山东襄阳府,唐时唤做山南东道</u>。这襄阳府城中一个员外,姓万,人叫做万员外,这个员外排行第三,人叫做万三官人。在襄阳府市心里住,一壁开着乾茶铺,一壁开着茶坊。家里一个茶博士,姓陶,小名叫做铁僧,自从小绾着角儿便在万员外家中掉盏子,养得长成二十余岁,是个家生孩儿。(南宋《话本集·万秀娘仇报山亭儿》)。

例中"话说"都当"这个故事说的是……"讲,但也可以删除,基本不影响后面话语表达的合法性,只是在假设的说书场语境中可能误导听读者对讲说者叙事意图的理解。而当"话说"位于非章回或正话之首位置时,"话"的"话本、故事"义丧失,"话说"仅表程序义,标志讲说者即将开始某一故事的叙述。例如:

---

① 孙楷第:《俗讲、说话与白话小说》,作家出版社,1956年,第29页。

（37）不说晁雷归周，<u>话说晁田在营</u>，忽报："二爷被擒。"（明《封神演义》）

（38）偏偏银龙来下书，结拜了盟兄弟，先占了人和。闲言不表，<u>话说白俊叫道</u>："贤弟！你的酒少喝吧，你进寨的时候，我看有对你不悦之人。"（清《三侠剑》）

（39）再说圣天子见事已毕，与日青别了永清众人，取路往探别处而去。<u>话说松江府留仙市上</u>，有个文武双全之人，姓许名曲，生得唇红齿白，相貌超群，文赛周郎，武如吕布，六韬三略，无所不晓，性好交结天下英雄，为是未逢知己。（清《乾隆南巡记》）

以上三例的"话说"都位于语篇内部，均不能理解为"这个故事讲述的是……"，也不能将其作为言说动词看待。"话说"的使用与否对所在语句的合法性没有影响，但是对于讲说者的话语表达和听读者的理解会产生障碍，尤其是例（36）与例（37），"话说"与其他叙事标记"不说""闲言不表"组构成了框架式话语表达结构，如果"话说"缺失，既不利于讲说者对于千头万绪的故事情节一一表述，也会使听读众误解"先否定 X，再肯定 Y"的表达意图，易产生 Y 连同 X 皆不再被讲说的错觉。可见该"话说"比前一种篇首位置的语义更为虚灵，程序意义进一步提升。从时代分布来看，后者的出现要晚于前者，集中分布在几部长篇章回小说如明代的《封神演义》和清代的《乾隆南巡记》《小八义》中。

4.3 叙事标记"话说"的衰亡与话语标记"话说"的出现

"话说"是白话小说特有的叙事标记，它兴起于宋代，鼎盛于明清，民国时期尚普遍使用，而进入现代阶段，我们在 CCL 现代汉语部分的所有文学类作品的正文中均未发现叙事话语标记"话说"。有意思的是，在某些现代文学、影视作品中却出现了将"话说 X"作为标题使用的新现象。标题中的"话说"都用作动词，意为"说、讲述"，其后接成分为名词，表"讲述 X 相关的事"之义，比如邓友梅的小说《话说陶然亭》，电视纪录片《话说长江》《话说黄河》等。从这些作品的具体内容而言，以"话说 XX"为标题的小说，其内容并非以 XX 所代表的事物为叙述对象，比如《话说陶然亭》的叙事中心不是"陶然亭"这一建筑物本身，而是讲述住在陶然亭附近的四位老人的经历，展示了动乱年代"于无声处听惊雷"的民心和士气。电视纪录片《话说长江》则确实是以"长江"为对象讲述长江沿岸的人文地理和风俗习惯。

近年来，在互联网社交平台上的口语话语中，"话说"发生了新变化。如温爱华、胡傝允（2020）[①]指出，"话说"逐渐主观化，被用作带有说话人主观情感并具有交际功能的准话语标记语，具有委婉表达的功能。本书经对微博、百度等相关语料的考察发现，这类"话说"一般位于独白性语段或对话某一话轮的起始处，也有位于语段中部的，但必定处于两个不同的话题之间，表示将要开始引起一个话题或发表一个观点的"笔谈"行为。例如：

（40）话说入坑才3个月左右，从第一季看到了第五季。（新浪微博）

（41）MV拍得太哇塞了！！话说前面有点害怕，后面好像就慢慢的被吸引住，沉溺，最后的结尾是自我救赎还是本身就是大boss，总之很牛！（新浪微博）

（42）A：请问深圳美莱医疗美容医院做双眼皮怎样？好不好？靠谱么？

B：话说，我看到最近大家都在找医院，问价格，大家可以直接在微信上搜：美颜菌，很实用的服务号。（百度贴吧）

（43）我这人从不喷人，都是和人讲道理的。话说联盟是不是有规定战队之间的训练视频不能提供给第三者研究学习？这个我真不知道，就是问一下。（百度贴吧）

网络社交媒体大多以年轻群体为使用主体，通常默认以"发帖-回复"的形式进行虚拟对话，交际双方的关系与讲说体小说讲说者与听读

[①] 温爱华、胡傝允：《"话说"的人际功能考察》，《江西科技师范大学学报》2020年第5期。

者之间的"讲说-聆听"的话语角色关系类似。心理语言学的研究成果表明,听力理解过程涉及的认知加工活动极其复杂,听者需要对输入的语音信息进行认知加工以跟说者表达的意思相符,说者也要时刻监控自己的话语以保证听者顺利理解。在听-说的整个过程中,发话者会根据实际情况调整自己的语言策略,其中就包括使用具有程序意义和言语行为功能的话语标记来达到以上诸种交际目的。具体而言,就是通过说话人对话语标记辖域的切分,对辖域间语义关系的明示来引导或控制听者的话语理解。如例(40)以"话说"表示一个虚拟话轮的起点,同时将其后的话语皆统括进管辖范围之内,明示听者以下这些都是"我所说的话"。例(41)中"话说"之前为对 MV 的评价,之后为言者自己对 MV 感受改变的心路历程,此时"话说"标记同一个话轮中不同话题之间的隔断,以此消除听者的认知障碍。此外,由于"话说"一词源自传统讲说体小说,该类小说的创作者及受众均以普通老百姓为主体,具有通俗、浅显、晓畅的风格特征,该特征为当前的"话说"一词所传承,这就可以解释,为何话语标记"话说"总是出现在通俗、轻松又带点调侃戏谑意味的网络虚拟对话语境中这一"新奇"的言语现象了。

就本书目前所掌握的语料而言,网络新兴话语标记"话说"不用于叙事性文学作品,仅限于口头色彩强烈的网络虚拟互动之中,使用频率较低,使用对象主体为年轻的网民群体,未见有进一步扩大适用范围的趋势,至今也未见收录于任何一本工具书中。

5. 小结

叙事标记"话说"是讲说体小说作者模仿"说书人"口吻给一群假想的听者讲说故事时,在小说文本中留下的交流和讲述痕迹。绝大多数"话说"位于整个篇章起首或正话故事的开篇处,其后引出名词词组或小句,具有多重语用功能,标志着某一话题开始,在小说的叙事中宣告故事讲述行为正式开场,引入故事背景、前情回顾等信息,是讲说者营造书场现场交互氛围以及帮助听者巩固记忆的语言手段。

"话说"由处于线性序列相邻位置上的两个跨层语言单位融合而成。

社会因素是叙事标记词"话说"形成的主要原因。宋代"说话"艺术普及后,"话"和"说"经常连用,语义逐渐固定,遂发展成为"说话艺术"的表达程式,昭示艺人讲说故事活动的开始。"话说"在现代汉语叙事文学作品中不再作为叙事标记,但近年来在语篇标题中发展出了"话说 X"格式,意为"讲述 X 相关的事"。在网络虚拟互动话语中还可用于独白性语段、对话话轮的起始处或两个不同的话题之间,表示将要开始引出一个新话题或发表一个观点的网络言语行为,具有轻松调侃意味。

第 4 节　视角标记"只见"

1. 讲说体小说的叙事视角及其语言标记

叙事文学作品与其他文学样式的本质区别在于,它有两个必不可少的要素——故事和故事的叙述者。叙述者向读者讲述故事,因此在叙事文学中,叙述者和故事的关系构成了最基本的一组关系。那么,在讲述活动中,叙述者以何种身份或人称跟听读者讲述?叙述者站在什么角度讲故事,是小说人物的内视角,还是全知全能的上帝视角?叙述者通过什么渠道把观点态度传达给读者,是叙述者显身直接揭示,还是通过小说中人物的言语行动间接表达?对以上问题不同的回答将形成种种不同的叙事类型或模式。参照西方叙事学家托多罗夫、拉伯克、热奈特等的理论,可区分为以下三种叙事视角[①]。

一是全知叙事。叙述者无所不在,无所不知,有权利知道并说出书中任何一个人物都不可能知道的秘密。拉伯克称之为"全知叙事",托多罗夫称之为"叙述者>人物",热奈特称之为"零度焦点叙事"。

二是限制叙事。叙述者知道的和人物一样多,人物不知道的事,叙述者无权叙述。叙述者可以是一个人,也可以是几个人轮流充当。限制

---

① 陈平原:《中国小说叙事模式的转变》,上海人民出版社,1988 年,第 66 页。

叙事可采用第一人称或第三人称。拉伯克称之为"限制叙事",托多罗夫称之为"叙述者＝人物",热奈特称之为"内焦点叙事"。

三是纯客观叙事。叙述者只描写人物看到和听到的,不做主观评价,也不分析人物心理。拉伯克称之为"戏剧式"视角,托多罗夫称之为"叙述者＜人物",热奈特称之为"外焦点叙事"。

总的来说,中国古代白话小说的叙述大都借用一个全知全能的说书人口吻,采用"看官听说"式的第三人称叙事与无限视角相结合的方式讲述故事。要从语言学角度了解叙述视角的类型及其在语篇中实现对听者的认知操控,从讲说体小说叙述视角标记语着手是一个极好的切入点。视角标记如"见"类的"只见、但见、却见、忽见","听"类的"只听(得)","看"类的"你看"等,这些标记词以视、听动词为核心语素,常处于句子前端,其行为主体或隐含或很难补出,主要反映叙述者或文本作者的主观视角,引进一个新出现的情形,将听者的注意力聚拢到前景叙事上。董秀芳(2007)[①]认为,这种"只见"是话语标记,作为话语标记的"只见"不再是句子结构的主要成分,因而可以被删除,完全不影响结构的完整性和叙述的连贯性,作用是更加突出强调其后所描述的情形,增加动态感,使之更引起读者的注意。张伯江(2009)[②]指出,"只见"为"标示主观视角的形式",用在具有"说讲"性质的语体中起引进新角色的功用。方梅(2017)[③]以"但见"为例,认为它是参与标记,具有元话语属性,显示情节之外的叙述者视角,属于篇章衔接成分,提示受述者关注其后叙述内容,使之具有前台信息的属性。并提出叙述者视角与情节内人物视角的重叠,是"但见"虚化为元话语成分的临界语境,这种用法延至现代汉语,只不过词形从"但见"变为"只见"。我们赞同以上学者们所概括的"只见""但见"

---

① 董秀芳:《汉语书面语中的话语标记"只见"》,《南开语言学刊》2007 年第 2 期,商务印书馆,2007 年,第 74—78 页。
② 张伯江:《"出现句"在近、现代汉语中的语法化》,载吴福祥、崔希亮主编:《语法化与语法研究》(四),商务印书馆,2009 年,第 469—481 页。
③ 方梅:《叙事语篇的衔接与视角表达——以"单说、但见"为例》,《语言教学与研究》2017 年第 5 期。

语用功能。由于董秀芳（2007）一文重点关注"只见"词汇化过程，方梅（2017）一文对于"但见"作为视角表达标记的语篇功能做了全面揭示，但对何以能起提示及前景化作用背后的认知机制未作进一步探讨。我们认为"但见"与"只见"之间除了词汇兴替关系外，语用功能上也有一定的区别。本节从讲说体小说叙述视角入手，着眼于探讨"只见"等标记词的叙事视角标记功能，因此称之为"叙事视角标记"，简称"视角标记"。

除了"只见"外，"但见、却见、忽见、你看、只听"也同样具有标记全知和限制视角的功能。我们对 CCL 语料库古代汉语部分近 300 万字的讲说体小说语料进行了检索，各标记词的使用频率见表 5-6。

表 5-6　讲说体小说中各视角标记词的使用情况

视角标记词	出现次数
只见	4 626
只听	1 123
忽见	749
又见	640
但见	628
却见	125
你看	91

表中"只见"的出现率最高，其次是"只听"，出现次数最少的是"你看"。"你看"的使用范围较窄，集中出现在明代两部魔幻题材的小说《西游记》和《三宝太监西洋记》中。"只见"的高频使用体现出讲说体小说"说书人"口吻和"你说我听"的"讲述"型叙事特征，是说书技艺给讲说体小说打下的烙印。下面重点考察"只见"在讲说体语篇中的句法、语义、功能特点，探讨其作为视角标记背后的认知动因，最后再简单比较以上各标记之间的主要差异。

2. 视角标记"只见"标记的视角类型

讲说体小说以第三人称的全知视角与限制视角为主要叙事角度，基本上不采用第一人称与第二人称视角叙事。

2.1 标记第三人称全知型视角

"只见"标记的视角类型主要有全知型的上帝视角（也称为"编辑型视角"），此类视角的行为主体不确定，既非情节内人物视角，亦非叙述者视角，因而"只见"之前无法补出施事者，例如：

（1）一日，见那老树枝头，桃熟大半，他心里要吃个尝新。奈何本园土地、力士并齐天府仙吏紧随不便。忽设一计道："汝等且出门外伺候，让我在这亭上少憩片时。"那众仙果退。只见那猴王脱冠服，爬上大树，拣那熟透的大桃，摘了许多，就在树枝上自在受用，吃了一饱，却才跳下树来，簪冠着服，唤众等仪从回府。迟三二日，又去设法偷桃，尽他享用。（明《西游记》）

例中"只见"位于语段之首，其辖域一直到段末"唤众等仪从回府"，究竟是谁眼中的"所见"却无从知晓。此时众仙已退出蟠桃园，而猴王又不能用自己的视角观察自己，只能是第三者"上帝"在注视着猴王的脱衣、爬树、摘桃、吃桃、下树、簪冠着服、呼朋唤友回府等一系列行为动作。全知型视角代表着叙述者对文本的深度介入，例中"吃了一饱"透露了叙述者的介入痕迹，因为"饱"是心理动词，作为故事人物的内在感觉旁人是无从知晓的，只有叙述者不仅"只见"猴王背着众仙偷桃的一举一动，而且对它的心理感觉还能感同身受，甚至两三日之后的所作所为都尽收眼底，这些已超出了视觉动词"见"的能力范围，可见，"只见"的语义已发生虚化。

2.2 标记第三人称限制视角

第三人称限制视角是通过故事人物的耳目去观察与体验，当"只见"标记第三人称限制视角时，其前可据语境补出行为主体，例如：

（2）秦重心中想道："这妈妈不知是那女娘的什么人？我每日到他家卖油，莫说赚他利息，图个饱看那女娘一回，也是前生福分。"正欲挑担起身，<u>只见两个轿夫，抬着一顶青绢幔的轿子，后边跟着两个小厮，飞也似跑来。到了其家门首，歇下轿子，那小厮走进里面去了</u>。（明《醒世恒言》）

据前文语境可将"只见"的主语"秦重"补出，故事中"两个轿夫"和"两个小厮"的系列行为都是借秦重的视角观察到的，"秦重"目光不能所及处就叙述不出来，如轿中是谁？小厮为什么要跟过来？到的是谁家门首？"秦重"看不到的听读者也无法得知，这就是以故事人物"秦重"内视角为聚焦点的叙事角度。"只见"的逻辑主语和宾语都以第三人称的人或物出现，如主语"秦重"，宾语"两个轿夫"和"那小厮"等。

第三人称人物限制视角除了行为主体确定外，标记词"只见"之前还往往有"看视"义动词，但不与"只见"同处一个句法平面。比较而言，限制视角的"只见"还有一定的实义，虚化程度低于充当全知视角标记的"只见"。例如：

（3）石崇听得，随即推篷探头<u>看</u>时，<u>只见月色满天</u>，照着水面，月光之下，水面上立着一个年老之人。（南宋《话本选集1》）

（4）花荣一步步趱马向前<u>看</u>时，<u>只见那两个壮士斗到间深里</u>，这两枝戟上，一枝是金钱豹子尾，一枝是金钱五色幡，却搅做一团，上面绒绦结住了，那里分拆得开。（明《水浒全传》）

例中"看"在前一个句子，表示"看视"这一动作；"只见"在后一个句子里，引出"看"的结果，也是"看"的对象，"只见"所在小句动作主体确有所指但通常都略去不说，所以"只见"所在小句总是零形主语句形式。如以上二例"（石崇）只见月色满天""（花荣）只见那两个壮士都到间深里"，主语补出之后语句反倒不自然。

3. "只见"标记的主要句子类型

全知型叙事者除了以外在视角展示人物的行为动作外,还可深入人物内心窥探其所想、所感,展示人物的活动场景,描写人物的外貌装扮,甚至引述现场人物所说的话语等。视角标记"只见"引导由数个短句组成的语段,语段中的句子以动作动词充当谓语的主谓句为最多,其他如存现句、"有"字句、判断句、"把/将"字句、"说"字句等也极常见。这些语句从动态方面刻画人物的行为动作,从静态方面描写人物、景致、情状等。

3.1 简单动词谓语句

句中谓语动词大都是动作性强的行为动词。例如:

(5)只见那行者自南山顶上,摘了几个桃子,托着钵盂,一筋斗,点将回来。(明《西游记》)

"只见"引出"行者摘桃"事件,该事件由三个主语相同(零形主语,与"那行者"同指)的简单谓语小句构成,谓语动词"摘""托""回来"代表了行者的肢体活动,形成一个动态性强、时间连续的事件。

3.2 形容词谓语句

"只见"引出形容词谓语句,其主语为表示事物的名词,谓语为形容词,对主语进行性质、状态描写。这也是视角标记"只见"引导的优势句式。例如:

(6)正想着,不多时到了一个所在。只见殿宇精致,色彩辉煌,庭中一丛翠竹,户外数本苍松。(清《红楼梦》)

(7)当下王臣吃了早饭,算还房钱,取出行李,上马进城。一路观看,只见屋宇残毁,人民稀少,街市冷落,大非昔日光景。(明《醒世恒言》)

动词谓语句重在叙述动态事件，形容词谓语句则侧重通过人物的耳目来描摹静态的环境，同时也掺杂着叙述者的主观视角，如"精致、辉煌、残毁、稀少、冷落、非昔日光景"等，都是叙述者视角做出的评价。

3.3 存现句

存现句在语义上表示何处存在、出现、消失了何人或何物，是一种特别适合透过故事人物的内视角来描写景物、处所或人物外表的特定句式。存现句又有静态和动态之分，存在句和出现句是汉语中导入话题的典型句式，这类句式中动词后的名词往往是篇章话题，具有很强的启后性。"只见"引入的小句主语或宾语往往为后续小句选取成为主语，如果选为主语，可形成数个零形主语小句构成的语段。如：

（8）话说林冲打一看时，<u>只见那汉子头戴一顶范阳毡笠，上撒着一托红缨；穿一领白缎子征衫，系一条纵线绦，下面青白间道行缠，抓着裤子口，獐皮袜，带毛牛膀靴；跨口腰刀，提条朴刀；生得七尺五六身材，面皮上老大一搭青记，腮边微露些少赤须</u>。(明《水浒全传》)

例中视角标记词"只见"共统括了 11 个小句，小句主语都是"那汉子"，承前省略，从不同角度刻画了该人物的外貌装扮，形成了一个主题一致的话题链，有利于语篇局部连贯。

"只见"下辖的"有"字存现句尤为多见，如：

（9）刚然坐下，要了酒，随意自饮。<u>只见那边桌上有一老头儿，却是外乡形景，满面愁容，眼泪汪汪，也不吃，也不喝，只是瞅着赵爷</u>。(清《七侠五义》)

"有"字存现句表示某处所存在某人或事物等，例中存在物"一老头儿"，必须有后续句才能补足语义、语气，有利于形成延展性强的叙事链条。"有"字存现句还常用来描写环境，成为讲说体小说习惯采用的"移步换景"描写模式，例如：

（10）贾芸看时，<u>只见院内略略有几点山石，种着芭蕉，那边有两只仙鹤在松树下剔翎。一溜回廊上吊着各色笼子，各色仙禽异鸟。上面小小五间抱厦，一色雕镂新鲜花样隔扇，上面悬着一个匾额</u>，四个大字，题道是"怡红快绿"。贾芸想道："怪道叫'怡红院'，原来匾上是恁样四个字。"（清《红楼梦》）

讲说体小说极少单纯做大段景物描写，一般都是从故事人物眼中呈现周边环境，随步换景，为故事情节发展进行铺垫，此类场景描写习惯促进了视角标记"只见"的发展。例中"怡红院"的景致从外来者"贾芸"的人物视角中第一次得到展现，听读者也跟着贾芸了解到了"怡红院"得名的奥秘。这段话是典型的流水句组成的景物描写，"只见"引入第一个存现句后，其宾语"几点山石"成为下一句子的主语，依次似行云流水般鱼贯而下，形成一个环环相扣的景物描写语段。

3.4 "把/将"字句

"把/将"字句又称处置式，是视角标记"只见"常标引的又一种句式。谓语动词有较强的动作性，它对受事宾语施加了影响，产生出了某种结果、发生了某种变化或处于某种状态，适宜用来叙述时间序列上的一个连续动态事件。例如：

（11）武松入到里面坐下，把哨棒倚了，叫道："主人家，快把酒来吃。"只见店主人<u>把三只碗，一双箸，一碟热菜，放在武松面前</u>，满满筛一碗酒来。（明《水浒全传》）

（12）同众人转来，也不到丈人家里，一径出阊门，去看母亲。走至门首，只见侯同知已差人<u>将房子锁闭</u>，两条封皮，<u>交叉封着</u>。（明《醒世恒言》）

3.5 表示对话的直接引语句

"只见"在近代讲说体小说中除了视觉动词"看见"外,还可以是听觉动词"听见",所以也可引导诉诸听觉的话语。例如:

(13)贾芸听他韶刀的不堪,便起身告辞。卜世仁道:"怎么急的这样,吃了饭再去罢。"一句未完,<u>只见他娘子说道:"你又糊涂了。说着没有米,这里买了半斤面来下给你吃,这会子还装胖呢。留下外甥挨饿不成?"</u>(清《红楼梦》)

(14)良久,<u>只见秋菊说道:"这不是娘的鞋!"在一个纸包内,裹着些棒儿香与排草,取出来与春梅瞧。</u>(明《金瓶梅》崇祯本)

例(13)为"贾芸"耳中听见的舅母的话语,此"只见"为"只听见"的缩略形式;而例(14)的"只见"的客观对象可看作诉诸听力的"秋菊所说的话语",以及目力所及的"纸包内裹着的鞋和取出来给春梅瞧的行动"。该类情况表明,"只见"句首位置固定化,从视听觉动作虚化为语义含糊的标记词,意在引出某一人物及其相关言语、行为举止等。

从"只见"引导的这五类句式可以看出,"只见"标记的是及物性很高的前景信息,适宜营造如见其人、如闻其声的现场氛围。

4. 视角标记"只见"的语用功能及其使用的认知动因

综合前文所列视角标记"只见"引导的五种优势句式,"只见"的语用功能可以概括为:引出新人物、新场景;聚拢听者注意、开启注意窗口;形成画面,激活听读者联想。

4.1 标注新出场的人物和场景

小说以塑造人物形象为中心,通过叙述完整的故事情节和描写具体的环境来反映社会生活,包含人物、情节、环境三大要素。讲说体小说也表达叙事语体的共性,主要叙述一定时间维度上发生过的事件。大事件由若干琐碎的小事件围绕主题思想按一定的逻辑关系和时间关系由人物和场景串联而成的,即人物在特定场景中的活动构成事件。因此,人物出场是很重要的叙事环节。讲说体口语与书面语的双重特征,使得它必须考虑到听者在稍纵即逝的口语语流中辨明哪些是新人、新物或新场景的难度,如果有固定的形式标记如"只见"等来明示,听者的理解认知负担可以大大减轻。前文所引(1)—(14)例中,"只见"引出的语句所表述内容涉及人物的外貌装扮、活动场景、人物言行等,有些例子如(3)(6)(7)(10)看似纯粹的环境描写,但都通过"只见"与行为主体勾连起来,成为人物活动的场景,动静结合,以景寓情。由于"只见"常引入新人物或新场景、新事件,所以也常伴随着新旧话题的转换。

4.2 聚拢听读者注意力

"只见"有将其后叙事内容前景化的功能。所谓的前景和后景是叙事语篇分析中的两个重要概念,前景结构表示事件或故事进程,按时间顺序排列,使用非状态动词(即行动动词)和完成体;而后景结构常表示枝节内容,无须按照时间顺序,通常使用状态动词和未完成体。此外,后景结构通常同预设、定指、已知信息和从属结构相关;而前景结构则同断言、不定指、未知信息和主要谓语相关。需要注意的是,若按以上标准,"只见"所引小句有些为前景信息,有些却是后景信息。仍以前文所引例(1)为例说明:

> 只见那猴王脱冠服,爬上大树,拣那熟透的大桃,摘了许多,就在树枝上自在受用,吃了一饱,却才跳下树来,簪冠着服,唤众等仪从回府。迟三二日,又去设法偷桃,尽他享用。(明《西游记》)

例中"只见"引出的人物"那猴王"为已知信息,但总体来看所引9个小句都处于事件线索当中,以时间为序,使用非静态的行为动词,动词还带有体标记"了"与动补结构"跳下来"等,表示动作已经完成。由此可见整个语段为前景信息。再看前文所引例(3):

石崇听得，随即推篷探头<u>看时，只见月色满天，照着水面，月光之下，水面上立着一个年老之人</u>。（南宋《话本选集》）

该例"只见"所引导的4个小句的动词"满天"表示状态，非行为动词，而且助词"着"标记一个聚焦在持续性上且被看作一种状态的事件；依赖于另一个事件的发生；表示从属且常作为方式状语；出现在后景中。也就是说，该语段具有明显后景地位的内在特征，但本书所引的例子似乎有悖于"只见"作为信息前景化标记的身份，所以我们认为，将"只见"仅看作引出前景信息还不够全面，不如把它看作讲说者（或作者）操控听者注意力的手段，即，通过"只见"将听者的注意力聚焦到其后引出的事物、事件上来。

屈承熹（2006）[①]指出，叙事语体的前后景配置一般遵循BFP（Background-to-Foreground Progression）原则，即后景事件是构建前景事件的基础，如无特别标记，小句间的结合应该是由后景推向前景的过程。认知心理学的"持续性注意"原理认为，人们在一段时间内将注意保持在某个目标或某种活动上，对活动的持续进行、维持活动的效率有重要意义，而持续性注意会随时间的延长而逐渐下降[②]。因此，从听者接受心理角度而言，小说反映社会生活的方方面面，含有的信息量极为广博，如果在一个故事的叙述中，不加区别地叙述每一个事件，四平八稳的流水账式讲述必定让人索然无味，因而有些事件就必须加大叙述权重，以形成故事的跌宕起伏；流水账似的叙事时间一长定然使人昏昏欲睡，在关键情节处也需加大叙述权重，以提醒听读者聚拢注意力。同理，后景信息如果狭义地解释为非事件线索材料，叙述者可能就会无法编写故事，而只能以时间为顺序罗列事件。因此，有时也可以使用加权重的方式使后景转化为前景，我们认为"只见"就是加权手段之一。在"只见"引导下，听读者的注意力可以聚集在当前所叙述的内容上，跟

---

① ［美］屈承熹:《汉语篇章语法》，潘文国等译，北京语言大学出版社，2006年，第171页。
② 彭聃龄、张必隐:《认知心理学》，浙江教育出版社，2004年，第154—155页。

着讲说者一起追随事件向前推进。

4.3 激活听读者的视觉联想，增强体验效果

讲说语体具有比现当代叙事文学更突出的现场交互性特点，叙事者在编码过程中更关注听读者的接受心理。讲说体和其他叙事性文学样式一样具有情景非现场性。文学是对生活的艺术性创造，形象、结构和意义都具有不确定性，对小说中描写的人物、事件、情景进行赋形，听读者必须全面调动想象和联想的积极性，依靠审美主体的历史经验和生活阅历来理解、丰富、扩充心理形象。但"一千个读者，就有一千个哈姆雷特"，每个受众的心理图像都有不同的个性特征，如果将小说中的人物、事件、情景等叙事元素转化成如同影视作品中那种轮廓清晰、边界确定的画面，将更有利于受众获得视觉和听觉的双重艺术享受。在由传播媒介口说形式发展而来的近代白话小说阅读中，讲说者利用视、听觉动词充当的语言标记"只见""但见""只听得"等，让叙事文学作品的间接形象能够更顺利地转换为听读者认知中的心理形象，从而获得仿若亲历的艺术体验。

讲说体小说中"只见"一词的不断变换标志着视角的不断流动，也标志着小说叙事在一个又一个不同的人物活动、场景及事件之间切换，故事情节也随之持续向前进展。例如：

（15）刘姥姥会意，于是带着板儿下炕。至堂屋中间，周瑞家的又和他咕唧了一会子，方蹭到这边屋内，‖只见门外铜钩上悬着大红洒花软帘，南窗下是炕，炕上大红条毡，靠东边板壁立着一个锁子锦的靠背和一个引枕，铺着金线闪的大坐褥，旁边有银唾盒，那凤姐家常带着紫貂昭君套，围着攒珠勒子，穿着桃红洒花袄，石青刻丝灰鼠披风，大红洋绉银鼠皮裙，粉光脂艳，端端正正坐在那里，手内拿着小铜火箸儿拨手炉内的灰。平儿站在炕沿边，捧着小小的一个填漆茶盘，盘内一个小盖钟儿。凤姐也不接茶，也不抬头，只管拨那灰，慢慢的道："怎么还不请进来？"一面说，一面抬身要茶时，‖只见周瑞家的已带了两个人立在面前了，这才忙欲

起身、犹未起身,满面春风的问好,又嗔着周瑞家的怎么不早说!刘姥姥已在地下拜了几拜,问姑奶奶安。凤姐忙说:"周姐姐,搀着不拜罢。我年轻,不大认得,可也不知是什么辈数儿,不敢称呼。"周瑞家的忙回道:"这就是我才回的那个姥姥了。"凤姐点头,刘姥姥已在炕沿上坐下了。板儿便躲在他背后,百般的哄他出来作揖,他死也不肯。(清《红楼梦》)

这段引自《红楼梦》"刘姥姥一进荣国府"的文字中含有两个"只见":前一个"只见"所辖范围直至"一面说,一面抬身要茶",展现了刘姥姥内视角的凤姐屋中全景,听读者随着刘姥姥的耳目,第一次进入凤姐的起居室,见证了奢靡华丽的陈设布置和凤姐的奢豪骄矜做派;第二个"只见"辖域更广,所涉人物更多,是一幅声色俱全的动态图景,叙事者改用了第三人称全知视角进行调度,俯瞰了"凤姐接待刘姥姥"整个过程:周瑞家的带人入内—周瑞家的介绍姥姥—凤姐问候—刘姥姥请安入座—板儿躲避不肯见人。从细节的精雕细刻到情节的大幅度跨越,事件发展过程中的每一个环节都纤毫不落地进入听读者的视野,如临其境的现场画面感历历在目。

5. 视角标记"只见"的产生及发展演变

5.1 视角标记"只见"的产生

董秀芳(2007)指出,"只见"是从短语词汇化为动词,又从普通动词发展为话语标记的。可惜她未对"只见"话语标记化的机制和动因进行揭示。张伯江(2009)[①]解释了"只见"一类词语在说讲性的文学中高频出现的原因,认为说讲性的作品是口头文学的书面形式,说话人为了更多地吸引听者,需要把自己置身于所讲述的情景。说话人通过"只见"这类形式标记把自己的主观视点带给听者。同时,在口

---

① 张伯江:《"出现句"在近、现代汉语中的语法化》,载吴福祥、崔希亮主编:《语法化与语法研究》(四),商务印书馆,2009 年,第 479 页。

头形式的叙述表达中,说话人要顾及听者的短时记忆,也需要用相对固定的形式标记标明新角色的引进。方梅(2017)①提出,汉语零形主语的句法促使低控制度的主句动词(如"单说、但见")弱化,成为篇章衔接成分。零形主语促使言说动词和见证动词失去主句谓语的地位,而无需经历形态语言的"非人称视角化"。但为什么"只见"的使用会排斥句子主语呢?方梅提出的叙述者视角与情节人物视角重叠是虚化为元话语成分的临界语境观点,非常有启发性。简单地说,话语标记"只见"的形成与第三人称的全知型视角直接相关,因为该视角没有确定的行为主体,投射到语言层面上就是无法补出小句主语的零形主语句。

"见"作为二价动词,使用的典型语境为:X 见 Y。先秦时期的诗歌和俗谚语中,"见"(包括"副词 + 见"类的双音节词语"正见、唯见、忽见、且见、但见"等)就已经可用于零形主语句,例如:

(16)绸缪束薪,三星在天。今夕何夕?<u>见此良人</u>。子兮子兮!如此良人何!(《诗经·绸缪》)

(17)臣闻鄙语曰:"<u>见兔而顾犬</u>,未为晚也;亡羊而补牢,未为迟也。"(《战国策》)

(18)去者日以疏,生者日已亲。
出郭门直视,<u>但见丘与坟</u>。(《古诗十九首》)

诗歌、俗谚语中"见"的主语都无法补出,盖因诗歌、俗谚语的主语是不言而喻的、不确定的或泛指的人或事物,这与一般的隐含主语不同,它们是因为上下文已出现,为避免重复而有意隐去的,根据上下文还可以轻易补出主语。为叙述简便起见,本节将前"见"标为"见₁",后"见"标为"见₂"。例如:

---

① 方梅:《叙事语篇的衔接与视角表达——以"单说、但见"为例》,《语言教学与研究》2017 年第 5 期。

（19）蔡泽入，则揖应侯，应侯固不快，及见之，又倨。(《战国策·蔡泽见逐于赵》)

据前文可知例（19）中的"见"为见$_2$，其主语为承前省略的"应侯"。我们在史传、文言叙事性文学作品中都未曾检索到"见$_1$"，这是因为文言创作的史传、小说与用口语讲述故事的说话艺术，包括沿袭宋元说话叙事体制的讲说体小说，在小说的创作目的、过程、结构和作品的审美知觉的性质乃至作品在社会生活中的交际作用，都是两个不同的体系。因而"见$_1$"直至晚唐五代的《敦煌变文集》中才开始集中出现，例如：

（20）是日夜拣炼神兵，闪电百般，雷鸣千种，彻晓喧喧，神鬼造寺。直至天明，造得一寺，非常有异。且见重楼重阁，与切利而无殊；宝殿宝台，与西方无二。

（21）王子唱喏，一时上马，忽见一雕从北便来，王子亦见，当时便射，箭既离弦，不东不西，况雕前翅过。

以上二例中"且见""忽见"，在功能上与讲说体白话小说中的"只见"无异，引出新场景或人物，并营造出现场氛围。由于讲说体小说的口头叙事特征，讲说者在口头讲述时要特别照顾到听者的短时记忆，所以在新出场的人物和场景之前都要使用固定的语言形式以向听者明示。文学史的研究成果表明，敦煌变文是白话小说的滥觞，唐代的俗讲、转变对说话技艺的发展成熟起着促进作用，二者的文本亲缘关系明显，变文对后世包括话本小说在内的各种通俗文学样式影响是多方面的，比如二者都存在一个介入文本的讲说者，都面向真实或假想的受众讲说故事。因此，凡以说书人口吻作为叙事体制的讲说体小说，都以全知型、第三人称的视角叙事，标示该视角的"只见"等标记词，也为讲说体白话小说所继承并开始广泛运用。因此，"只见"（包括"忽见、但见、且见、只听"等）演变成为视角标记主要是受语体因素驱动的，它们在发展为视角标记的过程中还经历了去动词范畴化过程。

若将"且见""忽见"与例(18)《古诗十九首》中的"但见"进行比较可知,例(18)的"但见"与"直视"共现,还有"看视"实义,相当于现代汉语的"只看见、只看到",名词词组"丘与坟"充当"但是"的宾语。而例(20)和例(21)《敦煌变文集》中的"且见""忽见"已有明显的发展变化:分布在文白交杂的变文的散文叙事部分,位于句首位置,前无"看视"义动词同现,宾语为一个或多个含有谓语动词的小句"重楼重阁,与切利而无殊;宝殿宝台,与西方无二"和"一雕从北便来"。宾语的复杂化促使句首的"且见""忽见"在韵律上趋向于融合为一个单位,即由原本的"但‖见+宾语"重新分析为"且/忽见‖宾语"。此外,动词"见"的其他一些特征,如带主语和简单的名词宾语、时体标记、重叠等,视角标记"只见"已不再具备,例如:

(22)<u>其王见女</u>,姿容丽质,忽生狼虎之心。(晚唐五代《敦煌变文》)

(23)<u>小娘子见了</u>,口喻心,心喻口,道:"好似那僧儿说的寄简帖儿官人。"(宋《清平山堂话本》)

(24)月娘道:"地下湿,银姐家去罢,<u>头里已是见过礼了</u>。我还着小厮送你到家。"(明《金瓶梅》崇祯本)

(25)伯爵道:"哥,你好歹叫他出来,<u>俺每见见儿</u>,俺每不打紧,教他只当唱个与老舅听也罢了。休要就古执了。"(明《金瓶梅》崇祯本)

例中的"见"均不可改用"只见",否则均不成话,例如:

*其王只见女
*小娘子只见了
*头里已是只见过礼了
*俺每只见只见儿

伴随主句的弱化，主句"结构上"的小句宾语有可能向后延展并被解读为前景信息。

5.2 视角标记"只见"的发展演变

现代汉语中，视角标记"只见"使用频率的大幅度下降，在《四世同堂》等几部卷帙浩繁的现当代叙事文学作品中寥寥无几（见表5-7）。

表5-7 "只见"在现当代叙事文学作品中的使用情况

书 名	总字数（万）	"只见"例数	视 角 类 型
四世同堂	69.5	4	第三人称限制4例
王朔小说集	59.6	11	第一人称视角5例
			第三人称限制视角3例
			第三人称全知视角3例
白鹿原	49.6	2	第三人称限制2例
长恨歌	26	5	第三人称全知视角2例
			第三人称限制视角3例

"五四"作家在西方小说视角理论影响下，开始自觉突破传统小说全知叙事模式进行创作，他们大量接触西方小说，将日记体、书信体的西方小说译介到中国。作家们认为第一人称叙事是一种包含着主观和客观的，一面抒发主观、一面叙述客观的叙事视角。有三分之二的小说作品采用的叙事角度迥异于传统小说的全知叙事，采用最多的是第一人称限制视角叙事。到了20世纪30年代，第三人称限制叙事取代第一人称叙事，成为中国现代小说最主要的叙事角度[1]。全知型叙事视角的改变也标志着"只见""看官听说"等这些彰显"说书人"腔调的视角标记在叙事作品中被弃用，但并未完全消失，比如"只见"还可以表达限制视角和第一人称视角，只不过出现频率非常低。值得注意的是，虽然

---

[1] 陈平原：《中国小说叙事模式的转变》，上海人民出版社，1988年，第131—132页。

"只见"在现代叙事文学语篇中使用频率骤降，但在其他语体语篇尤其新闻报道中仍然保持一定的活跃度，使用"只见"来展示记者镜头之下的事物、场景成为新闻叙事的常见视角。例如：

（26）最近记者到溪边村采访，发现那里的环境卫生治理出人意料的好。在方圆1.5平方公里的村子里，<u>只见150处固定垃圾倒弃口和140个流动垃圾桶分布在大街小巷，有一支环卫工队伍每日从凌晨二、三时起开始扫大街，成为该村特有的"美容师"</u>。（陈加奖、张江水：《乡村聘请"美容师"》，《福建日报》1994年7月5日）

（27）记者又到另一个窗口观察，<u>只见一位办汇款的女士在汇款单收款人一栏上写有"《中国人才辞典》编辑部"字样，营业员在电脑上操作不多时，对这位女士说，电脑设置的收款人名字一栏只能打七个字，收款人地址的字数也有限制，你这两栏的字数都超过了，请你删除。这位女士只能仔细推敲删减，一来一回明显影响了办理这笔汇款业务的速度</u>。（姚慧玲：《电汇手续需改进 苦苦等候急煞人》，《文汇报》2002年2月1日）

以上例中的"只见"都是第三人称的限制视角标记，其后的内容除"记者"眼中的所见之外，还加入了主观评论，如"成为该村特有的'美容师'""明显影响了办理这笔汇款业务的速度"。这是普通的看视动词所没有的功能，比如"看见"只能纯客观地记录所见所闻，如果要抒发情感发表评议，需要转换表达方式，例如：

（28）他立即冲到屋外，<u>看见100多米外的矿井出了事，在强烈灯光的照射下，井口喷出一条巨大的泥龙，刷刷刷冲向天空，足足有30多米高，"喷过了高高的井架！"廖用说，那场面十分恐怖</u>。（《在嘶嘶的毒气中狂奔》，《都市快讯》2003年12月26日）

例中"看见"的是矿井口的情景,而"十分恐怖"是"看不见"的言者内心感受,所以改由言说动词"说"引导出来。作为视角标记的"只见"与视觉动词"看见"有明显差异,而这些差异与"只见"在近代白话讲说体中充当全知型视角标记,引导"上帝"似的叙述者的一切所见所闻所知所感的功能有着密切关系,传统的全知全能型无限视角转移到叙事者的内视角,以叙事者内视角中的所见、所闻、所感来进行叙事,或者采取内外视角交叉的多元叙事视角叙事。由此可见,语体对词语的功能变化有着重大影响。

6. 小结

讲说体小说惯用第三人称叙事与无限视角叙事。视角标记主要由"见""看""听"等视听动词加上其他语素构成。本节以"只见"为例对讲说体叙事视角标记进行了研究。"只见"处于句首,构成"零形主语句",反映叙述者或说文本作者的主观视角,引进一个新人物、事物或情形,更重要的是"只见"还是语篇的加权手段,有助于听读者的注意力聚拢在当前所述内容上,此外,对于听读者视觉联想的激活从而获得身临其境的艺术体验也卓有成效。

"只见"演变为视角标记主要受到语体、语用因素的驱动,在发展为视角标记的过程中经历了去动词范畴化和重新分析的过程。"五四"新文学运动后,受西方小说视角理论影响,小说叙事由全知型视角转变为第一或第三人称限制视角,造成全知型第三人称视角标记"只见"在现代叙事作品中的使用频率大幅降低,但是在新闻报道等其他语体语篇中却又成为了一种广泛采用的叙事视角。

第5节 总　　结

本章所研究的"原来"和"有分教""话说""只见"分别是指涉叙事时间倒错、口头叙事方式、全知型第三人称叙事视角的叙事话语标记。除了这四个代表性的标记词之外,每种叙事技巧都还有其他相对固定的话语标记,大致归类见表5-8。

表5-8 不同叙事技巧使用的话语标记

叙事时间	本、当初、想当初、当年、那时、说来话长、原来、这是后话、(也是)合当有事、有分教、命不该(死/绝)、天无绝人之路(想)
叙事方式	话说(表)、只说、单说(表)、且说、却说、话里且说、休说、再说、言归正传、花开两朵各表一枝、话分两头、且听下回分解
叙事视角	只见、但见、却见、忽见、只听、忽听

叙事标记的功能包括以解释补充功能和调节叙述节律功能为主的语篇功能,以制造特定的叙事效果、虚拟的"说书场"氛围和与听读者互动交流的人际功能两大类。

四个叙事标记词都有调节叙述节律的功能。在小说语篇中使用叙事标记并不能给命题增加新信息,而往往是对旧信息进行解释补充说明,也因此就延迟了对新事件的叙述,从而放缓了叙述节奏,这种调节叙述节奏便是叙事标记的语篇功能之一。

对所叙述的事件作解释、说明、补充、论证等,是叙事标记语的另一重要语篇功能。"原来"引入不具时间性的判断、存现句式,以说明或描写一种事物、情况,为情节的发展或听者的理解提供必要的背景知识和相关信息;尤其是"原来"可引入一些转换场景或时序的过渡信息,起到弥补叙事空白开启下文的作用。"有分教"三种语篇表达模式的前后语句之间因为存在着明确的同义复指、因果、评议、交叉与延续关系,所以预叙标记"有分教"除了预叙的基本功能之外,在语篇组织、语义连贯、言者立场态度的表达、言听双方的互动等方面也有着不可忽视的作用。"话说"引出整个故事的大背景,包括故事发生的时间、地点,故事主人公的姓氏、性情、喜好等个性特征,对主线故事情节的叙述起解释与补充说明作用。视角标记"只见"则通过引出叙述要素如人物、场景来对故事的进展作出必要的解释说明,"只见"还是一个加权方式,通过对其后所叙述材料的标记,不管这些叙述材料是否含有前景地位特征都可实现前景化,也对事件的发展进程起推动作用。

四个叙事标记都具有一定的人际功能,都明示了叙事者对叙事过程的介入和干预。"原来""有分教"是叙事者干预叙事时序,制造时间倒错而使用的插叙和预叙标记,主要功能都是帮助听读者明辨时间倒错,有效引起阅读期待心理,提高阅读兴趣。而视角标记"只见"的主要功能在于引出新人物或场景,激活听者的视觉联想,使其获得亲临其境的艺术体验。叙事方式标记"话说"的主要功能是引导背景信息,巩固听者记忆;营造"说书"现场感,突出言听双方的近距离主观交互性。

叙事标记的形成首先有认知心理上的原因,主要是调控、聚拢、保持听读者的注意,引起期待心理和阅读、聆听兴趣,以利于语言理解和记忆。相对于其他话语标记,叙事标记的形成与语体的关系最为直接,本章所研究的四个标记词都是在讲说体语篇中获得特定的叙事功能而逐渐规约化为固定的叙事标记的。讲说体小说的连贯叙事传统使插叙成为必不可少的补充叙事策略。"原来"在上具有"当初"以及"发现"和"反预期"等,又位于句间接榫处,自然替代史传、文言小说中插叙标记"初",成为白话小说中专门插叙标记的最佳选择。预叙标记"有分教"最终发展成为标记词则完全因说唱文学的兴盛,在讲说体叙事规则的驱动下规约化而成的。"有分教"的"教"本义为"指教、教导、教授"相关,"教"以言行事,说话艺术又是语言艺术,两者通过"言语"纽带结合在一起,所以"有分教"在诸变体中的采用率最高。"话说"作为叙事标记更是直接与"话"的本义"讲史或小说的故事"和传播媒介形式"讲说"相关。宋代"说话"艺术发达,"话说"使用频率激增而形成"说话艺术"的程式化表达方式,出现在话本起始处,标示讲说故事这一叙事行为开始。视角标记"只见"更是为适应讲说体小说的口头叙事特征而发展成为叙事标记的,讲说体小说是口头叙事的书面文学形式,讲说者在叙事时特别顾及"听-说"交际关系中的特点,照顾听者的短时记忆,所以在引入新出场人物或场景时都要使用固定的语言形式以向听者明示,而第三人称全知型视角也有利于让听者便捷地获得身临其境的艺术体验。

叙事标记的功能在五四新文化运动以后都经历了消失或缩减的过程,原因都在于传统小说叙事模式方面发生的重大变化。比如陈平原(1988)[①]总结道:中国古代小说在叙事时间上基本采用连贯叙述,在叙事角度上基本采用全知视角,在叙事结构上基本以情节为结构中心。这一传统的小说叙事模式,20世纪初受到西方小说的严峻挑战。在一系列"对话"的过程中,外来小说形式的积极移植与传统文学形式的创造性转化,共同促成了中国小说叙事模式的转变:现代中国小说采用连贯叙述、倒装叙述、交错叙述等多种叙事时间;全知叙事、限制叙事(第一人称、第三人称)、纯客观叙事等多种叙事角度;以情节为中心、以性格为中心、以背景为中心等多种叙事结构。在时间处理上产生了一些新方式,变革或抛弃了传统白话小说时间结构的基本要素如时间满格、线性叙述等,文本中随处可见的以插叙、预叙为主的时间倒错叙事方式都逐渐式微,由此导致了标示插叙、预叙叙事方式的话语标记的削减。传统白话小说中占绝对主导地位的全知全能型第三人称叙述视角被限制视角以及其他视角取代,也使视角标记"只见"使用频率大为降低。传统小说常在故事外再加作者评述,而新小说家更习惯于化身为人物,借小说人物的言谈表达作者的理想,抛弃了沿用上千年的说书人腔调,由"说书的"这个特殊的叙述者和"看官"这个特殊的受述者组成的程式化叙述格局也被打破,由此,"话说"等标记"口说"叙事方式的标记也随之消失。

本章研究的四个标记词在汉语中已完全销声匿迹的是预叙标记"有分教",其他三个标记词,"原来"本是多功能词,作为标记叙事时间倒错的功能减弱,但是在语篇中仍发挥着"反预期"和"发现性"的语篇功能;"只见"由标志全知型第三人称视角为主导功能转变为以表达第

[①] 陈平原:《中国小说叙事模式的转变》,上海人民出版社,1988年,第4—5页。

三人称限制视角和第一人称视角为主,仍在继续使用;而"话说"在现代汉语中衍生出了新功能,用在口头色彩强烈、带有轻松调侃意味的网络虚拟互动之中,表示一个虚拟话轮的起点,标志其后的话语皆被统括进管辖范围之内,向交际方明示以下这些都是"我所说的话语"。

第6章
讲说体评价标记研究

"评价"是讲说体小说中堪与叙事比肩的一个重要功能意图。"评价"指讲说者或作者对所述命题或对受话人的态度、立场。方梅、乐耀（2017）[1]认为评价标记指用来明确说话人对后面话语进行主观评价的语言标记语。讲说体中的评价表达方式除了语言系统的情态范畴和主观化的特殊结构、句式之外，话语标记也是一种极为重要的显性语言手段。本章将从讲说体小说的语体特征出发，考察讲说体受语体特征制约而择取的几种评价手段——断言标记、互动标记、引述标记和推论标记。

第1节　强断言标记"正是"与弱断言标记"想来"

判断是逻辑学的重要概念，指对思维对象有所断定的思维形式[2]。作为一种思维过程，判断可以用语句表达出来，所以具有可分析的语言结构，各种语言中也都少不了判断句。比如古汉语中的"北山愚公者，年且九十"，"和氏璧，天下所共传宝也"，"知之为知之，不知为不知，是

---

[1] 方梅、乐耀：《规约化与立场表达》，北京大学出版社，2017年，第219页。
[2] 姜全吉编：《逻辑》，高等教育出版社，1988年，第71页。

知也"等,通过其中的"者""也""为"等词语可认定为判断句,这些"用来明示说话者对某事的主观判断、看法的情态标记词"就是断言标记①。判断有真假、强弱之分,对思维对象非常肯定的为强判断,明示强判断的标记词为强断言标记;而弱判断则为带有推测性的判断,明示弱判断的标记词则为弱断言标记。

关于断言标记,周明强(2015)②与李宗江(2019)研究得较充分,两位先生都将断言标记归入情态表达标记类,指出其主要语用功能为"强调所陈述的事实、评论所列举的现象、凸显所表达的态度"。根据肯定程度的强弱,断言标记可分为强断言和弱断言两类。虽然研究采用的名称不同,涉及的个案各有偏重,但在以下三个方面已形成基本共识:一是认为该类标记在结构形式上以断言谓词"想、看、觉得、认为、说、讲"为核心,前加第一人称代词或情态动词"要、需、用"等的否定式构成;二是功能上以强调言者的主观判断、认识为主;三是在演变方面,皆由核心动词虚化为认知动词,表认知义后形成的。由于社会及语言系统的动态发展,再加上语体差异,有些词语在近代讲说体语篇中发挥出了断言标记的功能,但进入现代汉语阶段却销声匿迹或功能转变,如能对这些标记进行深入研究,对于汉语语用标记的系统全面了解有所补益。

本节将以近代讲说体中使用频率较高且极具风格特色的强断言标记词"正是"和弱断言标记词"想来"与"想是"为代表,对它们在讲说体中的语篇分布、功能、形成过程及动因进行探讨。

1. 近代讲说体强断言标记"正是"

1.1 强断言标记"正是"的句法、语义考察

关于"正是",李胜梅(2012)③曾研究过现代汉语句首位置的合成词"正是",文中曾提及"正是"是近代章回体文学作品的叙事手

---

① 李宗江:《近代汉语语用标记研究》,上海教育出版社,2019年,第306页。
② 周明强:《断言类话语标记词的语用功能与认知特征》,《当代修辞学》2015年第6期。
③ 李胜梅:《论句首"正是"的篇章功能》,《当代修辞学》2012年第2期。

段之一，可单独使用，其前不出现主语，其后用冒号，引导出一个富有形象色彩的韵文结构，有总结前文内容、启引下文以及结束语篇的标记作用。可惜文章未就此展开讨论。吴锡根（2003）[①]研究了《金瓶梅词话》中的程式化表达结构式"正是……"，认为该表达式中"正是"的主要作用是标示，指明下边紧跟的是总结性的内容。以上二位学者观察到的"总结"和"标示"都是"正是"的话语标记功能。但"突出强调"和"标示"的到底是什么？其语篇功能的形成动因又是什么？两篇文章都没有细究。此外从近代汉语到现代汉语，"正是"的功能发生了明显变化，变化的原因是什么？以上尚未解决的问题将是本文的讨论重点。

1.1.1 "正是"的句法特点

"正是"由副词"正"与判断动词"是"组合而成，在近代汉语里是个多功能词，如用作判断动词：

（1）晚间忽做一梦，梦见自身再娶夫人，灯下把新人认看，不是别人，正是王夫人的幼妹。（明《二刻拍案惊奇》）

例中"正是"与"不是"对举，为句法组合的短语，"正"修饰判断动词"是"，表义重心为动词"是"。此"正是"的语篇表达模式"A不是Y，正是X"，先否定再肯定，先抑后扬，重点突出后半部分语义，"正是"对于表义和句法结构均不可或缺。

除此以外，还有一种话语标记用法，更具讲说语体和时代特色："正是"用在一段散文之后，引出一段韵文，构成"先行句A（散文）+正是+后续句X（韵文）"的语篇表达框架。"正是"与先行句、后续句之间皆有停顿，语感上更偏向与后续句构成一个整体，书面语中，多以冒号与后续句分隔。例如：

[①] 吴锡根：《"常言（道）……"和"正是……"表达式的构成特点及其话语功能——也谈〈金瓶梅词话〉中的程式化表达》，《浙江教育学院学报》2003年第6期。

（2）兄弟两个多动手，扯着便走，又加家僮们推的推，攘的攘，不由你不走。凤生只叫得苦，却又不好说出。<u>正是：哑子慢尝黄柏味，难将苦口向人言</u>。没奈何，只得跟着吆吆喝喝的去了。（明《二刻拍案惊奇》）

例中"正是"前后语句虽有韵散之分，但前者运用白描，后者采用比喻，所表达的内容相同，都是"有苦难言"，因与 A 语义重叠，"正是 + X"在语篇中可被删减，如例（2）变为"凤生只叫得苦，却又不好说出。没奈何，只得跟着吆吆喝喝的去了"，删减后的原文语义不变、文气连畅，叙事节奏还显得更为紧凑。

由此可见，该"正是"在句法、韵律上的独立性与意义上的程序性符合话语标记的特征，它在语篇中主要发挥组织话语、调控人际关系的功能。该类"正是"属传信范畴，表达言者对人、事或物肯定、确认的认识立场，具有不容辩驳的语气，因此本研究归为强断言标记类。

1.1.2　强断言标记"正是"的语篇语义表达模式及其所标引成分的修辞特点

"正是"语篇框架"A + 正是 + X"可以表达三种语义。

第一种，"正是 + X"对 A 进行总结概括。X 是总结概括的具体内容。例如：

（3）眼见得丹桂命硬，做了望门寡妇，一时未好许人，且随着母亲、兄弟，穿些淡素衣服挨着过日。<u>正是：孤辰寡宿无缘分，空向天边盼女牛</u>。不说徐丹桂凄凉，且说权翰林自从断了弦，告病回家，一年有余，尚未续娶，心绪无聊，且到吴门闲耍，意图寻访美妾。（明《二刻拍案惊奇》）

例中先行语句 A 叙述徐丹桂未过门就成了望门寡的日常生活，韵文语句 X"孤辰寡宿无缘分，空向天边盼女牛"以比喻的方式对 A 进行了总结概括。

第二种,"正是+X"对 A 进行评判。X 是评判的具体内容。例如:

(4)王婆叫道:"大官人、娘子起来,和你们说话。如今武二差土兵寄书来与他哥哥,说他不久就到。我接下,打发他去了。你们不可迟滞,须要早作长便。"那西门庆不听万事皆休,听了此言,<u>正是:分门八块顶梁骨,倾下半桶冰雪来</u>。慌忙与妇人都起来,穿上衣服,请王婆到房内坐下。(明《金瓶梅》崇祯本)

例中"正是"与引导的两句程式化套语"分门八块顶梁骨,倾下半桶冰雪来",对前文所述事件——西门庆听王婆说武松马上回来后产生的心理状态进行了主观评议,X 语义夸张。

第三种,"正是+X"对 A 的表义核心进行描写渲染,X 是具体细节。例如:

(5)番王道:"好闷死人也。若是早写降书降表,怎至于此。"<u>正是:闷似湘江水,涓涓不断流</u>。番王叫声:"三太子在那里?"三太子应声道:"有!"(明《三宝太监西洋记》)

先行句番王话轮主要抒发了"闷"这种心情,并间接地告知了"闷"的来由,"正是"引领诗文"闷似湘江水,涓涓不断流",以比喻方式对"闷"展开了形象生动的描摹。

"正是"所标引成分 X 的修辞特点。

据例(2)—例(5)所示,"正是"标引的直接成分 X 皆为韵文形式,有的是民间广为流布的俗话套语,有的是引自现成的诗词韵文,更多的是小说讲说者或作者临场随文现作的诗词。内容表现手段方面,大多以比喻、夸张方式对前文进行程式化的总结概括、评判或描摹。如例(4)的"分门八块顶梁骨,倾下半桶冰雪来",常用来形容人们遭到突如其来的变故或事情时极度慌张、害怕的样子。例(5)"闷似湘江水,涓涓不断流",则对前文番王的话语"好闷死人也"进行形象夸张的描写。一些通俗易懂的诗词名句如元稹《离思五首·其四》中的"曾经沧海难为水，除却巫山不是云"，常被"正是"引入讲说体语篇，比喻恋人间的思念之情或对爱情的忠贞。从修辞角度看，"A + 正是 + X"构成了一个"本体 + 正是 + 喻体"的隐喻修辞结构，"正是"在 A 与 X 之间相当于一个隐喻标记词，A 与 X 具有"相合"的隐喻关系（陈望道，2001）[①]，X 相当于喻体，对本体 A 进行形象、生动、具体的刻画，具有鲜明的意象。

综上所述，以上总结概括、评议、描写三种语义表达模式中，话语标记"正是"对先行语句突出强调和标示的内容，在后面所引导的韵文语句中得以体现，虽未增加先行语句的信息量，但以韵文吟咏的方式对 A 再次重复，强化突出效果不言而喻。

1.2 强断言标记"正是"的语用功能及其产生的动因

在语篇表达框架"A + 正是 + X"中，"正是"通过标引比喻夸张色彩的韵文语句 X，发挥了语篇组织和人际调控功能。这些功能的产生可从"正是"的语义虚化和句法位置变化等语法化条件，语篇交际的语用因素，人类认知的心理因素和社会因素等方面得到解释。

1.2.1 强断言标记"正是"产生的语义、句法条件

"正是"的语义虚化、句首位置的固化，直接导致强断言标记词"正是"的形成，其过程可概括为：判断动词词组—强调标记—强断言标记。强断言标记功能的产生基于语义的虚化和句法位置的改变。

判断句通过谓语动词"是"确立主语和宾语之间的等同、分类等各种关系，句中主语和宾语必须同现，才能对事物的性质、情况，事物之间的关系进行肯定或否定，这种主、宾语俱全的句子可看作判断句原型句式。"正"修饰"是"，二者联合并用大约出现在六朝时期。例如：

（6）军中人动容曰："君所道正是仆儿。"（六朝《搜神记》）

[①] 陈望道：《修辞学发凡》，上海教育出版社，2001 年，第 73 页。

例中"正"修饰"是",共同充当谓语,前后有确切的判断对象"君所道"和"仆儿"充当主、宾语,"正是"确认了主、宾语间为等同关系。如果判断对象内容过于复杂,形式过于冗长,则可由回指性代词替代成为判断句主语,例如:

(7)此经云:"泥洹不灭,佛有真我,一切众生,皆有佛性。皆有佛性,学得成佛;佛有真我,故圣镜特宗,而为众圣中王。泥洹永存,为应照之本;大化不泯,真本存焉,而复致疑,安于渐照。而排跋真悔,任其偏执,而自幽不救,其可如乎?"此正是《法华》开佛知见。(六朝《全刘宋文》)

句中代词"此"回指前文"此经云"的所有内容,谓语"正是"对"此"与宾语"《法华》开佛知见"间的等同关系进行了肯定。

会话语境中,因交际双方面对面交流,话语角色明确,言谈对象锚定清楚,充任主、宾语的判断对象可以省略,"正是"开始出现在句首位置。例如:

(8)程乡侯萧祗谘曰:未审第一之名,是形待以不?令旨答:正是形待。(六朝《全梁文》)

例(8)中,"正是"出现在回应话轮,因而主语承前"第一之名"省略,主语位置空缺。晚唐五代时期,在一问一答式的禅宗语录文献里还发展出了主、宾语全被略去的用法,例如:

(9)又云:"灵云谛当甚谛当,敢报未彻在。"云曰:"正是。和尚还彻也无?"(五代《祖堂集》)

"正是"为应答语,对前一话轮的"敢报未彻在"做出了肯定性答复。应答语境的"正是"为光杆形式,对它的理解必须结合前文,由此促进了语篇连接功能的发展。"正是"所在小句的主语均为前文提及的已知信息,省略后对句义理解几无影响,但由于宾语含新信息,如省略则可能产生歧解,如上引例(9)理解为"正确"或"灵云正是未彻"皆可,于言听双方的交际不形成阻碍,但"正是"属性却发生了改变:按"正确"义理解,"正是"当为形容词性;按"灵云正是未彻"理解,"正是"仍为动词性。而形容词性词语确定人、事、物的属性,其主观性显然高于动词性词语。

心理语言学的研究成果表明,语言理解是一个复杂的语义加工过程,涉及词汇与语义背景的整合、语义和句法的整合加工、句子论旨角色的分配等[①]。相较于原型判断句,结构缺损的"正是"句理解无疑需要听者付出更多的认知努力,无形中增加了"正是"语义的主观性。

宋代始,随着思维判断对象的进一步复杂化,出现了一连串小句或复句作"正是"逻辑主语,形式上却是零主语的现象。例如:

(10)<u>如性习远近之类,不以气质言之不可</u>,<u>正是二程先生发出此理</u>,濂溪论太极便有此意。(南宋《朱子语类》)

例中"正是"引导的宾语"二程先生发出此理"为已然事件,具有连续量的语义特征。通常情况下,出现在连续量成分之前的"是"是强调标记,如"那本教材是去年出版的"。位于离散量成分之前的"是"则仍为判断动词,如"《阿Q正传》的作者是鲁迅"[②]。这说明,"正是"的语义已从判断虚化为对前文已发生事件的强调,成为强调标记。

伴随着语义的虚化,"正是"的句首位置得到了巩固。首先,"正是"之前不再允许出现主语。如例(10)"正是"前后语句(下划线部分)为指同关系,因宾语中已有显性回指代词"此","正是"之前不

[①] 杨玉芳编著:《心理语言学》,科学出版社,2015年,第192页。
[②] 石毓智:《论判断、焦点、强调与对比之关系——"是"的语法功能和使用条件》,《语言研究》2005年第4期。

再添加"此、这"等指代词作形式主语以免句法结构的重复,因而导致"正是"小句主语悬空,"正是"被推至真正的句首位置。并且从信息结构看,X 是对 A 内容的复指,是已知的旧信息,新信息必须依靠后续语句得到传递,对后续句的依赖性促成了"正是"语篇关联功能的增强。其次,"正是"从核心谓语成分降位为外围修饰成分。如例(10)"正是二程先生发出此理"语义、语气的完满有赖后续句"濂溪论太极便有此意",二者之间有条件结果关系,前者是前提条件,后者才是语义表达重点。表义重心的后移,表明"正是"句法功能被削弱,而语用功能则得到了强调突显。

"正是"的这种用法被言语社团广泛采用,推广而逐渐成为语用习惯。"具身言语认知"理论认为,言语理解植根于动作和知觉系统,人们对于事物概念的理解来自具体的身体的感知系统,强调经验的作用[①]。"句首"相当于人身体中最重要的"头、脑袋"部位,"句首"位置最重要、最引人注意,句首自然成了最急于表达、最需要强调的信息的最佳位置。句法位置的改变和词义的变化,改变了"正是"的句法分布,从而为虚化创造了条件。断言标记的最终形成则主要受到讲说体叙事策略、语篇构建等需求因素的驱动。

1.2.2 强断言标记"正是"产生的语用认知因素

功能主义语言学派认为,语言演变源于语言的使用过程。语言演变的机制和动因跟语言使用和信息交流中言谈双方的策略互动和认知操作有关[②]。

① 引导韵、散文转换,增强语言流畅性的需求。

中国古代小说源自说唱艺术,文兼众体。说唱艺术是表演艺术的一种,说者在讲说小说的时候,深知利用音乐的音律和节奏吸引听众的抒情功能。转入书面阅读后体制依然如故,无论长篇章回体还是短篇话本

---

① 曲方炳、殷融、钟元、叶浩生:《语言理解中的动作知觉:基于具身认知的视角》,《心理科学进展》2012 年第 6 期。
② 吴福祥:《也谈语法化的机制和动因》,《语文研究》2021 年第 2 期。

体都有将诗词韵文散插于故事正文叙述中的叙事传统①。但正文叙事所用的散文与诗词韵文毕竟是两种不同的语言体式，前者语言质朴浅显，明白如话；后者语言注重节奏和押韵，富于音乐性，带给听者的视听体验截然不同。心理学的研究成果表明，语音、语法、文字的改变都会影响人们语言流畅性体验。语言流畅性是流畅性中重要的一种，是个体对加工信息难易程度的一种主观体验，在一定程度上左右着人们的判断和决策，既可用作直接的线索帮助个体做出判断，也可以通过选择不同线索或策略帮助个体进行决策。为改善语言流畅性，人们会采取不同的手段对刺激进行控制以此实现对不同水平加工的流畅性的操纵②。正如书面语中记录某人会话需要用"说"类标记词进行标引，"正是"的使用也是有效区分韵、散两种不同语言体式，调控语言流畅性，从而实现听者听觉体验和谐的叙事策略使然。

② 增强语力，追求预期效果。

白话小说是从一种宗教通俗宣讲转变而来的大众娱乐形式。"说话"艺人靠说书卖艺维生，其商业性演出性质决定了必须以听者的诉求为中心。转为书面读物后，明清白话通俗小说的书坊主为了营利，刊刻发行小说时也注重适应市场上读者的审美需要，形成了讲说故事的整套技艺，营造身临其境的艺术氛围，迎合听读者的反应。如罗烨《醉翁谈录》所言：

> 讲论处不滞搭、不絮烦，敷演处有规模、有收拾，冷淡处提掇得有家数，热闹处敷演得越久长。曰得词，念得诗，说得话，使得彻。言无诡舛，遣高士善口赞扬，事有源流，使才人怡神嗟呀。

但能否达到预期效果，最终取决于听者的反应，而非仅依赖说者的言说行为。所以话语效果是听说双方相互作用的结果，取效行为应由

---

① 鲁德才：《中国古代白话小说艺术形态学导论》，南开大学出版社，2013年，第47页。
② 张旭锦：《知觉流畅性对判断和决策的影响》，《心理科学进展》2010年第4期。

听、说双方合力而成。为提高修辞效果，说者往往会设法增强"语力"以弥补"修辞效果"的不足①。"正是"活跃于元话语层面，是言语行为过程中以言行事力量最外显的标记，虽并未给所引导的直接成分增加新信息量，也未曾改变语句性质，但语力却得以显著增强。具体而言，就是通过"A + 正是 + X"的表达模式，"正是 + X"对 A 进行"重读"，从而加深听者对 A 所表示的行动、事件、人物等信息的印象，并展开联想、产生共情，达到预期的修辞效果。例如：

（11）柯陈兄弟见说，惊得面如土色，道："我等岂可轻易见得上司？一到公庭必然监禁，好歹是死了！"人人思要脱身，立将起来，推窗一看，<u>大江之中，烟水茫茫，既无舟楫，又无崖岸，巢穴已远，救应不到，再无个计策了。正是：有翅膀飞腾天上，有鳞甲钻入深渊。</u>既无窜地升天术，目下灾殃怎得延？（明《二刻拍案惊奇》）

例中"大江之中，烟水茫茫，既无舟楫，又无崖岸，巢穴已远，救应不到，再无个计策了"与"有翅膀飞腾天上，有鳞甲钻入深渊。既无窜地升天术，目下灾殃怎得延？"语义交叉重叠，后者以韵文方式对前者内容再吟咏一遍。这种叙事方式属于心理语言学中的"重读"。心理语言学的实验研究表明，在言语交流中"重读"会提高被重读信息的激活水平，使之在语篇表征中处于更特殊的地位，同时还传递出加工信号，提高了被"重读"信息的可通达性，促进理解加工②。

"正是"引入有一定形象色彩的韵文语句入小说，营造出一种似乎听众正在观看舞台表演的艺术幻觉，从而把听者的注意力从故事情节上暂时引开，进入对人生奥义的思考。此外，"正是"引入的语句大都是现成的诗词语句或广为人知的俗、谚语，言者将自己的主观认识交由这

---

① 李秀明：《汉语元话语标记语研究》，中国社会科学出版社，2011 年，第 150 页。
② 杨玉芳编著：《心理语言学》，科学出版社，2015 年，第 214—216 页。

些被赋予一定形象色彩或哲理的语句代言,无形中也提升了话语的信度,其语力远强于观点见解的直陈,更利于听者获取修辞效果。

③ 言者立场表达的需求。

讲说体小说有其独特的修辞形态,即搬用说书人常用的"正是"和"话分两头"之类的套话构建"虚拟的说书情境"。这类套语不仅是在小说故事分段和整体造型方面起作用的叙事手段,也是说书人和听者之间互动交流的方式,类似史传中的"太史公曰"手法,形成事件的模仿和叙述者的评论双线发展的修辞效果[①]。这也意味着"正是"除了有对行动、事件、人物等进行概括总结、推断评论和描绘的功能外,还兼具表达讲话者身份、地位和立场等多重功能。例如:

(12)在下为何把这个教官说这半日?只因有一个教官做了一任回来,贫得彻骨,受了骨肉许多的气。又亏得做教官时一个门生之力,挣了一派后运,争尽了气,好结果了。

<u>正是:世情看冷暖,人面逐高低。任是亲儿女,还随阿堵移。</u>(明《二刻拍案惊奇》)

例中"世情看冷暖,人面逐高低。任是亲儿女,还随阿堵移"为言者(即文中的"在下")的立场表达,通过对"教官事件"的评价,言者向听读者传达出自己的主观认识立场,同时也传递出了希望听读者与自己保持一致立场的强烈愿望。

表达言者立场标志着"正是"从强调标记演变成为强断言标记。"正是"到底是强调标记还是表达言者立场的断言标记,还要看它所引导的直接成分内容是对客观世界的反映还是对主观认识立场态度的表达。当"正是"为强调标记时,主要对先行语句所述内容强调,句中有显性的回指词语,客观性较强。如例(10)"如性习远近之类,不以气质言之不可,<u>正是二程先生发出此理</u>"中的"此理"。当"正是"游

[①] [美]浦安迪:《中国叙事学(第2版)》,北京大学出版社,2018年,第98页。

离于句外且句中没有回指性词语时，为认识立场标记。如"十来个贼，不曾走了一个，多被捆倒。<u>正是：日间不做亏心事，夜半敲门不吃惊。</u>（明《二刻拍案惊奇》）"其中的"正是"所表达的就是言者对"日间不做亏心事，夜半敲门不吃惊"的肯定认识立场。

再结合上下文语境的观察，强断言标记"正是"没有给予听说双方讨论协商的空间，不需要听者做出回应。言者以不容置喙的口吻向听读者宣布自己的主观认识立场，充分显示出了言者对所言的高确信度，也体现出了讲说者在话语权势地位上的绝对优势。

综上所述，讲说体小说融韵文入小说的叙事需求、对修辞效果的追求以及言者立场的表达等认知语用因素于一体，深刻地影响了强断言标记"正是"的形成。

1.3 现代汉语阶段的强调标记"正是"

讲说体小说发展到清代，文人深度参与创作过程，小说与诗词韵文的关系有了较大的变化。诗词韵文由原来的叙述者或作者的硬性插入，转变为与叙事主体有机结合的融入性表达，从原来的结构程序义为主，转变为情节意义为主，而"正是"用作断言标记标引韵文入小说的功能也日渐消散。但句首位置的"正是"仍沿袭了强调功能，这与古汉语强调标记一脉相承。如上文所引例（10）就与下例有异曲同工之处：

（13）采访结束时，我们深深感到，不可小看今日的农民。<u>正是这些用高科技武装起来的新农民</u>，与教授专家密切合作，把我国的液晶材料生产推向了一个新境界。（《人民日报》1995年3月）

＊如性习远近之类，不以气质言之不可，<u>正是二程先生发出此理</u>，濂溪论太极便有此意。（南宋《朱子语类》）

以上二例的语篇表达结构均可简化为"先行小句 A + 正是 X + 其他后续小句"，其中 X 与 A 所指为同一对象，X 又是其他后续小句成立的前提条件，后续小句是基于 X 所得出的结果。"正是"对其后接成分 X

进行强调和确认。

作为强调标记和强断言标记的"正是"有着多方面的明显差异，具体体现在所引导的直接成分 X 的语义、修辞特点，X 的句法性质、结构类型，"正是"与 X 的关系，X 与先行语句的关系，以及"正是"的语体适应范围五个方面（见表 6-1）。

表 6-1　强调标记和强断言标记的"正是"的差异

所在句式各方面的差异性 // 标记词	强调标记"正是"	强断言标记"正是"
X 的语义、修辞特点	话题；语义不自足，需其他后续句补足	韵文语句；修辞色彩；语义自足
X 的句法性质、结构类型	句法多样性，有体词性短语、介词短语、状中式偏正短语，"有"字结构，分句形式	主要是并列、条件、因果等关系分句
与 X 的关系	紧密；结构形式、韵律上形成一个整体	疏松；书面语中常有冒号隔断
X 与先行句关系	指同或部分相关	复杂，包括归类、说明、注释等多种关系
语体适应范围	广见于现代汉语记叙文、散文等文艺语体和政论语体、科技语体	近代汉语讲说体小说

2. 弱断言标记"想来"

相比于强断言标记"正是"，以心理动词"想"为核心语素构成的"想来""想是""想必"与"料想""我猜"等在断言性方面显得微弱一些，本研究称之为弱断言标记，即标记对所述命题表达的肯定程度或相信程度相对较低的词语。

下面以在近代讲说体小说中较为活跃，而在现代汉语阶段变化明显的"想来"为例，对弱断言标记进行研究。

2.1 "想来"的句法特征

近代讲说体小说语篇中的"想来"有三种语言表现形式。其一是作为句法单位的"想来₁","想"是心理动词,"考虑"义,"来"也尚存一定的动作性,表示前一动作欲要达成的目的。"想来"后面需要加动词性词语。例如:

(1)至于庚申之变,事起仓卒,又值内乱,我们不能两顾,倒被他们得了手,因此愈加自大起来。现在事事<u>想来</u>要挟,我们正好趁着他们自骄自满之时给他一个下马威,显显天朝的真威力,看他们以后再敢做夜郎吗!(清《孽海花》)

例中"想来"与另一动词"要挟"共同充当句子述语。

其二是跨层组合"想来₂","想"表"希望"义,与行为动词"来"构成连动结构,例如:

(2)田方道:"自从哥哥离开八卦山以后,我总<u>想来</u>,最近听说哥哥的工程告一段落,我呢,到这儿来看看哥哥。"(民国《雍正剑侠图》)

例中"想"与前面副词"总"的关系比与"来"的要更为紧密,韵律节奏为"总想‖来"。

以上两种"想来"皆尚未凝固成词。融合成词的"想来₃",词义虚化,不表具体的"考虑"或"希望",表示抽象的认识义,"来"是词内成分。例如:

(3)宋江道:"……今来似此,如之奈何?若是宋江打不得祝家庄破,救不出这几个兄弟来,情愿自死于此地,也无面目回去见得晁盖哥哥。"吴学究笑道:"这个祝家庄也是合当天败,却好有这个机会。<u>吴用想来,事在旦夕可破</u>。"(明《水浒全传》)

例中"想来"作为一个整体使用,表明已融合成词,其行为主体明确,例中"事在旦夕可破"是吴用的所想、所言,表明行为主体对事态的估计。

其三是话语标记的"想来₄",行为主体不明,句法独立,韵律上自成一个单位,与后续小句间有较长语音停顿,书面语或有标点符号隔断,命题意义微弱,主要承担语篇功能,表明言者对所述命题的肯定或相信程度不太高,有主观猜测意味,为弱断言标记词。例如:

(4)秋谷略坐一会,正欲起身,忽见辛修甫同陈海秋走了上来。大家相见过了,秋谷道:"我道客人是谁,原来是你们二位,<u>想来有什么事情么?</u>"修甫笑道:"也没有什么别事,今天是陈海翁专诚请你在东合兴花筱舫家吃酒,恐怕你有了应酬不到,所以我们特地自己过来相请,可好就此同行?"(清《九尾龟》)

(5)姑娘接着说道:"我也没有甚么愿意不愿意,不过想着他二位穿了孝,参了灵,就算情理两尽了……这样商量定了,过了明日后日两天,就可上路,也省得伯父上上下下,人马山集的在此久住。<u>这话,伯父想来再没个不依我的</u>。"(清《儿女英雄传》)

例(4)"想来"位于句首,主语是"你们二位",承前省略。例(5)"想来"具有插入语性质,虽然位于"伯父"之后,但行为主体并非"伯父",而是说话人"姑娘"。也就是说,这句话应释为"这话我想来,伯父再没个不依我的"。

本研究探讨弱断言标记词"想来₄",如无特别说明,其他三种不再涉及。

2.2 弱断言标记"想来"的语篇环境

语言单位在同一个话轮之内处于起始还是中间或是末尾位置,在会话序列中是处于开启话语位置还是处于应答话语位置,同一个语言表达形式会因为序列位置的不同而呈现出不同的话语功能。"想来"主要位于语篇中故事人物的对话、心理活动以及讲说者的叙事话语中。在会话语境,"想来"可处于触发与应答话轮中,说者按自己的主观认识来开启或回应一个话轮。如例（4）"想来有什么事情么"就处于首发话轮，将会触发对话方针对性的回答。例（5）"姑娘"以揣测性话语"这话伯父想来，再没个不依我的"答复安太太的提问。

讲说体小说主要以全知型第三人称视角叙事，该视角的优势在于上知天文下知地理，过去未来，人物的所作所为、所思所想，都可以一览无遗。标记词"想来"前无人称代词，表达的即是万能的上帝视角，它便捷地将本为隐秘的人物内心活动公开地揭示给听读者看，因而常用以构成人物独白或自忖的会话序列。值得注意的是，该人物既可以指故事世界的人物，也可以指现实世界承担叙述功能的讲说者或作者。讲说体语篇中的"想来"及其引导的话语，有的表现为人物的内心独白，有的为人物对话，例如：

（6）近时有一人，姓强，平日好占便宜，倚强凌弱，里中都惧怕他，熬出一个浑名，叫做<u>强得利</u>。一日，偶出街市行走，看见前边一个单身客人，在地下捡了一个兜肚儿，提起颇重，<u>想来其中有物</u>，慌忙赶上前拦住客人，说道："这兜肚是我腰间脱下来的，好好还我。"（明《醒世恒言》）

例中"想来"是内心独白，话语主体指向故事人物"强得利"，他看见客人捡到东西之后的心理活动"其中有物"，通过引导词"想来"向听读者昭示。

再如用在对话中的：

（7）<u>后人评论此事</u>，道计押番钓了金鳗，那时金鳗在竹篮中，开口原说道："汝若害我，教你合家人口，死于非命。"只合计押番夫妻偿命，如何又连累周三、张彬、戚青等许多人？<u>想来这一班人也是一缘一会，该是一宗案上的鬼，只借金鳗作个引头。连这金鳗说话，金明池执掌，未知虚实，总是个凶妖之先兆。</u>（明《警世通言》）

例（7）"想来"用在一问一答的设问句与答句构成的虚拟对话话轮中，其言者主语到底是"后人"还是故事的讲说者无须细究，主要目的在于通过"想来"告诉听读者"金鳗说话是个凶兆"的立场态度。

弱断言话语标记"想来"的基础语义是"经某一事物或行为事件的触发，话语主体对所产生结果的性质、状态等进行猜测、估量"。"想来"主要传达言者对所述命题持有的确信度不高的态度。

"想来"的语篇表达模式可概括为："A，想来＋X，B"。其中A为先行语句，X为"想来"引出的直接成分，B为回应性语句或由X引发的相关行动。下面分析"想来"如何通过A、X、B及其相互关系表达弱断言认识立场。

2.2.1 先行语句A

"想来"蕴含着言者的某种主观态度，而无论何种立场态度都应建立在某个事件、观念基础之上。"想来"所含态度立场的生发根据就是先行语句A，A所代表的皆为已然事件或已经存在的事物。

2.2.2 引导的直接成分X

"想来"引导的X基本上都是情态句。情态意义可通过不同手段来表达，"想来"的断言命题按句中表达情态义的情态动词、情态副词、句末情态助词的具体情况可分为三类。

① 含情态动词的X。

X中所含的情态动词主要为表道义情态义的"合当、该、一定、要"和认识情态义的"必、定、必定、必然、可以"等，反映言者对命题的认识。例如：

（8）夜观天象，西北上杀气，甚是不祥，应当一国之主，<u>想来陈友谅合当复亡</u>。（明《英烈传》）

（9）就是叶通，受老爷、太太的恩的日子浅，主儿的性情，家里的规矩，<u>想来也该知道</u>。（清《儿女英雄传》）

（10）不知这颗斗大的金印，应该属诸何人？就中如樊哙、周

勃、灌婴诸将,身经百战,功绩最多,更是眼巴巴望着,<u>想来总要轮到自身</u>。(民国《汉代宫廷艳史》)

以上三例中的 X 因含有道义情态动词"合当""该""总要",句义含有说者要求听者使句子表达的事件成为事实的道义情态。例(8)和例(9)说话人认为第三方"陈友谅""叶通"有义务使"复亡""知道"等行动实现。

更多的 X 为含有认识情态义的句子,例如:

(11)叹息道:"可见定数,再莫能逃。"文忠便问道:"军师何出此言,<u>想来必有原故</u>,末将愿闻其详。"(明《英烈传》)

(12)忽然天上降下一个金甲神来,把我等七人一个个缚了,我便惊醒。<u>想来定非吉兆</u>。众人纷纷议论。(清《七剑十三侠》)

(13)方才好好的走路,无缘无故我这身子忽然打了一个寒噤,这是从来没有的事!从前遭洪水之灾,从中原流到此地,几千里之遥,也没曾有过这等景象。若说毛病,更是你我修道之人断不会有的。<u>想来这当中一定有些道理</u>,只恨我们道力太浅,不能预知其事罢了。(清《八仙得道》)

(14)我听了他这一番话,不觉暗暗疑讶,又不便说甚么,因搭讪着道:"原来文琴是令亲,<u>想来总可以为力的</u>。"俭叔道:"兄弟就信的是这一点。文琴向来为朋友办事是最出力的。"(清《二十年目睹之怪现状》)

以上四个例句中"想来"引导的语句具有"事实上或情理上有必要性、必然性"的情态义。认识情态表达说话人对命题为真的可能性与必然性的看法或态度,也就是说,它表达说话人对一个情境出现的可能性的判断。认识情态可以看作说话人的心理状态,即他对有关情境的事实性信念的确定性。与前面表示道义情态的例句相比,认识情态表示一种强义务,说话人用"必、定、一定、总可以"等情态动词表达对道义对象强加了绝对义务，强烈要求听者使句子表达的事件成真[①]。

② 含评注副词的 X。

"想来"引导的 X 中包含的评注副词有"正、便、就、真、万万、总、也、决、实、断"等。评注副词的基本功用是对相关命题或述题进行主观评注[②]，表达说话人对句子所示命题的真值或事件的现实状态的情感态度。例如：

（15）那来军正是扈家庄女将一丈青扈三娘，一骑青鬃马上，抡两口日月双刀，引着三五百庄客，前来祝家庄策应。宋江道："刚说扈家庄有这个女将，好生了得，<u>想来正是此人</u>，谁敢与他迎敌？"（明《水浒全传》）

（16）我方才在马圈里看见一辆席棚儿车，<u>想来就是他娘儿两个坐的</u>，一定是你老人家赶了来的呀？（清《儿女英雄传》）

（17）一切我全晓得了，你只该尽礼尽孝，旁的都不必说，也不许说，<u>想来你也决决不肯说的</u>。既偌地时，我们就此可以告别。（清《八仙得道》）

（18）这关小西必是武艺精通，不然众目所观，又挣我们银子，竟自败退？<u>想来实不能胜他方才退败</u>。剩我一人，双拳难敌四手。（清《施公案》）

（19）厚卿摇头道："我前天已经碰了他一个钉子，现在就去问他，<u>想来万万无用</u>。"（清《九尾龟》）

（20）这一门，是只有皇帝出来才开的，那一种严肃气象，<u>想来总是很利害的了</u>。（清《二十年目睹之怪现状》）

③ 含语气词的 X。

语气词也是语言情态系统的重要组成部分，表达言者态度，包括言

[①] 彭利贞：《现代汉语情态研究》，复旦大学博士学位论文，2005 年。
[②] 张谊生：《现代汉语副词研究》，学林出版社，2000 年，第 47 页。

者立场、观点、判断和预设等①。"想来"引导的 X 中所含的语气词主要有"的、了、呢、岂、难道、不成"等,皆表肯定或强调语气。例如:

(21)始皇不禁怫然道:"仙人要问朕有无真诚,她又不别而行,朕又何从向她表白呢?"赵高禀道:"照仙人语气,似乎深感圣恩,自会进宫进见,万岁只安居深宫,等候她下降之时,再叩求神仙之道,<u>想来没有不行的</u>。"始皇听了,只得问了几句仙人下降的情形。(清《八仙得道》)

(22)"<u>想来那玉是一件罕物,岂能人人有的</u>。"宝玉听了,登时发作起痴狂病来。(清《红楼梦》)

(23)雨村道:"如今老先生仍是工部,<u>想来京官是没有事的</u>。"(清《红楼梦》)

(24)向宝玉笑道:"你林妹妹可在咱们家住长了。"宝玉道:"了不得,<u>想来这几日他不知哭的怎样呢</u>。"(清《红楼梦》)

(25)刘小姐闻言,声泪俱下,<u>想来公子原在城中,难道宋君偏不收纳奴也不成</u>?故不容与我夫妻想见。(清《赵太祖三下南唐》)

语气词反映言者的各种态度。如例(21)—例(23)的句末语气词"的"明确表达了说话人的主观肯定;例(24)和例(25)中的反问语气词"呢""不成"表达了言者在强调话语内容信息的同时还提醒听者应注意其立场态度,一般用在自我揣测或心理活动语境,听者无须回答。

此外,X 中还有表示询问的语气词"呢、吧"等,例如:

(26)只见那钦差也不用人传话,就在轿里吩咐道:"我不是拜你主人来了。"那门丁听了,吓得爬起来,找了条小路往回就跑,此时但恨他爹娘少生了两条腿。将跑到县门,钦差的轿子已到,他

---

① 崔希亮:《语气词与言者态度》,《语言教学与研究》2020 年第 3 期。

又同了衙役门前伺候。又听得钦差问道:"有位被参的安太老爷,想来是在监里呢?"门丁忙跪禀道:"不在县监,在县头门里典史衙门土地祠。"(清《儿女英雄传》)

(27)丫环喘吁吁方说道:"了……了不得,楼……楼底下火……火球儿乱……乱滚。"妇人听了便接言道:"这也犯的上吓的这个样儿?这别是财罢?想来是那老厌物攒下的私蓄,埋葬在那里罢?记明白了地方儿,明日慢慢的再刨。"一席话,说得郑新贪心顿起,忙叫丫环点灯笼。(清《七侠五义》)

例(26)问句"想来是在监里呢?"中,钦差表面在向门丁问询安老太爷的去处,实则心里早有答案。这种明知故问的态度只有通过"想来+问句"才能彰显;例(27)"想来是那老厌物攒下的私蓄,埋葬在那里罢?",也是揣测问,听话方无法回答。由此可见"想来+问句"的主要目标是得到听话方的认同或证实。

综上所述,X 因句中的情态载体,无论是情态动词、评注副词还是语气词,都是表达强烈主观性的语法手段,X 是情态句,表明言者对命题或交际对方的立场态度和判断的确信度非常高。但将"想来"加在 X 之前,却起到了降低言者话语的确信度或武断色彩,增强模糊性和委婉程度的作用。如:

陈友谅合当复亡——想来陈友谅合当复亡
正是此人——想来正是此人
没有不行的——想来没有不行的

破折号左边的语气明显要强于右边,其中起减值作用的正是"想来",这也是本研究称"想来"为弱断言标记的缘由。

④ 后续语句 B。

崔希亮(2020)指出,"态度"涉及两个范畴:一个是"看法",一个是"行动",前者是静态的,后者是动态的。"想来"所表达的言者对于命题的推量都属于静态"看法",但对交际方来说,却会激发他采取进一步行动,或以话语或以行为对该推量进行证实,所以说是动态的也未尝不可。以前引例(4)和例(6)分析:

秋谷略坐一会,正欲起身,忽见辛修甫同陈海秋走了上来。大家相见过了,秋谷道:"我道客人是谁,原来是你们二位,<u>想来有什么事情么?</u>"修甫笑道:"<u>也没有什么别事</u>,今天是陈海翁专诚请你在东合兴花筱舫家吃酒,恐怕你有了应酬不到,所以我们特地自己过来相请,可好就此同行?"(清《九尾龟》)

例中秋谷看到辛修甫同陈海秋上门,推测他俩一定有事相求,所以道出了心中的"看法"——"想来有什么事情么?"。生活中人们"无事不登三宝殿",这符合一般人的惯常思维,因此,"想来有什么事情么?"并非言者心中真有疑问要传达,他只想自己的推测能得到印证,所以修甫需要进行回复,回答也需要顺应发话问句的委婉语气,用上情态词语"也""什么",意在减弱句子语义的严重程度。再如:

近时有一人,姓强,平日好占便宜,倚强凌弱,里中都惧怕他,熬出一个浑名,叫做<u>强得利</u>。一日,偶出街市行走,看见前边一个单身客人,在地下捡了一个兜肚儿,提起颇重,<u>想来其中有物</u>,慌忙赶上前拦住客人,说道:"这兜肚是我腰间脱下来的,好好还我。"(明《醒世恒言》)

话语标记"想来"及其引导的情态句,对后续语句有强制性要求。正如例中人物内心猜想"想来其中有物",他必须做出进一步行动——"慌忙赶上前拦住客人"才能验证。

2.3 弱断言标记"想来"的语用功能及其使用的认知动因

话语标记"想来"的语用功能产生动因与心理动词"想"的语义虚化,即由心理动词"想"的"思考"义虚化为认知义有关,也与"想来"的句法地位由句中主要谓语动词降格为句外成分,语法位置由句中游移至句首相关,但更为重要的还在于语用中的人际互动因素。

2.3.1 篇章连接功能

由于先行语句 A 总是已知信息,X 又是言者在 A 基础之上通过推理得出的结论,所以 A 是 X 成立的前提条件。本为客观命题的 A 通过"想来"使 X 转变成言者的主观认识。"想来"将已发生的事件或已存在的事实 A 与情态小句联系起来,展现了人们的认知推理过程:前提基础 A—认知活动"想来"—认知结果 X。

现有研究成果已对"想"从心理动词虚化为认知动词的过程作了比较清晰的揭示,比如姚占龙(2008)① 认为,与人称代词组合成话语标记的"说、想、看"等,经历了从"动作义"到"认识情态义",再由"认识情态义"到"话语标记"这样一种主观性不断增强的过程。我们认为,"想来"与"说、想、看"等话语标记的标记化过程基本一致。句法语义变化是"想来"话语标记化的前提基础,关键动因为语用因素,即讲说体赋予"想来"在实现叙事方面的独特性。

讲说体叙事采用上帝视角,能便捷地在叙事和评价、判断,人物外在的言语行事和隐秘的内心活动之间自由切换,然而,讲说体的"听者中心"意识决定了它必须时时关照听者的接受心理特征,自由表达的同时要顾及理解的顺畅,所以当叙述之外要插入评价、判断等言者的立场态度时,当从外显的人物举止言行转入内在的心理活动时,都需要"想来"一类的形式标记来明示听者。如例(6)"强得利。一日,偶出街市行走,看见前边一个单身客人,在地下捡了一个兜肚儿,提起颇重,想来其中有物,慌忙赶上前拦住客人",如果没有"想来",说成"提起颇重,其中有物"就纯属客观叙事,听者感受不到这是人物内心的推测,将原来非现实性的命题误认为既成事实,艺术效果难免大打折扣。除了"想来",其他如"看来""料想""想是"等,也同样可以承担明示言者态度立场的功能。这表明同一种功能可以由多个

---

① 姚占龙:《"说、想、看"的主观化及其诱因》,《语言教学与研究》2008 年第 5 期。

语言形式来承担。

"想来 X"是在已知信息基础上产生的认知结果，与先行语句 A 有机关联，同时，由于"想来"作为非叙实性词语，所推量出的立场观点是否成真，需交由后续句证实，故在语篇组块中，后续语句 B 为强制项。"想来"承前启后，具有相当强的语篇衔接能力。

2.3.2 人际功能

"想来"所引导的以表达许可与义务的道义情态动词为主要载体的情态句，关注重心为负有道义责任的施事施行某些行为的必要性与可能性，言者说出一个道义情态句子，是在对某人强加义务去产生或阻止产生该命题描述的事态，从而让一个命题成真或禁止一个命题成真。以评注副词、语气词和情态动词为载体的情态句，关注的是言者的主观评价、判断与观点等主观态度。言者的态度，既有对命题的认知，也有对听者的认知。在互动交际中，这些态度都会引起听者的不同反应，取得不同的体验效果。

讲说体的言听双方在话语角色上有明显的不对等关系，听者在社会权位上有绝对优势，所以在讲说过程中，言者会采用话语策略以维护听者的面子。礼貌程度与主观情态密切相关。就礼貌原则而言，说者如果把许可和义务的指令或者自己的主观评价、判断等强加给受话人，会威胁到对方的面子。为此，说者会寻求恰当的话语方式，作为维护受话者的"面子"的补偿，以降低对方丢面子的可能性。"面子"一般分为积极面子和消极面子[1]，前者是让别人对自己有好印象的一种愿望，后者则是不愿被人勉强，允许有自由选择权利，自主从事自己工作的愿望。礼貌关注的重点在他人而不在自己，可见"消极面子"比"积极面子"更为重要。

讲说体的听者中心取向特征，决定了讲说者在叙事中习用贬己尊人的语用策略。讲说者会在话语中尽量减少过于直白的表达，减少强

---

[1] Brown, P. & Levinson, S. C., *Politeness: Some Universals in Language Usage*, Cambridge: Cambridge University Press, 1987.

制性，减少将自己的主观见解强加于对方的可能性。比如"想来""看来""想是""料想"等话语标记，都指向听者的消极面子，添加在话语中可减轻受话者的道义责任，如此委婉的表达使得听者拥有更多的选择余地，而非被强制性地要求。维护听者的消极面子，体现出更高等级的礼貌程度，体现了讲说体讲说者或作者的受话者中心意识。

2.4 弱断言标记"想来"的发展变化

Hyland 和 Tse（2004）在谈到立场标记的判定原则时提出"立场标记首先必须是元话语"①，也就是说立场标记应该体现出作者的元语用意识。讲说体语篇表达推量义时更倾向于使用人称指向模糊的标记词"想来""看来""想是""料想"等，而较少使用含第一、二人称代词的"我想""我看""我说"和"你想""你看""你说"等。原因除了第一人称"我"不易区分故事人物与讲说者或作者的自称因素外，还与汉语文化注重整体和谐、集体主义、人际关系以及谦虚礼貌有关。中国文化被公认为是注重集体主义的文化，一些外国学者甚至认为中国文化是一种"无我文化"②。语言是文化的载体，文化特征也会在语言中体现出来。"我想""你看"这类话语标记经抽象化，人称指称作用已不明显，但其源始语义的滞留性特征，决定了这类词更容易锚定话语参与者的角色关系，相比于"想来"，"我想"能更明确地表达说者的认识立场，显示说者的权威性，所以礼貌程度相对较低，与讲说体语篇听者为中心的策略要求相悖，使用频率相对更低。据对 CCL 语料库元代话本小说、明清小说语料的考察发现，"我想"只用于故事世界的人物对话或心理活动中，而"想来"除此之外，更常出现在元叙事层面，例如：

（28）那个安大爷是父母之所爱亦爱之，父母之所敬亦敬之，远远儿的合着腰儿，虚伸了一伸手，说："起来，起来。"这才回过头去喝了那碗茶。那长姐儿一旁等接过茶碗来，才退出来。这段神

---

① Hyland, Ken & Tse, Polly, "Metadiscourse in Academic Writing: A Reappraisal", *Applied Linguistics*, 2004, 25(2).
② 贾玉新：《跨文化交际学》，上海外语教育出版社，1997 年，第 61 页。

情儿,想来还是那时候的世家子弟家生女儿的排场;今则不然,又是怎的个情形呢?(清《儿女英雄传》)

例中"想来"引导的语句代表的不是故事人物安大爷和长姐儿的看法,而实质上是隐藏在故事背后的讲说者或作者对"安大爷"行为做派的点评。这个点评的受众是预想中的听读者,体现了讲说者或作者的受众意识,也体现了"想来"的元话语属性。

"想来"的话语标记用法延续到了现代汉语中,它所具有的语义、功能不变,仍表弱断言。主要的变化表现在,所引导的情态句中情态动词有所扩容,如表可能性的"会"等认识情态动词和表能力、意愿的动力情态动词"能、愿意"等,也开始出现在句中,而民国之前的讲说体文献中还未曾见此用法。例如:

(29)倒在吃茴香豆、教写茴香豆、分茴香豆、保护茴香豆……这微不足道的茴香豆上,用了五六百字(全篇不足三千字),想来不会有别的理由,只是作者看出"这些里边蕴藏着深浓的人生味"。(当代《读书》)

(30)相对于带来的巨额回报,也是低得多的。孰轻孰重,想来老总们能算清楚这个账。(2000年《人民日报》)

(31)她告诉我们,科威特的新闻记者每周二晚上在记协有个聚会,想来我们很愿意去会会同行。(1995年《人民日报》)

另外,"想来"的语体适应范围也有所扩大,除叙事性语篇外,在史传、应用文、政论文等文体中皆有使用。

2.5 "想来"与"想是"的比较

"想是"是近代汉语讲说体中另一个较为活跃的弱断言标记。与"想来"一样,核心语素为由心理动词演变而来的认知动词"想",由"想"与"是"融合而成。"想是"所引导的直接成分与"想来"相比,情态义要弱得多,以动力情态动词"要"为最常见,其余可分为含有肯定、已

然义的一般陈述句,因果关系的复句,疑问句等,下面各举一例说明:

(32)那些番民齐道:"咱都是过路的,公爷叫唤咱怎么呢?"中军道:"想是公爷要问你们的话。"番民道:"这又出奇了,问咱什么?"(清《呼家将》)

(33)"想老伯母这样大寿归天也罢了,只是误了世先生此番会试。看来想是祖茔安葬了,可曾定有日期?"范举人道:"今年山向不利,只好来秋举行,但费用尚在不敷。"(清《儒林外史》)

(34)如此者两三番,却才跳跳舞舞的到园里。长老见了,悲中作喜道:"猴儿,想是看见我不曾伤命,所以欢喜得没是处,故这等作跳舞也?"行者才至前,将绳解了,挽着师父就走。(明《西游记》)

(35)这小爷正在那里心里为难,听十三妹如此一问,他赶紧站起,连连的摆手说:"姑娘,这事断断不可!"十三妹道:"哦,不可?想是你嫌我这妹妹丑?"安公子道:"非也。从来'娶妻娶德,选妾选色'。"(清《儿女英雄传》)

(36)自斟自饮,喝了有十几杯酒,觉得头昏眼晕,迷迷离离,心中明白,想是中了人家蒙汗药酒啦,如醉似痴,身不由自主。(清《康熙侠义传》)

从以上各例看来,"想是"是言者在先行语句代表的命题基础上所进行的推测,其后接成分为推测的具体内容,对后续句有强制性要求,要求进一步交代推测的结果是否成真,因此,"想是"跟先行句和后续句关系更为密切,语篇衔接能力更强。再看人际功能方面,"想是"引导的语句大多本身确信度较低,比如例(33)中,"想是"与另一推量义话语标记"看来"叠用,例(34)和例(35)"想是"引导的直接成分为揣测意味的疑问句,已含有不确定性。因而相较于"想来","想是"在降低言者话语确信度,增强模糊性和委婉程度的功能上更弱一些。

话语标记"想是"的形成经历了两个过程:起先是"想"与"是"的融合过程,这个过程在南宋时期已经完成,比如在《朱子语类》出现

了集中用例,如:

(37)和靖且是深信程子者。<u>想是此等说话不曾闻得</u>,或是其心不以为然,故于此说有所不领会耳。(南宋《朱子语类》)

(38)然其人以手裹头巾,则光中之佛亦裹头巾,则知乃人影耳。今所在有石,号"菩萨石"者,如水精状,于日中照之,便有圆光。<u>想是彼处山中有一物,日初出,照见其影圆,而映人影如佛影耳</u>。(南宋《朱子语类》)

例(37)和例(38)中有代词"此""彼",表明"是"已是判断动词,"想是"位于句首,因句中均有谓语中心语"闻得"和"有","想是"沦为句子外围成分,表推量;在韵律、句法结构上均有独立性,可以看作话语标记。

从现有语料中可以发现,"想是"的成词时间早于"想来"。"想来"较早的用例出现在元代杂剧,例如:

(39)孩儿有一计,<u>想来只是我与贼汉为妻</u>,庶可免一家儿性命。(元《西厢记》)

其次是"想是"之"是"的附缀化。我们认为"想是"不是由"想来只是"省缩而成。"想是"的"是",是由判断动词"是"发展而来的"后附缀",由于"想是"后加成分逐渐复杂化,如例(37)和例(38),"是"之后都是含其他动词中心语的句子,整个结构的表意重心也在该句子上,这就造成"是"不再是判断动词,再加上受双音步韵律要求,"是"作为后附成分与"想"融合成双音节词"想是"。

通过对 CCL 语料库现代汉语部分检索,未发现"想是"位于句首的语例。"想是"均分布在"主语+想+是宾语"结构中。可见"想是"在现代汉语中已没有话语标记功能,甚至不能再算作一个词。因此,可以说弱断言标记"想是"已退出现代汉语系统。

3. 小结

本节根据对所述命题表达的肯定程度或相信程度的高低，对断言标记分为强弱两种进行了研究。强断言标记"正是"通过引导韵文语句，对先行语句进行总括、评判、描摹，具有引导韵、散文转换，调控语篇结构；增强语力，促成表达效果；表达言者肯定认识立场等功能。其语用功能的形成动因源自讲说体融韵文入小说的叙事需求、对修辞效果的预期和言者主观立场的表达之需。"正是"经历了从判断动词到强调标记再到强断言标记的形成过程。作为强断言标记的"正是"退出了现代汉语系统，但强调标记用法得以传承发扬。

弱断言标记"想来"用于讲说体语篇的故事人物对话、心理活动以及讲说者的叙事话语中。它的语篇表达模式展现了人们的认知推理过程，先行语句为推理的前提条件，引导的语句是在已知信息基础上产生的认知结果。"想来"作为非叙实性词语，所推量出的立场观点是否成真还要由后续句证实，故"想来"的语篇衔接能力非常强。"想来"指向受话人的消极面子，添加在话语中可减轻受话者的道义责任，体现出更高等级的礼貌程度，体现了讲说体的听者中心意识。"想来"的话语标记用法延续到了现代汉语中，主要变化表现为引导的情态句中的情态动词在民国初期有进一步的扩容。

第 2 节　互动标记"你想"和"看官听说"

布斯的小说修辞学理论认为，中国传统白话小说中存在一个"乔装打扮的叙述者"——说书人。说书人采取虚拟修辞策略，在小说中营造"虚拟说话情境"[①]。小说作者自觉或不自觉地将自己幻化成说书人，以

[①] 王德威:《想象中国的方法——历史·小说·叙事》，生活·读书·新知三联书店，1998年，第84页。

"局外人"的身份和态度讲说故事，形成一种外视点的全知全能叙事范式，能够像"上帝"一样洞察一切，能不受时空限制自由地安排故事的开始、发展、高潮和收尾，自由地组织情节、描写人物、发表议论。其中，夹叙夹议是说书人叙事的显著特点。叙事者于小说起始立论，收尾作结，叙事过程中不时进行大量的介入性干预，或发表议论，或分析人物，或解释情节，或补充交代背景，或预示故事发展。叙事文本可分为故事层和话语层，故事层大致等同于故事内容，也就是"故事讲的是什么"，话语层大致相当于叙事方法，也就是"故事怎么说"。于语言学角度而言，叙述者的介入可视为叙述者与故事、受众三者之间的互动，各种互动以元话语的方式在文本中留下了蛛丝马迹，主要表现为讲说者在讲说故事时因为结构布局、小说情节安排、人物描写等与听者进行协商而使用的一些程式话语，其中那些标记化了的就成为互动标记。本节将以"你想"和"看官听说"为例，重点讨论叙述者如何采用话语标记与听读者进行虚拟互动，如何在互动中表达认识立场，以达成对方情感态度与自己趋同的目的。

话语标记"你想"由第二人称代词"你"与心理动词"想"组合而成，在讲说体小说中作为话语标记大量存在于虚拟互动场景，而第一人称代词"我"与"想"构成的"我想"却因只出现在故事人物话语而不具备此功能。究其原因，亦是受说书人叙事模式在词语选择方面的影响。说书人叙事总体上排斥作者自我的局外人叙事方式。说书人仅是故事的叙述者而非故事的亲历者，绝对不可能以第一人称介入故事的发展过程之中，所以"我想"无一例外均为故事人物的自指，说书人现身时常用"小子、在下、说书的"等自称。凡涉及说书人叙述的套语均为默认的言者省略形式，如"看官听说""且说""却说"等，皆由"看官听小子说""在下且说""说书的却说"等省缩而成。第二人称代词"你"一般指受话者，具体所指可依语境判定，用于故事层面时指故事人物，用于叙述层面时指说书人与听者虚拟互动中的受话一方。"你"直接或间接地指向听者，激活了面对面的口头交际模式，突显了受话方的存在，强调了讲说者对听者的关注，由此体现出一定的互动性。例如：

（1）店主醒来，想道："这梦甚是蹊跷。说甚么萧状元，难道便是在间壁处馆的那个萧秀才？<u>我想</u>恁般一个寒酸措大，如何便得做状元？"（明《今古奇观》）

（2）看官，<u>你想</u>当时这蔡京太师，何等威势，何等法令！（明《二刻拍案惊奇》）

（3）龙王道："这等真是可贺，可贺！这才叫做改邪归正，惩创善心。既如此，怎么不西去，复东回何也？"行者笑道："那是唐僧不识人性。有几个毛贼剪径，是我将他打死，唐僧就绪绪叨叨，说了我若干的不是。<u>你想</u>，老孙，可是受得闷气的？是我撇了他，欲回本山。故此先来望你一望，求钟茶吃。"（明《西游记》）

例（1）中"我想"指故事人物"店主"发表自己的主观意见，没有与交际方互动的意图。而后两例的"你想"互动意味明显，"你"分别指叙述层面的交际对象"看官"与故事人物"龙王"，充分表达了言者"看官""龙王"之间的互动，让对方认同自己的观点。

赵毅衡（2013）[①]认为，中国白话小说的分期以《金瓶梅》崇祯本为标志，开始了中国白话小说的崭新阶段——创作期。在这之前为改编期。18世纪中叶产生了《儒林外史》和《红楼梦》等巨作，中国古典小说进入了极盛期。《红楼梦》在叙事模式上出现了前所未有的突破，它以作家叙事代替说书人叙事，它的创作带有近代小说的特点，呈现出了一种崭新面貌和个性风格。《红楼梦》的主体叙述方式是作家的外视点全知叙事，作者是主要叙述人，即便如此，作者借说书人身份进行叙事的情况依然处处可见，作者常常站在作品具体人物的角度，借用人物的言语、视觉、心理达到叙述的目的[②]。《红楼梦》中听说双方的虚拟互动仍然存在，例如：

---

① 赵毅衡：《苦恼的叙述者》，四川文艺出版社，2013年，第8页。
② 李时人：《〈红楼梦〉之叙述人身份和主体叙事方式》，《苏州科技大学学报（社会科学版）》2018年第3期。

（4）<u>列位看官</u>：你道此书从何而来？说起根由虽近荒唐，细按则深有趣味。待在下将此来历注明，方使阅者了然不惑。（清《红楼梦》）

作者模拟说书人口吻与听者进行交流，模仿说书人的口吻向读者提出了问题"列位看官：你道此书从何而来"，接着又自问自答，将自己的主观认识传达给"看官"。相比改编期的讲说体小说，《红楼梦》的这类叙事方式有所减少，比如"你想"这个与听者互动求同的标记就从叙述层面消失，而只出现在故事人物话语中，专从内视角表达人物立场态度。但书中其他话题标记"有、这/那、不提"和叙事标记"原来""话说""只见"等的使用仍较普遍。

1. 互动求同标记"你想"

关于话语标记"你想"，何自然（2006）[①]、张德岁（2009）[②]都曾有过研究。何自然主要对"你想"的语义功能进行了归纳，认为有"征询""求同"和"祈使"三种功能。张德岁将该标记的篇章功能概括为"在言语交际中为听话人提供语境支持""保证语篇的连贯与衔接"和"凸显语篇的主要信息"三个方面。张文还对话语标记"你想"的形成机制进行了探讨，认为涉及语义虚化、句法结构的重新分析和言语交际等主要因素。两位学者对话语标记"你想"的观察非常仔细，但就讲说体语篇中的"你想"而言，它本身负载的意义比较透明，不参与句子命题内容的组构，可以凭借自身的常规意义，作为一个路标去引导听话人准确地理解说话人的意图。"你想"的内容代表了说话人的主观看法，说话者的意图不是让"看官"去思考，仅是希望听者认同他的观点。所以，"你想"的主要功能为"与听者进行互动，并求得对方认同自己观点"，因此，本书称其为互动求同标记，简称互动标记。另外，言语交

---

① 何自然主编：《认知语用学——言语交际的认知研究》，上海外语教育出版社，2006年，第338—339页。
② 张德岁：《话语标记"你想"的成因及其语用修辞功能》，《安徽大学学报（哲学社会科学版）》2009年第5期。

际及认知心理等因素,在"你想"的话语标记化过程中究竟起到了何种作用,有必要结合具体的语体语篇进一步讨论。

1.1 "你想"的句法、语篇分布特点

"你想"在讲说体小说语篇中有两种句法分布,分别表示动作义和认识情态义。例如:

(5)袭人笑道:"我再倒去。"黛玉笑道:"你知道我这病,大夫不许我多吃茶,这半钟尽够了,难为你想的到。"(清《红楼梦》)

(6)周进跟了进来作揖,那人还了个半礼道:"你想就是先生了。"周进道:"正是。"那人问从者道:"和尚怎的不见?"(清《儒林外史》)

以上二例中的"你想"均未词化。例(5)的"想"是实义心理动词,可带宾、补语。例(6)是近代白话特有的一种表述方式,义为"你,想来就是先生了","想"是认知义动词。"你"在句中确有所指,分别指向对话参与者"袭人"和"周进"。此类"你想"参与句法结构组织,缺之不可,不属于话语标记,不在本文的讨论范围之内。

讲说体中的话语标记"你想",句法位置灵活,可居于句中和句首,不参与句法结构,为句子非核心成分;韵律独立,不与前后成分有句法语义关联;"你"语义泛化,泛指言语交际中的另一方,有时还相当于复数"你们";"想"由动作动词虚化为认知动词,表认识情态义,相当于"看"或"认为"。"你想"可位于故事层面,通过人物视角传达认识立场。例如:

(7)李氏闻听便撺掇道:"这还了得!若是留在家内,他必做孽。自古书上说,妖精入门家败人亡的多着的呢!如今何不趁早儿告诉老当家的,将他抛弃在荒郊野外,岂不省了担着心,就是家私也省了三一三十一了。一举两得,你想好不好?"这妇人一套话,说得包海如梦初醒,连忙立身来到书房。(清《七侠五义》)

例中"你想"位于故事人物对话话语,同时,也作为插入成分,位于小句的话题主语之后、述语之前,如果将其换至句首,说成"你想,一举两得好不好"亦无大碍。句义重心在选择问句"好不好?"上,"你想"对于句意表达无关紧要。"你想"之"你"指言语交际的受话方"包海"。需要注意的是,"你想好不好?"包孕在李氏与包海的对话中,交际双方身份都非常明确,本来不需要特别指明"你想",交际方也能明了是在跟自己求证。这种语用上的冗余,突显的正是其语用上的特殊功能——强调在跟对方进行现场交流,祈请对方考虑自己的立场观点。按常理,人们要求对方考虑自己的观点时,总是希望对方赞同自己,而不会主动要求对方反对自己。所以"一举两得,你想好不好?",实际上传递的是"一举两得,我希望你认为(我这一建议)很好"的祈愿。

再看"你想"居于超叙述层面的讲说者话语的例子:

(8)行者仰面观之,只见祥云缭绕,果是有神,却回头对小妖道:"装天罢。"小妖道:"要装就装,只管阿绵花屎怎的?"行者道:"我方才运神念咒来。"那小妖都睁着眼,看他怎么样装天。这行者将一个假葫芦儿抛将上去。<u>你想</u>,这是一根毫毛变的,能有多重?被那山顶上风吹去,飘飘荡荡,足有半个时辰,方才落下。(明《西游记》)

例中"你想"同样可移至句中,说成"这是一根毫毛变的,你想能有多重?""你"与故事中会话双方"行者"与"小妖"中的任一方均无关联,泛指虚拟说书场中的听者,意在唤起听读者的关注,并共同思考讲说者提出的问题,关注事态的后续发展。由于"这是一根毫毛变的,能有多重?"为反问句,所以讲说者传递给听者的是强烈的否定立场。

话语标记"你想"的语篇序列环境较为复杂,在具体语篇中倾向于出现在故事人物的对话语境的应答话轮中,说者针对对方的问题发表自己的观点。例如:

（9）行者道："我回寺中，同师父睡觉去。"八戒道："我就不去了？"行者道："你爬得上来，便带你去，爬不上来，便罢。"八戒慌了："怎生爬得动！<u>你想</u>，城墙也难上，这井肚子大，口儿小，壁陡的圈墙，又是几年不曾打水的井，团团都长的是苔痕，好不滑也，教我怎爬？哥哥，不要失了兄弟们和气，等我驮上来罢。"（明《西游记》）

例中"你想"出现在故事世界的八戒与行者对话的回应话轮。通常情况下，说话人总是先将最重要的、最急于让对方了解的信息放在话语序列的最前面。八戒急切地想告诉悟空自己"爬不动"，然后再缓一步解释爬不动的原因，"你想"引出的正是解释性话语，加上第二人称代词"你"的移情功能，八戒将自己的观点和证据分享给行者，促使行者设身处地换位思考，从而跟自己产生共情，达到偷奸耍滑的交际目的。

由于"你想"总是基于某一事件或现象向听者传达出针对性的观点或态度，因此，用在讲说者与听者的虚拟互动语境时不出现在语篇首发位置。例如：

（10）那妇人在月光之下将他一看，唇红齿白，好一个标致的官人，便说："我家没有男子在家，客官寄宿不妨。"庆喜一想："这却不便，宁可走一夜了。"<u>看官，你想</u>，他真是正人君子的行为，若是贪淫之人，遇着此等地方，正中下怀，岂有不愿意的，哪里想得到一霎时性命不保的时候，并且没人来救了。（清《七剑十三侠》）

上例以"你想"为界，前后语句分别为叙事话语与评论话语，当讲说者叙述到"庆喜婉拒妇人留宿"这一情节时，通过"你想"召请听读者共同介入其中并发表议论，构成讲说者与听读者交流互动的一个虚拟话轮，邀请听者一起对"庆喜"进行评论，引导听者认清其品性。当然，这种虚拟的对话都是讲说者的自说自话，通过虚拟对话传达出来的认识立场与讲说者直接发表的评论，对于听者来说，经过自己深入思考过的想法与说者强加的观点，哪一个可接受程度更高自不待言。

1.2 互动标记"你想"的语篇表达模式

综上所述，"你想"的基础语义是"说者将对某一行为、事件的认识寄寓听者视角进行表达"，主要功能在于召请听者参与互动，通过营造虚拟的交互氛围来寻求交际对方的赞同。其语用功能的实现取决于同现的称呼语以及标引的直接语言成分。通过对语料的梳理，"你想"在语篇中的语言表达模式可概括为："A，（称呼语）你想 + X"或"（称呼语）你想，A，X"。其中 A 为先述行为或事件，X 为"你想"所标引的直接成分。

1.2.1 与"你想"同现的称呼语

与"你想"同现的称呼语有两类：一类是故事中的话语对象，称呼方式依具体语境而定；另一类是虚拟的交流对象如"看官""列公""诸位"等。称呼语的同现加强了"你想"中"你"的可及性，便于交际方迅速锚定所指对象。例如：

（11）然后我们两个人连伙计一齐坐了轿子出来的。<u>诸位太太，你想</u>，这个老爷不是我说句瞧不起他们的话，真正是犯贱的！（清《官场现形记》）

（12）<u>看官，你想</u>当时这蔡京太师，何等威势，何等法令！（明《二刻拍案惊奇》）

例中"诸位太太""看官"都是复数形式，"你想"中的"你"虚指其中的某一人，已发生泛化，用在此处可拉近交际双方的心理距离，提醒对方一起关注后续的话语内容。

1.2.2 先行语句 A

先行语句 A 是已述的故事层面的事件或行动，是说者将要表达的观点的基础。"你想"位置灵活，可位于 A 之前或之后，其中位于 A 前的占绝对优势。整体看来，句法位置不对话语标记"你想"的语用功能产生影响。例如：

（13）行者道："我方才运神念咒来。"那小妖都睁着眼，看他怎么样装天。这行者将一个假葫芦儿抛将上去。你想，这是一根毫毛变的，能有多重？被那山顶上风吹去，飘飘荡荡，足有半个时辰，方才落下。（明《西游记》）

"你想"之前叙述的是故事情节"行者骗小妖，用毫毛变假葫芦装天"，标引的语句"这是一根毫毛变的，能有多重？"，便是针对该故事情节中的奇特或令人疑惑之处，讲说者将它摘取出来与听者探讨，虽然字面上看似在探讨，实为讲述者摆明观点"毫毛变的，不重"。先述后评，在讲述的基础上表达立场观点，所发议论才有的放矢。夹叙夹议，有叙有议，这是我国传统小说有别于现当代叙事性文学作品的区别特征之一。"你想"将先行事件的人物内视角叙述与讲说者全知型视角的评议这两个不同的叙事层次分隔开来，暂使听者中断倾听故事，跟随讲说者的引导去思考求证。

1.2.3 "你想"标引的直接成分 X

"你想"标引的直接语言成分 X，绝大多数以反问句式出现，其次是感叹句、倾向性明显的选择问句和是非问句，以及含主观评价的判断句，总体上具有主观色彩强烈、观点鲜明的特点。例如：

（14）汉人到此，十个九个只愿死，不愿生。却又有蛮人看守，求死不得。有恁般苦楚！这一阵厮杀，掳得汉人甚多。其中多有有职位的，蛮酋一一审出，许他寄信到中国去，要他亲戚来赎，获其厚利。你想被掳的人，那一个不思想还乡的？（明《今古奇观》）

（15）这霍春荣是臬台朱大人立等提案的人，我们耽不起这个干系。你想，朱大人的性情何等利害！我们若把他放走，我们自己还要性命么？（清《九尾龟》）

（16）豆老听见，好生欢喜，又给庄爷暖酒作贺。因又提起："韩爷昨日复又回来，问下家的底里。谁知今早闻听人说，下家丢了许多的银两，<u>庄大爷，你想这事诧异不诧异？</u>老汉再也猜摸不出这位韩爷是个什么人来。"（清《七侠五义》）

（17）到得船头，宋子英不等陆仲文开口，先自家说道："我真是糊糊涂涂的鬼摸了头，不知怎么少数了一个棋子，把好好的进门变作青龙，连我自己也有些不信。如今也不必说了，总是我自家不好，带累你们赔钱，只好我用心些儿再做几摊，你们重重的加倍打上几记，让他吃了过去，加倍输钱。<u>好在他是个有钱的人，输掉几千银子也不要紧，你想是么？</u>"陆仲文听了深以为然。（清《九尾龟》）

（18）这些邻家没一个不笑他是个痴婆子："一个远方流落的小厮，白白里赔钱赔钞，伏侍得才好，急松松就去了。有甚好处，还这般哭泣！不知他眼泪是何处来的。"遂把这事做笑话传说。<u>看官，你想那那姬乃是贫穷寡妇，倒有些义气，一个从不识面的患病小厮，收留回去，看顾好了，临行又赀赠银两，依依不舍</u>。（明《醒世恒言》）

以上例句中"你想"的直接标引成分为反问句（例14）和带有明显倾向性的选择问句（例16）、是非问句（例17）。虽然句法形式上是疑问句，却并不传疑，而是讲说者表达的一种强烈的情感意图。因此，即使在会话中，听者也不能针对疑问词做出回答，实际上也往往不需要听者提供答案。显然，这类"你想"不是祈请对方思索，而是"引出自己的看法，目的是希望对方同意自己的看法"[①]。张德岁（2009）认为，"你想"用在特指问或还有征询对方意见的功能。如前所述，讲说体语篇中"你想"标引的特指问和选择问、是非问，说者都已有强烈倾向性的答案，完全无须听者回答，显示了求同功能。如例（16）韩爷探听

[①] 刘月华：《对话中"说""想""看"的一种特殊用法》，《中国语文》1986年第3期。

卞家的家底,紧接着卞家就丢了许多银两,豆老问道:"庄大爷,你想这事诧异不诧异?"一般情况下,谁听了都会觉得诧异,庄大爷亦不例外,所以豆老明知故问,试图引起庄大爷的共情。话语中,豆老也并未给出让庄大爷回答的空间,而是把持着话轮走向,持续讨论韩爷的相关话题。

感叹句(如例15)的基本功能是,仅就某种状况所做的带有感情色彩的主观评价或描述,不要求听者接受或作答。例(18)的 X 是陈述句,陈述有真值语义,在交际语境中听、说双方可就真值进行交流,并要求听者作答,但我们看到,该陈述句中含有"乃""倒"等表示说话人主观评价的情态副词,表明该句主要用于直陈说者的认识情态。

据上文分析,"你想"标引的 X 都是主观评述性较强的句类,说者的态度立场鲜明,不需要听者反馈信息,所以说者无须将话语权让渡给听者,始终保持着话轮,这也是"你想"可用于虚拟互动语境的重要理据。

那么,X 表达的到底是交际方"你"还是说者自己的认识情态呢?通过前文分析发现,X 无一例外都是说者的主观见解,但是"说者"的身份需据语境甄别,有的属于故事层面的会话方,如例(15)—例(17),有的属于叙事层面的故事讲说者,如例(14)与例(18),说者将自身的主观认识寄寓听者视角进行表达。所以,"你想"虽然与"想来""想是"一样引导认识情态小句,但"你想"具有召请听者一起介入叙事、营造互动氛围、求取认同的功能,本书将其归为互动求同标记,而"想来"与"想是"则归为弱断言标记。

1.3 互动标记"你想"语用功能及其使用的认知动因

"你想"的基本语用功能是增强人际互动。讲说体以听者取向为中心,在编码语言形式时特别注意体现人际交互功能,这在话语标记"你想"有两个方面的体现。

其一,提醒听者注意,召请听者参与。汉语中的认识情态词除了能表示认知义之外,还暗指这个观感来自语境的某个人物[①]。Biq(1990)

[①] 谢佳玲:《华语广义与狭义情态词的分析》,《华语文教学研究》(台湾)2006 年第 3 期。

把英语语用标记 you know 这类结构中的 you 看成是呼语成分，整个结构是元语言结构①。Tao（1996）也把类似的语句归入"以听话人为取向的语句"，表示提请作为受话角色的"你"对后续言谈予以注意和关注②。"你想"的"你"泛化，并不完全指向受话方，有时候也指言者自己或无确定所指的人，仅在语用层面标志着认知情态的来源。"你想"标引的认识小句就是说者语义表达的焦点信息③，说者通过"你想"唤起听话人的注意，有意识地将听者的注意力引至表达的重点内容上。认知心理学强调在言语加工中注意的选择性维量，认为注意可以实现对刺激选择的控制并调节行为，即抑制一部分信息，有效地加工重要的信息。这对"你想"为什么可以提醒听者的注意有相当的解释力。"你想"绝大多数位于叙述过程向评议过程转换的接榫处，韵律、语义、位置都有异于其前的语流，因此，它的使用能够通过调节注意分配来影响听者的言语理解过程，引导听者关注讲说者特意标定的相对重要的信息，促使言听双方一同介入故事世界，针对某一事件、人物等进行探讨，以消除分歧，形成一致认识。

其二，寻求趋同。据前文分析，"你想"常引出是非问句或特指问句，这些问句含有强烈倾向性，无须听者做出回答，说者借此来寻求对话方（有时也可以是说者自己）的认同，作为进一步行动的起点。在获取支持的过程中，充分发挥的是话语标记"你想"中人称代词"你"的移情功能，讲说者把本属于自己的个人立场观点换成听读者的他者视角得以展示，虽未要求对方实施某一行为作为对说者言语的反馈，但将听话方拉入言谈现场去共同关注某一命题事件，以帮助听者迅速形成价值判断并产生情感共鸣，体现出言者对听者认知操控的功能意图。

---

① Biq, Yung-O, "Question Words as Hedges in Conversational Chinese: A Q and R Exercise", in Bouton, L. B. & Kachru, Y. (eds.), *Pragmatics and Language Learning, Monograph Series 1*, Urbana-Champaign: University of Illinois, 1990, pp. 141-157.
② Tao, Hong yin, *Units in Mandarin Conversation: Prosody, Discourse and Grammar*, Amsterdam: Benjamins, 1996, 转引自乐耀：《北京话中"你像"的话语功能及相关问题探析》，《中国语文》2010 年第 2 期。
③ 刘月华：《对话中"说""想""看"的一种特殊用法》，《中国语文》1986 年第 3 期。

话语标记"你想"因第二人称代词"你"的使用而具有人际互动功能。称呼语是一个敏感、开放的语汇系统,时代变迁和价值观念的变更都会引起称呼语义及其功能的变化。称呼的用法既受民族传统、社会结构和集团意识的制约,又与交谈者之间的身份差距及亲疏程度相呼应。它提醒对方交际行为的开始,也反映交际双方的关系、身份或权力关系。社会语言学将这些关系概括为"同等关系"和"权势关系"[①]。这两种关系很大程度上决定了交际双方所使用的称呼语。"同等"表明了交际双方地位的平等,"权势"是一方能够控制另一方的行动。

"寻求一致"和"将说话人和听话人都包括到所进行的活动中",是"积极礼貌"策略。"你想"的互动功能体现了人际交往中的"积极礼貌",其求同功能也与说话人需要通过表明自己与听话人之间某些方面的共同之处来满足对方的"积极面子"相关。"你想"之所以能维护听者的积极面子,是因为它以接近为基本策略,说者把本专属于自己的立场观点置于听说双方的共享语境,从而将听说双方纳入同一个活动进程之中,赋予听者参与权,而这既可维护听者的积极面子,又可使听者产生仿佛置身于书场与说书人正在互动交流的现场即视感。听者积极面子的满足程度与他对叙述者的配合程度正相关,这无疑源自传统小说初创时期的商演性质。但是"你想"营造的这种虚拟互动,正如叙事学家浦安迪所提出的,"说话人的口吻随时提醒读者不要忘记,在读者和故事之间始终存在着一个讲故事的人"[②]。听说双方的强行介入,使中国古典小说具有一种似真非真的疏离感,这与现代小说理论所提出叙事者应当退出文本的主张大异其趣。

1.4 互动标记"你想"的发展演变

"你想"起初作为线性序列上相邻的两个语言单位出现在句中,分别充任句子的主谓语,目前能见到的最早用例出现在元杂剧,如:

---

① 祝畹瑾编著:《社会语言学概论》,湖南教育出版社,1992年,第146页。
② [美]浦安迪:《中国叙事学(第2版)》,北京大学出版社,1998年,第99页。

（19）【幺篇】但行处两行朱衣列马前，等个文章士发禄是何年？你想那陋巷颜渊，箪瓢原宪，你又不是不曾受秀才的贫贱！（元《全元曲·杂剧1》）

元代的"你想"尚有明显的动词范畴特征，如可后加体词性宾语、时体标记、补语等：

（20）（孙大云）兄弟，你哥哥昨日吃酒回来至后门前，不知是谁杀了一个人也，曾叫那柳隆卿、胡子转两个贼子去，他都不肯来背。兄弟也，你想着与我是共乳同胞的情分，你不救我时教谁救？（元《全元曲·杂剧2》）

（21）我那个大嫂也，则被你想杀我也！（元《全元曲·杂剧1》）

（22）哥哥，你想起甚么来，真个在这里？（元《全元曲·杂剧1》）

以上各例的"你想"尚未词汇化，"想"仍为心理动词，表"思念、考虑"等实义。在"你想"成词并且演变为话语标记的过程中，起决定性作用的是第二人称代词"你"的语义泛化和"想"谓词性或小句宾语的出现，这些也出现在元代：

（23）（正旦扮桃花女上，云）妾身任二公家桃花女是也。我待绣几朵花儿，可没针使，急切里等不得货郎担儿来买。你想石婆婆家小大哥是贩南商的，常有江西好针在家里。我如今到石婆婆处，与他讨一两根咱。（元《全元曲·杂剧2》）

例（20）—例（22）都是面对面的会话语境，"你"有确指对象，而例（23）出现在独白语境，没有交谈对象，根据语境，"你"指称的当是说话人"桃花女"自己，可见"你"语义已发生变化。而"想"之后的复杂宾语由一个判断句和一个"有"字句组成的谓词性宾语构成，两个句子都有自己的主语"石婆婆家小大哥"，至于"你"到底指向谁并不影响句义的表达。整个句子结构的表义重心由"想"转移到句子谓语中心语上，"想"的语义由"思念、考虑"等心理行为引申为"料想、推测、估计"等认知活动。由此引发重新分析，即：

你‖想‖宾语——你想‖宾语

重新分析的结果导致"你"与"想"分界消失而融合成为双音节词。词汇化后的"你想"主要起话语标记作用，成为说者主观世界外显的窗口，表明后边引导的句子是一种主观推测、估计出来的观点，标识说话人对所谈问题的主观认识。虽然"你想"中的"你"可以泛指说者自己、听者以及第三方，但其第二人称代词的源始义很容易使任何一位听读者或语境中的故事人物产生代入感和移情作用，因而该话语标记在营造互动氛围上有特殊功能，被广泛运用于讲说体小说。

现当代叙事文学的叙事者虽早已不再假托说书人身份叙事，但在口语语篇尤其第一人称叙事视角的语篇中，互动求同标记"你想"仍有使用，不过它只展现故事世界中的人物——"我"与受众群体的交流，以及语篇内部人物之间的交流互动。较之于近代讲说体，现代汉语中的"你想"仍继续发挥互动求同话语标记功能，两者最大的差异在于：现代汉语叙事作品不再有"看官、列公、诸位"等标志说书场中听者身份的假想听者群体存在，与"你想"同现的称呼语转变为潜藏的读者或交际方。例如：

（24）昨天，有学生对我说："我知道创业很艰苦，但我不想艰苦。"你想这行吗？你创业时，你能花钱，员工就比你还会花钱。要求员工加班，自己更加要多干。(当代《职场：名家对话职场 7 方面》)

（25）可是人的手上老拿着打狗棒，总是斯文扫地啊！

当然。你想，如果胡适手上拿着棒子，那是什么样子？可是，一旦你碰到的都是狗，你有什么办法？（当代《李敖对话录》）

例（24）"我"与作者、叙述者合而为一，"你想"是与读者群体互动的体现；例（25）"你想"反映的是李敖与对话者的互动。

2. 互动标记"看官听说"

"看官听说"也是讲说体小说中与听者互动、表达讲说者主观认识的话语标记，不过跟"你想"比较起来，"你想"的表达更为委婉，"看官听说"则是讲说者观点的直接呈现。因两者功能基本相同，故放在一起讨论。

"X官"在近代汉语中是对某一类人的客气称呼，如"客官""新郎官""恩官""医官""法官"等。"看官"一词早在宋代就已成为对观众的尊称，例如：

（1）端索笔大书曰。端师子，太慵懒。未死牙齿先坏烂。二时伴众赴堂。粥饭都赶不辨。如今得死是便宜。长眠百事皆不管。第一不著看官。第二不著吃粥饭。（北宋《禅林僧宝传》）
（2）师因入县。看官岑员外问。文殊骑师子普贤骑象王。和尚为什么不乘骑。师云院中无。（南宋《古尊宿语录》）

《禅林僧宝传》为宋代释惠洪撰写的唐、宋两代禅僧八十一人之传记，《古尊宿语录》由南宋时期禅僧赜藏主编的自中唐至南宋前期南岳怀让一系几十家"尊宿"的语录，这些"看官"所指为普通的看客。随着说书艺术在勾栏瓦肆、茶馆酒舍等娱乐休闲场所兴盛起来之后，"看官"一词逐渐专指说书场中的客人，说书场中的说书虽是听觉艺术但也兼及视听，因此称呼为"看官"而非"听众"，常与动词"说"连用。例如：

（3）正是：哑子漫尝黄莲味，难将苦口对人言。看官听说：这段公事,果然是小娘子与那崔宁谋财害命的时节,他两人须连夜逃走他方,怎的又去邻舍人家借宿一宵?(南宋《话本选集1·错斩崔宁》)

(4)<u>看官</u>,则今日听我说《珍珠衫》这套词话,可见果报不爽,好教少年子弟做个榜样。(元《蒋兴哥重会珍珠衫》)

称呼语"看官"沿用千年,现代汉语中除仿古用法外已不再使用。现代汉语中"听说"为动词,也可用作话语标记,表示所提及信息的来源,例如:

(5)您说这个事情,够多们可笑。<u>听说</u>这位大员,他的轿夫讹钱,他很知道。他不但不禁止,他反倒纵容(可恶在此)。(民国蔡友梅《小额》)

以上例中"听说"表示,所说的"这位大员"的相关信息来源是不便或无法确切说明的道听途说。跟讲说体小说中的"看官听说"之"听说"语义、功能皆迥异,义为"听我说",主要用以标示故事讲说者与听众之间的互动与立场表达。可见,现代汉语表信源的话语标记词"听说",并非"看官听说"省略主语后的变体形式。

2.1 "看官听说"的语篇序列环境

"看官听说"在 CCL 语料库古代汉语部分检索到 120 个有效语例,其语篇序列环境按频率的高低依次为:

① 用在叙述与评论话语之间,引出讲说者对前述事件、行为、人物的评议,表明观点态度。例如:

(6)却说宋江坐在杌子上,只指望那婆娘似比先时,先来偎倚陪话,胡乱又将就几时。谁想婆惜心里寻思道:"我只思量张三,吃他搅了,却似眼中钉一般。那厮倒直指望我一似先前时来下气,老娘如今却不要耍。只见说撑船就岸,几曾有撑岸就船。你不来睬我,老娘倒落得!"<u>看官听说</u>,原来这色最是怕人。若是他有心恋你时，身上便有刀剑水火，也拦他不住，他也不怕。若是他无心恋你时，你便身坐在金银堆里，他也不睬你。常言道："佳人有意村夫俏，红粉无心浪子村。"宋公明是个勇烈大丈夫，为女色的手段却不会。这阎婆惜被那张三小意儿百依百随，轻怜重惜，卖俏迎奸，引乱这婆娘的心，如何肯恋宋江？当夜两个在灯下，坐着对面，都不做声，各自肚里踌躇，却似等泥干掇入庙。看看天色夜深，窗间月上。（明《水浒全传》）

"看官听说"用在叙事与评论话语之间，当叙述进程中遇到某一反常事件时，如文中叙至"阎婆惜"与"宋江"各怀鬼胎、互不理睬这一蹊跷状况时，讲说者按下暂停键，跳出故事世界来借题发挥，阐明观点，帮助听读者了解事件背后隐藏的人物心理、社会道德规范等等，引导听读者对事态发展做出与己趋同的判断。

② 叙述中遇到生僻字词、罕见事物等疑难时，引出解释性话语，表达认识立场。

小说叙述者模仿"说书人"口吻讲述故事，在叙述过程中，他预设涉及某些典章制度、典故、风土人情、方言土语等，如不做出解释听者就可能听不懂，此时就会及时介入干预来保证叙事的流畅和听者的理解。例如：

（7）李君自恃才高，且家有余资，不愁衣食，自道："只争得此一步，差好多光景，怎肯甘心就住，让那才不如我的得意了，做尽天气？且索再守他次把做处。"本年又应一举，仍复不第，连前却满十次了。心里虽是不伏气，却是递年"打撕"，也觉得不耐烦了。说话的，如何叫得"打撕铜"？<u>看官听说：唐时榜发后，与不第的举子吃解闷酒，浑名"打撕铜"</u>。此样酒席，可是吃得十来番起的？（明《初刻拍案惊奇》）

例中"打撕铜"本指读书人之间的一种活动，传统白话小说的听读者以城市平民为主体,他们对读书人的行径不可能熟悉,而且"打蟖锏"又是"浑名",不是为一般百姓所周知的通俗叫法,所以讲说者预计该词语可能会影响听者理解,于是中止故事讲述,先与听读者来一个互动解释,然后再继续讲述。

除了释难,还有释疑,即讲说者预测所述事件不合常情、超越听者认知时,须加以引导才能认清轻重利害关系,才能正确判断时,也常用到"看官听说",例如:

(8)金莲只在月娘面前打了个照面儿,就走来前边陪伴西门庆。分付春梅房中薰香,预备澡盆浴汤,准备晚间效鱼水之欢。<u>看官听说:家中虽是吴月娘居大,常有疾病,不管家事。只是人情来往,出入银钱,都在李娇儿手里。孙雪娥单管率领家人媳妇,在厨中上灶,打发各房饮食。譬如西门庆在那房里宿歇,或吃酒,或吃饭,造甚汤水,俱经雪娥手中整理,那房里丫头自往厨下去拿。</u>(明《金瓶梅》崇祯本)

例中所述事件是西门庆的小妾潘金莲越过正妻月娘去陪宿,这事在封建社会等级森严的豪门富户大家庭里不免令人生疑,讲说者预测听者对此将产生疑问,故暂停下来先与听读者交流互动以扫除疑问。

③ 用在情节快速推进处,弥补叙事空白或漏洞。

叙事学认为叙事节奏有快慢,事件时间长,叙事篇幅短则为快,事件时间短,叙事篇幅长则为慢,这种快慢便构成了叙事文本的节奏。有时叙事节奏太快就难免会留下一些空白或漏洞,讲说者便常用"看官听说"引出补白型话语。在使用中,"看官听说"多与呼语"说话的"相配合,模仿听读者与讲说者之间的质疑与辩驳,故意挑起纷争,与听读者就故事情节进行辩论。此类情境因设有听说双方的问答话轮毗邻对,互动性尤为显著。例如:

(9)懒龙分文不取,也不问多少,尽数与了贫儿,吩咐道:

"这些财物,可够你一世了,好好将去用度。不要学我懒龙混帐,半生不做人家。"贫儿感激谢教,将着做本钱,后来竟成富家。懒龙所行之事,每多如此。说话的,懒龙固然手段高强,难道只这等游行无碍,再没有失手时节?看官听说,他也有遇着不巧,受了窘迫,却会得逢急智生,脱身溜撒。曾有一日走到人家,见衣橱开着,急向里头藏身,要取橱中衣服。不匡这家子临上床时,将衣橱关好,上了大锁,竟把懒龙锁在橱内了。(明《二刻拍案惊奇》)

上例选自《二刻拍案惊奇》中的"神偷寄兴一枝梅,侠盗惯行三昧戏",讲述的是神偷懒龙的传奇经历。文本中把懒龙偷鸡摸狗、仗义行侠、扶贫助弱的多个事件的故事时间压缩成一个概言其主要特征的短句"懒龙所行之事,每多如此",故事的实际时间远远长于叙事时间。概括性强的句子使它在所占篇幅上明显地少于故事场景,这就留下了不少叙事漏洞,比如听众肯定会产生诸如"懒龙固然手段高强,难道只这等游行无碍,再没有失手时节?"等困惑。说书艺人的讲说活动属于商演性质,看官就是衣食父母,讲说者为吸引更多看官,需要将看官们的接受心理熟谙于心,在讲说过程中做出准确预判,比如在上述的这种叙事空白或漏洞处,便是预估到了听者的反应所采取的查漏补缺行动。讲说者先以看官口吻对"说话的"提出疑问,然后摇身一变,变回讲说者,针对疑点做出解释。在如此的一问一答的虚拟互动中弥补了叙事空白,消解了看官的疑问,自己的观点立场也得以传达。

④"看官听说"还可用在总结前情、预告后事的场景中。例如:

(10)这西门庆不听便罢,听了时,三尸神暴跳,五脏气冲天。一阵风走到后边,采过雪娥头发来,尽力拿短棍打了几下。多亏吴月娘向前拉住了,说道:"没得大家省些事儿罢了!好交你主子惹气!"西门庆便道:"好贼歪剌骨,我亲自听见你在厨房里骂,你还搅缠别人。我不把你下截打下来也不算。"看官听说:不争今日打了孙雪娥,管教潘金莲从前作过事,没兴一齐来。正是:自古感

恩并积恨，万年千载不生尘。(明《金瓶梅》崇祯本)

上例"看官听说"引出讲说者对前述"西门庆打孙雪娥"事件的总结，也向听者透露了后续情节的发展走向"从前作过事，没兴一齐来"。在总结和预叙的同时还表露出"不该打""没兴"的立场态度。

⑤ 用于讲说者或作者向听读者交代创作意旨、交流情节结构安排之处。例如：

（11）一个李尚书名字叫是李景让，两个弟弟，一个叫是李景温，一个叫是李景庄。三个小的时候，死了父亲。他的母亲还在中年以下，守了三个儿子过日，家事甚是肖条。一年夏里连雨，灌倒两堵高墙。止了雨，叫人整理，墙脚掘出一只船来，船中满满的都是铜钱，请了那李夫人去看。夫人说道："这是上天怜我母子孤寡，以此相周；但系地中掘出，所用无名，终是不义。若上天见怜孤寡，三子见在读书，使各自成各，把此钱作为后日俸禄。"仍叫人依旧掩埋，上面垒了墙界。后来果然李景让做到尚书，景温、景庄官居方面。看官听说，你道我说许多话头作甚？如今要单表狄员外掘藏还金的事情。(明《醒世姻缘传》)

讲说体小说的叙事模式形成了较为固定的套路，比如开场时有开场诗，开场诗之后有入话或楔子，说话人用韵散结合的形式向听读者交代故事的主旨或创作动机等。例（11）就是开场诗之后的入话部分。入话是说书艺术中不可或缺的部分，专供阅读的书面小说中仍然沿袭了该体制。当入话部分涵盖的内容复杂，篇幅较长时，讲说者就使用标记词"看官听说"来适时收拢听者的注意，点明讲说意图及安排。

综上所述，"看官听说"在具体小说语篇中使用的场景复杂多样，但归根结底都可概括为：叙述主体操控叙事流程，收拢听者的注意，提醒听者对人物、事件的关切，同时也借此发表道德评价，打通听说双方交流渠道，表达态度立场。"看官听说"的语篇表达模式可归纳为三种：听者提问+说者回答，如例（7）和例（9）；说者独白，如例（3）、例（4）、例（6）；说者自问+说者自答，如例（11）。

虽然在后两种模式中的假想"看官"没有显身，但由于讲说者使用了"看官听说"，"看官"这一称呼语，表明言听双方也在互动交换认识。

2.2 互动标记"看官听说"语用功能产生的认知动因

鲁迅先生在《中国小说史略》中曾提出："观其简率之处，颇足疑为说话人所用之话本，由此推演，大加波澜，即可愉悦听者，然页必有图，则亦供人阅读之书也。"①意思是无论说书底本还是案头阅读小说，叙述者的身份都是"说话的"，他都要担负起时刻关照"看官"的兴趣，充分调动他们的心理活动积极运转的责任。为此，"说话的"除了要讲说引人入胜的故事外，还要在叙事语言上下足功夫，既要采用浅显易懂的大众口语，又要充分发挥语言调节控制叙事流程的元话语功能。可见"看官听说"发展成为话语标记的主要原因在于叙事策略以及对听者认知心理需求的关照等方面。

"看官听说"意为"看官，你听我说"，本是一个祈使句，表要求、请求或命令、劝告、建议别人做或不做某件事之义。指令式的话语很容易引发听话人的抵触乃至反感，因此，发话人有意择取能模糊身份的话语策略对自身和受话方进行定位，用名词"看官"来代替"你"，用零形式来代替"我"，故意把听说双方的视角混合在一起，从而构建起听说双方之间的"正同盟关系"，展现出其与听话人一致性的立场态度，也间接提高了礼貌程度。吕叔湘先生曾指出，第二人称代词"你"就是古代的"尔"②，含有一定的感情色彩，常用于尊者对称卑者，长者对称幼者，对不可以称"你"的人称"你"被视为冒犯。《红楼梦》有这样一个情节非常形象地展示了"你"的使用规则，如：

（12）平儿不等说完，便笑道："你太把人看糊涂了。我才已经

---

① 鲁迅：《中国小说史略》，上海古籍出版社，1998年，第79页。
② 吕叔湘著，江蓝生补：《近代汉语指代词》，学林出版社，1985年，第3页。

行在先，这会子又反嘱咐我。"凤姐儿笑道："我是恐怕你心里眼里只有了我，一概没有别人之故，不得不嘱咐。既已行在先，更比我明白了。你又急了，满口里'你''我'起来。"平儿道："偏说'你'！你不依，这不是嘴巴子，再打一顿。难道这脸上还没尝过的不成！"

在《红楼梦》中，平儿是地位较高的大丫头，但在当时社会，当面称呼主子为"你"会被视为大不敬。所以凤姐对平儿称她为"你"耿耿于怀，以至于当场就指出了平儿的失礼。说书艺术中听说双方关系掺杂着经济因素，讲说者很注意对听者的礼貌态度，比如自称用谦称"在下""小子"，尽力维护对方的积极面子。在互动中称呼听者时，讲说者很少直接使用第二人称代词"你"面称，正如讲说体小说中的另一互动求同标记"你想"在使用时，其前常需要额外配合"看官""列位""诸公"等敬语，以弥补礼貌程度上的欠缺。而在使用"看官听说"唤起听者注意，进行虚拟互动时，第二人称代词"你"被省略也是受礼貌原则影响的结果。

3. 小结

"你想"与"看官听说"是讲述者讲说故事时与假想听者互动而使用的互动求同标记。"你想"主要用于召请听者参与互动，通过营造虚拟的交互氛围来寻求与己趋同的目的。其语用功能的实现取决于同现的称呼语以及标引的直接语言成分。"看官听说"的主要功能及使用动因为讲说者提醒受众对人物、事件的关切与注意，打通听说双方交流渠道，表达态度立场。互动标记的使用体现了人际交往的"积极礼貌"原则，有利于维护听–说双方的"正同盟关系"。"看官听说"已退出现当代叙事文学语篇，"你想"仍偶有使用，原因在于现当代小说的叙事者不再假托"说书人"的身份进行叙事，超叙事层面上听说双方的虚拟互动行为已不再有必要，因此彰显这种虚拟互动的元叙事用语也就随之式微乃至销声匿迹。

第3节　直接引述标记"有诗为证"与间接引述标记"说什么"

评价方式有很多种，可以直抒胸臆，也可以引用格言警句或其他书中的诗词曲赋来代表心声，还可以将别人说过的话删繁撮要进行改造之后间接表达立场态度，这就涉及引述方式，前者是直接引述，后者为间接引述。李宗江（2019）[①]将引述标记归为情态标记，认为引述也是一种表达说话人对命题内容的主观看法和态度的形式。本书将研究讲说体中的直接引述标记"有诗为证"和间接引述标记"说什么"，以管窥引述类标记的使用特征及功能。

1. 直接引述标记"有诗为证"

"引述"是叙述性文体中记叙人物说话的方式，有直接引语和间接引语之分。直接引语把作者或语篇中人物的话语原原本本一字不落地引用，间接引语则指用自己的话转述别人的意思，或引用自己说过的话的引言方式。直接引语一般有引导式、追加式、插入式等。白话小说全知全能的叙述者，时而叙述事件的发展过程，时而模仿书中人物口吻进行对话，为避免听众混淆，行文中必须在每一句人物话语、每一段人物对话甚至每一段内心独白之前加上引导性词句，因此采用的几乎全是"引导式"引言方式。这也成为白话小说与现当代小说最大的风格区别特征之一[②]。

讲说体小说的语言韵散结合，在散文为主体的小说中杂有诗词曲赋等韵文。引入韵文之前一般要有形式标记，其中以"有诗为证"的使用频率为最，其他还有"有诗叹曰""有诗赞云""有诗曰""有诗云""有诗道（得好）"等变体形式，主要用于引述已有的或临场写就的诗词曲

[①] 李宗江：《近代汉语语用标记研究》，上海教育出版社，2019年，第343页。
[②] 卢惠惠：《古代白话小说语言形式的程式化特征》，《明清小说研究》2007年第1期。

赋等韵文，借此作为作者或讲说者臧否人物、褒贬善恶的载体，在长期反复的使用中被赋予了一定的主观评价意味。

"有诗为证"符合话语标记的基本特征：其有无不影响话语的真值语义和句法结构，韵律独立；只在语用层面上起作用，为听读者对话语的理解提供程序意义。"有诗为证"是说话人用来体现其心理上对所讨论话题持有的主观态度，或实现以言行事目的的语言表达式。

1.1 "有诗为证"的语篇表达模式及其分布规律

傅芸子曾提出："凡论断处引证处之'有诗为证'下引诗词之形式，岂非即变文中'当此之际，有何言说？'下引韵文云云之形式演变而成者耶？"[①] 说明我国传统小说引入韵文之前有前导语这一体制源自变文，"有诗为证"的形式与功能皆传承自变文习语"当此之际，有何言说"，在《孟姜女变文》《李陵变文》中已成型的"有诗为证"。

1.1.1 "有诗为证"的语篇表达模式

讲说体小说继承了变文以"有诗为证"引出韵文的体例，形成了"散文 + 有诗为证 + 韵文"的语篇表达模式。韵文与散文的语义关系有两种，一种为"重复式"，例如：

(1) 光阴迅速，又早九月重阳令节。这花子虚假着节下，叫了两个妓者，具束请西门庆过来赏菊。又邀应伯爵、谢希大、祝日念、孙寡嘴四人相陪。传花击鼓，欢乐饮酒。有诗为证："乌兔循环似箭忙，人间佳节又重阳，千枝红树妆秋色，三径黄花吐异香；不见登高乌帽客，还思捧酒绮罗娘，秀帘琐闼私相觑，从此恩情两不忘。"当日众人饮酒，到掌灯之后，西门庆忽下席来，外边更衣解手。(明《金瓶梅》崇祯本)

"有诗为证"之前为散文，叙述重阳时节花子虚宴请宾客赏菊、饮

---

① 傅芸子：《敦煌俗文学之发见及其展开》，《中央亚细亚》1942年第2期；又见傅芸子：《正仓院考古记 白川集》，辽宁教育出版社，2000年，第202页。

酒的事件。"有诗为证"之后为一首无名诗,以韵文形式吟咏的也是重阳节景物及饮酒会客一事,韵文重复一遍散文内容,铺陈渲染了重阳佳节赏菊饮酒的"欢乐"盛况,突显出讲述者对事件的主观评价。

另一种为"补充式",即散文与"有诗为证"引导的韵文内容不同,韵文部分对散文所叙内容进行补充,使叙事更为充分。例如:

(2)邓飞听了道:"莫不是江州的戴院长,能行八百里路程的?"戴宗答道:"小可便是。"那两个头领慌忙剪拂道:"平日只听得说大名,不想今日在此拜识尊颜。"戴宗看那邓飞时,生得如何?<u>有诗为证</u>:原是襄阳关扑汉,江湖飘荡不思归。多餐人肉双睛赤,火眼狻猊是邓飞。当下二位壮士施礼罢。(明《水浒全传》)

"生得如何,有诗为证"及其后引韵文构成一个自问自答的设问句,散文提出问题,韵文作答。韵散结合共同推进情节发展。

值得注意的是,我国传统白话小说创作(有的是改编)水平良莠不齐,有时引用的韵文仅仅是出于一种程式性习惯,内容情感与前述事件或描写的人物等不吻合,有些甚至风马牛不相及。这间接说明引韵文入小说更多的是表达一种象征意义。

1.1.2 "有诗为证"的语篇分布规律

"散文 + 有诗为证 + 韵文"的语篇表达模式,主要分布在小说开场、收尾、重要人物出场、环境描写、关键情节结束或转换处。

"有诗为证"引入一首七言开场诗,以概括故事主旨的叙事体式,在平话类的讲史小说、长篇历史演义小说,以及以《西游记》为代表的神魔小说中非常普遍。有些开场诗前使用变体形式"诗曰",如《西游记》第一回"灵根育孕源流出心性修持大道生"的开场诗:

(3)<u>诗曰</u>:混沌未分天地乱,茫茫渺渺无人见。自从盘古破鸿蒙,开辟从兹清浊辨。覆载群生仰至仁,发明万物皆成善。欲知造化会元功,须看西游释厄传。盖闻天地之数,有十二万九千六百岁

为一元。(明《西游记》)

由于位于语篇起首处,引述标记"诗曰"之前无散说部分,这与"有诗为证"稍异,一般而言"有诗为证"不用于篇章开端处,这主要受制于其语义"有诗作为……的证明",需要有一个前述事件或事物,然后对其进行评价。例(3)所引的诗歌可以使听读者在开讲之前先大致了解故事意旨及创作动机为"看西游释厄传,知造化会元功"。引言之后的"盖闻天地之数"开始散文部分的叙说,重点对诗中关键词"元"进行释义。可见作者借开场诗之题做了延伸阐发,并由此转入故事主体部分的叙述,起承转合顺畅自然。这种以诗词韵文开场的形式,是史传文学中的"太史公曰"体例对后世讲唱、讲说体文学影响印记。如唐代刘知几在《史通·论赞》中曾对该体例的功能有过说明:

> 班固曰赞,荀悦曰论,《东观》曰序,谢承曰诠,陈寿曰评,王隐曰议,何法盛曰述,杨雄曰譔,刘昞曰奏,袁宏、裴子野自显姓名,皇甫谧、葛洪列其所号。史官所撰,通称史臣。其名万殊,其义一揆。必取便于时者,则总归论赞焉。

意思是说虽然"赞"的名称、形式不同,但都为史官反思批判史实、阐发议论之用。这一功能为"有诗为证"沿承下来。

讲说体小说体例规定较严格,比如开篇有开场诗,收场有收场诗。收场诗功能在于总结、预示,大多需由引述标记"有诗为证"引导。例如:

(4)缪千户一家,被王将军所杀,尽有其家资。自实在福宁竟得无事,算来恰恰三年。道士之言,无一不验,可见财物有定数,他人东西强要不得的。为人一念,善恶之报,一些不差的。<u>有诗为证</u>:一念起时神鬼至,何况前生凤世缘!方知富室多悭吝,只为他人守业钱。(明《二刻拍案惊奇》)

上例引自《二刻拍案惊奇》第 23 卷"庵内看恶鬼善神　井中谭前因后果"。"有诗为证"引出的七言诗与其前的散文部分内容重复，通过散韵结合的重叠复沓来强化对故事主题观照、反思或批判，同时也增强了对听者观念的影响力度。

语篇内部的"有诗为证"。该类"有诗为证"引出的韵文主要是用来发表议论，给整个语篇造就了讲说体小说夹叙夹议的叙事范式。"有诗为证"，有的用在人或物的首次出场处，所引韵文刻画人物外貌、打扮，渲染烘托环境；有的用在关键情节的转换、收煞处，所引韵文对前述事件进行总结、议论或预示未来走向。例如：

（5）金老大年五十余，丧妻无子，止存一女名唤玉奴。那玉奴生得十分美貌，怎见得？<u>有诗为证</u>：无瑕堪比玉，有态欲羞花。只少宫妆扮，分明张丽华。金老大爱此女如同珍宝，从小教他读书识字。(明《今古奇观》)

"有诗为证"引出的诗歌，对主人公"玉奴"的美貌、体态、装扮等进行深入细致的品评。但此类诗词韵文有浓重的套话色彩，刻画的人物谈不上有多生动形象，反而常造成千人一面的刻板印象。"有诗为证"也引出写景状物诗，例如：

（6）却说柴进和张顺也带了两个伴当，将干粮掮在身边，各带把锋芒快尖刀，提了朴刀，四个奔瓜洲来。此时正是初春天气，日暖花香，到得扬子江边，凭高一望，淘淘雪浪，滚滚烟波，是好江景也！<u>有诗为证</u>：万里烟波万里天，红霞遥映海东边。打鱼舟子浑无事，醉拥青蓑自在眠。这柴进二人，望见北固山下，一带都是青白二色旌旗，岸边一字儿摆着许多船只，江北岸上，一根木头也无。(明《水浒全传》)

例中"有诗为证"所引七言诗，对前文散文部分"好江景"中的烟波、霞影以及渔人以诗性语言再次渲染。但更多场合的景物诗则流于形式，如描写雪景多引柳宗元诗《江雪》：

（7）及晓，彤云密布，狂雪飞舞。怎见得，有诗为证：千山云树灭，万径人踪绝。扁舟蓑笠翁，独钓寒江雪。(明《今古奇观》)

（8）到得天明，飘飘扬扬下起大雪来，霎时节琼瑶满地，唐人有诗道：千山鸟飞绝，万径人踪灭。孤舟蓑笠翁，独钓寒江雪。(清《水浒后传》)

诗中只有"雪"与前述事件相合，其他诸如"扁舟""老翁""寒江"等意境景物则完全被忽略。此类"有诗为证"引出的词不达意之诗文给小说营造出一种粗朴质拙的风格特征。

有些"有诗为证"引导的诗文用在情节结束或转换处，或对前一事件总结、议论，或对下一情节进行预告，例如：

（9）俊臣出来，一一收了。晓得敕牒还在，家物犹存，只有妻子没查下落处，连强盗肚里也不知去向了，真个是渺茫的事。俊臣感新思旧，不觉恸哭起来。有诗为证：堪笑聪明崔俊臣，也应落难一时浑。既然因画能追盗，何不寻他题画人？元来高公有心，只将画是顾阿秀施在尼院的说与俊臣知道，并不曾提起题画的人，就在院中为尼。所以俊臣但得知盗情，因画败露；妻子却无查处，竟不知只在画上，可以跟寻得出来的。(明《初刻拍案惊奇》)

讲说者用前两句"堪笑聪明崔俊臣，也应落难一时浑"嘲笑先行人物"崔俊臣"及其际遇，认为他咎由自取；后两句"既然因画能追盗，何不寻他题画人"则旁眼观察"崔俊臣"日后将如何行事提出建议，并借此对后续故事的发展作出预告。

综上可见，"有诗为证"与所引的韵文部分构成的表达模式，在语篇中的序列位置多样，相关联的散韵文间有重复与追补等关系。

1.2. "有诗为证"与其他话语标记的搭配

引述标记"有诗为证"大多独用,引出韵文。但有时也可与其他话语标记同现,组成框架式话语标记。常见的几种模式为:

1.2.1 前加型

前加型指在"有诗为证"之前还有其他话语标记,最为常见的是前一话语标记为设问句形式"怎见得","有诗为证"作为该设问句的答句而共同出现。有时设问句已自成一问一答的对话模式,此时的"有诗为证"主要用来引出预言性质的诗词韵文。此外,篇章或话题结束标记"欲知后事如何,且看下回解""不在话下"也常与"有诗为证"配套使用。分别示例如下:

(10)且言菡芝仙见势不好,把风袋打开,好风,<u>怎见得?有诗为证</u>:"能吹天地暗,善刮宇宙昏;裂山崩山倒,人逢命不存。"菡芝仙放出黑风,子牙急睁眼看时,又被彩云仙子把戳目珠打伤眼目,几乎落骑。(明《封神演义》)

(11)大鹏金翅鸟发起威来,遮天遮地,日月无光,云山四塞。国师道:"大力王,你不可十分施展,恐怕四大部洲沉了做海。"<u>怎么四大部洲沉了做海?也只是形容他的大不过。有诗为证</u>:腾云驾雾过天西,玉爪金毛不染泥。万里下来嫌地窄,九霄上去恨天低。声雄每碎群鸦胆,嘴快曾掀百鸟皮。豪气三千飧日月,凡禽敢与一群栖?大鹏金翅鸟发起威来,遮天遮地。(明《三宝太监西洋记》)

(12)存孝原来不知是长安,若知是长安,纵有赵云包身大胆,决不敢赶进此城。<u>欲知后事如何,且看下回分解。有诗为证</u>:张权诡计纵寻常,存孝英雄不可当,一字长蛇冲破了,仁看烧毁永丰仓。(明《五代秘史》)

(13)船中虽跟得有几个蠢婢子,只道主母真个堕水,悲泣了一场,丢开了手,<u>不在话下。有诗为证</u>:只为团头号不香,忍因得意弃糟糠?天缘结发终难解,赢得人呼薄幸郎。(明《喻世明言》)

例（10）的"怎见得？有诗为证"是最典型的用法，适用于描写人、物、环境等。例（11）"怎么四大部洲沉了做海？也只是形容他的大不过"模拟问答话轮，"有诗为证"引出的韵文对答句中的"（大鹏金翅鸟发起威来）大不过"做了引申评论。例（12）"欲知后事如何，且看下回分解"为终章标记，与此类标记配套的"有诗为证"只用于引出收场诗。例（13）"不在话下"是讲说体小说专用的话题结束标记，"有诗为证"及其所引述诗句对前述话题内容进行概括、总结或抒情、议论。

1.2.2 后加型

后加型指"有诗为证"之后再佐以其他引述标记，主要有两个意义、功能大体相同的标记词"诗曰""诗云"。例如：

（14）那菩萨降莲台，径离仙洞，与揭谛驾着祥光，过了南海而来。有诗为证。诗曰：佛说蜜多三藏经，菩萨扬善满长城。摩诃妙语通天地，般若真言救鬼灵。致使金蝉重脱壳，故令玄奘再修行。只因路阻鹰愁涧，龙子归真化马形。（明《西游记》）

（15）那时节东京扰乱，家家户户，不得太平。直待包龙图相公做了府尹，这一班贼盗方才惧怕，各散去讫，地方始得宁静。有诗为证，诗云：只因贪吝惹非殃，引到东京盗贼狂。亏杀龙图包大尹，始知官好自民安。（明《喻世明言》）

"诗曰"和"诗云"没有给原文增加任何新的信息，但语用效果有所增强，也间接说明讲说体小说中"有诗为证"的实义虚化，在使用中偏重程序义。

1.2.3 前后叠加型

前后叠加型指"有诗为证"前后均叠加了其他话语标记，标记语的叠床架屋用法意在突出强调某个话题。前加的以互动标记"怎见得"最为常见，后加的以视角标记"但只见""但见"和引述标记"诗曰""诗云"为主。例如：

（16）这个时节，济公在地下躺着，翻二目一看，秦相好生威严。<u>怎见得？有诗为证。但只见</u>：头戴乌纱帽，方儿高，长展翅，摧遥遥，翅起玫瑰攒细巧。当朝一品一顶丞相貂，身上罩，蟒翻身，龙探抓，攒五云把海水闹，寿山永固一件紫罗袍。腰系有，锦恒腰，搅八宝，白翡璧，吐光毫，富贵高升玉带一条。足下蹬，墨尼皎，时样好，细篆白底把毡包，寿山永固一双方头皂。（清《济公全传》）

（17）三藏道："女菩萨，你在家人享荣华，受富贵，有可穿，有可吃，儿女团圆，果然是好。但不知我出家的人，也有一段好处。<u>怎见得？有诗为证，诗曰</u>：出家立志本非常，推倒从前恩爱堂。外物不生闲口舌，身中自有好阴阳。功完行满朝金阙，见性明心返故乡。胜似在家贪血食，老来坠落臭皮囊。"（明《西游记》）

例（16）"怎见得？有诗为证。但只见"之后有限知视角标记"但只见"，此类韵文展示的是人物内视角所见之物或现象。例（17）"怎见得？有诗为证，诗曰"中，"有诗为证"与"诗曰"单用其中任意一个都不影响语用功能的发挥。

1.3 引述标记"有诗为证"的语用功能及其使用的认知心理因素

引述标记"有诗为证"保有一定的概念义，意味着"有一首诗来证明'我前面提出的观点'"，但有时也很难说有用诗歌来证明什么观点的意思，只是单纯地引出一段韵文。例如：

（18）而今说一个得了妖书倡乱被杀的，与看官听一听。<u>有诗为证</u>：蚤通武艺杀亲夫，反获天书起异图。扰乱青州旋被戮，福兮祸伏理难诬。（明《初刻拍案惊奇》）

上例还没开始故事的正式讲述，尚未形成任何一个观点，所以无须引用诗句以为证据。此处的"有诗为证"引出的诗文内容主要对后面即将要讲述的故事"得了妖书倡乱被杀的"做了一个开场前预告，该"有诗为证"是一个只表程序义的话语标记。

"有诗为证"语用功能的实现,取决于其所处语篇环境及其所引诗文的内容,大致可归纳为如下几种。

1.3.1 承上启下,显化隐含逻辑关系的语篇功能

作为引述标记的"有诗为证"主要引诗词曲赋等韵文入小说,联结散文与韵文两种不同的语言形式,起到承上启下的过渡作用,使引入的韵文不再是孤行直起之文,在进入以白话散文为主的小说语篇时不至于显得生硬;在保持语篇的衔接与连贯方面,也可有效显化隐含在字里行间的散文与所引述韵文之间重复、补充的逻辑关系。在引导散、韵文两种语码之间切换,增强语言的流畅性,也是"有诗为证"等引述标记的重要功能之一。

至于该功能形成的认知心理动因,与第5章断言标记"正是"相似,都是用来提高语言的流畅性,增强语力,使听读者能享受到预期的艺术效果,此处不再赘述。

1.3.2 调整叙事节奏,强化听者的关注

讲说体小说韵散结合的文体特征深受佛教讲经方式的影响,"有诗为证"等韵文引述标记的使用与白话小说韵散结合的文体特征直接相关,而白话小说的这种文体特征又源自演述佛经故事的俗讲、变文。陈寅恪先生在《敦煌本〈维摩诘经文殊师利问疾品〉演义跋》揭示了白话小说与佛经译本文体上的源流关系:"佛典制裁长行与偈颂相间,演说经义自然仿效之,故为散文与诗歌互用之体。后世衍变既久,其散文中偶杂以诗歌者,遂成今日章回体小说。"[①]

从语言学角度来看,这些韵文引述标记及其所引之诗文可以调整叙事节奏。小说中绝大多数诗文都是对前面散文的重复或补充,在不增加新信息的情况下,韵文的出现减小了叙事密度,使叙事节奏变得更舒缓。

至于在散文与韵文交接处不厌其烦地使用引述标记,也有其认知心理基础,涉及提醒切换和引发关注两个方面。心理语言学实验结果表明,"韵律边界在言语加工过程中起着非常重要的作用。韵律边界将预留切

---

① 陈寅恪:《陈寅恪集·金明馆丛稿二编》,生活·读书·新知三联书店,2001年,第203页。

分成大小不同的韵律单位,如韵律词、语调短语等,有利于话语的理解,与韵律边界知觉相关的声学语音线索有多种"①。标记词"有诗为证"就类似于一个韵律边界的语音线索:散文与韵文为两个不同的韵律单位,讲说者使用引述标记强化韵律边界,可以引发听者更强烈的脑电活动,也引起听者更高的关注程度,有效地促进听者对话语的加工理解。

1.3.3 优化艺术效果,凸显作者的知识权势地位

中国是"诗的国度",自先秦至晚清,诗歌都有着崇高的文学地位。小说却一直被贬为"残丛小语"。历代正史中,小说作者上不了"儒林传",作品也进不了"艺文志"。正统诗文与小说之间有不可逾越的等级鸿沟。本着替小说谋一条生存发展的合理性途径的用心,小说作者努力使它在形式上尽量向诗歌靠拢,通过诗与小说的嫁接以抬高小说身价②。可见诗歌的崇高地位诱使诗歌韵文频频渗入小说,这就间接促成了"有诗为证"等引述标记的使用。

"有诗为证"引述的诗文有些是名家名作,如柳宗元的《江雪》、林升的《题临安邸》、杜牧的《清明》等。名家名作的引用当然有助于提高小说作品的地位与品位,彰显讲说者或作者在文化知识方面的绝对权势地位。但讲说体小说引用了更多非名篇佳作,有些引文甚至与所"证"事件内容脱节,但对于白话小说由引车卖浆者流等城市平民为主体构成的听读者群来说,只要诗歌形式一经出现其权威性就已树立,至于内容是什么,与所述故事原文题旨贴切不贴切,口头叙事转瞬即逝,听者没有细究的能力与时间。

传统小说散、韵相间的文学样式已深为听读者喜闻乐见,诗词韵文可吟咏可演唱,具有完全不同于散文的韵律美感。"有诗为证"的使用及其所引入的诗词韵文,优化了早期作为说书艺术底本的白话小说的传播和接受效果,对讲说体小说独特的文本接受和审美习惯的养成起到了不容忽视的作用。

---

① 杨玉芳编著:《心理语言学》,科学出版社,2015年,第217页。
② 谭真明:《论古代小说中的"有诗为证"——兼评四大名著中的诗词韵文》,《齐鲁学刊》2006年第3期。

1.3.4 抒情言志，以诗证理，表达言者立场

东汉桓谭曾在《新论》评论小说："若其小说家，合丛残小语，近取譬论，以作短书，治身理家，有可观之辞。"① 评论对象虽然是文言小说，但"治身理家"的功能同样适用于传统白话小说；明代冯梦龙更是直言，小说应当承担起"醒世""警世""喻世"的社会道德教化责任。诗歌的教化作用更是源远流长，据《礼记·经解》记载："孔子曰：入其国，其教可知也。其为人也，温柔敦厚，《诗》教也。"孔颖达《礼记正义》说："《诗》依违讽谏，不指切事情，故云温柔敦厚是《诗》教也。……此一经以《诗》化民，虽用敦厚，能以义节之。欲使民虽敦厚，不至于愚，则是在上深达于《诗》之义理，能以《诗》教民也。"所言皆是孔子的诗歌"兴观群怨"观点。小说的教化功能大多通过作者（或叙述者）的评论来实现，而引述诗词韵文入小说则是评论的一种常见途径。"有诗为证""诗曰""诗云"等引述标记引出的韵文，也就成了讲说者或作者导愚适俗、抒情言志、阐明社会人生要义、表明立场的重要手段之一。

1.4 "有诗为证"的发展演变

本书对 CCL 语料库古代汉语部分的"有诗为证"的使用情况做了一个简单统计，具体数据见表 6-2。

表 6-2 "有诗为证"在不同年代的使用情况

年 代	"有诗为证"例数	年 代	"有诗为证"例数
宋	4	清	118
元	29	民国	6
明	837	现代	0

可以发现，"有诗为证"在宋代开始使用，其表达形式与晚唐五代

---

① 朱谦之校辑：《新辑本桓谭新论》，中华书局，2009 年，第 1 页。

《敦煌变文》中的"诗云"或"诗曰"等一脉相承。自明代始，小说展露出了它的社会作用和文学价值，取得了与唐诗、宋词、元曲并列的文学地位，明清作为中国小说史上的繁荣时期，"有诗为证"也随之在明清时期进入了鼎盛期。清代传统小说由盛而衰并向近现代小说转变，"有诗为证"的数量也急转直下。

文学作为语言的艺术，其发展变化特别是形式方面的演进紧随文学语言的变迁脚步，五四新文化运动倡导白话文，在反对文言文、提倡白话文为重要内容的文学革命中，中国现代文学产生，其特殊的语言背景所导致的五四初期这场语言革命，对中国现代文学诞生期的文学形式发展格局和基本特点的形成起了决定性作用。五四文学语言变革在某种程度上或许可以说是玉成了以陈述为主要语言特征的小说（增加了叙事的清晰度）[①]。陈平原曾考察了中国古典文学中"史传"与"诗骚"传统对于现代小说的影响，指出"'诗骚'之影响于中国小说，主要体现在突出作家的主观情绪，于叙事中着重言志抒情"。"引'诗骚'入小说在中国文学中由来已久"，"这种倾向'五四'以前主要表现在说书人的穿插诗词、骚人墨客的题壁或才子佳人的赠答。而'五四'作家则把诗词化在故事的自然叙述中，通过小说的整体氛围而不是孤立地引证诗词来体现其抒情特色。"[②] 语言的变革大大开拓了小说的叙述领域，促进了小说形式的变化，五四后新小说的抒情重在小说整体诗意的营造，已逐渐远离了传统小说通过外加"有诗为证"穿插诗句的模式，"有诗为证""诗云""词曰"等引述标记退出新小说也就成了必然趋势。

2. 间接引述标记"说什么"

说话人引述另一说话人或自己以前所说话语的全部或部分话语，称为间接引述。间接引述具有描述"元现象"或者他人话语内容的功能，反映了转述者对原话语的理解和阐释，从中听到的主要是转述者的声

[①] 朱晓进、李玮:《语言变革对中国现代文学形式发展的深度影响》，《中国社会科学》2015年第1期。
[②] 陈平原:《中国小说叙事模式的转变》，上海人民出版社，1988年，第138页。

音[①]。讲说体小说标记间接引述也有一系列的语言形式手段，如"说什么""有道是""听见说""据说"等，本书将它们简称为引述标记。

下面以近代讲说体中较为活跃、在现代汉语阶段进一步规约化为表达负面立场的标记词"说什么"为例，了解讲说体小说中间接引述标记的使用情况、功能的发展变化以及与直接引述标记在功能方面的异同。

2.1 "说什么"的句法、语义考察

2.1.1 "说什么"的句法特点

"说什么"由言说动词"说"与疑问代词"什么"组合而成，其结构、语义在近代讲说体中有多重表现。常规用法是构成特指问句的述语部分，这点在近、现代汉语中均如此，例如：

（1）二神叩头哀告道："望大圣方便，容小神诉告。"行者道："<u>你说什么？</u>"二神道："大圣一向久困，小神不知几时出来，所以不曾接得，万望恕罪。"（明《西游记》）

例中"什么"为疑问代词，充当动词"说"的宾语，"说什么"传疑用，为真性问，要求听者"二神"必须做出针对性应答。

有时候，"什么"表泛指，构成的"说什么"不传疑，也不要求有应答句，主要表否定。例如：

（2）孙雪娥对着来昭妻一丈青说道："你看，我今日晦气！早是你在旁听，<u>我又没曾说什么</u>。他走将来凶神似一般，大吆小喝，把丫头采的去了，反对主子面前轻事重报，惹的走来平白地把恁一场儿。我洗着眼儿，看着主子奴才长远恁硬气着，只休要错了脚儿！"（明《金瓶梅》崇祯本）

讲说体小说中还可见到"说什么"与名词"话"组构成的熟语

[①] 辛斌、高小丽：《转述言语研究的多维视角》，《话语研究论丛》第一辑，南开大学出版社，2015年，第1—24页。

"说什么话",功能语义均相当于现代汉语常见的客套话"哪里/儿的话""哪里哪里"以及"哪儿呀"等。例如:

(3)金标道:"待我去探来。"鸣皋道:"只是有劳教师。"金标道:"说什么话!况且小徒分上,理当如此。"(清《七剑十三侠》)

"话"之前还可加其他修饰语,用在责骂、嘲笑等场合,主要表达言者的负面立场。如:

(4)彩云听他道着中国不好,倒也有点生气,低了头,淡淡的答道:"说什么话来!就怕我也脱不了支那气味,倒污了先生清操!"(清《孽海花》)

(5)行者一把揪住耳朵,轮拳骂道:"你这个淫心不断的夯货!说那甚胡话!"(明《西游记》)

(6)程咬金说:"好像我的徒弟。也用斧子的。"众将笑道,"你这柄斧子没用的,他这把斧头吃也吃得你下,比你大得多的,你说什么鬼话。"(清《说唐全传》)

(7)炀帝听了笑道:"叔宝的狗头,又在说什么疯话了。"(民国《隋代宫闱史》)

例(1)和例(2)中的"说什么"为述宾结构,例(3)—例(7)中的"说"与"什么"之间无直接关系,"什么"修饰名词中心语"话",结构层次为"说|什么‖(胡/鬼/疯)话","说"与"什么"之间不能插入其他语言成分,表明已经融合成一个语义不透明的词语了。

讲说体中的"说什么"还有一种用法,它已融合成词,常处于句首,与"也"构成框架结构,用在紧缩复句中,表示"无论条件怎么变化,结果都不变"。相当于"无论如何、不管怎么样",如:

(8)萧银龙说道:"你有福。"金头虎说道:"我有豆腐。说什

么我也不探山。"张茂龙说:"我表弟是铁了心啦,说什么他也不探山。六弟咱们俩人探山去吧?"(清《三侠剑》)

"说什么"表达的是"表弟不肯探山"的坚决态度。
以上几种"说什么"都不是话语标记。
作为话语标记的"说什么"应居于句首位置,直接或间接引述前文语境中已提及的信息,并表达主观认识立场。例如:

(9)那二老正在那里闲讲闲论,说什么兴衰得失,谁圣谁贤,当时的英雄事业,而今安在,诚可谓大叹息。(明《西游记》)
(10)三藏道:"我如今起坐不得,怎么上马?但只误了路啊!"行者道:"师父说那里话!常言道,一日为师,终身为父。我等与你做徒弟,就是儿子一般。又说道:养儿不用阿金溺银,只是见景生情便好。你既身子不快,说什么误了行程,便宁耐几日,何妨!"(明《西游记》)

例(9)的"说什么"不参与所在句子的结构组织,删除后对句子的真值语义无本质影响,表示将前文曾叙述过的信息再概括性地引述至此。例(10)"说什么"部分引述了三藏所说的话语"但只误了路",相较于例(9),此例的"说什么"含有更强烈的主观色彩,如果去除"说什么"单说"误了行程",只是客观陈述,传达不出"行者"对三藏所说话语不以为然的立场态度。

引述标记"说什么"的主要功能在于表明引介的言谈信息来自他人,其中掺入了引述者对被引述者以及所引述内容的认识立场。引述标记属于传信范畴,汉语的传信范畴是表达所言信息的来源和获取该信息的方式[①]。传信范畴的核心意义为表达信息来源和言者对所言信息的态

[①] 乐耀:《国内传信范畴研究综述》,《汉语学习》2011年第1期;乐耀:《从人称和"了$_2$"的搭配看汉语传信范畴在话语中的表现》,《中国语文》2011年第2期。

度。下面，本节将对讲说体引述标记"说什么"的信源、信源与被引述话语之间的关系等进行考察，并在此基础上对它的语用功能及产生动因进行分析。

2.1.2 引述标记"说什么"的语篇、语义表达模式

引述标记"说什么"的语篇模式为：信源 X，说什么 + 被引话语 Y。其中 X 与 Y 是变量，两者之间的关系错综复杂。

① 信源 X。

任何言语行为都需要言说主体相互配合，不过有的言说主体是会话现场中的人物或不在现场但真实存在于客观世界的人物，而有的言说主体却是作者或叙述者假想出来的或者是来自非现实世界的。

巴赫金（1998）曾提出过"对话性"概念，认为语篇中有两个或以上的声音，它们相互作用，形成同意或反对、肯定和补充、问和答等关系。小说是各种声音汇集到一起进行对话的话语框架，这些声音相互作用就构成了小说的"复调形式"。巴赫金对小说话语的语言特征进行分析后指出："长篇小说作为一个整体，是一个多语体、杂语类和多声部的现象。"从"双声与复调"两个角度揭示了小说语言"对话性"的表现形式。小说话语中的"双声"指"引进小说（无论用什么形式引进）的杂语，是用他人语言讲出的他人言语，服务于折射地表现作者意向。这种讲话的语言，是一种特别的双声语。它立刻为两个说话人服务，同时表现两种不同的意向，一是说话的主人公的直接意向，二是折射出来的作者意向。在这类话语中有两个声音、两个意思、两个情态。而且这两个声音形成对话式的呼应关系"①。简单地说，"双声语"是内在对话化了的语言，包括幽默的语言、讥讽的语言、叙述人的折射语言、人物话语中的折射语言等。按巴赫金的理论，讲说体小说可谓"众语喧哗"，语篇中充斥着来自各种人物的不同声音，其中就包括讲说者或（作者）直接引用他人的话语，或者对他人话语进行诠释、改造后进行转述的"声音"。这些声音都可作为被引述话语的信源。为叙述简便起见，下文

---

① 钱中文主编：《巴赫金全集》第3卷，白春仁、晓河译，河北教育出版社，2009年，第108页。

将引述话语源头简化为 X。

具体而言，X 包括来自会话现场的前一话轮的发话者言语，或会话现场之外的真实世界的人物言语，还包括社会道德规范、习语俗谚、说话者自己的心理活动等。举例如下：

（11）行者笑道："将就看得过罢了！你们也打得手困了，却该老孙取出个针儿来耍耍。"那贼道："这和尚是一个行针灸的郎中变的。我们又无病症，说什么动针的话！"（明《西游记》）

（12）前两天月娥说明嫁我，讲定一共八千身价洋钱，六千还债，二千开销，要我先付六千给他还债，所以我昨天付了他一张庄票。当时原要叫他写个婚书，他却托故推辞，说什么无人会写，骗我今日来拿。（清《九尾龟》）

以上二例的 X 分别为会话现场、现实世界人物的有声言语（标着重号处），"动针"引自现场会话方"行者"的部分话语；后一例的信源 X 为会话现场之外人物"月娥"的"托故推辞"的具体内容。

信源 X 可以来自非会话现场的对话方或非真实存在的人物话语，例如：

（13）有些报上还要瞎造谣言，说什么朝廷指日就要把八股全然废掉，又说什么专考策论。你想倘若应了报上的话，这部文料大成那里还有人买呢？（清《文明小史》）

（14）只见朱光祖端杯在手，喝了一口酒，自叹气道："古今多少英雄，只为这'名利'两字，争出许多气来。其实名利皆身外之物，可惜人皆看不破。还有一说，身前赫赫，到处闻名，岂知人生不过百年，到进那一块黄土的时候，连自家妻子骨肉总不能顾了，还说什么名利呢？"（清《施公案》）

（15）蛛丝儿结满雕梁，绿纱今又糊在蓬窗上。说什么脂正浓，粉正香，如何两鬓又成霜？（清《红楼梦》）

（16）咸丰道："我只听得京中的谚语，说什么鸡不啼，狗不咬,十八岁大姑娘满街跑。原来我们家里,也有你这贞静通达的好女子。好好,你不怕死,我放你回去好吗?"(民国《清朝三百年艳史演义》)

(17)当时国丈大悦,好个贪财爱宝的奸臣,进至书房坐定,点头自喜自言:老夫所忌的是包拯,除了包待制,别人有何畏怯?今幸喜他奉旨往陈州赈饥,不在朝中,<u>说什么天波无佞府之人,天下都元帅威权很重,说什么南清宫内戚</u>,只消一张御状达进金阶,稳将那两个狗贼一刀两段。(清《狄青演义》)

例(13)所引话语源自报纸上刊载的"谣言"。例(14)的"名利"出自没有确切言说主体的社会道德评价话语;例(15)"说什么"引述的信息来源不明,有可能源自作者的预设,也可能源自当时流行的大众话语。例(16)X 引自"京中谚语"。例(17)是"国丈"的自言自语,属于人物的心理活动,所引话语信源模棱两可,可能是"包拯",也可能是其他朝中忠臣。

以上例中代表信源的句子的言语主体都无法言明,但是谁也不能否认其存在。从该角度来说,信源的模糊性导致所引信息的可靠程度较低,表明说者有意模糊信源以传达出对信源无所谓或不以为然的态度,由此浮现出"不该这么说、胡说"的主观立场义。如例(15)"说什么脂正浓,粉正香,如何两鬓又成霜?"包含着"不要总是说脂正浓、粉正香。因为两鬓忽忽就成霜"的言外之意。

② 被引 Y 及其与信源 X 的句法关系。

"说什么"引出的话语 Y 来自或部分来自 X,Y 在句法上涵盖了从词、单句到复句等大小不一的语言单位。若为对话语境,语篇中一般会明确显示其信源,若为独白或心理活动语境,信源则可能隐去。

Y 为词语形式时,大多数抽取自 X 话语中的部分信息,所引内容往往是引述者的表达焦点和需要听读者关注的重点。例如:

(18)行者道:"你府上几位令郎?"老者捶胸道:"可怜,可

怜！说什么令郎，羞杀我等！这个是我舍弟，名唤陈清，老拙叫做陈澄。"（明《西游记》）

（19）仁贵走将出来说："兄弟们，倒要你们等了这一回。"众人道："说什么一回，我们等了七日七夜了。"（清《说唐全传》）

例中的"令郎""一回"皆是提取自前一话轮中的词语。至于抽取哪一部分则取决于引述人对发话人话语的关注焦点是什么，他关注哪部分就提取哪部分作为引述对象，任何词性的语言单位均可成为引述对象，如"令郎"为名词，"一回"为数量词。

Y 为单句形式的：

（20）俺想庞贼此去，必要再来争战，故此俺妹妹也是到新唐去。那晓到了这里，有一班人赶来拉住，说什么大王要俺的买路钱，那时俺恼将起来，把这班喽罗杀退。（清《呼家将》）

引述语句"大王要俺的买路钱"中的人称已根据引述人的口吻进行转换，这是引述标记与直引标记的区别之所在，直引标记所引语句中的人称不得转换，例如：

（21）子兴冷笑道："说来又奇，如今长了七八岁，虽然淘气异常，但其聪明乖觉处，百个不及他一个。说起孩子话来也奇怪，他说：'女儿是水作的骨肉，男人是泥作的骨肉。我见了女儿，我便清爽；见了男子，便觉浊臭逼人。'你道好笑不好笑？将来色鬼无疑了！"（清《红楼梦》）

例中画线部分是冷子兴直接引用宝玉的原话，所以人称仍保留了宝玉自称的"我"。如果间接转述的话，需将第一人称"我"转换成第三人称的"他"。

Y 为复句的：

（22）薛礼听言大惊，说："妈妈休讲此话！多蒙小姐赐我红衣，从没有半点邪心。老员外尚然如此，妈妈若说小姐今日终身许我，叫薛礼良心何在？日后有口难分真假，此事断然使不得的！"乳母道："薛礼官人，你言之差矣！姻缘乃五百年前之事，岂可今日强配的？小姐虽无邪心，却也并无异见。但天神作伐，有红衣为记，说什么有口难分真假？"（清《说唐全传》）

（23）狄洪道便望焦大鹏道："兄长真好福，有此两个侄儿，后半世也可享福了。"焦大鹏道："说什么享福不享福，不过因不孝有三，无后为大，有此两个小畜生，可以告父母于无罪罢了。"（清《七剑十三侠》）

上引二例的信源分别为假设关系和并列关系的紧缩复句，被引述时如果说话人认为某些信息不重要则会被舍弃，如例中的时间状语"日后"和"后半世"。

"什么"可表否定义，加在引述语之前表示不同意的态度，该功能为引述标记"说什么"所继承，因而"说什么Y"结构含有对所引信息Y进行否定的主观态度。如例（23）"说什么享福不享福"意即"别提（或"不是"）享福了"。

③ 信源X与被引Y的语义关系。

信源X与被引部分Y之间在语义上有等同、概括与具体、同义替代或改写等几种关系。其中以等同关系最为常见，如例（18）—例（23）；而前引例（9）的X"闲讲闲论"为概括性话语，Y"兴衰得失，谁圣谁贤，当时的英雄事业，而今安在，诚可谓大叹息"为属于"闲讲闲论"的具体个例；熟语化的固定结构"说什么话"中的"话"，一般是引述人对前一发话人话语内容的笼统概括，该类情况在讲说体语篇中也很常见。"说什么话"在引述标记的基础上还进一步规约化成为表客套义的标记语，比如普通话里的"哪儿的话"和上海话里的"啥闲话"等；X与Y完全等同的情况较少，大多限于语言结构简短的X，例如：

（24）三藏说："猴头！怎又说我不曾解得！你解得么？"行者道："我解得，我解得。"自此，三藏、行者再不作声。旁边笑倒一个八戒，喜坏一个沙僧，说道："嘴脸！替我一般的做妖精出身，又不是那里禅和子，听过讲经，那里应佛僧，也曾见过说法？弄虚头，找架子，说什么晓得，解得！"（明《西游记》）

八戒、沙僧所说的"说什么晓得、解得"，是对被引述的行者说的"我解得，我解得"话语的同义替换和完全引用。还有些 Y 对 X 在保持一定原义的基础上，另外组织话语进行改写的情况，此类引述虽然句法结构上与信源相差悬殊，但语义仍大同小异。例如：

（25）施公说："你女贞娘告状，快把此事情节，细细诉来。"王守成夫妇见问，叩头流泪，禀："老爷，贞娘乃是小人之幼女，干出丑事。"施公微微冷笑，骂声："奴才！满口胡说。亲生女子，谁不心疼？你说以女报恩，你这奴才，非是疼女，系误其终身。说什么生男养女，分明是卖你女儿。如今说他不端，有无凭证？如再巧辩，一定动刑！"（清《施公案》）

例中施公所说的"生男养女"，引自"王守成夫妇"所说的"贞娘乃是小人之幼女"，是语义相关的另一种表述形式。

可见，引述语与其信源之间，在形式和语义上都形成了对应互解关系，有助于听读者快速准确地加工处理信息。

2.2 引述标记"说什么"的语用功能及其使用动因

2.2.1 引述标记"说什么"的语用功能

引述标记"说什么"的语篇模式为：信源 X，说什么 + 被引话语 Y。在该语篇表达框架中，"说什么"通过引述来自信源 X 的语句 Y，以及与 Y 之间产生的各种语义关系，发挥着勾连前后语篇、强化局部语篇连贯的功能。此外，又因为"说什么"引述的内容为言说者的言谈重点，也是下一陈述内容的起点，因此也具有一定的话题组织功能。

然而更为重要的是,"说什么"通过与信源 X 和被引述话语 Y 的语义、结构关联,分别表达出了对信源与所述话语的不以为然和否定的主观立场。

相较于直引标记"有诗为证",间接引述标记"说什么"对源始信息的引用经过了引述者一定的程度加工,加工的依据则是引述者当时的心理状态、情感态度等。由此可见,"说什么"比"有诗为证"含有更为强烈的主观倾向,这也导致了"说什么"在信源的可靠程度上远低于"有诗为证"。

讲说体中的"说什么"主要表达言者的负面立场,极少数为中性或正面的立场。例如:

(26)勒侯又对幕客道:"好呀,你看她雪肤花貌,剑饰弓衣,恐怕燕赵美人,还追纵不上呢!"幕客中有个舒铁云,却也赞美幺妹得很,说什么花木兰,说什么秦良玉。(民国《清朝三百年艳史演义》)

例(26)无论从"说什么"所处的上文语境("赞美幺妹得很"),还是从其所引导的语句内容("花木兰、秦良玉都是历史上的巾帼英雄"),或者还是从引述者的语用目的(赞美),说话者都在表明正面的、积极的立场态度。

(27)长街上,只见廊下坐着两个老儿叙话。三藏叫:"徒弟,你们在那街心里站住,低着头,不要放肆,等我去那廊下问个地方。"行者等果依言立住,长老近前合掌叫声"老施主,贫僧讯了。"那二老正在那里闲讲闲论,说什么兴衰得失,谁圣谁贤,当时的英雄事业,而今安在,诚可谓大叹息。(明《西游记》)

例(27)"说什么"引述了行者所听到的两位老者的闲谈内容,是未掺入行者个人情感态度的客观记录,没有表达任何立场态度。

"什么"除了疑问和否定义之外,在明清时期的讲说体小说中还发展出前置式列举功能,在"什么 $X_1……N$"构式中,"什么"不再表"斥责或否定"义,对前后文语境中表上位概念的词的下属种类进行一一列举,如果实在弄不清楚或没有必要,就仅举其中几个作为代表[①]。因此,此类"说什么"兼表引述与列举,且更侧重于后者,由于言者不借此表达主观立场,其主观性不及专职引述标记强。专职引述标记"说什么"前后文语境都有含情态的词语,主观情感更为突出。例如:

(28)还有一班不长进的,并没有人赏识过他,也学着他去瞎狂,<u>说什么</u>"贫贱骄人"。你想,贫贱有什么高贵,却可以拿来骄人?(清《二十年目睹之怪现状》)

上例因引述标记"说什么"之前有带情感色彩的词语"瞎狂",给言者立场确定了负面基调。也有情态词语后置于"说什么"的语例:

(29)阎君听了开言说:"薛大人,你还不知。盖苏文乃青龙星,上天降下来的,该有这番杀戮。本大王这里阴阳簿上,没有他的名姓,不在阴司。虽然光降,多多得罪。"仁贵大怒说:"阎君,你好欺人。他亡故多年,转世投胎,岂也不知么?<u>说什么'簿上无名'、'不是阴司该管'这些胡言</u>。快快放出,万事全休。若再藏头露尾,本帅就要动手了。"(清《说唐全传》)

例中引语之后的"胡言"既是薛仁贵对阎王所说话语的概括,又突显了言者愤怒、不满的负面情感。

我们在 CCL 宋元以来的讲说体语料中共收集到 245 例有效例证,所表达的绝大多数是言者的负面立场态度,具体见表 6–3。

[①] 卢惠惠:《列举义构式"什么 X"与"X 什么的"来源考察》,载复旦大学汉语言文字学科《语言研究集刊》编委会编:《语言研究集刊》第九辑,上海辞书出版社,2012 年,第 251—260 页。

表 6-3 "说什么"所表达的言者立场态度

正面立场	中性立场	负面立场
3 例	12 例	230 例

负面立场又可分为否定和困惑不解两大类，例如：

（30）狄洪道便望焦大鹏道："兄长真好福，有此两个侄儿，后半世也可享福了。"焦大鹏道："说什么享福不享福，不过因不孝有三，无后为大，有此两个小畜生，可以告父母于无罪罢了。"（清《七剑十三侠》）

例中"焦大鹏"不认同"狄洪道"的话语"有此两个侄儿，后半世也可享福"，马上用"说什么享福不享福"进行反驳，其否定态度还通过将信源中的"两个侄儿"转换为"两个小畜生"明示。近代汉语"说什么 A 不 A"格式都表否定义。

有些"说什么"表达了言者对所引述内容不理解或不清楚的立场态度，例如：

（31）墙壁上贴了一张告示，大家喷喷咂咂，念个不了。窦飞虎二人看见，也不认识，虽听得各人念道，却也不甚清楚，再一细听，却听出他二人自己的两个名字，说什么要捉拿着了，还有赏银五百两。（清《施公案》）

（32）行者笑道："将就看得过罢了！你们也打得手困了，却该老孙取出个针儿来耍耍。"那贼道："这和尚是一个行针灸的郎中变的。我们又无病症，说什么动针的话！"行者伸手去耳朵里拔出一根绣花针儿，迎风一幌，却是一条铁棒，足有碗来粗细。（明《西游记》）

例（31）表明"窦飞虎"因为对旁人在议论的告示内容听得不甚

清楚，所以用"说什么"来引述所听内容；例（32）"说什么动针的话"体现了言者因缺乏背景知识而对前一发话人所言内容的不理解，这类情况常常使用谐音形成一个认知落差以营造风趣滑稽的语用效果。

以上"说什么"语用功能的产生可从语义虚化和句法位置变化、语篇交际的语用因素、人类认知的心理因素和社会因素等方面得到解释。

2.2.2 引述标记"说什么"产生的语义和句法条件

"说"自古以来就是一个可标识直接引用和间接引用的引语标记词，如：

（33）桓公<u>说</u>："行事奈何？"管子对曰："请使宾胥无驰而南，隰朋驰而北，宁戚驰而东，鲍叔驰而西。"（战国《管子》）

（34）郭子召其友而告之曰："<u>说</u>晏子之义，而尝乞所以养母焉。吾闻之曰：'养及亲者，身伉其难。今晏子见疑，吾将以身死白之。"（战国《吕氏春秋》）

以上二例中的"说"分别为直接引语和间接引语的导行之辞，但它仅起引导作用，不能传达言者的立场态度等言外之意。另外，在近代汉语中"说什么……"格式中的"说"，还可以被其他动词替代而语义、语用功能不变，由此可推测，"说什么"演变为有多重语用功能的引述标记与动词"说"没有直接关系。例如：

（35）妇人道："你趁早儿休动，是宅里老爹送来的，你哥还没见哩。等他来家，有便倒一瓯子与你吃。"韩二道："<u>等什么哥</u>？就是皇帝爷的，我也吃一锺儿！"（明《金瓶梅》崇祯本）

（36）六老倒陪笑道："这时候也不早了。有一句紧要说话，只怕你不肯依我。"赵聪道："依得时便说，依不得时便不必说！<u>有什么依不依</u>？"（明《初刻拍案惊奇》）

（37）萧静园不等宋子英说完，连连的点头道好道："你这个主意想得真是聪明。一时除了这个从权的法儿也想不出什么道路，顾不得他平日的交情，只得是要这般一做的了。"宋了英道："<u>还讲什么朋友的交情</u>！他若还念着平日交情，见你这样为难，就该和你想个法子才是，难道他是拿不出银子的人么？"（清《九尾龟》）

以上各例中的"等""有""讲"等动词都有引述功能，其后的"什么+Y"也是引述内容。但"等"和"有"是直接从信源话语中引用过来的动词，而"讲"和"说"性质相同，在信源中并不出现，意为"（你）讲/说'朋友的交情'（这些话）做什么"。这进一步佐证了"说"在该类引述结构中的可替代性。

吕叔湘先生《近代汉语指代词》指出："对于对方说话里的字眼有所不满，我们常常摘出来用'说什么……'的形式加以批驳，意思是'说……做什么'。例如'什么公的母的'。但更普通的是拉上一个陪衬的词语，最初是在原来词语前头加个否定词，后来又利用现成的对待词语，这实在是这类句子的最可注意的一点。这种句式在早期近代汉语里已经出现，一直到现在都极常见。例如'万象之中独露身，说什么拔与不拔！'（《景德传灯录》）有了这种陪衬词语，往往就可以省去'说'字，直接用'什么'起头。这个格式是后期才有的。"[①] 吕先生这段话明确指出"说什么……"是引述句式，早在宋代佛教典籍中就已含有"不满""批驳"等特殊的语用义了，而到明清时期，"说"字可省略，单用"什么"引出对方话语或话语中的某一部分，其语用功能仍保持不变。受吕先生启发，我们认为，对于引述标记"说什么"语用功能形成起关键作用的是疑问代词"什么"。"说什么"中的"什么"由疑问词发展出了虚指和否定义，两种语义分别承担了该引述标记的不解与否定两种功能。结合汉语史的语料，"什么"历经的虚化进程可概括为：疑问—虚指—否定。而"说什么"的功能发展也呈现出了相似的渐进阶段：

（38）仰山问三圣。<u>汝名什么</u>？圣云。惠寂。（宋元《禅宗语录

[①] 吕叔湘著，江蓝生补：《近代汉语指代词》，学林出版社，1985年，第146页。

（39）会即便会，<u>不会</u>作什么死急。（宋元《禅宗语录别集》）
（40）雪窦著语云。今日共这汉游山。<u>图个什么</u>（不妨减人斤两。犹较些子。傍人按剑）复云。百千年后不道无。（宋元《佛果圜悟禅师碧岩录》）

"什么"在不同语境中产生出不同语义，例（38）为一般的询问句，"什么"为表真性问的疑问词，例（39）和例（40）都是反诘句，前一例虚指，表示单纯的否定。与一般的否定句相比，反诘句的语气更为强烈，该语境特点在长期的使用中被"什么"吸收，当"什么"不用于反诘而表否定时，其语气强度也因此而减弱。正是因为"什么"在特定语境中可以表虚指和否定，加之近代汉语里有避免使用疑问指代词做主语的倾向①，常常需要在疑问代词之前加上"是""说"等动词，使之变成表语。这样一来，"说什么"就被推至句首位置，为演化成引述标记在句法结构上准备了条件。

进入现代汉语阶段之后，引述标记"说什么"的发展变化主要有两个方面：一是语体适用范围有所扩展，在CCL现代汉语部分的史传、应用文等语体语篇中都有不少用例；二是使用数量也大为增长，还出现了"讲什么""说啥"等变体形式。

2.2.3 引述标记"说什么"形成的社会及认知心理因素

讲说体的口说叙事渊源及认知心理等语言系统的外部因素，对引述标记"说什么"的最终形成也起到了促进作用。

① 口头叙事对于引述话语引导语的特别需求。

书面叙事与口头叙事因涉及视与听这两种不同的感官知觉而在语言编码方式上呈现出不同特点。众所周知，书面文本的点断依赖于各种各样的标点符号及段落、分行等可视信号。在现代标点符号系统使用之前，我国也曾有过一套旧式标点符号，数量多达十几种，使用历史长达

---

① 吕叔湘著，江蓝生补：《近代汉语指代词》，学林出版社，1985年，第129页。

三千多年。但由于种种条件的制约,始终没有形成为一个全民使用的、与书面语同时存在的、规范了的标点符号体系,并且这些旧式标点符号大多是为评点、校说和讲学所用,在著述中使用得并不普遍[①]。口语叙事依赖于转瞬即逝的声音系统,这决定了它必须转而依靠可视符号之外的其他方式来标识情节的转换、不同类型话语间的区分等。讲说体小说是口头叙事的书面记载,保留有口头叙事的即时性特征,讲说者要一人分饰众多角色,为避免听者接受时混淆视听,叙述时就得不厌其烦地在每一句人物话语之前加上说话人的身份信息和"言说"类引导词,这与现代汉语中很多说话者信息、"言说"类引导词可置于话语中间或结尾处有着完全不同的面貌。例如现代汉语语篇中习以为常的标引方式,在讲说体语篇中却压根不被使用,如:

(41)"你觉得她好看么?"<u>许逊问我</u>。"就那么回事吧。"<u>我仰着脸说</u>。(当代《动物凶猛》)

(42)"今天又用不着说了。"<u>杨雪笑着说</u>,"你的心我看见了,我的心你也看见了,还说它干什么呀!"(当代《东方》)

上引二例的话语引导词分别位于引用的话语之后和中间,这种情况在近代、古代汉语语篇中皆从未出现过。讲说体语篇中无论是直接引用还是间接引用,都需要使用引语标记,且都前置于所引话语,其繁琐程度无以复加,从下面这段话中可以略窥一二:

(43)听见房内有笑声,林黛玉便入房中看时,原来是李宫裁、凤姐、宝钗都在这里呢,一见他进来都<u>笑道</u>:"这不又来了一个。"林黛玉<u>笑道</u>:"今儿齐全,谁下帖子请来的?"凤姐<u>道</u>:"前儿我打发了丫头送了两瓶茶叶去,你往那去了?"林黛玉<u>笑道</u>:"哦,可是倒忘了,多谢多谢。"凤姐儿又<u>道</u>:"你尝了可还好不好?"没有

---

① 袁晖、管锡华、岳方遂:《汉语标点符号流变史》,湖北教育出版社,2002年,第8页。

说完，宝玉便说道："论理可倒罢了，只是我说不大甚好，也不知别人尝着怎么样。"宝钗道："味倒轻，只是颜色不大好些。"凤姐道："那是暹罗进贡来的。我尝着也没什么趣儿，还不如我每日吃的呢。"林黛玉道："我吃着好，不知你们的脾是怎样？"宝玉道："你果然爱吃，把我这个也拿了去吃罢。"凤姐笑道："你要爱吃，我那里还有呢。"林黛玉道："果真的，我就打发丫头取去了。"凤姐道："不用取去，我打发人送来就是了。我明儿还有一件事求你，一同打发人送来。"（清《红楼梦》）

话语中用"XX道"逐一标明了哪句话由哪个人说出，这样听者就能明辨说话者。间接引述的情况也一样，在书面语中，人们可以根据标点符号、现场的谈话方、说话者的个性特征、话语间的逻辑关系等来判别引述话语的信源，但口头讲述的即时性、工作记忆的短时性及其容量的有限性，也制约了听者根据判断推理去辨明说话者，所以，说者必须使用引述标记向听者明示引述语的来源。该习惯在讲说体小说书面化之后未作任何改观。例如：

（44）唐寅道："他是北方人，公子们是南方人，为着方音不通，所以有这误会。他说'遂游'，大公子误会'熬油'；他说'青春'，二公子误会'秤秤'。这是很寻常的事，他不该轻蔑公子们，说什么'龙生犬子，凤产鸡雏。'论理呢，他是父母官，我们须得敬重他几分。但是他说这轻薄话，已失了父母官的体统。孟子云：'人必自侮，然后人侮之。'恰才他向我们叫这几声狗叫，这是他自取其咎……"（民国《唐祝文周四杰传》）

上例如果不使用引述标记"说什么"，极易将"龙生犬子，凤产鸡雏"误认为是唐寅的话语，而"说什么"则明示听者此话出自"他"之口。由此可知，讲说体的叙事特征铸就的听者接受习惯，是"说什么"成为近代汉语中高频使用的引述标记的主要外部因素之一。

② 言者立场表达的需求。

"说什么"比话语引导词"说"蕴含的言外之意更为丰富。据前文的分析,"什么"有虚指和否定义,言者在特定表达需求的驱动下,往往会选择更符合要求的语言手段来达到目的。当言者有以下几种负面立场表达需求时往往会择用引述标记"说什么":

其一,对交际对象的话语有不满,需要表达嘲讽、训斥、反驳等负面立场时,例如:

(45)内中有一个穿蓝缎袍的道:"石忍翁既然是同观察是亲戚,回来说话的当儿,忍翁可以上一个条陈。"忍冰道:"<u>说什么上条陈哇</u>,只消地方上有益的事,竟然叫敝亲怎样办就是了。"(清《最近官场秘密史》)

(46)徐茂公说道:"吾主有福,若是中了飞刀,尸首不能完全。此镖乃仙家之物,毒药炼成。凡人若遇此镖,性命不能保全,今天元帅受此毒镖,还算上天有靠,不至伤命。"天子说:"先生又来了,见元帅这般疼痛,多凶少吉的了,<u>说什么'有靠'</u>,岂非是荒唐之言。"(清《说唐三传》)

(47)忽然闻得铜铃摇响,大家快乐,连忙动盘车收将起来。仁贵走将出来说:"兄弟们,倒要你们等了这一回。"众人道:"<u>说什么一回</u>,我们等了七日七夜了。"(清《说唐后传》)

试将以上例中"说什么"置换为中性立场的"你说":

说什么上条陈哇——你说上条陈哇
说什么有靠——你说有靠
说什么一回——你说一回

显而易见,置换成"你说"之后语义未变,但语调需由降调转为升调,语气强度减弱,原有的负面情绪立场也不复存在。

其二，当言者对交际方话语未曾听真切或听不懂时，也有使用"说什么"来标记引述的话语，传达嗔怪、困惑和无奈等负面立场的需求。例如：

（48）那呆子真个食肠大，看他不抬头，一连就吃有十数碗。三藏、行者俱各吃不上两碗，呆子不住，便还吃哩。老王道："仓卒无肴，不敢苦劝，请再进一筋。"三藏、行者俱道："殼了。"八戒道："老儿滴答什么，谁和你发课，<u>说什么五爻六爻</u>！有饭只管添将来就是。"呆子一顿，把他一家子饭都吃得罄尽，还只说才得半饱。（明《西游记》）

（49）包公怒道："恨你为人凶刁狠毒，十八年前将幼主换作狸猫，又纵火烧毁碧云宫，陷害李宸妃娘娘，瞒天昧地，只言永久遮瞒，岂期今日奸谋败露，在圣上驾前，还不直供！"……郭槐一想：若将此事说明，我必抵罪，又怎好害却刘太后娘娘？罢了，我也拿定主意，自愿抵死不招。即道："陛下，<u>说什么狸猫换主，火焚碧云宫</u>，奴婢确实不知缘由，焉有凭据上奏？"（清《狄青演义》）

例（48）中的"说什么"传神地表达出了"八戒"听不懂"老王"文绉绉的话，只希望说者不要打搅自己吃饭的态度。而例（49）如果去掉"说什么"，说成"狸猫换主，火焚碧云宫，奴婢确实不知缘由"，就不符合"郭槐"抵死不认罪的原意了，反倒显得他不是首次听说这两件事，而明显在撒谎了。

然而，如果将上述"说什么X"转换成对X的直接否定形式，一经比较就可发现，"说什么X"的情绪负面色彩要相对缓和得多，显示出说者立场表达时的委婉态度，这也是对听者消极面子的一种维护策略。以例（45）—例（49）为例说明：

说什么上条陈哇——别说上条陈哇
说什么有靠——别说有靠

说什么一回——别说一回

说什么五爻六爻——别说五爻六爻

说什么狸猫换主,火焚碧云宫,奴婢确实不知缘由——奴婢确实不知狸猫换主,火焚碧云宫的缘由。

以上破折号左侧的说法比右侧的体现出更强的交互主观性,语气更为间接、婉转,所蕴含的对对方的指责和否定程度也大为削弱,以此达到照顾对方面子,缓和矛盾,维护双方友好关系,避免正面冲突的交际目的。

可见,间接引述标记"说什么"的形成,不仅需要语法、语义条件,语体、语用认知等也是不容忽视的因素。

3. 小结

本节研究了直接引述标记"有诗为证"和间接引述标记"说什么"。引述也是一种评价方式。"有诗为证"在语篇中主要引出韵文,有承上启下,显化隐含逻辑关系的语篇功能;还有调整叙事节奏、强化听者的关注,优化艺术效果、突显作者的知识权势地位,抒情言志、以诗证理、表达言者立场等具体功能。引述标记"有诗为证"的使用受敦煌变文韵散结合体制的影响。五四以后的新小说不再以"有诗为证"引入韵文的模式来抒情,而重视营造小说整体诗意,因此,"有诗为证"等专门用以引韵文入小说的引述标记也就退出了小说语言系统。

"说什么"是间接引述标记,在讲说体语篇中居于句首位置,引述前文语境中的信息,主要表明引介的言谈信息来自他人,其中掺杂了引述者不以为然和否定的个人认识立场。所引信息与信源之间在句法形式和语义上的对应互解,有助于听者对信息的快速加工理解。引述标记"说什么"语用功能形成过程中起关键作用的是疑问代词"什么",讲说体的口说叙事渊源及认知心理等外部因素也起了促进作用。现代汉语阶段,引述标记"说什么"的语体适用范围有所扩展,整体的使用数量有较大增长,还出现了一些变体形式。

第4节 推论标记"可见"

1. 推理及推理标记

人们在认识事物性质和关系的过程中,常运用思维形式相关的一些逻辑方法,通过这些方法去形成明确的概念,做出恰当的判断和进行合乎逻辑的推理。推理是思维的基本形式之一,是由一个或几个已知的判断(前提)推出新判断(结论)的过程,有直接推理、间接推理等[①]。每一个推理都包含已知判断、新的判断和一定的推理形式。作为推理的已知判断叫前提,根据前提推出新的判断叫结论。前提与结论的关系是理由与推断、原因与结果的关系。作为一种思维过程,推理与概念、判断一样,同语言有着密切联系,可以用语言表达出来,也具有可分析的语言结构。推理还是人类的一种高级认知活动,推理的过程也是表达主观认识的过程。逻辑推理由一个或几个已知判断(前提)推出未知判断(结论),其论证推理有固定的公式,只要给出前提,便可推出结论。比如:

(1)因为我国境内的海域达不到帝王蟹冷水海域的温度,再者无法创造深海养殖的条件,所以目前我国市面上的帝王蟹基本上都只能依靠进口,这样一来,价格自然贵了。(网易)

(2)到了掌灯时分,王夫人放心不下,让人唤来袭人,问道:"也没甚话,白问问他这会子疼的怎么样。"袭人道:"宝姑娘送去的药,我给二爷敷上了,比先好些了。先疼的躺不稳,这会子都睡沉了,可见好些了。"(清《红楼梦》)

一段话就是一个推理。例(1)"我国境内的海域达不到帝王蟹冷

[①] 中国社会科学院语言研究所词典编辑室编:《现代汉语词典(第7版)》,商务印书馆,2016年,第1330页。

水海域的温度"和"无法创造深海养殖的条件"是已知的两个判断，从这两个已知条件推出"目前我国市面上的帝王蟹基本上都只能依靠进口"和"价格自然贵了"两个新的判断。例（2）"先疼的躺不稳，这会子都睡沉了"是已知判断，推出了"好些了"的结论。毫无疑问，两个推理的结论都是当事人对客观事物、活动、事件的主观认识与评价。

本节所涉及的推理并非真正意义上的逻辑推理，而是蕴含着逻辑推理因素的语用推理。语用推理是以常识为基础的一种推理形式，在多种可溯之因中寻求一种具有最佳关联的解释[①]。人们可以通过语言形式中使用的"因为……，所以……""由于……，因而……""因此""由此可见""之所以……，是因为……"等关联词来辨别推理过程，它们将上文提供的前提条件与下文得出的结论联系起来。标识一个推理过程的词语被称为推论标记。廖秋忠（1986）[②]是国内较关注推论标记的学者，他把"由此（看来）、（由此）可见、足见、显然、显而易见、毫无问题、不用说"等称为表示"推论关系"的篇章连接成分。李宗江（2019）[③]提出了推论标记概念，并根据构成规律将近代汉语中的推论标记分为三大类：第一类，认知类，以"想""看""见""知"等认知动词参与构成的，如"据此看来"；第二类，听说类，以"说""讲"等言说动词参与构成的，如"这等说"；第三类，指代类，由指示代词所作的推论标记，如"这们的"。对于推论标记具体个案，比较受关注的是"可见"。吕叔湘（1999）[④]指出，"可见"是"连词，表示可以作出判断结论"。邢福义（2001）[⑤]从句式角度指出"……，可见……"是一种"据果断因"的推断句式。刘亚辉、姚小鹏（2011）[⑥]指出，"可见"

---

① 高海龙：《试论语用推理中的缺省逻辑因素》，《山东外语教学》2008年第6期。
② 廖秋忠：《现代汉语篇章中的连接成分》，《中国语文》1986年第6期。
③ 李宗江：《近代汉语语用标记研究》，上海教育出版社，2019年，第168页。
④ 吕叔湘主编：《现代汉语八百词（增订本）》，商务印书馆，1999年，第335页。
⑤ 邢福义：《汉语复句研究》，商务印书馆，2001年，第359页。
⑥ 刘亚辉、姚小鹏：《"可见"的情态化与关联化——兼论汉语两类视觉词的演化差异》，《汉语学报》2011年第4期。

是由视觉词功能演变而成的引导结果句的标记成分,具有连接分句、句子和段落的篇章功能。孟雯(2015)[①]认为,"可见"是推断示证表达方式,其确证程度高于"看来"。综合而言,"可见"的推论标记身份已得到学界较为一致的认可,但尚需结合汉语语篇对推论标记的位置、管界、推理方式、管领前后项的语义关系以及篇章功能等方面进行深入研究。本书将以"可见"为例对近代讲说体小说推论标记进行多角度分析。

2. 推论标记"可见"的句法、语义考察

2.1 "可见"的句法特点

廖秋忠(1986)指出,"篇章中的连接成分不是句子的组成部分,在句法研究中应将它们排除在外"。推论标记"可见"在句法结构上具有独立性,属于句子的外围成分。非推论标记"可见"在讲说体语篇中也有一定数量,有两种用法:一种用在疑问句式表"可曾看见"义;其二为表"可以见到"义的动词短语,"见"的受事宾语通常前置,且"可见"之前还多有其他修饰性状语,如"历历""清晰""明显"等。例如:

(3)方起身打点出衙,恰好遇见支成。问:"<u>可见</u>路信么?"支成道:"不见,想随李相公出外闲走去了。"(明《今古奇观》)

(4)说时,更不待长房允许,把云头压低,睁眼下望,<u>地上景物历历可见</u>,果然到了长房家中。(清《八仙得道》)

例(3)"可"修饰限定其后的整个句子,句子结构为"可‖见路信"。例(4)"可"修饰动词"见"。两例中的"可"与"见"均为跨层语言组合,下文不再讨论。

[①] 孟雯:《现代汉语推论示证表达方式"看来"与"可见"的比较分析》,《华文教学与研究》2015年第2期。

推论标记"可见"由视觉感知动词"见"引申发展而来，不再含有看视义，而主要表程序义。语篇位置绝大多数固定在充当已知判断的条件句和由此推导出的新判断结构中的表示结论的句子、分句、语段等语言单位之间。"可见"引导的句子、分句或语段可单独出现，此时的"可见"即处于句子或分句或语段之首，表示其后的语句为经由前面的语句推导出来的结论。分别举例如下：

（5）醒来想道："必是二石子的精灵，可见是宝贝了。"（明《二刻拍案惊奇》）

（6）"若说是司官的学问，怪不的朝廷重文轻武。若说是书办的考核，可见这大部的则例，是移动不得的了。"说罢，一齐大笑起来。（清《儒林外史》）

（7）凤姐忙问道："省亲的事竟准了不成？"贾琏笑道："虽不十分准，也有八分准了。"凤姐笑道："可见当今的隆恩。历来听书看戏，古时从未有的。"（清《红楼梦》）

"可见"之前的语句代表了当事人的想象、假设或没有十足把握的证据，皆有较强的主观性，是推论判断的依据，推出的结论确证度较高，这点从"可见"引出的句子中包含判断动词"是"、强调格式"是……的"以及表示已然和肯定语气的助词"了""的"等可明鉴。晚清以后，出现了与"由此""据此""显然"等介词词组或副词连用的"由此可见""据此可见"和"显然可见"等熟语，以逗号与其后语句相隔的用法也开始普遍起来。

2.2 推论标记"可见"的语篇分布

讲说体小说以叙事为主，讲说者在叙事过程中时不时地加入对故事人物、事件等的评价，为使评价话语与其他叙事性话语能有效区分，需采用一些显性语言手段来"划定"清晰的分界，推论标记"可见"就主要承担了这种"划界"功能。"可见"在讲说体语篇中的分布较广，尤其以分布在人物对话、心理活动和讲说者的评议话语中为最多。

用于人物对话处：

（8）迟衡山道："上年他来敝地，小弟看他着实在举业上讲究的，不想这些年，还是个秀才出身。可见这'举业'二字，原是个无凭的。"（清《儒林外史》）

（9）从人道："我们一觉好睡，从不曾见个甚的，怎么有如此怪异？"乡村这伙人道："可见是一划胡话，明是劫盗。敢这些人都是一党。"（明《初刻拍案惊奇》）

例（8）先叙后评，通过"他"多年的经历，推出"举业无凭"的结论，"可见"将推论的依据和推出的结论结合在一个话轮之内，这个话轮包含的几个语句明示了一个归纳推理过程。例（9）"乡村这伙人"由"从人"的所言得出"是劫盗"的结论，"可见"用在一个毗邻话轮对之间，前一话轮的语句是证据，后一话轮是结论。联系项"可见"居中，将两个话轮绾系在一起。

用在心理活动中：

（10）姑娘听了这话，心里暗道："原来个孝子，也有个幸不幸，也有个天成全不成全。只听这人身为男子，读书成名，想寻父亲的骸骨，竟会到无处可寻，终身抱恨。想我何玉凤遇见这位安伯父，两地成全，一丘合葬，可见'不求人'的这句话断说不起。"（清《儿女英雄传》）

以上这段话展现了何玉凤"'不求人'的这句话断说不起"观点形成的心路历程，理据由两部分构成，一是由"原来"引入的寻父遗骸的孝子故事，另一则是"想"引入的何玉凤自己的切身经历。推己及人，推理的证据充分，"可见"得出的结论才能令人信服。

用在超叙事层面：

（11）看官，则今日听我说《珍珠衫》这套词话，可见果报不

爽，好教少年子弟做个榜样。话中单表一人，姓蒋名德，小字兴哥，乃湖广襄阳府枣阳县人氏。（明《今古奇观》）

"可见"作为体现小说讲述者或作者元语用意识的一种叙事手段，在例中引出故事主旨，开宗明义，定下故事因果报应的基调。一般情况下推理总是先因后果，由证据推出结论，因此，推论标记"可见"分布在整个故事完结之处是其常规位置。例如：

（12）只可笑程朝奉空想一个妇人，不得到手，枉葬送了他一条性命，自己吃了许多惊恐，又坐了一年多监，费掉了百来两银子，方得明白，有甚便宜处？那陈氏立个主意不从夫言，也不见得被人杀了。至于因此一事，那赵大久无对证的人命，一并发觉，越见得天心巧处。可见欺心事做不得一些的。有诗为证：……（明《二刻拍案惊奇》）

例中"可见欺心事做不得一些的"与散场诗同时出现在故事结尾处，总括大意、升华内容，凸显出古代传统小说承载的社会教化功能。

2.3 推论标记"可见"的语篇语义表达模式及推理方式

推理的逻辑结构由前提和结论两部分组成。前提是推理所根据的判断，是推理的基础，结论是从前提推出来的判断，是人们获得的新知识。构成一个推理必须有一定的推理方式，即由前提合乎逻辑地推出结论的方式。简单地说，推论是逻辑推理的结果，推理过程包括前提、结论和推理形式三个构成要素①。推论标记"可见"勾连的是前提和结论这两个推理要素，其管界就涉及这两个要素。我们将前提标为 X，结论标为 Y，推论标记"可见"在语篇中的语义表达模式简化为"X，可见 Y"。该模式是由前提 X 到结论 Y 的推理方式的语言表达形式，所涉及的推理方式主要有演绎推理和归纳推理两大类，其中演绎推理又主要为

---

① 田亮、石宝丽主编：《形式逻辑》，陕西人民出版社，2005 年，第 87 页。

直接推理和假言推理两种，有时也有缺省推理。下面具体分析推论标记"可见"在讲说体小说语篇中的具体使用。

2.3.1 直接推理

"直接推理是只从一个前提直接推出结论的推理。"① 直接推理是演绎推理中最简单的推论方式，也是讲说体语篇中由"可见"标记的最常见的推理方式，例如：

（13）后来程宰年过六十，在南京遇着蔡林屋时，容颜只像四十来岁的，可见是遇着异人无疑。(明《二刻拍案惊奇》)

（14）佛爷心里想说："此人只说天仙、地仙，不说八仙、神仙、鬼仙，可见他只是个地仙。却待我来度他一度。"(明《三宝太监西洋记》)

（15）包公怒道："满口胡说！天下那有人子不记得母亲岁数的道理。可见你心中无母，是个忤逆之子。来！"(清《七侠五义》)

上述三例命题中的推理前提 X 都只含有一个简单判断（下标着重号处），不需借助其他中介直接得出结论 Y。"可见"连接的前提与结论构成的直接推理表达式，其形式简洁，表意清晰，有利于听读者高效、正确地理解推理过程，把握观点。

2.3.2 假言推理

"假言推理是根据假言判断前后件之间的关系进行的一种演绎推理。可以说假言判断是反映某一事物情况是另一事物情况存在条件的判断，或者说，假言判断是有条件地陈述某种事物情况存在的判断。"② 推论标记"可见"也常标记假言推理方式，其中 X 和 Y 分别代表假言推理的前提和结论。例如：

（16）县主道："你看见他拾取的，还是他自家承认的？"客人

---

① 田亮、石宝丽主编：《形式逻辑》，陕西人民出版社，2005 年，第 89 页。
② 同上，第 85 页。

道:"实是他亲口承认的。"县主道:"他若是要赖你的银子,何不全包都拿了?却止藏一半,又自家招认出来?他不招认,你如何晓得?可见他没有赖银之情了。"(明《喻世明言》)

(17)若不是那两天醉了,何至有今日之忙?何至有如此之错呢?可见酒之误事不小,自己悔恨无及。(清《七侠五义》)

例(16)中,大前提 X 由两个假设关系复句构成的判断组成,即"他若是要赖你的银子,何不全包都拿了?却止藏一半,又自家招认出来?"和"他不招认,你如何晓得?"通过对假设关系复句的后一分句的否定来达到对前一分句的否定,从中推出结论 Y"他没有赖银之情了"。例(17)"可见"引导的推论"酒之误事不小",是建立在假设关系的前提"若不是那两天醉了,何至有今日之忙?何至有如此之错呢?"之上才得出的结果。相较于直接推理,假言推理所蕴含的情感倾向更为强烈,标记假言判断结论的"可见"的主观性也更强。

2.3.3 归纳推理

"可见"联结的 X 和 Y 之间还可以是归纳推理的前提与结论。所谓的归纳推理,指"由个别性前提推出一般性结论的推理。简单地说,就是由个别到一般的推理"[①]。应当指出的是,讲说体小说本质上都是叙事文学作品,不可能像科学语体语篇那样讲究语言的精确性,"可见"所涉及的归纳推理基本上都是不完全归纳推理。例如:

(18)只因蜀中女子从来号称多才,如文君、昭君,多是蜀中所生,皆有文才。所以薛涛一个妓女,生前诗句不减当时词客,死后犹且诗兴勃然,这也是山川的秀气。唐人诗有云:锦江腻滑蛾眉秀,幻出文君与薛涛。诚为千古佳话。至于黄崇嘏女扮为男,做了相府掾属,今世传有《女状元》本,也是蜀中故事。可见蜀女多才,自古为然。(明《二刻拍案惊奇》)

---

① 田亮、石宝丽主编:《形式逻辑》,陕西人民出版社,2005年,第103页。

例中"可见"引出的一般性结论"蜀女多才,自古为然"是基于"文君""昭君""薛涛""黄崇嘏"的生平事迹等前提条件,经抽象概括得出的共同属性。

2.3.4 缺省推理

缺省推理指以默认的前提或常识为基础的推理,它帮助语言使用者建立缺省预设,一般是自动的、无意识的思维过程,使人们在瞬间做出判断和推理成为可能[①]。缺损推理过程投射到语言形式上就是推理前提 X 被隐含,语篇中只出现"可见 Y"。造成 X 缺损的原因可以是语境因素、交际双方的共享知识或普遍的社会认知。例如:

(19)"雨打金钟声声响。"那王羲不加思索答道:"雪射铙钹点点清。"可见王羲的聪明过人了。(清《三侠剑》)

吟诗作对非常考验文学功底,不仅要讲究词性、平仄,还要讲究意境,如能做到这几点才可被称为有学问,这一评判标准已深入人心,成为古人共享的文化知识背景进入人们的长时记忆中。因此,即使在前提条件缺损的情况下,听读者能够激活长时记忆的相关知识,顺利推出"王羲之聪明过人"的结论。缺省的前提"王羲对得又工整又迅速"虽然可以补出,但在当下语境中却没有必要。

2.3.5 X 与 Y 的语义关系以及 Y 的句式特点

从逻辑推理要素 X 与 Y 的关系角度而言,X 是 Y 的前提条件,Y 是 X 的结论。X 与 Y 之间呈现出据因推果和因果溯因两种语义关系,又以前者为常见。分别举例如下:

(20)孩子笑嘻嘻地说:"我要说出证据来,姊姊就得许给我做妻子。我要说不出证据来,听凭姊姊打我骂我,我决不还手、回口,好么?"嫦娥听了,不觉红着脸,啐了几口,念他毕竟是个孩

[①] 高海龙:《试论语用推理中的缺省逻辑因素》,《山东外语教学》2008 年第 6 期。

子,说的总是玩话,有什么一定的道理。再则也瞧他也实在可爱得很,有心和他斗趣儿玩,因笑道:"好个不要脸的顽皮孩子,小小的年纪,就想讨老婆,亏你说得出来,也不怕难为情。"孩子笑道:"姊姊既这么说,就是允许我的要求了。姊姊,我们都是天上神仙,出口如山,不许胡赖。"嫦娥笑叱道:"油嘴油舌到这般地步,难道也没个父母师长管教你么?"孩子伸出一只小手膀子,扭住了嫦娥玉臂,挽得紧紧的,一点不肯放松,仰起头笑道:"姊姊尽说我不好,也没说个不许做我老婆的话,<u>可见是千肯万肯的了</u>。我就说个年纪比你大的证据给你听吧。"(清《八仙得道》)

(21)宝琴笑道:"因下雪珠儿,老太太找了这一件给我的。"香菱上来瞧道:"怪道这么好看,原来是孔雀毛织的。"湘云道:"那里是孔雀毛,就是野鸭子头上的毛作的。<u>可见老太太疼你了,这样疼宝玉,也没给他穿</u>。"(清《红楼梦》)

例(20)为据因推果,根据原因"姊姊尽说我不好,也没说个不许做我老婆的话"推出"是千肯万肯的"这一结果;例(21)正相反,湘云先说结果分句"老太太疼你",紧接着再追补这样说的原因"这样疼宝玉,也没给他穿"。据因推果和因果溯因模式的使用需根据上下文语境定夺,不存在孰优孰劣。前一例的原因分句承接嫦娥与孩子逗趣的玩笑话,不需要特意强调立场态度,所以采用前因后果常规模式;后一例中湘云的话语由两个部分组成,前一部分回应宝琴织衣服的原料问题,后一部分为因衣服而生发的感慨,而这感慨又是通过背景知识"老太太疼宝玉"得出的。由于"宝琴"既是现场的言谈对象又是被感慨的对象,自然在话语中先出现以示其优先性,而宝玉不在现场又是背景人物,所以话语序列排在后。

"X可见Y"中充当推论条件的X在句法形式上比较开放,有些含有原因、假设关系的连词"因为""若""如果"等。而表结论的Y在句法结构上以陈述句、判断句为主,如上引的例(5)—例(21)中的Y皆为陈述句,其谓语中还多有性状词语如"宝贝、移动不得、无凭、胡说、说不起、果报不爽、隆恩、聪明过人、千肯万肯、做不得、多才、无疑、误事不小"等；判断句型也是 Y 的高频表现形式，例（5）—例（21）中有 7 个判断句，比例高达 41%。

3. 推论标记"可见"的语用功能及其使用的认知动因

话语标记的使用体现了交际双方对话语内容、结构和策略的有意识选择。推论标记"可见"的基本语用功能是明示推理结果，同时也起调控语篇话语组织、引导理解和表达言者立场态度等作用。

推理是"使用理智从某些前提产生结论"的思维活动，任何语段的理解都可看作一个推理过程。语篇理解中的推理对听读者的认知能力有较高要求，特别是对语篇中那些没有外显形式描述的内容，需要听读者调用世界知识、语篇背景和说话者的明示等信息才能顺利进行推理。推论标记"可见"的功能在于可给听者明示一个推理路径，使潜藏的逻辑关系变得更为显豁，降低听者话语理解的认知难度。

3.1 提供推理路径

"语用推理是通过心理建模对感知的话语进行下向因果求索，需要从长期记忆和工作记忆中抽取和整合推理的前提，求索的切合点是泛因果关系。"[①] 推理标记"可见"所涉及的推理大多为因果推理。因果推理是连贯过渡推理的一种[②]。因果推理一般会用到因果连词进行标记，以外显形式引导听读者进行推理，相比没有因果连词的条件，需要听读者投入更多资源进行更细致的推理加工。当"可见"前面没有与之直接关联的先行语句，或者"可见"所连接的语句有部分结构缺损时，推理缺乏连贯过渡，需要听读者调用储存在长时记忆中的各种知识包括语言知识、社会文化、风俗习惯等参与加工。这对不了解故事背景或文化素养低下及认知能力不足的听读者将造成额外的认知负担，讲说者的讲说活动就难达到预期效果。"语用推理是常规关系与缺省推理的互动过程。

---

① 徐盛桓：《基于模型的语用推理》，《外国语（上海外国语大学学报）》2007 年第 3 期。
② 杨玉芳编著：《心理语言学》，科学出版社，2015 年，第 277—278 页。

受话人要理解话语,就需要激活其缺省预设,将话语置于一个激活的、具体的常规关系中。被激活的常规关系被嫁接到句子中语义空缺的位置上,加上语境补充了相关信息,便推论出说话人的真实意图。"[①] 所以,讲说者或作者往往会借助一些语言或超语言手段进行连贯过渡推理,比如推理标记"可见"的使用语境,除了显性、有完整前提条件句和后续结果句的情形外,还可以是隐性、缺损了前提条件而只有后续句的情形,如前引的例(21):

> 宝琴笑道:"因下雪珠儿,老太太找了这一件给我的。"香菱上来瞧道:"怪道这么好看,原来是孔雀毛织的。"湘云道:"那里是孔雀毛,就是野鸭子头上的毛作的。<u>可见老太太疼你了,这样疼宝玉,也没给他穿</u>。"(清《红楼梦》)

标记词"可见"所在的"老太太疼你了,这样疼宝玉,也没给他穿"与其前的"那里是孔雀毛,就是野鸭子头上的毛作的"分属两个话题,如果删除"可是",势必造成语义缺乏连贯,前句丧失作为推理前提条件的可能。而标记词"可见"有效激活了已成为贾府上下共识的"老太太最疼爱宝玉,好东西头一个给宝玉"等背景知识,使两个本来语义关系疏隔的话题据此产生一定的逻辑关联,加强了局部语篇的连贯。

3.2 提升因果联系强度的需要

因果推理如果原因在前结果在后,称为前向因果推理,如果结果在前原因在后,称为后向因果推理。前向因果推理一般比后向因果推理更容易加工[②]。因果联系的强度是影响因果推理的重要因素,在强因果联系条件下,不需要产生推理就可以建立连贯的表征,听读者接受理解所需时间较短,更不受记忆负担的影响,占用更少的认知资源。当前后文语

---

① 高海龙:《试论语用推理中的缺省逻辑因素》,《山东外语教学》2008年第6期。
② 杨玉芳编著:《心理语言学》,科学出版社,2015年,第278页。

句之间的因果联系强度较低时，就需要借助特定的形式标记来提升因果联系强度。据考察，与推论标记"可见"同现的因果关系连词出现频率较低，本书在 CCL 古代汉语部分收集到有效语料 1 440 条，其中含有"因为""所以""由于"或"既然"的语料仅 38 例，占比仅为 2.6%。"可见"可以显明所关联语句间的语义关系，使原本可多重理解的或不存在的或隐含性的逻辑推理关系变得具象、显豁起来，从而给听读者指明理解方向。例如：

（22）佛爷心里想说："此人只说天仙、地仙，不说八仙、神仙、鬼仙，<u>可见他只是个地仙</u>。却待我来度他一度。"（明《三宝太监西洋记》）

上例画线部分除了"可见"之外，再无其他表示逻辑语义关系的连词。如果在"可见"位置上代入其他关系连词，将形成以下种种语义理解的可能：

转折关系：此人只说天仙、地仙，不说八仙、神仙、鬼仙，<u>然而</u>他只是个地仙。
假设关系：（如果）此人只说天仙、地仙，不说八仙、神仙、鬼仙，<u>那么</u>他只是个地仙。
条件关系：此人只说天仙、地仙，不说八仙、神仙、鬼仙，<u>莫非</u>他只是个地仙？

因择用的标记词不同，前后语句将形成完全不同的语义关系。如果在转瞬即逝的听觉艺术中让听读者在语义关系的理解上花费过多的时间精力，显然与说书艺术的娱乐休闲、道德教化等宗旨背道而驰。而且出于对听读者认知接受能力的考量，在语篇中使用固定的标记词"可见"最符合语言经济原则，它可快速将因果推理的前提和结果部分关联起来，强化因果关系，规定理解路径，认知难度也就随之降低。

3.3 明示言者心理意图的需要

心理语言学按照所属知识领域的不同,将因果推理分为物理因果推理和意图因果推理。意图因果推理不仅需要有他人意图的心理表征,同时还需要读者站在说话者的角度考虑问题,可能与心理理论能力相关。因此,意图推理要比物理推理更复杂[①],需要使用明显的元语用意识指示语来明示言者的心理意图。前向因果推理一般比后向因果推理更容易加工因而使用得更为普遍。后向因果推理大多是在说者急于表达某个观点,或者在认为某个观点有表达上的优先度时才使用的。因此,在语言表达手段上选用特定的标记词,可以使听读者领会这种表达上的急迫性或优先性,并降低后向因果推理认知加工难度。据前文分析可知,"可见"可分布在语篇起始部分,故事情节尚未展开的时候,讲说者或作者想让听读者先了解故事宗旨时多采用"可见"来表明自己的观点。因故事尚未开讲,因果推理的前提条件尚未提供给听话人,此类"可见"的功能与其说是引导"推论结果",不如说是表达言者的立场观点更为贴切。例如:

(23)看官,则今日听我说《珍珠衫》这套词话,<u>可见果报不爽</u>,好教少年子弟做个榜样。话中单表一人,姓蒋名德,小字兴哥,乃湖广襄阳府枣阳县人氏。(明《今古奇观》)

(24)后来王雪十九岁中了头名状元,未几天亡。<u>可见小妹知人之明</u>,这是后话。(明《今古奇观》)

(25)而今说一个做夫妻的被拆散了,死后精灵还归一处到底不磨灭的话本。<u>可见世间的夫妇,原自有这般情种</u>。(明《二刻拍案惊奇》)

以上例中"可见"所引导的句子都针对某一人物、事件的性状进行评议,是对前提条件中的个人或事物经思维活动归纳总结出来的一般

[①] 杨玉芳编著:《心理语言学》,科学出版社,2015年,第278—279页。

规律或普遍现象，归纳推理的结论鲜明地表达出说者对前提条件中所涉及人物、事件持有的态度立场。本书对"三言二拍"中 55 条推论标记"可见"的语料进行检测，结果无一例外均如此：

（26）知县对直生道："多被下官问将出来了，与先生所写一一皆同，可见鬼之有灵矣。"（明《二刻拍案惊奇》）

（27）可笑个一郡刺史，如此收场。可见人生荣华富贵，眼前算不得账的。（明《初刻拍案惊奇》）

（28）其年正是三十二岁，交逢好运，正应张铁口先生推算之语。可见：万般皆是命，半点不由人。（明《警世通言》）

（29）昔时有个书生，住在孤村，夜间听得门外声响，看时，窗棂里伸一只虎掌进来，掌有竹刺甚大。书生悟其来意，拔出其刺。明晚，虎衔一羊来谢。可见虎通人性。（明《醒世恒言》）

相比前提条件中涉及的鲜活人物形象或具体生动的事件，其中所包含的一般规律或反映的普遍现象是隐匿的，需要听读者花费一定的时间、精力去思考和发现，这在视觉艺术中尚有实现的可能，而声觉艺术的转瞬即逝特性则无法使受众停顿下来细加推理，为省却麻烦，讲说者或者小说作者干脆越俎代庖操控听读者的认知，通过"可见"等推理标记将结论直接提供给听读者，尽可能减轻他们的认知负荷。

4. 推论标记"可见"的形成及发展演变

连词"可见"来源于状中结构"可见"，在隐喻和重新分析机制作用下由视觉动词演变成认知义连词。在发展出连接前提条件与推论结果功能的过程中，语法位置的固化与宾语的复杂化起到了关键作用。

"可"与"见"本是话语线性序列上相邻的两个语言单位，因长期组合在一起而融合成词。发展成为话语标记主要与视觉动词"见"的虚化有关。视觉动词"见"本来有直接受事成分，但当所"见"结果并非通过视觉器官眼睛得来而是感受或觉察到的时候，"可见"就由行为域

转至认知域,特别是当宾语由 NP 扩展为动词性小句时,"可见"语法化为连词。较早的用例出现在元代话本中。例如:

(30)倘不因彗星之变,元祐党碑似怎生能碎么!<u>可见当蔡京附会徽宗,恣行骄淫,天心仁爱,不得不示变以儆之也</u>。(元《大宋宣和遗事》)

(31)昔日冤家,皆恶死报。天理昭然,<u>可见做恶人的到底吃亏,做好人的到底便宜</u>。(元《元代话本集》)

例中"可见"之后的宾语内容繁丰、形式复杂,句义超出视觉范畴,表达的是一种认识义,是说者的主观见解。由于句中另有谓语中心语,"可见"不再是句子的表意中心,语法地位降低,处于两个命题之间的句法位置上,因此功能也随之转向以连接为主。

连词"可见"在明清得到迅速发展,在口语中广泛运用。"可见"与所引导的结论小句之间停顿延长,清代起出现了用标点隔断的情况,如:

(32)柜上先生一看胜爷直言豪爽,说:"伙计们,胜爷给二十两银子酒钱。"众伙计谢过不提。<u>可见,光棍走道钱引路,平常宿膳酒钱也就是几钱银子</u>。(清《三侠剑》)

如果前提条件包含的事件过于复杂,叙述语句过多、过长的话,语法上常用指代词来进行回指或复指以加强语义关联,"由此可见"即是介词"由"和代词"此"与"可见"组合产生的用来复指前提条件的推论标记。"由此可见"出现在民国时期:

(33)一日,夏侯婴又到泗水亭,刘邦一见,便邀入叙话。他二人本来戏弄惯了,谁知此次刘邦动起手脚,竟将夏侯婴身上误伤一下。在夏侯婴,知刘邦事出无心,并不介意,却被旁人看见,便到县中告发，说是泗水亭长伤人。县中立传刘邦讯问。刘邦因见秦法"为吏伤人，罪比平民加重"，不敢承认，遂力辨并无此事。县中又传夏侯婴为证。夏侯婴也替刘邦洗刷，说是自己碰伤。那告发之人自然不服，便去上控。郡中又委人复讯，究竟事不瞒真，问官明知刘邦伤人是实，无如被伤之人不肯为证，也就不能定案。遂将夏侯婴责打，下入监狱，迫其供招。无奈，夏侯婴始终不肯吐实，刘邦竟以此免罪。<u>由此可见</u>，刘邦平日待人好处，所以遇着患难，也有人替他出力。（民国《秦朝野史》）

例中的"此"回指的事件从"一日"起到"刘邦竟以此免罪"止，辖域宽广得超出了人们的短时记忆容量，这显然不适合以假想的听-说关系为基础、以听者接受为中心的讲说体小说的语体特性。但书面小说因可以反复重读以求解代词与所指的对应关系，所以前提条件的语句原则上可以无限扩容，只要用代词"此"回指便可表明对应关系，所以"由此可见"当是传统小说逐渐摆脱"说书"艺术桎梏之后才产生的新标记。

现代汉语阶段，"可见"主要分布在说理性强的政论文中，且具有较强的书面色彩。如 CCL 语料库现代汉语部分共有 16 478 条"可见"，其中在《人民日报》和新华社等文章为主的政论体中最多，共有 5 907 条，口语体中 1 097 条，叙事体中 1 095 条，在中国政府白皮书、法律文献、说明书等组成的应用文体中为 1 313 条。据此可以看出"可见"大致的分布特点。此外，还出现了"由上可见""综上可见""从中可见"等功能相当的变体形式。

5. 小结

"可见"是推论标记，在讲说体语篇中的语义表达模式为"X，可见 Y"，是由前提推出结论的推理方式的反映；涉及演绎推理和归纳推理两大类，其中演绎推理包括直接推理、假言推理和缺省推理。标记词"可见"的基本功能为明示推理结果，同时也起到调控语篇话语组织、引导理解和表达言者立场态度的作用。因语篇理解中推理对听读者的认知能力有较高要求，使用推论标记"可见"可使语篇连贯过渡推理、提升因果联系强度、明示言者心理意图等，从而降低听者的认知负担，实现话语效果的最大化。推论标记"可见"来源于状中结构"可见"，在隐喻和重新分析机制作用下由视觉动词演变成认知义动词，在演变过程中，其语法位置的固化与宾语的复杂化等因素也起了作用。推论标记"可见"沿用至今，主要分布在书面色彩较强的政论语体中。

第5节 总 结

本章主要研究了讲说体评价标记，包括断言标记、互动标记、引述标记和推论标记。其中断言标记根据对所述命题表达的肯定程度或相信程度的高低可分为强断言标记和弱断言标记，分别以"正是"和"想来""想是"为代表进行了研究。"你想"与"看官听说"是讲述者讲说故事时与假想听者进行互动而使用的互动求同标记。引述标记根据是否原原本本、一字不落地引用源话语而分为直接引述标记和间接引语，分别以"有诗为证"和"说什么"为代表进行了研究。本章还以"可见"为代表对推论标记进行了研究。推论标记明示推论关系，它将上文提供的前提条件与下文得出的结论联系起来。除了这几个代表性标记词之外，每种评价方式都还有其他语言形式标记，归纳见表6-4。

表6-4 讲说体评价标记的主要语言形式标记

断言标记	正是 （真）可谓 真的 （真）是 端地是 端的 真真的 实不相瞒 不消说 不用说 不必说 没的说 不须说 不消讲 不用讲 不必讲 不须讲 想 料想 想来 想是 想必 我想 我说 叫/教我说 要我说 不是我说 在我说来 说起来 我看 看来 看起来

续 表

引述标记	有诗为证（有诗赞/叹/曰/道/云） 诗曰（云） 词曰（云） 常言道（说） 古人说（云） 俗话说 道不得 却不道 说（道）什么 听说（有）人说 说（道）什么 据说 按说
互动标记	看官听说 列位有所不知 你想 你看 你道 你说
推论标记	可见 可知 也未（不）可知 也是有的 论理

评价标记主要表达讲说者对所述故事内容的主观立场态度，以此来实现寓教于乐的功能意图。不同的评价方式表达的立场态度存在一定差异：强断言标记"正是"通过引导韵文语句表达言者肯定认识立场的功能；弱断言标记"想来"通过展现认知推理过程，表达言者对所述命题持有的确信度较低。"你想"通过与称呼语同现以及标引的直接语言成分来召请听者参与互动，营造虚拟的交互氛围，要求听者赞同自己观点。讲说者通过"看官听说"可提醒受众对人物、事件的关切与注意，打通听说双方交流渠道来表达各种态度立场。"有诗为证"通过引述已有的或临场写就的诗词曲赋等韵文，表达说者臧否人物、褒贬善恶的主观立场，也借此体现言者的知识权势地位。"说什么"通过引介来自他人的言谈信息，表达出不以为然和否定的个人认识立场。推论标记"可见"的基本功能在于向听者提供一个推理路径，通过推出的结果来表达自己的主观认识。此外，评价标记也有一定的语篇功能，比如承上启下，显化隐含逻辑关系，调整叙事节奏，作为韵、散文和不同人物话语的分界等。

评价标记的使用与言者的"听者中心意识"密切相关，讲说者对听者的接受心理特别关注，需要在具有口语即时性特征的讲说过程中限定听者的理解方向，帮助他们解析出符合言者期待的隐含语义，迅速形成价值判断并产生情感共鸣。讲说者在叙事过程中需要遵循礼貌原则，采用尊人贬己的语用策略；在讲说中还要注意将语言表达中潜藏的逻辑关系明示出来，降低听者认知理解加工的难度。比如"想来"指向听者的消极面子，添加在话语中可减轻受话者的道义责任，委婉表达使得听者具有更多的选择余地,而非被强制性地要求,体现出更高等级的礼貌程度。选用"看官听说"时,发话人有意识地模糊身份对自身和受话方进行定位,构建起听说双方之间的"正同盟关系",展现出其与听话人一致的立场态度,从而提高礼貌程度。言者通过"可见"将自己的思考结果、认识立场等用推理标记明确地提供给听读者,最大限度地降低听者话语理解时的认知努力。

评价标记在句法语义层次上没有强制性要求,绝大多数是为保证语篇衔接、局部语义连贯、传达或巩固言者的话语立场而被选择使用的。但也有个别评价标记参与句法结构,如果删除,原句语义稍有变化,而这也体现出评论标记内部语法化程度的差异。

本章所讨论的评价标记皆从动词性词组演化而来,"正是""想来""说什么""你想""可见"在语法化过程中也发生了语义引申虚化:"正是"从判断义虚化为对已发生事件的强调,再吸收语境义发展为强断言标记;弱断言标记"想来"和互动标记"你想"则因为核心语素"想"从心理动词演变为认知动词,再发展为互动标记。"你想"还与第二人称代词"你"的语义泛化有关,"你"直接或间接地指向听读者,激活了面对面的口头交际模式,突显了听者的存在感,强化了讲说者对听者的关注,互动性由此体现;引述标记"说什么"形成的关键是疑问代词"什么"由疑问代词衍生出虚指义,再进一步引申出否定义,从而演变为承担负面评价功能的引述标记;推论标记"可见"的形成由核心语素"见"从视觉动词向认知动词转变引发。而引述标记"有诗为证"和互动标记"看官听说"的标记化是语用法的规约化,在讲说体小说"拟书场"叙事模式和"说书艺术"体制的规约下发展为评价标记的。评价标记的形成还与句法分布有着密切关联,句首与句中位置的不同分布会产生不同的功能。可以说评价标记的形成既是语法化的结果,更是语用化的结果。

本章所研究的评价标记在现代叙事文学作品中均有进一步的发展演变:"正是""你想""想来""说什么""可见"在现代汉语虽仍有使用,但功能发生了较大变化。现代小说中诗词韵文从外来的硬性插入转变为与叙事主体有机结合的融入性表达，致使强断言标记的"正是"退出了现代汉语系统，但强调标记用法仍在沿用。"你想"因现代叙事性作品中不再有"看官、列公、诸位"等标志说书场中听者身份的假想听者群体存在而功能异化。"想来"的话语标记用法延续到了现代汉语中，主要变化为所引导的语句中的情态动词有进一步的扩容。引述标记"说什么"的语体适用范围有所扩展，使用数量有较大增长，产生了"说啥""讲什么"的变体形式。而"看官听说"和"有诗为证"则彻底退出了现代叙事文学作品，因为五四之后的新小说不再建立在听-说关系之上，不再需要维护听-说双方的"正同盟关系"，也脱离了通过外加"有诗为证"穿插诗句的抒情模式，由此走向消亡。

第7章
结　语

本人的专业研究主要在近代汉语语法和汉语修辞语体学领域，研究多以我国传统白话小说为语料，在研究过程中发现传统白话小说中存在许多语用上具有特殊功能的词、短语，但在现代汉语叙事语篇中却大多数已难觅其踪，少数虽仍在继续使用，但语义、功能却已相去甚远。这些词和短语究竟属于什么性质，在语篇中发挥哪些主要功能，其产生、使用及发展变化背后涉及哪些机制和动因？诸如此类的问题引发了本人一探究竟的想法，于是在2019年以"基于讲说语体接受心理的话语标记语研究"为题，申请了国家社会科学基金项目，有幸获得立项。经过三年多的艰苦工作，现在把20余万字的书稿作为研究成果呈现给学界同仁。

本书主要进行了以下几方面的研究工作：

1. 对讲说语体的功能动因和语体特征进行了深入分析概括，解释说明话语标记的使用动因。提出了影响讲说语体类型特征形成和分化的三个功能动因：媒介方式、话语角色关系、功能意图，并从这三个变量入手深入分析讲说语体。在媒介方式维度上，讲说体是模拟说书场口头讲述，以书面记载的口语语体类型；在功能意图维度上，讲说体是"说书人"向假想听众讲述故事，同时也对所述内容进行评价，以达到娱乐和寓教于乐目的的语体类型；在话语角色关系维度上，讲说体是言者具有话语主动权、知识权位优势，听者具有社会权位优势的话语角色关系不对等的语体类型。受语体变量的关联制约,讲说语体语言呈现出即时性、现场性(包括艺人演出的拟现场性和所述故事的情景非现场性)、交互主观性等特点。这些特点要求言者要对听者的接受心理活动和话语效果负全面责任,必须在有限时间内通过讲说活动使听者产生强烈艺术效果,达到娱乐和寓教于乐的目的,从而导致话语标记成为言者操控听者话语加工处理的主要手段,激活听者想象成为话语标记的主要功能,这也是讲说体话语标记使用的主要动因。

2. 针对"话语标记"术语在使用中容易混淆的现状,本书从讲说语体的研究成果出发,廓清了与"话语标记"相关的几组概念。提出话语标记是口语和书面语中都有使用的语言形式,以表程序义为主,兼表一定的概念意义,话语标记既具话语或篇章的衔接连贯功能,又有表达言者主观态度的功能。

3. 针对话语标记分类存在含混不清的问题,本书尝试利用语体理论和心理语言学的相关研究成果,对这一区分建立了新的分类原则。首先,根据使用意图将话语标记分为言者导向和听者导向两大类型,前者是言者主观判断的表达,带有一定的概念意义;后者是为了引导听者的接受心理,使其向预期话语效果趋同。受传媒方式、话语角色关系、功能意图等变量的制约,讲说语体大量使用的是听者导向的话语标记。其次,本书再根据讲说语体的要求推导出听者导向话语标记的优势类型,分为话题标记、叙事标记、评价标记三大类。其中话题标记按位置和功能分为话题引入标记和话题终止标记;叙事标记按功能分为叙事时序标记、叙事话语方式标记和叙事视角标记;评价标记按表达方式分为断言标记、互动标记、引述标记和推论标记。

4. 从讲说体话题标记、叙事标记、评价标记有关个案研究的角度,本书运用心理语言学的相关原理印证讲说体研究的结果,阐释了话语标记的活动机制与使用动因,从认知角度加深对话语标记性质与作用的认识。首先,在根据语料库进行穷尽性收集和分析的基础上,从功能角度阐明各标记语的作用,并从认知上解释对各话语标记使用及演变的机制或动因。其次,从语言理解的工作记忆以及注意的调配等机制原理出发，分析解释讲说语体中话语标记的类型及其作用。语言理解时，工作记忆的运作本是由听者独立进行的，但言者往往会试图通过一定的程序信息或注意资源去影响听者的理解，用语言明示出来就是话语标记，意使听者工作记忆的中枢执行系统在言者话语标记的指引下进行运作。据此对讲说语体中各类型话语标记的作用进行解释，如：（1）有的限定理解方向，使听者解析出言者所期待的隐含语义，如"大凡""说什么""有诗为证""你想"等；（2）有的提供推理路径，因为任何语段的理解都是一个推理过程，如"正是""想来""可见"等；（3）有的给出明显的标记，将听者语音环系统中杂乱无章的人物关系、出场顺序、情节展开等信息梳理清楚，如"有""这/那""不提""不在话下""原来""有分教"等；（4）有的发出激活想象的信号，展开在视空图像处理系统中积极搜寻以建构形象的过程等，如"只见""只听得"等。

5. 针对讲说体话语标记发展演变的动因机制解释问题，本书提出了隐喻和重新分析是话语标记形成的重要机制，语用因素是其形成的重要动因等观点和认识。现代叙事语体与讲说语体都属于叙事体，既有共性又有明显对立，具有可比性，在对比中可以更好地发现演变的结果和演变的动因。在五四新文学运动以后，小说界开始师法西方小说技法，摒弃了传统小说的结构模式、叙事方法，结果导致讲说语体发生剧变，依托于语体的话语标记也随之或彻底消失或发生根本改变。讲说体话语标记对现代汉语叙事语篇的组织方式、语法表达等影响极为深远。

本书研究方法的创新主要体现在两种富有较强解释力方法的运用上，一是运用了语体学的方法对讲说体进行语体分析，提取导致话语标记成格局使用的语体变量，再从语体特征角度观察话语标记的性质、类型和使用特征，从功能上阐明这些标记语的作用。二是运用了认知语言学的方法，观察话语标记的使用对人们言语活动时的认知心理的影响，探寻讲说体话语标记背后的认知机制。将话语标记与语体、工作记忆及注意等的关系进行了分析，以从研究方法上解释话语标记的性质、类型和形成机制。

通过以上几个问题的探究，本书在学术方面有以下几方面的进展：

1. 研究内容上有所拓展。以讲说语体中听者导向的话语标记为研究对象，从实际使用的层面上认识话语标记的作用，了解使用话语标记的认识机制，此外，与现代汉语叙事语体对比研究，在研究内容上有所拓展。

2. 研究理论上有所深入。综合运用语体学与认知语言学的理论，将话语标记与白话讲说体的语体变量、语言理解的认知心理过程、言语活动时的工作记忆和注意的影响联系起来研究话语标记的功能和认知机制，丰富了语体学、认知语言学理论。

3. 研究方法上有所创新。从方法入手探究话语标记，以讲说语体为依托选择语体学的方法，构建出以听者为主导的话语标记的系统。以工作记忆、注意等为依托选择认知语言学的方法，从语言理解的认知心理出发，从理论层面探究汉语话语标记的本质特征，从实际使用层面上认识话语标记在言语交际中的作用，寻求话语标记背后的认知机制。

由于讲说体话语标记系统的复杂性以及本人精力、学力的限制，本书还存在以下不足和有待深入之处：

1. 讲说体是话语标记的丰富库藏，在类型、表现形式、语言形式上皆具丰富性和复杂性，在具体的研究中运用的分析框架还存在不尽统一的情况。

2. 在不同的话语类型对话语标记运用的要求与制约及其背后的认知机制等问题的研究上，本书重点对讲述者话语对话语标记运用的要求与制约及其认知机制进行了充分探究，但对故事人物话语的相关研究尚未全面展开。

3. 对讲说体话语标记的对比研究方面，本书主要比较了近代讲说体和现当代叙事体在相关话语标记使用上的异同，以期发现影响话语标记使用及发展演变的深层动因。今后有必要将研究进一步扩展到现代汉语其他语体，提升研究的实用价值。

主要参考文献

著作

陈平原:《中国散文小说史》,北京大学出版社,2010年。
陈松岑:《社会语言学导论》,北京大学出版社,1985年。
程毅中辑注:《宋元小说家话本集》,齐鲁书社,2000年。
董秀芳:《词汇化:汉语双音词的衍生和发展》,四川民族出版社,2002年。
富世平:《敦煌变文的口头传统研究》,中华书局,2009年。
黎锦熙:《新著国语文法》,商务印书馆,1924年。
刘勇强:《中国古代小说史叙论》,北京大学出版社,2007年。
吕叔湘:《汉语语法分析问题》,商务印书馆,1979年。
吕叔湘:《吕叔湘文集》,商务印书馆,1990年。
马建忠:《马氏文通》,商务印书馆,1983年。
申丹:《叙述学与小说文体学研究》,北京大学出版社,1998年。
王力:《王力文集》第一卷,山东教育出版社,1984年。
王寅:《认知语言学》,上海外语教育出版社,2007年。
徐赳赳:《现代汉语篇章回指研究》,中国社会科学出版社,2003年。
杨荣祥:《近代汉语副词研究》,商务印书馆,2005年。
张敏:《认知语言学与汉语名词短语》,中国社会科学出版社,1998年。

张中行:《文言和白话》,黑龙江人民出版社,1988年。

〔汉〕许慎:《说文解字(附检字)》,中华书局,1963年。

〔汉〕许慎撰,〔清〕段玉裁注:《说文解字注》,上海古籍出版社,1981年。

〔唐〕刘知幾撰,〔清〕浦起龙通释:《史通》,上海古籍出版社,2015年。

〔唐〕元稹著,冀勤点校:《元稹集(修订本)》,中华书局,2010年。

〔宋〕丁度等编:《宋刻集韵》,中华书局,2005年。

〔宋〕贾昌朝:《群经音辨》,中华书局,1985年。

〔宋〕罗烨:《醉翁谈录》,古典文学出版社,1957年。

〔宋〕吴自牧著,周游译注:《梦粱录》,二十一世纪出版社集团,2018年。

〔明〕徐渭原著,李复波、熊澄宇注释:《南词叙录注释》,中国戏剧出版社,1989年。

〔清〕刘熙载:《艺概》,上海古籍出版社,1978年。

〔清〕阮元校刻:《十三经注疏(附校勘记)》,中华书局,1980年。

〔清〕章学诚:《文史通义》,中华书局,1985年。

[美]鲍尔·J. 霍伯尔,伊丽莎白·克劳丝·特拉格特:《语法化学说(第二版)》,梁银峰译,复旦大学出版社,2008年。

[荷]米克·巴尔:《叙述学:叙事理论导论》,谭君强译,中国社会科学出版社,1995年。

[日]太田辰夫:《中国语历史文法》,蒋绍愚、徐昌华译,北京大学出版社,1987年。

Sperber, D. & Wilson, D., *Relevance: Communication and Cognition*, Oxford: Blackwell Publishers, 1995.

Verschueren, J., *Understanding Pragmatics*, London: Arnold, 1999.

论文

陈彩琦、李坚、刘志华:《工作记忆的模型与基本理论问题》,《华南师范大学学报（自然科学版）》2003 年第 4 期。

陈平：《汉语双项名词句与话题–陈述结构》，《中国语文》2004 年第 6 期。

丁金国：《言语行为与语用类型》，《语文研究》2004 年第 4 期。

方梅：《会话结构与连词的浮现义》，《中国语文》2012 年第 6 期。

方梅：《篇章语法与汉语篇章语法研究》，《中国社会科学》2005 年第 6 期。

方梅：《谈语体特征的句法表现》，《当代修辞学》2013 年第 2 期。

付凯、王天昊、梁腾飞、付雪莹、刘强：《视觉工作记忆中的内部注意选择：效果、特性及机制》，《心理科学》2020 年第 6 期。

何自然、于国栋：《〈语用学的理解〉——Verschueren 的新作评介》，《现代外语》1999 年第 4 期。

何自然、冉永平：《话语联系语的语用制约性》，《外语教学与研究》1999 第 3 期。

江蓝生：《超常组合与语义羡余——汉语语法化诱因新探》，《中国语文》2016 年第 5 期。

李毕琴、李玲、王爱君、张明：《言语工作记忆内容在语义水平的注意捕获》，《心理学报》2018 年第 5 期。

李熙宗：《语体的描写研究与话语的语体分析》，载复旦大学汉语言文字学科《语言研究集刊》编委会编：《语言研究集刊》第二辑，上海辞书出版社，2005 年。

梁启超：《论小说与群治之关系》，《新小说》1902 年创刊号。

刘大为：《语体是言语行为的类型》，《修辞学习》1994 年第 3 期。

刘丹青：《汉语类指成分的语义属性和句法属性》,《中国语文》2002 年第 5 期。

鲁德才：《古代白话小说的发展系统》，《明清小说研究》1998 年第 4 期。

鲁德才：《研究古代小说艺术传统的思考》，《文学遗产》1987 年第 1 期。

毛伟宾、杨治良:《工作记忆容量研究新进展》,《心理科学》2008年第3期。

冉永平:《话语标记语的语用学研究综述》,《外语研究》2000年第4期。

冉永平:《指示语选择的语用视点、语用移情与离情》,《外语教学与研究》2007年第5期。

申丹:《视角》,《外国文学》2004年第3期。

沈家煊:《实词虚化的机制——〈演化而来的语法〉评介》,《当代语言学》1998年第3期。

沈家煊:《转指和转喻》,《当代语言学》1999年第1期。

王寅、严辰松:《语法化的特征、动因和机制——认知语言学视野中的语法化研究》,《解放军外国语学院学报》2005年第4期。

徐杰:《主语成分、话题特征及相应语言类型》,《语言科学》2003年第1期。

于斌、乐国安、刘惠军:《工作记忆能力与自我调控》,《心理科学进展》2014年第5期。

赵海燕、李晓庆:《重读对口语理解中时间选择性注意分配的影响》,《心理科学》2016年第1期。

Fraser, Bruce, "Pragmatic Markers", *Pragmatics*, 1996, 6(2).

Hyland, Ken & Tse, Polly, "Hooking the Reader: A Corpus Study of Evaluative that in Abstracts", *English for Specific Purposes*, 2005, 24(2).

图书在版编目(CIP)数据

基于讲说语体接受心理的话语标记研究/卢惠惠著.
上海：复旦大学出版社,2025.5. -- ISBN 978-7-309
-17861-6

Ⅰ.H1
中国国家版本馆 CIP 数据核字第 2025CJ5382 号

基于讲说语体接受心理的话语标记研究
卢惠惠　著
责任编辑/黄　丹

复旦大学出版社有限公司出版发行
上海市国权路 579 号　邮编：200433
网址：fupnet@fudanpress.com　http://www.fudanpress.com
门市零售：86-21-65102580　　团体订购：86-21-65104505
出版部电话：86-21-65642845
上海四维数字图文有限公司

开本 787 毫米×960 毫米　1/16　印张 25　字数 360 千字
2025 年 5 月第 1 版
2025 年 5 月第 1 版第 1 次印刷

ISBN 978-7-309-17861-6/H・3484
定价：120.00 元

如有印装质量问题,请向复旦大学出版社有限公司出版部调换。
版权所有　　侵权必究